世界历史有一套

- 白金版 -

德意志

铁与血的历史

GERMANY

杨白劳
——作品

中国出版集团　现代出版社

图书在版编目（CIP）数据

德意志：铁与血的历史 / 杨白劳著 . — 北京：现代出版社，
2020.10

（世界历史有一套）

ISBN 978-7-5143-8821-3

Ⅰ . ①德… Ⅱ . ①杨… Ⅲ . ①德国—历史—通俗读物
Ⅳ . ① K516.09

中国版本图书馆 CIP 数据核字 (2020) 第 160965 号

德意志：铁与血的历史（世界历史有一套）

作　　者：杨白劳
责任编辑：张　霆　袁子茵
出版发行：现代出版社
通信地址：北京市安定门外安华里 504 号
邮政编码：100011
电　　话：010-64267325　010-64245264（兼传真）
网　　址：www.1980xd.com
电子信箱：xiandai@vip.sina.com
印　　刷：三河市宏盛印务有限公司

开　　本：710mm×1000mm　1/16
印　　张：23.75　　　　　　　字　　数：360 千字
版　　次：2020 年 10 月第 1 版　印　　次：2025 年 2 月第 4 次印刷
书　　号：ISBN 978-7-5143-8821-3
定　　价：55.00 元

目　录

引 言

又要启动我们的行程了，告别英伦三岛，回到欧洲大陆，这片大陆的街坊人口密集区，门户甚多，去哪一家串门子呢？

且看中欧这一带，有家豪门大户，真个是钟鸣鼎食之家，遍地鸿儒，星光灿烂，很值得拜访。杨妈经常教育老杨，去别人家串门，一定要收拾准备一下，不要显得太土鳖。

咱国家改革开放40多年了，贼拉有钱，绝对没有人再敢说俺们土鳖，别说那些欧洲大牌都把旗舰店建在中国了，连总是自称自己为农民的赵大爷都拥有私人飞机了。

改变土鳖形象，最快的当然是硬件配置，穿身名牌，开辆好车，一般的五星级酒店还是会让你进去的。但是软件就难了，比如开辆奔驰车，最豪华的车载音响里放出来的是"那一夜，你没有拒绝我！那一夜，我伤害了你"；抑或是"狼爱上羊啊爱得疯狂"，你还饱含深情地跟着号唱。这就麻烦了，这事要是被梅赛德斯公司知道，只怕要取缔你开奔驰的资格。

艺术鉴赏代表一个人的品位，也是土鳖升级必要的软件建设，而面对我们将要进入的这户人家，第一个需要的修炼就是：音乐，古典音乐。

什么是古典音乐，老杨的解释：听不懂但是又很想听懂，附庸风雅非要听不可，要不断掐大腿，防止打瞌睡的音乐（老杨长期拿无知当个性，读者们千万不要学）。古典音乐，按字面理解当然就是古代的经典音乐，既然是在欧洲，我们讲的自然是西洋的古典音乐。

有人说，音乐是上帝创造的最美的东西。所以音乐也成为跟上帝沟通最好的工具，整个西方音乐的起源和发展跟基督教密不可分，最早来自教堂的圣咏。随着乐器的进步、乐谱的完善，再经过文艺复兴的思想解放，人类历史上第一个音乐的灿烂时代出现在 17~18 世纪。我们要认识的第一牛人是，约翰·塞巴斯蒂安·巴赫。

你要是没啥事突然跟人讲巴赫，十个人有九个说你装。其实，没有大家想得那么高深，老杨敢断言，所有的读者，活到现在，不管是主动还是被动，至少听到过一次巴赫。他有一首曲子，几乎是每个人学钢琴的入门课，3~5 岁的小朋友，会弹的不计其数，纵然不会弹，也指定会哼哼，这就是大名鼎鼎的小步舞曲。

小步舞曲虽然泛滥，但还都是音乐爱好者用于学习的。还有一首耳熟能详，更是因为被广泛用于各种咖啡厅、茶座、露天酒吧或者是酒店大堂，大家都不好意思说它高档经典了，这首曲子就是《G 弦上的咏叹调》。

这首曲子出自巴赫《第三号管弦乐组曲》，是第二乐章主题。19 世纪，有位小提琴家将这段改编为钢琴伴奏的小提琴独奏曲，风靡了全世界。

大家都知道小提琴有四根弦，从粗到细分别是 G 弦、D 弦、A 弦、E 弦，演奏者的手指在四根弦上跳跃舞蹈，小提琴特有的清越而流畅的旋律就是这样产生的。而演奏"G 弦上的咏叹调"就省事了，因为全部的工作都只在 G 弦这一根上完成，貌似工作量只有四分之一，但产生的效果绝不偷工减料。

巴赫是个虔诚的基督徒，他几乎所有的灵感都是来自他对上帝的爱，G 弦厚重而深沉，博大包容，能演绎最深邃的情感。将这首曲子作为背景音乐放几遍，你会不知不觉陷入一种缠绵的气氛难以自拔，这就是经典的魅力，这就是巴赫的力量。

《G 弦上的咏叹调》本来蕴含着宗教的神圣感和神秘感，可是因为太普及了，在一些茶馆里，从斗地主的洗牌声音空隙中传来，它的宗教神圣感肯定就被淡化了。好在巴赫还有大量的宗教作品没有被放进酒吧茶楼去糟蹋，其中的巅峰之作就是《马太受难曲》。

将耶稣的事迹谱成曲子，是当时很多作曲家喜欢干的事；但是我怀疑用音乐描述耶稣事迹，只有巴赫得到了上帝的正式授权，所以《马太受难曲》之后，再没有同类的东西敢拿出来现眼了。

整部作品有78首分曲，来自《圣经》的《马太福音》，规模庞大，气势恢宏，需要三个合唱团和两个管弦乐队还有其他大量乐器的配合。

不管你有没有读过《圣经》，安静听一次"马太受难曲"，你能体会到那种深刻的忧伤、牺牲的勇气和伟大的救赎，你似乎能看到耶稣鲜血淋淋被钉上十字架时悲悯的目光，充满神性的光辉，让人心悸、心痛、心动，如果你碰巧信教，我相信你会流泪。所以，这套乐曲在世界宗教音乐史上有着无与伦比的地位。

不管给《马太受难曲》多高的评价，它似乎都受之无愧，即使是最刻薄的批评家，也不敢随便诋毁，可惜这个待遇，巴赫生前并没有。

他生前的所有名声来自他是个技艺无比高超的管风琴演奏家。传说他在教堂里演奏，教堂外种地的农民听到，并不知道是谁在弹琴，但是这些农民会说，能弹奏出这样的音乐，那人如果不是巴赫，就一定是天使！

巴赫生前地位卑微，到处跑场参加王公贵人的堂会。18世纪初，巴赫去给当时的一位勃兰登堡大公演出，这位大公是个音乐爱好者，养着一支乐队，让巴赫送他几首曲子演奏，巴赫受宠若惊，诚惶诚恐地从自己的作品中精选了六首送给大公。

这是巴赫最黄金的时代，他的创作已经进入了行云流水、三花聚顶的境界，灵感如火山岩浆般喷涌，已经鲜有东西可以承载，所以，这六首曲子几乎是动用了当时能找到的所有乐器，惊才绝艳。可惜，他满腔热情地将自己的心血送出去，勃兰登堡的大公并不是知音，大公的乐队有6个人，巴赫这六首曲子，最少都要7个乐手，勃兰登堡不知道是不是经费有限，没有增加1个乐手的预算，于是就将这些作品丢进废纸堆了。

大公去世，这六首曲子以每首48芬尼的价格卖出。芬尼是当时的货币单位，1芬尼相当于人民币5分钱，这样算下来，巴赫精选的这六首曲子大约跟同等重量的废报纸价值相当。六首曲子后来重见天日，定名为《勃兰登堡协奏曲》，是巴赫的管弦乐的代表作，在音乐史上是什么地位呢？用另一位音乐家瓦格纳的评价比较中肯——"一切音乐中最惊人的奇迹"！

想从巴赫一生浩如烟海的作品中找出代表作是非常艰难的，形容巴赫的诸多赞美之词中，经常被用得到一句就是"前无古人，后无来者"，因为他的作品不论是数量还是质量都是地球人无法企及的高度，如果说音乐家是让我们仰望的高山，巴赫必定是珠穆朗玛之巅。另一个音乐家舒曼说："巴赫之于音乐如同创教者之于宗教。"所以巴赫有个称号是"西方音乐之父"。

这样的父亲会影响很多孩子，且不说巴赫家族前后出过200多名的各种音乐工作者，也不说巴赫的两个儿子都是音乐史上留下大名的音乐家，单看看巴赫的粉丝团，其阵容之豪华，已经没有其他偶像可以比了。领衔巴赫粉丝团的，是一位全世界都认识的老朋友，他叫贝多芬。

如果说巴赫的作品包含着宗教的端庄凝重，贝多芬的作品则是生命激情的宣泄，如同他那头不逊的卷发般桀骜。老贝26岁的时候，就开始出现听力衰竭，他自己知道，他会最终变成一个聋子，他甚至写好了遗嘱，可是当我们清理老贝的作品，我们发现，所有那些成就了他的名曲，全部来自他逐步变聋这个过程中。

对一个将音乐视为终身事业的人来说，他发现自己听不见了，恐怕是灭顶之灾，遭遇巨大的不幸，如果没有自杀或者被逼疯，就能成为天才，贝多芬就是这种人。他也自怨自艾，可没耽误办正事。他的作品是稍有文化的人必须知道的基本音乐知识，尤其是他那四部振聋发聩的史诗级交响乐。

第一部，《降E大调第三交响曲》，一般叫它《英雄交响曲》。贝多芬的确是写给英雄的，他当时心目中的英雄是拿破仑。贝多芬的时代，法国大革命让全欧洲人经历了一次精神洗礼，贝多芬也是支持革命派，所以拿破仑以维护共和的面目横扫欧洲那些陈腐的大陆时，贝多芬看他，就是个救世的大英雄。他以满腹的才华洋洋洒洒写下对拿破仑的崇拜，激情澎湃，壮丽豪迈，有非常鲜明的英雄气概。后来拿破仑伤了贝多芬的心，他称帝了，独裁了，贝多芬气愤之下，将原来的题目"拿破仑·波拿巴大交响曲"撕掉，改成了现在的"英雄交响曲——为纪念一位伟人而作"。他说，这个伟人是他心中虚构的。我要是拿破仑，我就派人杀了贝多芬，因为这样的羞辱，实在太丢人了。

第二部，《C小调第五交响曲》，这首曲子太熟悉了，他简直就是贝多芬的代号了，尤其是开头那四个令人窒息的音符，如春雷撼动大地，排山倒海，是音乐史上最震撼的旋律。在这首曲谱上，贝多芬写下了"命运在敲门"几个大字。对，这就是命运叩门的声音，这就是命运交响曲。此时的贝多芬深受耳疾之苦，几乎崩溃，最糟的是，他还遭遇失恋，他爱的姑娘因为门第之别嫁给了一位伯爵，他为她写下了静谧而忧伤的《月光奏鸣曲》，预备结束自己的生命。幸好他感觉他满腹的旋律，如果不写出来就死去，太不甘了，所以，他将他此时的情绪宣泄成了这首带着雄浑生命力的《命运交响曲》，这样的曲子也振奋了他自己的精神，他不寻死了，他还喊了一句名言：我要扼住命运的喉咙，它不能让我屈服！作为一个正被命运扼住喉咙的人，这样的宣言不能不说是非常强悍的。

第三部，《F大调第六交响曲》，贝多芬自己将其定名为"田园"。此时的他几乎已经听不见了，他搬入乡间隐居。作曲时，咬住一把音叉的一头，将另一头顶在钢琴上，琴弦的震动可以传入内耳。显然乡间的隐居生活对平复老贝的心境很有益。他用音乐描述了一幅乡村风景画，清新细腻，平静朴实，跟"命运"放在一起演奏，可以感觉到贝多芬那收放自如的才华。

第四部，《第九交响曲》。1827年，贝多芬的创作进入了顶峰，他是幸福的，他的人生没有回落，终结在最辉煌的顶点。《第九交响曲》写完后，老贝就去世了。《第九交响曲》无疑是他众多成功作品中最成功的一部，在这首乐曲的最后一章，老贝将他最钟爱的诗人席勒的一首诗谱成一段合唱曲，也就是脍炙人口的《欢乐颂》。金色的阳光普照大地，万物复苏，充满莫大的喜悦。一个不快乐的人，很难写出这样灿烂的曲子。老贝一生饱受病痛，又终身未娶，受尽情伤，性情有些古怪，还是非常坎坷的，《欢乐颂》成为他生命的结束曲，不知道这算不算是一种补偿。

对艺术家来说，苦难和爱情都是最好的创作源泉，老贝一辈子谈恋爱谈得感天动地而没有结果。他40岁的时候又爱上17岁的女学生特雷泽，于是写了首柔美温馨的钢琴小品抒发爱意，也就是只要学过一点键盘就会弹的《献给爱丽丝》。至于爱丽丝这个名字，是手稿流传中的翻译错误，后来因为太出名了，也没办法改回去。师生恋没有结果，但是这首名曲可以万世不朽，绝对比世界上任何一种爱情都要持久。

虽然外面的世界静止了，可在心中，有属于老贝自己的惊涛骇浪，比任何自然界的声响都要澎湃，历史上没有任何一首乐曲像贝多芬的作品这样饱含生命内在的能量，所以贝多芬在音乐史上被称为"乐圣"。他几乎是全世界音乐家的偶像，自然也有一个阵容庞大的粉丝团，而领衔贝多芬粉丝团的，应该是勃拉姆斯。

勃拉姆斯说：在我背后不断听到巨人的脚步声。他说的巨人，就是贝多芬。

介绍勃拉姆斯的作品，要从勃拉姆斯的感情生活开始；而介绍他的感情生活，要从另一个音乐家开始，就是舒曼。你可以不知道舒曼，但是不能不知道《梦幻曲》，这大约也是世界上流行最广的古典音乐了，不用困惑，我相信每一个读者都听过。

就算被各种场合各种功力不同的乐手演奏得泛滥了，这首曲子依然纯美甜蜜得如同初恋。没错，这就是一份情书，20岁的舒曼搬到他老师的家中学习钢琴，爱上了当时只有11岁的老师的女儿——克拉拉。

舒曼是个天才，克拉拉也是个女神童，因为音乐而吸引，这一段恋情就在克拉拉父亲的眼皮底下秘密而幸福地展开。舒曼写下了十三首钢琴小品，当作情书送给克拉拉，其中的第七首就是《梦幻曲》，就算没有文字，这也无疑是世界上写得最动情的情书了。

克拉拉后来跟老父亲打了快一年的官司，才如愿嫁给了舒曼。事情总有两面，你收获一个完美的爱人，不见得是最好的丈夫。舒曼是个标准的天才，有些病态，实际上，他精神是有问题的，即使不犯病，也喜怒无常，犯了病更不得了，他居然玩跳河！跳河被救，进了精神病院，最后以一个疯子的形象离开了人世。

舒曼所有的好作品都来自与克拉拉的相见、相爱、结合，可以说，克拉拉是舒曼灵感的源泉，作为一个一流的钢琴演奏家，克拉拉能用跟其他乐手完全不一样的情感和心态演奏舒曼的作品，肯定也让舒曼对自己的作品有更进一步的认识和启发。

缪斯女神不仅仅只属于舒曼。那是1853年，有人给舒曼介绍了一位颇具才华的年轻人，希望他收在门下为传人。作为面试，一位叫勃拉姆斯的20岁青年来到了舒曼家里，这是个金发的英俊青年，人有些内向腼腆。他在舒曼家的钢琴边坐下，小心翼翼地为舒曼弹奏自己写的《C大调钢琴奏鸣曲》，刚弹了几个音符，舒曼让他暂停，说是要让自己的太太一起来听，毕竟克拉拉也是个专业人士。缪斯女神就这样走进了勃拉姆斯的视线。

这是世界文化史上最著名的初见之一，我们不知道勃拉姆斯当时的心脏受到了多大的刺激，但是以他的性格，克制得滴水不露，绝对不会发生看着别人的老婆眼睛发直这个状况。我们后来才知道，克拉拉不仅是走进了客厅，更是走进了勃拉姆斯心里并永远住下了。

勃拉姆斯一曲弹完，舒曼惊为天人，感觉终于找到了自己的衣钵传人。而勃拉姆斯也从舒曼这里感觉到了跟他本身很契合的音乐氛围，于是同舒曼确定了这种师徒关系，当然，这中间还有那位闪着一双明眸的师母，这一年，克拉拉34岁了，已经是几个孩子的妈妈。

舒曼并没有教勃拉姆斯太久，第二年，舒曼的家族遗传精神病就发作了，他跳进了莱茵河，获救后正式疯了。这时的勃拉姆斯做了一件谁也想不到的事，他走进舒曼的家，帮着克拉拉照顾孩子，照顾舒曼。此时舒曼家的生计都落在克拉拉身上，她需要大量的演出挣钱养家，而她离家的日子，勃拉姆斯就担负了她所有的后勤工作。他像一个非常称职的保姆，带着孩子，并给克拉拉写信，告诉她孩子的一切，舒曼的一切。要知道，这正是勃拉姆斯事业的上升期，他为此放弃了很多演出和成名的机会。

两年后，舒曼病逝，勃拉姆斯选择了离开，再不跟克拉拉见面。到底老勃当时是怎么想的，我们没办法猜度，大家都说老勃是个理性内敛的人，这样的人，他从不会将感情宣之于口，舒曼是他老师，克拉拉是师母，这个关系是无法改变的，勃拉姆斯也许是没有杨过娶小龙女那样的勇气，他遵循了一种东方式的道德。

并不是爱得不够，后来的日子里，勃拉姆斯经常给克拉拉写信，资助她的全国巡演，资助她对舒曼作品的整理，最重要的是，他自己的每一部作品，他都先邮给克拉拉过目，他在意克拉拉的评价。坊间传闻，除了乐谱，他其实还给克拉拉写过大量的情书，只是，一封都没有发出，他将这份恋情生生地憋在自己心里，以至于他的作品更克制更理性。

勃拉姆斯生活的年代，是以贝多芬为代表的浪漫主义成熟的阶段，浪漫主义的特点就是张扬个性，强调自身的情感感受。而勃拉姆斯的音乐却是安详地回归，都说他的作品很复古，其实应该说，他在贝多芬代表的浪漫主义和贝多芬之前的循规蹈矩的古典主义间，建立了一种完美的均衡，形成了大气稳定、品质精良的勃拉姆斯风格。

说到勃拉姆斯的代表作，首推应该是他的四首交响曲，而其中最经典的，则是《C小调第一交响曲》，为了向前辈致敬，交响乐的最后一个乐章，他引用了《欢乐颂》曲调。这部交响曲的完成，用了勃拉姆斯21年的时间，几乎是黄金生涯的全部，作品精工细作不用说了，其包含的人生感悟和人生历练更是细致而深刻的，所以，这部作品问世，轰动了世界。这无疑是贝多芬之后最令人惊艳的交响乐作品，于是，当时的人给这首曲子起名为"贝多芬第十交响曲"，让他以后辈的身份与贝多芬同列，这部作品也跟贝多芬那些作品一样，光芒万丈！

而说到被演绎得最多、流传最广的勃拉姆斯作品，应该是《匈牙利舞曲第五号》。有一阵子，勃拉姆斯开始迷恋民间音乐，尤其是吉卜赛音乐，他总结这些来自民间的乐章，写成了一部"匈牙利舞曲集"，共有21首曲子。这21首都算是名曲，其中最红的是第五号，因为吉卜赛的音乐元素，让旋律很自由、很跃动。现在我们最常听到的是管弦乐的版本，比起勃拉姆斯之前那个钢琴四手连弹的版本更加丰满热闹，激烈华丽。在冬日的午后，昏昏欲睡的时候，它可以让你的心情突然振奋激动起来（写这段文字的时候，老杨正在听一个小号版本的《匈牙利舞曲第五号》，发现小号竟然这样的高亢激昂，而我同时也发现，这首曲子的任何版本都很好听）。

勃拉姆斯另一首名作就比较高端比较学院了，那就是《降B大调第二钢琴协奏曲》。从贝多芬以来，所有的协奏曲都是按三个乐章写成的，而勃拉姆斯在这首乐曲中，写了四个乐章，规模已经是交响曲了。既然是钢琴协奏曲，顾名思义就是以钢琴为主，整个管弦乐队为它伴奏，钢琴是主角，乐队是配角。这首乐曲中，钢琴的主角地位已经不明显了，主配角戏分相当，是一种让人耳目一新的尝试，所以大家称这首协奏曲是"由钢琴主奏的交响曲"。不过，作为音乐的外行人听来，曲子有点晦涩艰深。传说是勃拉姆斯在意大利两次旅行后得到的灵感，反映了意大利的风光和人情，这个内容老杨是一点也没听出来，估计就是音乐素养不够。

将钢琴协奏曲写出交响乐的格局，并不是勃拉姆斯唯一的创新。他生活的年代，是马丁·路德宗教改革之后，基督教平民化了，《圣经》圣乐当然也放下了身段。马丁·路德翻译了一部德文版的《圣经》，而勃拉姆斯根据这部德文版的《圣经》写下了伟大的《德意志安魂曲》。

安魂曲是一种特定的宗教音乐形式，用来哀悼死者。勃拉姆斯之前的安魂曲，都是非常严格地按照天主教的规范和规格来创作，那些出自《圣经》的歌词当然也都是拉丁文，勃拉姆斯这部突破天主教框架的安魂曲，则更加亲切随和。根据勃拉姆斯一贯的慢工细活的作风，这首曲子也写了快12年，一直到他母亲死后，才最终完成。因为亲历老师舒曼的死、挚爱母亲的死，他的安魂曲低回而沉郁，但是作为一个教徒，基督教的死亡观又让他满怀着喜乐和希望。

跟贝多芬和巴赫相比，勃拉姆斯的生活水平算是小康，没受过穷，大约人生最大的凄凉就是对克拉拉的暗恋。话说他离开克拉拉后，也不是没有爱上过别人。

那是一位叫阿加特的女歌唱家，勃拉姆斯经常和她一起钻研音乐，发生了感情，据说还私下订婚，交换了戒指，可真要结婚时，勃拉姆斯不干了。他说：我渴望你的拥抱，但结婚是不可能的。有点始乱终弃，不愿意负责任的意思。评论家认为，勃拉姆斯是因为怕家庭生活影响自己的创作，这个说法显然站不住脚，他的老师舒曼的成就都来自婚后。正常的推测，肯定是发现谁也不能替代克拉拉的位置，除却巫山都不是云。

阿加特带着遗憾另嫁他人，勃拉姆斯还是偶尔作曲送给她，说明难以忘怀。阿加特生第二个孩子的时候，勃拉姆斯用一首童谣谱写了一首《摇篮曲》送给新生儿。这部勃拉姆斯的《摇篮曲》也是他本人的经典作品，如秋夜的月光泻满湖面，初夏的微风掠过窗帘，懒懒的温柔让人沉醉。现在最常出现在各种胎教的音响制品中，很温暖很有爱。

1896年，63岁的勃拉姆斯收到了克拉拉的死讯，这位老人家身在瑞士，不知道怎样跌跌撞撞赶到火车站，要赶去法兰克福见自己心爱的女人最后一面。不幸的是，这个忧伤的老人坐错了方向，等两天后，他终于找对路来到目的地时，已经是黄土垄中，佳人薄命。

老人家拿出小提琴，在克拉拉的墓前拉了一首曲子，没有人知道是什么，其实也不需要知道是什么，那是43年蕴藏的爱情，43年说不出口的思念，现在他终于能大胆说出来了，可是那个女子却再也听不到了。克拉拉死后的第二年，勃拉姆斯在维也纳追随她而去。他死后，汉堡港的所有船只为他下半旗，并且鸣笛志哀。因为勃拉姆斯出生于汉堡，他是汉堡的骄傲。

以一个外行的角度，一口气讲完了三个音乐家的故事。要说这三个音乐家有什么联系，除了音乐上的某种传承，就是他们都代表着连续的三个古典音乐的伟大时代。但是老杨把这三个人挑出来跟大家认识，最主要的原因，是他们都来自我们将要访问的那个国家——德意志。

这三位在音乐史上被共称为"3B"，称号不太好听，因为他们三个的名字都以B开头。无论哪个国家出了这3B，都可以说自己是音乐史的栋梁了，可德国不仅仅是只有这3B而已，大致点算一下德国籍的音乐家，包括：亨德尔、舒曼、瓦格纳、门德尔松、韦伯等。我们这只是说的国家概念上的德国，如果推广到广义的德意志概念，不得了啦：海顿、莫扎特、舒伯特、施特劳斯家族、马勒、卡拉扬……

现在大家知道了，不上音乐课怎么好意思去德国串门子呢！但是仅仅是音乐还不够，如果说这些音乐家是德意志的一片星空，他家肯定还有另一片星空，一样的耀眼，那就是哲学家。德国的哲学家简直就像是当地特产了，如同东北的人参鹿茸乌拉草，而那些闻大名如雷贯耳的哲学家，几乎都出自德国。康德、黑格尔、叔本华、尼采、席勒，当然不能忘记马克思、恩格斯两位跟咱们很熟的人，以及把很多人分析神经了的弗洛伊德。

一个地区同时盛产音乐家和哲学家是非常奇怪的，感觉将松树和水仙种在一块地里。我一直认为音乐是天性的释放，而哲学应该是理性的沉淀；音乐使复杂的事情简单，要么愉悦要么忧伤；哲学则非要把简单的事情搞复杂，愉悦的时候要分析忧伤，忧伤的时候要解构愉悦。但是在德意志，音乐和哲学是一个完美的统一体，音乐家和哲学家两片星空交织出神奇的光辉，上面说过的舒曼和勃拉姆斯都有哲学的学位，而尼采也曾是个半吊子的作曲家。

　　看到这些震烁古今的名字，我们好奇什么样的土地这样的人杰地灵。这实在是一个高贵而伟大的民族，就算它也曾诞生过几个狂人，让世界不安宁，但它依然是伟大的，它的自律、自省和严谨值得所有人尊敬，让我们带一颗肃穆的心去敲门吧，跟德意志人一起走过他们的历史……

起源篇

一　尼伯龙根战士

天生战士

说到德国人，大家都叫他们日耳曼人。日耳曼人到底是什么人呢？

在德国串门，我们对于人种和血统这个事情一定要慎重，因为这家出了个狂人，为了净化人种和血统，不惜发动世界大战。按这位老兄的说法，日耳曼人是雅利安人的后裔，雅利安人是神族的后裔，雅利安人在地球失去神力了，日耳曼人纵然不是神族，也应该是贵族。好在这伙计自杀了，要按他这么钻牛角尖想问题，恐怕德国人真成神族——神经病族。

从正常的资料分析，日耳曼人啊，既不是神族也不是贵族，他们啊，是蛮族！谁这么缺德，给人取这种外号啊？牛人啊，罗马的恺撒。

日耳曼人最早出现在文字里，大约是恺撒出征高卢写下的那本《高卢战记》。恺撒和日耳曼人交了几次手，这帮人，脏兮兮的，乱糟糟的，居无定所，不事生产，专好打架。跟人干仗时，老婆孩子带着全部家当在边上喊加油，提醒日耳曼的男人，一旦战败，老婆孩子家里的物件就全部是别人的了。不过这些日耳曼女人被敌人抓走的很少，如果日耳曼男人兵败，大部分女人会选择自杀，异常节烈！

恺撒军团是训练有素的职业军人，打仗讲究章法，而日耳曼的章法就是玩命，在文明人恺撒看来，这帮人不是蛮族又是什么呢？不过，恺撒给他们起名"日耳曼人"也表示对这些天生战士的尊重，所谓"日耳曼人"就是"令人生畏的战士"。

根据恺撒的记录，公元前1世纪左右，莱茵河以东，多瑙河以北，也就是现在德国的主要部分，就已经居住着大量日耳曼人了，日耳曼的男人们不种地不放牧不经商不读书，甚至都不嫖娼和聚赌，主营业务就是当雇佣军打架。恺撒跟高卢人开打的时候，高卢军团里就有很多日耳曼人。

日耳曼人并不是当地土著，要知道，西欧的实在原住民大约就只有凯尔特人和罗马人。日耳曼人来自北欧，斯堪的纳维亚半岛南部、日德兰半岛、波罗的海海滨这片区域，跟现在的北欧人长得一样，高大，长脸，高鼻子，金发碧眼，稍微收拾一下，那是相当的漂亮。

既然来自北欧，他们尚武好战这个秉性就容易解释了，他们信奉的是北欧的宗教，而北欧宗教整个就是个悲剧故事（北欧神话参看《世界历史有一套之英帝国：日不落之殇》，以下简称《英帝国：日不落之殇》），不论是人还是神，活着的目标就是最后与敌人同归于尽。人间的战士活着时作战英勇，死了就可以进入奥丁的英灵殿，然后等诸神的黄昏到来，再死一次。对日耳曼人来说，男人的一生是战斗的一生，活着就为打架，打架就为牺牲。存了这种悲情的人生观，他们怎么会发展生产、改善民生呢？反正不管攒了多少家当，最后都是惨死沙场。

从北欧南迁莱茵河一带定居，日耳曼人只是一群迁徙者的统称，他们虽然语言、造型、习惯等比较接近，但其实内部却有着非常清晰的部族分别，打仗时以部族为单位作战，因此，虽然整个日耳曼人不少，作战的时候，却很难团结，各自为政，即使是单兵作战骁勇无匹，碰上罗马这样兵团作战的高手，也占不到什么便宜。

恺撒征服了高卢使之成为罗马的行省，莱茵河西岸狭长地带日耳曼人也被收拾并归顺了，成立了罗马的日耳曼尼亚行省。但是广袤的莱茵河东岸地区，被罗马人叫作"大日耳曼尼亚"的，还有更多的日耳曼人挥舞着短矛在溜达，为了防御这些短矛不小心丢进罗马的领土。东起北海，西到莱茵河上游，罗马修建了一条长城。虽然在长度上，这条长城不太符合标准，但是规模上一点不露怯，50座城堡连接而成的，这就是著名的罗马国界墙，这些城堡很多后来发展为德国的著名城市。

罗马人修长城可不光是为了防御，他们的主要目的，还是以国界墙为据点向大日耳曼尼亚进军。从公元前2世纪到公元6年，200多年征伐，从马略忙到屋大维，罗马才宣布勉强收复了大日耳曼尼亚，眼看着日耳曼要跟高卢、埃及、希腊一样，被罗马兼并、消化，成为另一个罗马的延伸。

日耳曼人表面上是归顺了罗马，但这个族群是不太容易被征服的。公元7年，驻扎在大日耳曼尼亚的罗马军营发生了一次重要的人事变化。

原来罗马驻大日耳曼尼亚的总督是屋大维的养子提必留（详见《世界历史有一套之罗马帝国：霸主养成记》，以下简称《罗马帝国：霸主养成记》），这位后来的罗马皇帝脑子很清楚，做总督期间，恩威并施，让日耳曼人很顺服，基本不捣乱折腾。提必留作为屋大维手上最好用的悍将，自然是哪里有事奔哪里去，当时有个行省作乱，屋大维就下诏让提必留领兵出征，将大日耳曼尼亚总督这个位置转给自己的侄子瓦卢斯接任。

瓦卢斯跟提必留是两种人，瓦卢斯非常罗马，特点就是知识渊博，口才出众，作风懒散，生活奢逸。提必留铁腕严肃，所以他治下的军营也肃穆严整，瓦卢斯一接手，觉得这样治军太不人性，应该积极开展娱乐活动，繁荣军营的文化生活。瓦卢斯是罗马人，罗马人对娱乐的基本认知就是酒池肉林，经他改造，罗马军营莺莺燕燕，歌舞升平。

这个人事变化在罗马看来是个小事，但是在一个日耳曼人看来，这很可能是上天送给日耳曼人的重大机会。这个日耳曼人，名叫海尔曼。海尔曼是标准的身在曹营心在汉，他无时无刻不念叨着要让日耳曼人脱离罗马人的统治，可是表面上，他低眉顺眼，点头哈腰，对罗马人极为客气。这种阳奉阴违的智慧，让海尔曼在罗马人那里非常受宠，以至于他参与罗马的军队作战，竟然因为参战有功获得了罗马的公民权，是一个持有罗马绿卡的日耳曼人！海尔曼对罗马人和罗马军队都了如指掌，所以提必留和瓦卢斯这一交接，他就感觉到了机会。

罗马人总说日耳曼人是蛮族，其实就道德标准这一点，日耳曼人不知道比罗马人高出多少等。日耳曼人对家庭很忠贞，一夫一妻，抵制淫乱。而此时的罗马，就好这一口。瓦卢斯把罗马军营搞成红灯区，让所有的日耳曼人很鄙视，很激愤，如此干净纯洁的大地如今被一帮"三俗"的人糟蹋，日耳曼人岂能坐视？

海尔曼非常精准地抓住这种情绪，开始连纵，秘密联络了很多部族，万事俱备，只等下雨。

那是公元9年的9月9日，一场秋雨带着些神秘莫测的使命降落在日耳曼大地上，道路立时泥泞不堪。这时，海尔曼突然来向瓦卢斯报告，说是北方一个部族造反了。瓦卢斯天天鬼混日子也腻歪，听说可以到北方去平乱，总算找了件正经事做，心里挺激动。长途行军还道路泥泞，当然要选择科学的路线，整个日耳曼地区，瓦卢斯觉得最可信最靠谱的就是海尔曼这个老兄弟，于是，海尔曼不客气地帮罗马军队选择了一条绝路。

瓦卢斯这人就是不靠谱，他明明是去平乱的，可他把自己武装成郊游的，行李辎重一车接一车，全是娱乐用品，足够随时安营扎寨开 party，后面还跟了大量的妓女和小贩。郊游队伍被海尔曼引入了一片黑黢黢的橡树林，这片森林位于现在德国的西北部，叫作条顿堡森林。这样密集的森林内，罗马军团擅长的战阵根本无法展开，而四面八方突然就射来了如蝗的箭矢。

知道遭到了伏击，罗马人也只能拼命，以罗马军团的骁悍，居然在这样不利的局面下苦战了四天。最后，瓦卢斯带出的三个军团近 2 万人，几乎全军覆没，逃出来的也就百余人。条顿堡森林到处布满罗马士兵的尸骸，而那 1 万多枚头颅，被日耳曼人挂在了森林中的橡树上，不知道历经几世风雨。

瓦卢斯知道回天乏术，犯下大错，识时务选择了自杀，他的头颅成为最好的战利品，在日耳曼部落给所有人传阅参观。

条顿堡森林的惨败传到罗马，屋大维几乎崩溃，这是他 72 年辉煌人生中最惨痛的失败，老人家几个月不洗脸不梳头不刮胡子，每天躲在房间里撞墙，撞墙的间隙就望天呐喊：瓦卢斯，把我的军团还给我！这句话也是古罗马留给后世的重要名言之一。

这是罗马百年不遇的惨败，屋大维急宣提必留领兵复仇，复仇战打了好几年。直到提必留登基，他想明白了，要彻底征服日耳曼代价太大了，算了，放下吧。此后，罗马军团撤退到莱茵河多瑙河一线设防，这里成了罗马和日耳曼的疆界，罗马军团再没有收复日耳曼尼亚的雄心壮志，而日耳曼人就此永远摆脱罗马获得了独立。

条顿堡森林之战后的第十年，海尔曼一次战斗失利，逃出战场，他的岳父就毫不犹豫地将自己身怀六甲的女儿，也就是海尔曼的老婆交给了罗马军团做人质。随后不久，海尔曼，这个日耳曼民族的解放者被自己的部族杀害，年仅 37 岁。

19 世纪，德皇在条顿堡森林为海尔曼建起了一座 50 多米高的青铜雕像，那里依然还能看到当年激战留下的痕迹。直到现在，考古学家还能陆续挖出很多当年罗马士兵的遗物，此地是德国出名的旅游参观景点。

条顿堡森林被认为是日耳曼的立国之战，它是整个大德意志光辉的起点，此后的日耳曼人被称作条顿人。它向全欧洲宣告，既然罗马放虎归山，就不要怪这只猛虎随时下山吃人了！

《尼伯龙根之歌》

上篇故事老杨在《罗马帝国：霸主养成记》里已经详细讲过了，因为条顿堡森林的这场战事，是日耳曼历史的开端，所以在本书中，不怕读者们腻歪再写一次。不过，接着发生的故事，老杨就不好意思再重复了，大家可以参看《罗马帝国：霸主养成记》第三十三章，整个日耳曼民族被北匈奴袭击，产生了一轮多米诺骨牌似的迁徙。

历史事件不能再重复，我们就从神话角度再讲讲故事吧。老杨在英国和罗马两篇中都讲述了当地的神话故事，用神话故事糊弄历史也是老杨一个不着调的特色。这个著名的德国神话叫作《尼伯龙根之歌》。

说起德国文学或者是文化，《尼伯龙根之歌》肯定是不能回避的，它一直被称为日耳曼人的伟大史诗，更被称为德国的《伊利亚特》！这部史诗陪伴着德国人一起经历历史的沉浮，不同时代的德国人，都将这部史诗理解出符合自己时代特色和时代需要的内涵。而从这篇故事里，我们能更明晰生动地了解日耳曼人的特质和性格。

话说日耳曼人中不是有勃艮第一支部族吗，他们最早来自挪威，4~5 世纪，在德国的沃尔姆斯（德国西南部，莱茵河西岸）这个位置建立了勃艮第国。

勃艮第国的国王叫恭特，英伟神武，他有两个弟弟，也是勇敢的骑士，另外能干的文武大臣不少，都是些远近知名的英雄豪杰。不过这些个老少爷们再红，也红不过恭特的妹妹，著名的美人克里姆希尔德。

克里姆希尔德艳名极盛，为给她献股勤，勃艮第王宫的门槛都快被踩烂了。各路日耳曼英雄都希望引起克里姆希尔德的注意，谁知道这姑娘躲在后宫突然宣布她预备抱定独身，恪守贞操！一个青春少女受啥刺激，把自己往老姑婆方向努力呢，源自她做了个梦。她梦见自己养的那只宠物老鹰被两只鹫给咬死了，她拿这个梦去求问她的母亲乌特太后。

一般的母亲听说自己的女儿被噩梦吓着了，都会安慰她，梦是反的，越梦到坏事越幸运。不知道日耳曼的母亲是不是都是有一说一的，老实得病态，乌特太后一脸沉重地告诉女儿，这个梦预示着，克里姆希尔德将来的丈夫会死于非命！

哪个小姑娘被自己的亲妈这么吓唬还不落下病啊，克里姆希尔德怕自己到时遭遇难以承受的痛苦和打击，索性宣布，她不恋爱不结婚，心如止水过一生！小姑娘就是嘴硬，要真能说话算数，世界就太平多了。

莱茵河下游，德国和荷兰接壤的位置有个古城叫桑腾，我们故事的男主角就在这里。一个小国，一个小城堡，一对国王和王后，一个王子。王子的大名叫西格弗里特。

标准的骑士王子，大家可以尽己所能按所有的欧洲神话故事男主角的标准想象这位王子的风采，绝对不会过分。他一成年就开始闯荡江湖，留下了大量让人惊叹的事迹：

据说早年他曾杀死一条恶龙，用龙的血洗了个澡，然后身上就变得像龙鳞一样坚硬，如金钟罩铁布衫，一身横练的功夫，刀枪不入！

这娃早年不是在江湖上乱晃吗，某年某月的某一天，西格走到一座山边，看到一群人在忙着从一个山洞往外掏财宝，那些个碧玉珠宝、黄金白银堆积如山，晃得人睁不开眼，据说100辆大车也拉不完。西格一辈子也没见过这么多钱，所以就驻足观看。谁知搬珠宝的这帮人居然认识他，而西格也认出，这是一群尼伯龙根人。

日耳曼人可能来自北欧，所以他们的神话，跟北欧的神话一脉相承。北欧也有一部史诗，就是冰岛的歌谣集《埃达》，老杨在《英帝国：日不落之殇》里讲述的北欧神话故事，就是来自这本歌谣集。《埃达》中提到，勃艮第有一支古老的王族，就是尼伯龙根。

· — 尼伯龙根战士 ·

19

至于山洞里的金银财宝是哪里搞来的，《尼伯龙根之歌》没有明确说，不过根据后面的故事，很可能是尼伯龙根的两个王子尼伯龙和希尔伯意外发现的。因为他们一见到西格就很高兴，他们感觉西格这么大名声，算术应该是学得不错，所以就找他帮忙，希望他能公平地将这笔财产分配给尼伯龙和希尔伯两个王子。为了表示感谢，他俩将尼伯龙根的一柄宝剑送给西格，这柄宝剑的名字叫巴尔蒙，翻译过来就是"石中剑"，眼熟吧？

不能指望西格这样的小孩学习好，追他的女孩子太多，忙早恋呢，所以面对这么大一笔财富，他也没法提供一个科学的分配办法。他扳着手指头，头皮都抓烂了，也没分清楚，尼伯龙根的两个王子对他非常不满意。两个王子着急，西格自己也心烦意乱，脾气都挺不好的。到底怎么打起来的，没说明白，斗殴结果是，西格用尼伯龙根的宝剑杀掉了尼伯龙根的两位王子和他们带的所有随从，自然，他宣布财宝从此归他拥有（可以肯定，这娃在一边看热闹就打了杀人劫财的主意，很可能是故意挑起事端引发斗殴达到目的）。

这时，有个叫阿尔贝里希的小侏儒跳出来要为两个王子报仇，他有一件隐身衣，穿上后不仅就地消失，而且拥有 12 个大汉的力量。这件宝贝在侏儒身上真没用，因为增加的也就是 12 个侏儒的力量，阿尔贝里希跟西格厮打一会儿，西格就一把抢走了隐身衣！

小侏儒比较识时务，眼看不对，赶紧投降，于是西格下令，把宝物搬回山洞里，阿尔贝里希发毒誓对西格忠诚，以后就成为门卫，帮着西格看守这个山洞。那时候的欧洲人信仰虔诚，发了毒誓一般是有用的。就这样，西格不仅是最神武的王子，还变成了最富有的王子。

在桑腾国里，半个城的姑娘都暗恋或者明恋王子，他出于一个骑士的风度，过着逢场作戏的生活，不过在他内心，他向往的姑娘就是勃艮第的克里姆希尔德公主。虽然他从来没见过，但是那些漫天遍野的小道消息让他感觉，这位远方的公主肯定比桑腾本地这几个强。

有一天，西格王子突然禀告父母，他要去把勃艮第公主娶回家。桑腾的国王立马给整饬了一支军队，兵强马壮的。这是去求婚还是去干仗啊？没分别，日耳曼人嘛，蛮夷脾气，预备人家不答应就抢亲呗。

西格弗里特王子艺高胆大，他说他只需要 12 个武士，充个门面就行了。

于是，桑腾国王给儿子备好骏马雕鞍，王后给儿子备好华服锦袍，武士们都打扮得山清水秀、鸟语花香的，到勃艮第求亲去了。

《尼伯龙根之歌》最开始介绍西格出场的时候，挺骑士的，还说他风度翩翩，很有教养，谁知他跑到勃艮第，就暴露了蛮族子弟的嘴脸，他预备一开始就给勃艮第国王一个下马威，最好人家迫于他的淫威，乖乖地送上公主。勃艮第国王有个大参谋，高人幕僚哈根。他先认出了远来的这位衣饰华丽的粗人是江湖上大名鼎鼎的西格弗里特，为了让恭特国王有个清醒的认识，哈根绘声绘色地讲述了西格弗里特的生平故事，结论是这娃是个狠角，没事不要惹他，如能利用他是最好的。

西格绝对是个属驴的，他本来定好计划是炫耀武力，然后将恭特国王拿下，最好是占有他的国土财富，进而占有王妹，人家客气两句，顺着毛摸了他几下，他就非常温顺地留在沃尔姆斯给恭特国王当打手了！

西格在沃尔姆斯闲逛了一年，又在勃艮第混成了超级偶像，其间丹麦和萨克森联手进攻勃艮第，西格请命带兵，打退了这两股敌人，还把丹麦和萨克森的国王抓回交给了恭特！

为了庆祝这场重大胜利，恭特国王在宫里举行盛大庆典，叫他妹子出来祝贺西格的胜利。西格在沃尔姆斯这一年，身边又吸引了一群各色女人，但就是见不到那位著名的公主。而公主在深宫经常听说他的故事，渐渐地，忘掉了自己的独身计划，芳心暗许了。

这次宴会，是西格第一次见到克里姆希尔德，没有天雷地火的震撼感，都很平静，因为彼此梦见对方好多次了，所以见面就像旧友重逢，而在见面的那一刹，双方都认定了对方就是自己一直寻找的那个人。

这时，正好恭特国王也发情了，他也根据小道消息看上了一位姑娘，冰岛女王布伦希尔德。

说到这位女王啊，全欧洲的男人都倒吸一口冷气，这姑娘在冰岛玩比武招亲，三场比试，都赢了她就可以娶她回家。她划下的道也不简单，这女人是个田径爱好者，她的比赛内容是：先互相投掷标枪，如果没被标枪扎死，就丢石头，看谁丢得远，然后立定跳远，看能不能跳到石头边上。据说那大石头要 12 个武士才能抬进来，女王抓起来就可以丢出去几十米，想象一下，谁会要娶这么彪悍的女人啊！

恭特国王口味重，他听说这些事无比神往。他找西格弗里特帮忙。西格当然满口答应，并让恭特答应，只要顺利拿下冰岛女王，就把克里姆希尔德许给西格，两对一起结婚。

恭特带着西格去了冰岛，对女王介绍西格是自己的随从手下。西格本来神勇，又有隐身衣帮忙，所以那三项田径比赛，恭特负责做戏，西格负责卖命，都赢了。恭特将女王带回了勃艮第，并兑现诺言，将自己的妹妹许给了西格。

结婚那天，冰岛女王费思量了，这个西格明明是恭特的下人，怎么可以娶到公主，貌似恭特还对他异常客气？她就这个问题询问恭特，这种国家级重大机密恭特怎么会告诉她呢，就忽悠她说，等过一阵我再告诉你啊。冰岛女王也是霸道惯了的，她想知道的事，老公居然敢不说，她的处理方式比较激烈，新婚之夜，她不准恭特上床，还用一根绳子绑住恭特，把他挂在墙上的钉子上，让勃艮第国王像个吊死鬼一样在墙上站了一晚上。

第二天，恭特一脸灰头土脸，他决定当夜对老婆霸王硬上弓，可他老婆才是真正的霸王啊，于是恭特又找到西格，让这个泡马子的搭档好事做到底，帮着完成洞房花烛夜。具体办法是，关闭所有的照明设备，西格摸黑上床，把布伦希尔德制服，恭特再完成一个新郎的工作。这个恭特是怎么想的呢？他怎么知道西格能把握尺度，不乱吃东西呢？

当天夜里，恭特吹熄了所有的烛火，伸手不见五指，一个黑影跳上了布伦希尔德的床，——恭特顺利行使了自己的权利，然而西格也不是白帮忙的，他在搏斗中顺手牵走了王后的腰带和戒指，回家他很得意地送给了自己的老婆。

西格如愿娶到美女，不久就带着克里姆回到了自己的家邦，生孩子过日子，还以为能甜蜜一辈子。

冰岛女王结婚之前是个彪悍的女战士，被恭特搞定后就成了幽怨小妇人。小妇人的特点就是，闲着没事就瞎琢磨，越不让她知道的事，她越是变着法子要知道真相。恭特和西格的关系，是困扰布伦希尔德婚后生活的头等大事，尤其是，西格总说自己是恭特的封臣，可他接掌了桑腾王位后，从来不曾向勃艮第国纳贡啊，这事太奇怪了，而最窝火的是，不管王后动粗还是使诈，恭特就是不告诉她原因。后来布伦希尔德想了个办法，她决定从小姑子那里打开缺口，于是，结婚10年后，她建议恭特邀请妹妹和妹夫过来走走亲戚，回个娘家。

西格两口子就真来了，勃艮第组织了各种盛大活动招待回门的公主和驸马。其中最热闹的，当然就是骑士比武。比武场上，布伦希尔德和克里姆两姑嫂盛装出现，是现场最引人注目的风景，两个女人凑在一起闲话，不是讨论孩子，就一定是讨论老公。

克里姆看了那些骑士表演，非常不屑地评价说，这些个骑士比自己的老公西格差远了；布伦当时就火了，她坚持世界上最神武的骑士是自己的老公恭特，而西格不过是自己老公的一个马仔小弟，说到自己最气愤的事了，就指着小姑子的鼻子问，你家老公明明是个奴才，为啥从来不向勃艮第纳贡，谁给他这么大胆忤逆不忠！克里姆也是个暴脾气，跳起来跟大嫂对骂，这个骂街的演出上演到高潮，克里姆拍出了大嫂的腰带和戒指，告诉她，她的新婚之夜都是西格帮忙才完成的！

布伦这下傻了，等她回过神来，当然就是抓住恭特撒泼。恭特见老婆突然知道了真相，第一个反应就是妹夫西格喝了点老酒找人炫耀，泄露了自己最不愿人知的内幕！不管西格怎么辩解，恭特都不信了，就这样，恭特两口子恨死了西格！

恭特手下不是有个高参幕僚哈根吗，这伙计对国王的忠诚那可是日月可鉴的，他听说国王咬牙切齿恨西格，自告奋勇说要帮着把西格除掉。

整个事件，西格被蒙在鼓里，他也不知道自己到底做错了什么事，让大舅子突然对自己翻脸了。这时，哈根突然送来一封不知道哪个部落发来的战书，说是要找勃艮第干仗，哈根要求西格带上人马跟勃艮第的军队一起出征，西格心眼实诚，大舅哥的事，一般很痛快就答应了。

之前不是说西格沐浴龙血，有一身横练的功夫吗，大家都知道，金钟罩这类功夫，修习者都有一个练门，西格也有个练门。话说他当年沐浴龙血的时候，有片菩提叶落在他肩胛骨这个位置，所以这里没有沾上龙血。这个致命的弱点除了西格自己，世上唯一知道的人就是他老婆克里姆了。

哈根找到克里姆，一脸殷勤地对她说："公主啊，你看驸马爷要出发打仗去了，我一个做奴才的最怕驸马爷出事，我紧紧跟着他，要想伤害驸马爷，先杀掉老奴再说吧！"克里姆比较单纯，给哈根忽悠两句就信他是个好人了，随后这个好人继续忽悠："公主啊，刀枪无眼啊，驸马爷有没有什么需要特别保护的地方？你在他衣服上做个标记，我好重点保护这个位置啊！"老男人骗小姑娘那可是一骗一个准的，克里姆真傻乎乎地在他老公练门那个位置绣了个标记！

达到目的，哈根就对西格说："没事了没事了，那伙人突然退兵不打了，不打仗好啊，走，驸马爷，老奴陪你去打猎，放松一下！"西格听说不打了，一腔热血没有去处，是要打野兽发泄一下。虽然克里姆说她感觉不妙，右眼直跳，西格还是去了。

进入森林，西格到一条小溪边喝水，蹲下后，哈根的长矛顺着克里姆绣的那个印记就插进了西格的身体，日耳曼人的大英雄死得比鸿毛还轻！

哈根将西格的尸体丢在克里姆的寝宫门口，乱编了一个理由，说是西格死于一伙不知名的盗匪，克里姆这时候变聪明了，她看着老公流血的伤口，确信哈根就是那个凶手！

办完丧事，克里姆虽然悲痛欲绝，可是她拒绝回到桑腾去，她留在勃艮第的沃尔姆斯，谁都看出来，她为了伺机复仇。

还记得尼伯龙根的宝藏吗？古代结婚有晨礼这个风俗，也就是说，新婚第二日，新郎要送给新娘一笔财物，保障她的生活，这个貌似在欧洲比较盛行。西格出手阔绰，他送给克里姆的晨礼，就是那笔尼伯龙根宝藏！

克里姆丧夫之后突然变得很忙碌，她的钱让她的人缘非常好，身边很快聚集了很多骑士、谋士，她像咱家战国的孟尝君一样养了大批门客。一个女人养一群老爷们，太不寻常了，一般人都以为这女人死了老公，精神变态或者是寂寞难耐，只有哈根头脑清楚。他当然知道，克里姆是想用西格的那笔财富为自己攒下一支可以复仇的力量！

太可怕了，根据那笔财富的数量计算，克里姆要组织一支颠覆恭特的军队是不难的，所以哈根坚持让恭特想办法把那笔财宝骗过来。

克里姆恨死了哈根，对自己的大哥，她还是保有一点亲情的，她还有一个哥哥一个弟弟呢，他们三个还是保持着良好的关系。于是恭特让自己两个弟弟劝说妹子把财富从山洞里搬出来，放在勃艮第的宫里，这样安全些。为啥历史上外戚容易掌权呢？就是因为女人总是相信并依赖自己兄弟的，尤其是这种守寡的女人。克里姆真被兄弟说服，将财富搬到了沃尔姆斯，据说是12辆大车，拉了四天四夜。

可怜的克里姆又被骗了，财富拉回来不久，哈根就找到机会将财富转移，并沉入了莱茵河底！克里姆知道，没有这些财富，她没办法替夫报仇了。

美女很难进入绝境，因为只要姿色还在，翻身的机会就还在。所以男人要注意保护自己的本金，女人要专心维持自己的容颜。克里姆在沃尔姆斯守了13年的寡，居然还风韵犹存，有个异族老色鬼来求亲了，他就是匈奴王艾柴尔。克里姆听说艾柴尔的战绩和权势，她答应了对方的求婚，远嫁匈奴。哈根心里明白，还是要找人帮她报仇。

匈奴王对克里姆不错，克里姆被册封为后，在匈奴颇受尊重，渐渐也扶持了自己的势力。在匈奴又生活了10多年，怎么算，美女都是老太太了，现在对克里姆来说，除了前夫枉死要讨个说法，自己的尼伯龙根宝藏更让她牵挂，这天，她对匈奴王说，想邀请自己的兄弟们来匈奴做客，特别说明，邀请哈根一起来。

哈根知道此去凶多吉少，所以虽然是做客，他还是提醒恭特国王带上相应的武装。

兄妹多年不见，也没什么亲热的，因为克里姆眼中只有哈根，这个几乎让她恨了半辈子的男人。两人一见面就斗嘴，斗嘴还没结束，在随后的宴会竞技比武时，两边弄假成真，匈奴军队和恭特带来的勃艮第军队开始火并。

战争过程异常惨烈，但是因为牵涉的人名太多，老杨觉得还是不要引起读者的大脑疲劳了。战中最让日耳曼人神往的一幕是：勃艮第人以少胜多，杀掉了一个大厅的匈奴人，而后克里姆下令封锁大厅，开始火攻，而勃艮第人拒不投降，他们选择喝地上那些匈奴士兵的血来抵制炎热和饥渴！

克里姆最后如愿抓到了哈根和大哥恭特，把他俩分别关起来。克里姆拷问哈根，让他说出尼伯龙根宝藏的地点，此时的克里姆貌似更关心宝藏的位置，她甚至答应哈根，只要他交出宝藏，可以饶他不死！哈根说，这个世界上，只有他和恭特知道宝藏的秘密，只要他的主子还活着，他就不能说出秘密。这个话很有问题，他这摆明是要害死他主子啊。

之前这场血腥的杀戮，勃艮第和匈奴英雄血流成河、尸横遍地，克里姆的心态已经彻底不正常了，现在她为了宝藏可以放弃一切，当然也包括骨肉之情。哈根一说完，克里姆就走到了恭特的地牢，手起剑落砍下了哥哥的脑袋，血淋淋地提到哈根面前。

哈根哈哈大笑，说："你既然杀了我的王，那全天下就只有我一个人知道宝藏的地点，我更加不会告诉你了！"克里姆彻底被刺激疯了，她红着眼，一剑又砍掉了哈根的脑袋。这时匈奴有个将军看不下去了，这么多优秀的骑士英雄惨遭不幸，归结到底都是这个疯婆子造成的，同样是英雄，让他感觉非常不值，所以他一剑砍死了克里姆，彻底结束了一段漫长的恩怨。

所有这个故事的主角和重要配角都死光了，只剩下匈奴王站在遍地的鲜血中，看着层叠的尸体，伤心不已。

这部《尼伯龙根之歌》是一部长诗，用中世纪的高地德文写成，最早在5世纪左右传唱于民间，后来在12世纪时，由奥地利的某个文人重新整理编撰，成为我们现在看到的共39个章节的长诗。一般认为，匈奴王艾柴尔就是影射匈奴王阿提拉，而勃艮第国或者西格弗里特这些人就是当年艰苦抗击匈奴人的日耳曼各部族。

跟北欧的神话一样，《尼伯龙根之歌》也是一幕惨烈的悲剧，日耳曼人尚武好战，崇尚英雄，可是他们的故事里，英雄全都没有好下场，这家人貌似很喜欢悲情英雄，钟意死光光这样的结局。而且，以一个中国读者的角度看，这些故事也没有弘扬真善美，满纸弥漫的是嫉妒、复仇及屠杀，日耳曼国家的小孩子听着这种故事长大，会出个别狂人也就可以理解了。

二　法兰克王国之墨洛温

斧头帮大哥

罗马和他家蛮夷邻居的爱恨情仇导致了现在的西欧版图，老杨在《罗马帝国：霸主养成记》中已经大致记录过了。西哥特人发飙的结果是，罗马城被彻底洗劫。而且西哥特人还为蛮夷的反罗马斗争指明了方向，那就是：撕裂罗马的版图，建立自己的国家。

476 年，西罗马终结了，它的肢体上，新的蛮夷国家学着像罗马人一样生活。意大利本土成为东哥特人的领地；西班牙和高卢一带，是西哥特人的王国；北非是汪达尔人的新居；盎格鲁和萨克森人渡海进入不列颠，开启了英伦的七国时代；由蛮族进化到正式国家这个过程，历史上称为"日耳曼人大迁徙"，是地球上几次著名的迁居工程之一。进城打工而后称为城市的主宰，也是个很励志的故事，总算把背景交代完了，可以请出本篇的主角了，也就是法兰克人。

法兰克人是日耳曼族群中非常重要的一支，早先生活在莱茵河下游和高卢北部。日耳曼人以部族为单位，一轮轮骚扰罗马帝国，法兰克人当然也不落后。"法兰克"就是自由的意思，即使是在日耳曼世界内部，法兰克人也算是生猛骁悍的，这伙人的成名的兵器就是战斧，而且喜欢拿战斧当暗器丢，敌人被从天而降的斧子劈掉了脑袋，战场画面异常血腥，所以这个有组织的犯罪团伙我们就称之为"斧头帮"。

在骚扰罗马高卢部分的进程里，斧头帮分成两部分作战，住在莱茵河中游地区的叫"河滨法兰克人"；住在莱茵河三角洲一带的，因为濒临北海，被称为"海滨法兰克人"。海滨法兰克部落的总舵主是墨洛温家族，这家人的标志就是留着长发，在法兰克社会内部，拥有尊崇的江湖地位。

公元 481 年，海滨法兰克换了个大哥，墨洛温家族的接班人是个少年英雄，他就是 15 岁的克洛维。

克洛维出生到成长的这十几年，正是欧洲最动荡混乱的几年，罗马正被肢解，各路英雄成王败寇，是骡子是马都在江湖上到处遛。所以，被这个伟大时代鼓舞的克洛维的青春期比任何人都躁动，比任何人都冲动，他要开疆辟土，建立属于法兰克人自己的国家。

阻挡克洛维南征道路的最大敌手是一支罗马军团。此时西罗马已经灭亡，剩下些残余势力躲在各地养精蓄锐，企图东山再起。帮助克洛维出名的罗马将领名叫西亚格里乌斯，这伙计本来是罗马派驻巴黎一带的军事干部，看着中央倒了，就地自立为王了。

486 年，21 岁的克洛维亲率斧头帮南下，在巴黎东北部的苏瓦松与罗马军团大战，漫天飞舞的战斧让罗马人心烦意乱，心惊肉跳，心悦诚服，随后大败而去。这是克洛维的毕业考试，他成功地获得了专业打架的学位，西亚格里乌斯被他亲手送上了断头台，并占用了巴黎附近的土地，进而迁都巴黎，法兰克国家正式成形，克洛维毕业后的第一份工作就是法兰克国王，他用祖父的名字来命名自己一手开创的王朝，这就是墨洛温王朝。

从斧头帮帮主升级到法兰克国王，这个转变克洛维自己很适应，斧头帮的兄弟们不太适应。原来的老大不过是部族首领，打仗抢劫、杀人放火，有福同享，有难同当，打仗的时候，老大冲在头里；不打仗的时候，还能勾肩搭背地喝酒吃肉。

克洛维的小弟们不了解这个年轻人，克洛维早就超越了一个社团老大的水平，跟其他蛮夷不同的是，克洛维不仅会抢斧头，不怕死，更重要的是，他有很缜密的机心和长远的眼光。

却说苏瓦松战役后，斧头帮按他们的传统分赃。江湖帮派就是讲义气啊，不论尊卑，所有的战利品抽签决定归属。斧头帮的兄弟们抢劫了兰斯大教堂，主教非常客气地要求克洛维归还教堂一只广口花瓶，据主教说，这是圣杯之类的东西。克洛维虽然答应归还，可他说了不算啊，因为这个花瓶被一个士兵抽签抽到了。克洛维提出希望拿回这个花瓶时，士兵居然当场就发飙了！日耳曼人暴脾气，他表达不满的方式是拔出剑来，将花瓶打碎了！克洛维什么都没说，淡定地捡起所有的碎片，粘好，还给了兰斯教堂。

第二年，克洛维检阅军队，走到砸烂花瓶的士兵跟前时，克洛维大声斥责他，说他武器保管不当，并抢过他的战斧丢在地上。这个傻了吧唧的士兵赶紧要把战斧捡回来，一低头，克洛维就劈掉了他的脑袋，然后向所有人宣告了他的罪行："你就是这样砸烂花瓶的！"

剩下的法兰克士兵都不傻，他们顿时明白了，眼前这位一手鲜血表情冷酷的年轻人已经不是"大哥"了，以后见面要毕恭毕敬地叫"陛下"或者"主公"！

终于确立了自己的地位，克洛维已经27岁了，功成名就的，就是个人问题没有解决。日耳曼人粗线条，国王眼看就是大龄剩男，他们一点不着急。那时候也没个《非诚勿扰》之类的节目让克洛维当众秀秀。好在也不需要着急，很快，有个美女自动送上门了。

来的是勃艮第王国的公主克罗提尔德，勃艮第王国是以法国里昂为首都的日耳曼小国。当时这个国家正闹宫廷政变，公主的大伯杀了公主的父母篡位，克罗提尔德跑到了法兰克王国请求庇护。从天而降的公主算是日耳曼历史上著名的美女之一了，克洛维觉得在乱世中对一个美女最佳的保护方式就是放在后宫，于是克罗提尔德成了法兰克王国的王后。

这不是一个简单的八卦故事，克洛维的这场婚姻直接改变了他以及法兰克王国，甚至包括整个欧洲的历史进程。克罗提尔德是个虔诚的天主教徒，克洛维原来可能是信仰一种多神教，据说王后从新婚第一夜就开始向国王传教，虽然克洛维对自己的王后宠爱有加，但是对于改信宗教这个事，他一直表示不能接受。

法兰克王国继续在高卢的大地上征伐。罗马已死，周遭只剩日耳曼同胞，相同的悍勇善战，相同的如狼似虎，现在每一步扩张，都是残酷的血战，当时最让克洛维头痛的，就是现在法国东北部和瑞士北部的阿勒曼尼人。

公元496年，克洛维遭遇他戎马生涯最大的危机，他被阿勒曼尼人围困，陷入绝境。病急乱投医，临时抱佛脚，克洛维向自己信奉的诸位神仙都发出了求救信号，没有收到神仙的反馈，绝望中，他想到王后天天念叨的耶稣，他高举双手对苍天呐喊，如果上帝能帮他脱困，他将带着自己的子民受洗，成为上帝的信徒。他祈祷完不久,对方的阵营里就出事了,阿勒曼尼士兵突然兵变杀掉了自己的王,然后全体向克洛维投降!

这么神?姑妄信之吧。基督教在西方取得统治地位后,欧洲的历史书,随处可以看到诸如此类的神迹记录。不管是神话还是神迹,反正克洛维干掉阿勒曼尼后真的就带着自己的 3000 亲兵卫队去洗礼了。克洛维可能是第一个正式受洗皈依罗马天主教的蛮族首脑,而法兰克自然也成为第一个接受天主教的日耳曼国家,拉丁语同时也成为法兰克的官方语言。

法兰克成为天主教国家,让别的日耳曼人不以为然,表面上看似乎是失去了很多日耳曼同盟。实际上,罗马崩溃后,那些有实力有资产有影响力的教会无所适从,高卢大地上巨多的天主教徒也找不到依靠。法兰克王国的皈依,自动吸引了这些教会和教民的依附,这是一支巨大的支持力量。像克洛维这样深谋远虑的人,我们更容易相信,他皈依的目的原本就在于此。如他所愿,此后的战斗,可以看作法兰克王国代表教会对异教徒的征讨,上帝保佑,他后来真的是一帆风顺。

在高卢东部击败了图林根人,在瑞士北部解决了勃艮第王国,随后又在当地教会支持下,将西哥特人赶到了比利牛斯山以南,让这座山脉永远地成为国界。最后,克洛维发现,高卢地区,他只剩下一个碍眼的东西了,那就是另一个法兰克政权,河滨法兰克人的国家。

克洛维年轻时就看着精明老到,晚年时已经升级为老奸巨猾,而且更加心狠手辣。克洛维统一高卢地区的征程上,河滨法兰克人一直是以盟友的姿态站在他身边的。攻打西哥特的时候,河滨法兰克首领的儿子克罗德里克一直在克洛维麾下效力。对西哥特的战斗胜利后,克洛维就私下挑唆克罗德里克弑父篡位。克罗德里克骨子里也不是啥好东西,克洛维一挑唆,他就真干了!杀掉老爸,领了河滨法兰克的首领之位,心满意足之余,他还预备了金银财宝一份厚礼说是要送给克洛维表示感谢,感谢别人鼓动他杀老爸。克洛维一脸善良地表示,金银礼品就不要了,不过克罗德里克一番好意,看都不看有点遗憾。这样吧,派一个使团过去,参观一下克罗德里克预备的礼品,就当作法兰克国王心领了。克罗德里克省了一笔财宝,求之不得,赶紧隆重迎接来自巴黎的参观团。使团装模作样参观珠宝时,其中有个使节突然拔出

30

剑来，将克罗德里克捅死了。

河滨法兰克立时乱套了，一连死了两个老大，没当家的，成孤儿了。克洛维及时跳出来，对河滨法兰克人的遭遇表示了极大的同情，并且指天誓日，说自己跟这两个老大的死亡事件绝对一点儿关系没有；作为兄弟之邦，法兰克王国热烈欢迎河滨法兰克人加入，成为一家人，从此克洛维国王会保护他们的安全。就这样，克洛维动了动嘴皮子，就兼并了他旧日的同盟。

克洛维统一了整个高卢，包括现在的比利时、法国、荷兰及德国易北河东部的地区，都归入了法兰克王国的版图，以首都巴黎为中心，成为西欧最强大的国家。为感念克洛维对异教徒和其他蛮夷的胜利，东罗马帝国的皇帝授予他执政官这个称号。得到东罗马的认可，对于蛮族出身的法兰克王国是个意想不到的巨大殊荣。克洛维组织了一个盛大的晋升典礼来庆祝。

东罗马帝国只给一张聘书，又不给人家相应的任职规范。蛮族国家也不太懂礼制，这个晋升典礼排场有点僭越，让东罗马皇廷非常郁闷。因为在这个典礼上，克洛维公然披上了紫袍，戴上了王冠，他这个姿态不是执政官的上任典礼啊，完全是罗马皇帝的登基典礼！好在克洛维没多久就死了，他也没正式宣布自己是皇帝，东罗马也就忍了。

随着疆域的扩大，法兰克王国在各个方面向正式的国家进化，他们甚至还编撰了自己的法典，这部法兰克人的习惯法就是《萨克利法典》，直接影响了后来法兰西国家的法律体系。

511年，克洛维驾崩。他在世的时候，一直致力于打造一个罗马化的国家，大事小情，搞不清楚状况的，都按罗马规矩解决，用罗马的精神武装头脑。谁知在他死时，遇上王权传递这样的大事，他又不按罗马规矩办事了，他又想起他祖上日耳曼的古老传统了。

日耳曼人氏族部落的乡下规矩是，老爷子的财产在所有儿子中间平均分配。克洛维有四个儿子，好在克洛维活着的时候有效率，打了不少地盘，每个儿子能分到一大片。这四个儿子按分到的区域分别成为兰斯王、奥尔良王、巴黎王和苏瓦松王。

这种分遗产的办法就是故意让子孙不和，本来是骨肉兄弟，现在都成了独立的国王，领土粘连，不可避免经常发生边境纠纷，而且估计分的时候丈量的数据也不太科学，分得不公平，也只好让子孙们自己去解决公平了。

大义灭亲的家族

墨洛温这个家族最早成为法兰克部落的总舵主并不是因为武功卓绝、技压群雄，而是这家人的封建迷信活动。最早他家在部落内搞一些占卜问卦跳大神之类的事情，像个祭司，忽悠了大批不明真相的日耳曼群众，成就了自己的家族事业。比如他家人喜欢留长发，据说是长发会在成年带给他家超自然的力量；他家还坚持自己跟特洛伊的英雄们有些千丝万缕的联系，而法兰克的首都——巴黎，这个名字就来源于特洛伊的王子——帕里斯。在《罗马帝国：霸主养成记》中老杨已经介绍过这个人物，一辈子最大的成就就是拐了别人的老婆海伦，引发了古今中外天上地下最热闹最好看的一场大战。巴黎这个城市因为用了这小子的名字，到现在都没人说巴黎人品行端正，遵守风化。

上篇说到法兰克王国的开国君主克洛维死了，家产传给了四个儿子。大家掐指一算，按照这个分配方法，日耳曼人如果不讲究个计划生育，子生孙孙生子，子子孙孙循环几轮后，这些法兰克王室子弟到手的土地面积只能是蜗居了，其权力范围绝对比不上一个村主任，为了防止自己从王子沦为农村基层干部，克洛维的子孙自力更生排除万难解决人多地少的问题。

四位王子根据长幼排序，分别是兰斯王、奥尔良王、巴黎王和苏瓦松王。要说这四个王，心机最深的就是老四苏瓦松王，大名叫克洛泰尔。分家后，他二哥奥尔良王忙着收拾勃艮第人，结果战死了。克洛泰尔为了安慰遗孀，就把二嫂带进了自己的后宫，并叫上大哥兰斯王和三哥巴黎王一起，害死二哥的两个儿子，将第三个儿子逼出家。兄弟三个分了老二的土地，因为克洛泰尔是主要策划人，所以分了最多最好的土地，算是苏瓦松兼并了奥尔良。

随后兄弟三个联手吃掉了勃艮第王国，克洛泰尔又分到一大片。不久大哥和大侄子相继死了，克洛泰尔就拿走了兰斯的土地，三哥死后，他又收下了巴黎。终于，50年的分裂后，克洛泰尔又将法兰克王国统一了。

克洛泰尔也不仅仅是会欺负自家人，他一直扩张到德国东部的萨克森，将现在德国的土地也收编了。

局面挺好的，又一个大一统的强大国家。无奈好景不长啊，克洛泰尔是骨肉相残兄弟阋墙的总策划和主要参与者，他一点也没觉得这样有什么不好，他在位时发现自己的大儿子疑似谋反，便果断利落地将儿子儿媳妇孙子一并活活烧死。

大儿子死后，克洛泰尔正巧又剩下了四个儿子，法兰克王国土地又被分成四份。克洛泰尔已经为儿孙们留下了很好的传统，自家人杀自家人毫不留情，不仅儿子们出手狠辣，儿媳妇们也不示弱，从克洛泰尔开始，整个墨洛温王室就比屠宰场还要血光冲天。

先是拥有巴黎地区的大王子分家不久就死了，他三个弟弟一拥而上分割了大哥的土地。于是，整个法兰克王国就成了三个部分，东部的奥斯特拉西亚，它的主人是三王子西吉贝尔特；西部的纽斯特里亚，领主是四王子希尔佩里克；勃艮第地区，它属于二王子贡特拉；还有一块位于现在法国西南部的阿基坦公爵领地，属于三兄弟共有。

以下要说的是墨洛温王朝最著名最经典的自相残杀的故事，不仅内容血腥，人名地名还都非常繁复，老杨每次讲这个故事，自己都被弄晕了。

话说三王子西吉娶了西哥特王国的公主布隆希尔德，她艳名远播，是当时该地区著名的美女。四王子希尔的后宫已经网罗了不少美女了，看到三嫂还是无比眼馋。他听说西哥特王国还有个美艳的女儿，也就是布隆希尔德的妹妹，于是赶着去西哥特求亲，将加尔斯特温娶进了门。姐妹花嫁给兄弟俩，也是一段佳话。

四王子这个等级的流氓怎么会忠诚呢？加尔斯特温过门没几天，希尔佩里克就腻歪了，他发现还是他原来的情妇好些，这个情人是他的侍女弗雷德贡德。加尔斯特温刚进门就从新妇变成怨妇，天天被晾在后宫晒太阳，以泪洗面。加尔斯特温小姐大小是个公主啊，肯定有点脾气，她忍无可忍之后，终于发作了，跟所有受了委屈的小媳妇一样，她强烈要求回娘家。

四王子希尔佩里克不仅好色，还暴躁。日耳曼人的家族多少有点大男子主义，他觉得老婆就应该低眉顺眼、三从四德，即使受了气也只能打落牙咽下去，居然敢张罗回娘家，让老公没面子啊。希尔佩里克的暴怒让弗小姐感同身受，弗小姐非常体贴地帮着出了个解决办法，希尔佩里克马上就接纳了这个主意。不久的一个夜晚，熟睡中的加尔斯特温被一个奴隶勒死。为了感谢弗小姐帮着除掉老婆，希尔佩里克将弗小姐扶正，一个侍女成了王后。

听说自己的妹妹被杀，奥斯特拉西亚的王后布隆希尔德又悲又怒，她认定了这一切的罪魁祸首就是弗雷德贡德，她发誓要让这个贱婢付出代价。于是西吉贝尔特和希尔佩里克之间的兄弟内战开始了，而实际上，这一场战争是布隆希尔德和弗雷德贡德两个女人间的仇杀。

兄弟内战没什么看点，那个时代的战争也打不出什么新花样，因为有两个女人参与其中，所以厮打成了次要的，重点是私下耍心眼施诡计。

弗小姐先胜了第一轮，她派人暗杀了布隆希尔德的老公，还没收了对方的财产。眼看能让布隆希尔德投降，没想到希尔佩里克的大儿子看中了这个三伯母，还不惧流言蜚语要和她结婚！气得希尔佩里克不得不把这个大儿子赶进了修道院。不久，希尔佩里克也被暗杀了。弗小姐带着襁褓中的儿子托庇于老公的二哥，二哥贡特拉死后，弗小姐彻底失势，非常不幸地落在了布隆希尔德的手里。

新仇加旧恨，布隆希尔德肯定不会让弗雷德贡德死得舒服了，历史书记录的是，弗小姐受尽酷刑而亡，具体酷刑到什么程度，我们是不可想象的，不过女人对女人下手，也有现成的例子，比如半个世纪后，中国出了位姓武的小姐，她就将自己的情敌手脚砍掉，丢进酒缸里泡着。

弗小姐惨死，好在还留下一个儿子，虽然童年饱受颠沛流离之苦，这个儿子还是顺利接下了纽斯特里亚的王位，他的大名也叫克洛泰尔。

这个儿子真是秉承墨洛温家族的基因啊，一上班就进入了咬牙切齿地找亲戚们报仇的状态。一边跟自己的三伯母布隆希尔德开战，一边使反间计，挑动奥斯特拉西亚上下不和。终于有一天，奥斯特拉西亚的贵族跳出来，推翻了掌权的布隆希尔德。

布隆希尔德落在克洛泰尔手里时，已经是个花甲老太太了。好侄儿克洛泰尔可不信这个邪，他光想自己的妈死时的惨状了。他想出来的处决方式也挺有创意的，他将老太太绑在自己的马后，拖着一路狂跑，直到老太太咽气为止，这两个女人的恩怨终于在血腥中了结了。

克洛泰尔后来成为克洛泰尔二世，因为他不仅继承了祖父的名字，还继承了他的事业，在位 16 年间，他用各种办法兼并了其他堂兄弟的领地，再次将法兰克王国统一。

墨洛温王朝是从帮派组织成长起来的，对于手下那些帮自己拼命打江山的兄弟，从克洛维时代就延续匪帮的传统，那就是每次占领了新的土地，主公都非常大方地馈赠给宠臣或者是亲信，不仅让他们终身享用，而且无条件世袭，以至于这些贵族地主们势力越来越大。

到克洛泰尔二世统一时，他根本说了不算，法兰克王国已经成为大贵族、地主和教会的势力天下，因为他们掌控大部分的土地、财富和军队。国王的话他们不太听。

也是从克洛泰尔二世开始，法兰克王国的历史中，国王就已经不是唯一的主角了，有个至少是跟他一样重要的角色叫宫相。大家感觉上应该是丞相之类的官职，那是他们发迹以后的事了。最早，这个位置不过是王室的管家或者主管，管理国王家中的大小事务。

能者多劳，宫相都是些能力很强智商很高的人，渐渐就大权在握。原来宫相是国王亲封的，贵族们得势后，他们要求推选宫相。宫相既然是贵族们选举出来的，所以虽然贵族们不听国王的，大部分时候，他们跟宫相还是互相商量。

宫相管的事越来越多，权力越来越大。克洛泰尔二世的江山传给儿子、孙子，反正都说了不算，那就不说了吧，省点力气。墨洛温王朝后期，国王就越来越懒，每天喝点小酒，唱着小曲，找人赶着一辆带有王室徽章的牛车，在古代欧洲那些崎岖泥泞的小路上晃悠，每经过一处，就让当地给贡献点特产，吃点野味，日子过得相当安逸。

墨洛温王朝最后有 12 个国王都是这样过日子的，历史上，称这一段为"懒王时代"。

铁锤来了

上篇说到法兰克国王越来越懒，主子懒了，管家就只好包办所有的事了，除了国王一家老小的吃喝拉撒，整个王国的吃喝拉撒都成为工作内容。

法兰克王国分为三部分，自然也就有配套的三个宫相。懒王时代，国王懒得干仗了，但是王国内部还是硝烟不散，因为这三个宫相不懒，他们要争个高低短长。

这三个王国中，以奥斯特拉西亚和纽斯特里亚为大，所以这两家的宫相打得也最激烈。最后，奥斯特拉西亚的宫相——赫斯塔尔·丕平获胜，能者多劳，他的胜利果实是包办三国的事务，成为总宫相。也就是说，虽然三国有各自的国王，但是大小事只有一个人说了算，那就是丕平宫相。

既然什么事都能说了算，那么总宫相这个职务自然也能在丕平家族内传继，715 年，丕平的私生子查理接了他的班，成了法兰克王国的大当家。

查理宫相可以说将丕平家族的宫相事业带上了顶峰，几乎可以媲美咱们的曹孟德。查理在任时，法兰克的各国王都可以忽略不计。查理也不用挟天子以令诸侯，因为诸侯很多年前就知道听宫相的话比听国王的话更有效率。

其实查理刚上台时，没这么威风，日子并不好过。纽斯特里亚和勃艮第的贵族们刚开始根本不愿意被奥斯特拉西亚的宫相辖制，而在东部，有些外来部族的敌人对王国虎视眈眈，以前三国共治的阿基坦领地更是趁着这段时间闹独立了。但，最吓人的是，阿拉伯人来了！

大家回忆一下东罗马的历史，还记得 7 世纪中后期，阿拉伯人对拜占庭帝国的连续攻伐吗？后来因为东罗马使出了"希腊火"这种大杀器，加上君士坦丁堡神话般的固若金汤，终于将锐不可当的阿拉伯铁骑阻挡在欧洲之外。阿拉伯人不甘心啊，于是，他们换了个思路，东方不亮西方亮，他们决定绕道伊比利亚半岛，踏平那里的西哥特王国，然后翻越比利牛斯山，进军欧洲大陆。714 年，阿拉伯人真的按计划吃掉了西哥特王国，兵锋直指大山另一面的法兰克王国。

上篇说到，墨洛温王朝的分封制让地主贵族势力日增，查理接班后，觉得这种草莽气颇重的分赃形式已经跟不上新的斗争形势，对查理来说，他需要的不是天天趾高气扬的地主贵族们，他需要的是一支强大而且听话的军队。于是，查理开始土改。

查理推行的土地改革制度叫作"采邑制"，也就是说，表现好的臣子们，还是有土地分，但前提是，拿了国家的地就要替国出征，服兵役，如果不愿意打仗，土地立即收回，而且这些土地是不许世袭的；主公保护这些封臣的利益，封臣当然要忠于主公，保护主公不受欺负。

采邑制实行后，地主们安顿好土地，就自备兵器盔甲带着自己的人马替主出征，这些人有钱啊，所以军备普遍比较高级，都有自己的战马和骑兵装备，于是，骑兵成为战场主力，也为后来西欧中世纪的骑士制度奠定了基础。

阿拉伯人翻越比利牛斯山，进入的第一块法兰克领土就是阿基坦地区。这个地区的公爵叫欧多，是个著名的刺头，查理刚接班，他就闹了独立。不过他有牛气的理由，因为阿拉伯人最早试探性的进军就是被阿基坦的当地武装打回去的。

731年，阿拉伯倭马亚王朝的西班牙总督阿布德率几万穆斯林精骑再次来袭，这次人家来真的，欧多就扛不住了。

阿基坦地区大家可能不熟，但是这里有个地方是天下闻名，也就是波尔多地区，最好的葡萄酒产地。穆斯林打进阿基坦的时候波尔多的这项特产还没有这么出名，况且穆斯林也不喝酒，波尔多的酒香对他们也没啥吸引力，只看着是个繁荣茂盛的港口城市，于是就先把这里占了。波尔多一失陷，欧多公爵就慌了，他也不闹独立了，赶紧收拾细软带着家丁向查理投诚。

查理运筹帷幄，高屋建瓴地提出了暂不抵抗，让穆斯林长驱直入的方针。为啥呢？因为查理了解阿拉伯军队。阿拉伯人满世界打仗，最高目标肯定是在欧洲推行伊斯兰教，但是这个目标实现起来比较困难。次级目标，比较容易实现的呢，一是抢土地，二是抢财产。扩张的土地充实了阿拉伯王国的版图，但是金银财产却是要全军分配的。这一路高歌猛进，很快，以腾挪灵动著称的阿拉伯轻骑兵就有点走不动了，因为行李辎重太多了。

不能闪电般地进退，阿拉伯的轻骑兵就失去了他们的优势。当查理的法兰克大军将他们堵在图尔地区对峙时，阿拉伯人怎么也不愿意放弃抢到手的财物，这些身外之物成为行军最大的负担。不能出其不意地进攻，轻骑兵就几乎没有防御能力，而他们面对的是法兰克王国新型的重甲骑兵，不论是进攻还是防御都排山倒海，地动山摇。打了几天，阿拉伯人不得不接受现实，丢下财物，逃之夭夭。查理也没有乘胜追击，因为阿拉伯人留下的财物让法兰克人有点走不动道了，而查理对欧多公爵也颇有猜忌，所以他愿意让阿拉伯军队留在山的那一边帮他牵制阿基坦地区。

这场普瓦蒂埃战役法兰克损失了大约 1500 人，而让阿拉伯人将万余尸首留在了欧洲大陆。战役的胜利不仅仅是战场上的，查理阻挡了阿拉伯人进入欧洲的脚步，保住了西欧的文化，特别是基督教在欧洲的统治地位。查理因为这一战被称为"铁锤"，在欧洲大地上，声誉一时无两。后来不久，他彻底平定了阿基坦地区，将一个整齐统一的欧洲大国交给了自己的儿子丕平。

铁锤查理一向被中国的历史学者拿来跟曹操相提并论，两人都算是"挟天子以令诸侯"，权势无匹，但是不管如何强大，即使顶着个奸雄的骂名也不篡位。曹操可能是有点儒家教育的根底，不太敢逾越最后一条红线，查理没这个讲究啊，他也不敢取君主而代之，这是个很奇怪的事。好在这两位的儿子都出息，而且都是"丕"字辈的。

三 法兰克王国之加洛琳

这个秘书很懂事

铁锤查理其实有两个儿子，他死后，长子卡洛曼成为奥斯特拉西亚的宫相，次子丕平成为其他地区的宫相。之前说过，墨洛温王朝进入后期，王子兄弟之间不打了，改成宫相之间争权夺利。丕平显然更胜一筹，到任不久，他就把大哥赶进了修道院，像他父亲当年一样，把持了整个王国的朝政。

这个丕平因为个子矮小，历史上被称为"矮子丕平"，法国的矮子名人非常多。

丕平同学个头虽小志气高，他觉得总宫相这个职位，干活不少，待遇却总上不去，肯定是上不去了，这已经是人臣的极限了，再想提升，就只能等顶头上司挪个位置出来了。根据历史传统，这个顶头上司一般不会随便把位子让给一个宫相。丕平想到，顶头上司也不是老大啊，在欧洲，唯一的老大是上帝，上帝他老人家一时见不到，他的代理人，罗马教皇总是在的，如果罗马教皇支持让墨洛温家族提前下课，丕平坐上王座，这个改朝换代就算是名正言顺了。

于是，丕平给罗马教皇写了一封信，大意是：国王只是个摆设，宫相一天忙到死也还是个打工的，这个事公平不？罗马教皇回信非常体贴："谁干活谁做主，国王当然应该是实权人物居之。"行了，拿到任命书了，751年，丕平非常客气地把墨洛温家族最后一个国王送进修道院，法兰克国家的大主教为他涂油加冕，他建立了法兰克王国的加洛琳王朝。

教皇怎么这么好说话呢？那以后谁想谋反忤逆只要给教皇写信就成了？当然不是，丕平同学是在一个正确的时间做了一件合适的事。请大家回忆东罗马历史，还记得吗，西罗马灭亡后，罗马教廷是依附拜占庭帝国存在的。

这一段时间，因为拜占庭国内吵着要捣毁圣像，直接导致了东西两个教会的观念冲突，罗马和君士坦丁堡已经处在决裂的边缘。罗马教皇孤零零地留在意大利，周遭还有些对意大利半岛虎视眈眈的蛮夷，比如日耳曼的伦巴底人，他们已经在意大利站稳脚跟，预备继续南下建一个伦巴底人的罗马帝国。拜占庭照顾罗马教皇的时代，这些人要是进攻意大利，肯定有东罗马的军队迎击他们。现在罗马教廷既然不跟拜占庭玩了，再有人欺负他，他自然不愿意找拜占庭帮忙，所以对教皇来说，在欧洲再扶持一个自己的保护国是非常必要的。不用挑选，当时西欧最强的就是法兰克王国了，而丕平家族既然掌握着国家实权，教皇早晚用得上，何不顺水推舟满足他的要求？

丕平上位，这个人情加洛琳王朝肯定是欠了罗马教廷的，还能不还吗？

不久，教皇就去讨要他的人情了。那是公元752年，教皇老爷子斯蒂芬二世顶风冒雪翻越阿尔卑斯山造访法兰克。老爷子说了，他一定要亲自来给丕平加冕！

罗马教皇的加冕啊，这种荣耀太大了。所以丕平在当了两年国王后，又繁文缛节地搞了一次加冕仪式，又涂了一次油膏。教皇还宣布，以后禁止从别的家族产生国王，如果有其他人想篡加洛琳家族的王位，教廷将其开除出教会！也就是说，教廷公开给了一个双重标准，丕平家篡位是可以的，其他人如果再敢干这事，上帝绝不罩他！

看着丕平兴奋得小脸通红，教皇慢条斯理地表明了来意——请丕平对伦巴底人用兵。这时候教皇不论要求什么，丕平都会奋不顾身地赴汤蹈火。他赶紧整饬人马，护送教皇回罗马，经过阿尔卑斯山，顺便收拾了伦巴底的军队。两年后，丕平再发大军至意大利，横扫了伦巴底人占领的地区，迫使伦巴底人把占领的意大利中部的领土归还。丕平讲究啊，他一收到这些土地，转手就赠送给了教皇，这样一来，原来的光杆教皇有了自己的领土，这4万多平方公里的土地就成了教皇国，教皇除了继续给上帝打工，还兼任了世俗的教皇国国家元首。这个事件，历史上称之为"丕平献土"。

自己辛苦抢来的地盘转手送人，在当时的蛮族国家还是比较罕见的。丕平为啥能这样办事得体善解人意呢？大家别忘了，他是宫相出身的，宫相嘛，最早的工作实质就是相当于国王的秘书或者助理。秘书这个职位最是培养人磨炼人。

宫相废主登基，标准的奴才造了主人的反，可是，这个出身一点不影响丕平家族在西方历史上的尊崇地位，第一个重要原因当然是跟教廷这种互相有用的亲密关系。大家都知道，欧洲历史人物的形象，跟教会的好恶是息息相关的。但是，如果一个王朝没有引人注目的男主角，教廷再喜欢也没用。好在矮子丕平也算是了不起，他除了为法兰克王国建立新的王朝，还给自家的王朝生了个欧洲历史上最声名显赫的当家人，后来被称为"欧洲之父"，也就是我们即将说到的查理大帝！

猝不及防的皇冠

查理是丕平的长子，作为未来的男主角，他在丕平时期，出镜得比较早，而且戏分很重要。上面说到教皇老爷子翻山越岭顶风冒雪到法兰克王国访问，上赶着要现场给丕平涂油加冕。老爷子不远千里而来，行程艰苦，丕平秘书出身，深谙迎来送往之道，所以他命令自己的长子查理出迎教皇。这时查理刚 12 岁，这个年龄的孩子就算懂礼貌有家教，最多就是在城门口恭迎贵客，可查理却是策马赶了 100 英里的路，在勃艮第见到了教皇。教皇看这孩子风尘仆仆，非常感动。老爷子远来，也没预备给孩子的见面礼，只好顺手涂了查理一脑袋油膏。大家千万别说教皇小气，教皇就是送给查理一座金山，也没有这一脑袋油膏值钱；因为这个动作代表着，教皇宣布，这孩子是未来的法兰克王！看到没有，最先受教皇加冕的法兰克人不是丕平而是查理！

768 年，阿基坦地区又叛乱了，丕平在征讨的过程中病逝。已经改朝换代了，继承的思路就是不肯改。丕平让长子查理和次子卡洛曼平分了法兰克王国。

这种分家方式在墨洛温家族就危机四伏，到了加洛琳时代一点没改善。年轻时的查理为人还比较大气，上班之初想的就是要继续安定阿基坦的局势，所以他邀上弟弟，预备两家联手镇压阿基坦的叛乱。

本来根据分家的地图，阿基坦地区是属于卡洛曼的领地，纵然有人造反，也应该是卡洛曼着急，谁知他不着急，因为查理大哥替他急了。查理一边发兵阿基坦，一边叫弟弟快过来帮忙。卡洛曼直接搞了个自我屏蔽。查理没办法，大军已发，不打不行了，好在查理十来岁就随父亲征战沙场，公认是个天生的统帅，虽然没有支援，没人帮忙，他还是最终收拾了叛军，让阿基坦地区暂时顺服了法兰克，不，应该是卡洛曼的统治。

经过这个事，兄弟俩的芥蒂就算正式产生了，整个西欧都等待着法兰克王国内部的又一场兄弟内战。卡洛曼这娃命好，没机会跟查理大哥正面交战，因为接班 4 年不到，他就病死了。这样，查理不用背负欺负弟弟的骂名，直接接手了整个法兰克王国。

丕平一上班就觉得自己帽子太小，查理一上班就觉得自己地盘太少，即使现在法兰克的国土上已经没人跟他分割版图了。

把邻居杀死或者赶走应该是扩张地盘的唯一办法。正好，罗马教皇又求救了。这不是丕平抢了伦巴底国的土地送给教皇了吗？伦巴底人心不甘情不愿，肯定是天天上门索要呗。

其实，就算是罗马教皇不找查理帮忙，查理也预备收拾伦巴底王国了。他在卡洛曼死后占领了弟弟的土地，而卡洛曼有老婆有儿子啊，卡洛曼的老婆来自伦巴底王国，受了欺负，自然回娘家求救。当时的伦巴底国王已经张罗着要立卡洛曼的儿子为法兰克国王。

公私兼顾，773~774 年，查理远征伦巴底，经过 5 次大战，彻底平灭了这个意大利北部的国家，他派自己的儿子做总督驻守这里，而查理此时就成为"法兰克人和伦巴底人的国王"。至于查理的弟妹和侄子，其下落恐怕只有查理自己才知道了。

刚把意大利的事情平定，查理感觉比利牛斯山对面的穆斯林总有些隐患，于是他又发兵西班牙，将现在的巴塞罗那一带收入囊中，称为法兰克王国的西班牙边区。

查理一辈子都用来干仗了，他的生涯中有历史记录的大战超过 50 多次，前面说的阿基坦平乱，伦巴底征服和西班牙边区的成立，加在一起大约是 20 多次，剩下那些数字大部分奉献给萨克森人了。对萨克森人的战斗，是查理戎马生涯最辛苦也最惨烈的篇章。

萨克森人也是日耳曼种族的，当时在莱茵河下游及易北河之间的地区存身，从《英帝国：日不落之殇》我们知道，萨克森（在《英帝国：日不落之殇》里叫撒克逊）人有一部分跟来自日德兰半岛的盎格鲁人联手，以海盗起家，最后入主了英伦三岛。而在欧洲中部地区剩下的萨克森人就落后多了，一直维持着原始社会刚解体时的蛮夷生活，继续信仰着多神教。

从墨洛温王朝开始，法兰克王国和东北邻居的萨克森人互相不服，经常发生边境冲突，法兰克看着这个桀骜不驯的同宗邻居也非常头痛，跟萨克森人干仗几乎是每个法兰克当家的都要重视的工作。

丕平晚期，法兰克王国和萨克森人难得地和平共处了一阵子，到查理这辈，邻里关系又恶化了。西欧大部分地区都信基督了，萨克森人坚决不从，对于到他们的地盘上去传教布道，他们也是极为排斥，经常有些大不敬的动作，比如焚烧教堂。

查理除了是个善战的统帅，最大的特点就是信仰虔诚，所有的异教徒都是他的敌人。有人在他家门口焚烧教堂，这绝对比烧了查理的眉毛还严重，他肯定是以最快的速度发兵征讨这帮不信上帝的蛮夷。其实不管萨克森人烧不烧教堂，查理要对他们动武是早晚的事，如今师出有名，法兰克军队更加士气高昂。

查理自己也没想到，这一仗会打得如此辛苦，他在位46年，其中的32年都在跟萨克森拼命，其间大型的征讨行动就有18次。

战争刚开始阶段，法兰克的军队一如往常般的顺利，萨克森的首领战败逃走，当地的贵族地主愿意向查理宣誓效忠。查理于是很放心地跑到西班牙跟穆斯林打仗，正打得热闹，萨克森人又反了，查理只好北上镇压。可这一次，查理没有好运气，他不断地失利，而他驻扎在萨克森的某个营地某天突然被萨克森人偷袭，大批法兰克的优秀将领、贵族等被杀，而这些人，都是查理的亲信、朋友。这一次遇袭改变了查理对萨克森的征伐初衷，现在对他来说，这片土地一定要被彻底清洗，而且一定要让基督的荣光普照这些蛮夷的灵魂。

查理从此对萨克森变得残酷而暴躁，为了找到此次突袭事件的元凶，他将所有之前宣誓效忠于他的当地贵族叫到跟前，让他们如实交代反动游击武装的人员名单。萨克森人还是比较执拗的，虽然是投降了，但是出卖同胞的事不干，终于将国王惹火了，一天之内，他下令屠杀了 4500 名萨克森人！随后，他一边不断地剿灭当地人的反抗之火，一边强行在该地区推行基督教，杀戒一开，很多事就容易多了，毕竟将宗教信仰凌驾于自己生命之上的人还是比较少。当该地区终于满腹委屈地臣服后，至少有四分之一的人口已经被杀无赦了。

整个王国东部的征服，除了北部萨克森，还有中部的巴伐利亚，最后是多瑙河流域的阿瓦尔人。查理刚接下王位时，法兰克的领土不过是现在的法国、比利时、瑞士和德国荷兰的部分地区，几十年打下来，法兰克王国的版图东起易北河多瑙河一线，西至大西洋，南起比利牛斯山，北至北海。而在这个地区，这样的疆域历史上只有一个国家可与之抗衡，那就是当年的罗马帝国！

既然已经拥有了一个罗马帝国，再叫他法兰克国王是不是有点委屈人家呢？查理自己难道没有啥进一步的要求吗？查理淡淡地一笑，告诉我们："有福之人不用愁，我一犯困就有人送枕头！"

查理跟罗马教廷的关系好，大家都知道的，所以他也能左右一些教皇的选任之类的事务。比如当时的教皇利奥三世，就是在查理的支持下顺利当选的。他上任后自然是百般地说查理好。教皇自从有了自己的土地，罗马那些贵族都有点眼红，所以隔三岔五地找教皇发难，估计利奥三世自己的行为也不是特别谨慎，上任不久的某天，在大街上晃悠的教皇就被一群贵族围攻，随后被关了禁闭。主事的罗马贵族声称利奥三世犯有道德败坏、生活放荡、品行不端等长篇罪行，还说他们预备挖掉教皇的眼珠子并切掉他的舌头以净化教廷的风气。根据《罗马帝国：霸主养成记》我们知道，罗马人说是要切下部分器官，那一般还是下得了手的。不过罗马贵族出名的办事不靠谱，抓了教皇这么大的事也不认真对待，还没来得及挖眼睛割舌头，利奥三世居然全须全尾地跑掉了。

教皇踉踉跄跄、狼狈不堪地跑到了萨克森地区，找到了正在种族清洗的查理，哭诉了自己的遭遇。查理马上放下前线的工作，率领大军亲自护送利奥三世回到罗马，并召开了宗教大会。查理以法官的身份，宣判了整个事件，迫使闹事的贵族收回对教皇所有的指控，并发誓以后不敢了。教皇归位，重掌教廷，基督教世界的一场风波在查理的兵威下消弭。大恩不言谢，利奥三世知道，他需要找个合适的机会彻底报答查理。

当年，也就是公元800年的圣诞节，作为一个虔诚的教徒，查理盛装出现在罗马的圣彼得大教堂，利奥三世主持宏大庄严的弥撒，而查理面容祥和地跪在圣坛前祈祷。突然，利奥三世做了一件出乎所有人意料的事，他拿出一顶金色皇冠，戴在查理头上，然后大声宣布："上帝为查理皇帝加冕，这位伟大的带来和平的罗马人皇帝，万寿无疆，永远胜利！"世界历史上王冠加顶的故事很多，大家还记得，恺撒当年也有这样一天，不过他戴上花冠时，现场比遭遇寒流还冷。查理不一样，虽然他几乎是被皇冠加顶时表情最迷茫的一位，可是他周围的欢呼声却是清晰如雷的。看样子，几乎所有人都等待这一天了，只有查理自己还颇为懵懂。

既然支持声山呼海啸的，再拿下来就让现场观众失望，让教皇利奥三世没有面子了，先戴着吧，现在，查理不是国王了，他是神圣罗马帝国的皇帝！

查理变成皇帝这个过程，到底是在查理并不知情的情况下由利奥三世一手导演，还是查理私下和利奥三世通了气的阴谋，不得而知，也是历史之谜。根据史料，大部分人倾向于查理之前并没有称帝的意图，原因是他忌惮东罗马，毕竟东罗马才是罗马正统，他怕自己称帝得不到认可，徒惹嘲笑。

请大家复习《罗马帝国：霸主养成记》，在东罗马帝国的第十三篇里，老杨说到，此时的东罗马是艾琳女王当政，罗马教廷不承认艾琳是罗马皇帝，当然东罗马也拒不承认查理这个西罗马皇帝，但是罗马帝国有个传统啊，西罗马皇帝要得到东罗马皇帝的承认才合法，眼下查理皇冠已经戴上了，东罗马又没有一个可以被所有人接受认可的皇帝，这个局面怎么解呢？只好先僵持着吧。

虽然东罗马不承认，西欧大部分地区可都认可了查理，即使是刚刚建立的阿拉伯帝国的阿巴斯王朝，还专门派人送了一头大象作为祝贺罗马帝国皇帝登基的礼物。后来拜占庭艾琳女王甚至愿意跟查理结婚，来解决这个僵局。遗憾的是，这一场东西合并，罗马再现的盛况因为艾琳女王被人推翻而没有实现。12年以后，拜占庭的皇帝才万般无奈地承认了查理的职称。

能征善战、信仰虔诚都是查理的主要优点，而最难得的是，作为一个蛮族、军人出身的皇帝，他对文化的重视是超乎寻常的。当时法兰克王国虽然国势强盛、疆域辽阔，可几乎是个文化沙漠，查理的臣民们大部分是文盲。查理专门在亚琛一带开设了学校，教这些一直以文盲当有型的日耳曼人看书识字，对于一些勤奋好学的贫家子弟重点提拔，还下令教会抄录和保留希腊和罗马的文稿经典，推广传播。查理皇帝的这一轮文化建设，甚至被有些人称为"加洛琳王朝的文艺复兴"。

文治武功，查理都算是千古一帝了，他被后人尊为查理大帝，而他治下的庞大疆域，经常被称为查理曼帝国。现在的德国、法国、意大利、荷兰、西班牙等国，甚至包括英格兰，往自己脸上贴金的时候，都说查理大帝是自己国家的英雄祖先，所以他又被称为"欧洲之父"。

查理大帝一生正式结婚有5次，品种流杂。法兰克人、伦巴底人、土瓦本人啥种族都有，大都出于点政治需要，其间最大的收获是，他熟悉好几门外语。除了有名有分的，露水情缘还有不少，私生子就更加不计其数了。但因为他宠爱第三个妻子，所以这一支生的儿子才被认为是嫡出，有继承权。这个土瓦本女人也生了不少儿子，不过活到最后能继承大统的只有羸弱的小儿子路易。这真是个讽刺，法兰克只有巴掌大的时候，等着分家产的兄弟们还要排队，如今这么大一片领地，却没有人来分了。

查理大帝也是个劳碌命，闲不住，不打仗他也喜欢巡视边疆。要巡视查理曼帝国的边境可不是个轻松的活，想象一下骑着马绕现在的欧洲西部一整圈是什么工作量！历史上，不少英雄人物战场上的危险都逃过了，却平白无故会从马上掉下来没了性命，所以说疲劳驾驶是有严重安全隐患。查理大帝也在一次巡访中，御马受惊，被掀落在地。这一跤跌得不轻，皇上一直没恢复过来，814年，伟大的查理大帝驾崩了！

西欧诸国的出生证

从铁锤到矮子再到大帝，丕平家族真是一代胜过一代，如果查理大帝再生出一个比他还狠的儿子，我们就要怀疑这家人到底是什么品种，竟然能在繁殖中不断优化基因？！好在上帝是公平的，待到查理要传位的时候，只有最没用的儿子路易在眼前晃悠了，这个瘦弱苍白的小王子吃力地戴上了沉重的罗马帝国皇帝的皇冠，他就是路易一世。

路易在查理大帝身上最显性的遗传就是信仰虔诚，这一点青出于蓝，甚至历史书送他一个"虔诚者"的外号。其实"虔诚"有点用词不当，说他"迷信"更接近事实。

每天，路易一世除了安排国家大事，最重要的工作就是从皇宫到大教堂去祈祷，风雨无阻。他继位后第三年的一天，当他去教堂经过皇宫的游廊时，突然木质的廊檐坍塌，将皇上砸伤。这要是正常人被砸，第一个反应肯定是追究皇家建筑承包商的责任。不过皇上的意识飘得比较远，他马上认为这是某种神启，凶多吉少，搞不好自己就命不久矣。

出于这个考虑，路易除了自怨自艾感慨身世，急急忙忙地开始着手安排后事。历史上手足相残教训残酷，查理大帝曾告诫路易，还是尽量按长子继承这个办法来传遗产。路易有三个儿子，长子洛泰尔，老二丕平，老三路易。根据长子继承的原则，法兰克王国的主要部分加上意大利就传给洛泰尔，同时，洛泰尔还领了神圣罗马帝国共治皇帝的位置，路易一世驾崩后，洛泰尔就扶正成为皇帝。二王子丕平分到了阿基坦地区，三王子路易分到了巴伐利亚地区。

法兰克的贵族地主们最喜欢王子们互殴，他们好趁乱揩油，扩充自己。现在这个传位方式，实力相差太远，这哥三个动手的机会不大，让地主贵族们很失望。

好在，法兰克国王从诞生就注定了这个风格，那就是，亲兄弟，明干仗。路易一世交代了后事，就等着上帝招他过去玩，谁知道他误会了上帝的意思，上帝对他好着呢，不但不安排他早逝，还给他一个梅开二度，老来得子（其实也不算太老）。

如果说皇宫游廊的工程事故真是个神启，那应该也不是给路易一世，是给他老婆的。路易一世立好遗嘱的第二年，皇后死了。尸骨未寒，路易一世迎娶了一位出名的大美女尤迪丝，尤迪丝来自现在德国西南部，当时叫土瓦本的位置，她的父亲就是在当地军政大权在握的韦尔夫伯爵。

德国的历史，牵涉到很多欧洲的重要家族，虽然很费劲，但也没办法，这支韦尔夫家族就是很重要的一家，大家尽量记住它。

尤迪丝不仅美艳而且聪明，深得路易一世的恩宠，婚后不久就生了个女儿，接着，又生了个儿子！路易一世45岁再次当爹，心中百感交集，抱着这个宝贝小儿子不撒手，傻乐了一天，为表达对新儿子的爱意，特意沿用了英雄父亲的名字，小王子起名为查理。欧洲历史上很多国王不都有外号吗，查理的外号是"秃头"。不过，根据史料，实在没有证据证明查理患有任何会导致脱发秃顶的病症，貌似他一直都有头发，老杨确信他的发型跟历史进程无明显关系，大家也就不纠结了吧。

路易一世傻乐，皇后乐不起来，自己饱受恩宠没用啊，生出儿子来也没用啊，因为路易一世所有的财产已经分光了，尤迪丝母子现在金尊玉贵的，将来路易一世下岗后，母子俩到哪里领退休金？谁给买医疗保险？

从查理出生，尤迪丝皇后彻底变成一个欧巴桑了，她是天天念夜夜念，早也念晚也念，翻来覆去就是一句："给俺儿子一块地！"

其实，就算她不念，路易一世也在考虑这件事，怎么给自己的小儿子一块立足之地。指望三个大儿子发扬风格一人让一块是不可能的，没有商量，只能硬来。于是，在查理6岁那年，路易一世正式宣布，查理16岁的时候，将得到阿尔萨斯·库尔·阿拉曼公爵领地加上勃艮第的一部分土地。

哪里会有凭空冒出来的土地，基本上就是从太子爷的遗产上割出来的。大家还记得《英帝国：日不落之殇》里亨利二世的故事，人家就算是同父同母的弟弟都不肯相让，这个异母的弟弟就更别指望了。路易一世刚把话放出来，大哥带着两个弟弟三人就联手造反了！

法兰克王国所有皇室家族亲情都很淡漠，孝顺这两个字在他们的字典里更是不存在，三兄弟直接罢黜了父皇路易一世，监禁了小弟弟查理，后妈尤迪丝更是被丢进了阿基坦一个修道院，据说那里专关通奸女人和巫婆。

一个神圣罗马帝国的皇帝是不容易被罢黜的，有些忠心的诸侯会勤王的，不久路易一世又跌跌撞撞恢复了王位。然后，这一个爸爸四个儿子就热闹了，前后进行了四次分地，怎么分都有人不爽，一不爽就起兵造反。路易一世是既没有智慧解决遗产问题，也没有勇气对亲生儿子下死手，最后心力交瘁而死。当时二王子丕平也死了，所以路易一世驾崩后，遗产之争就在洛泰尔、路易和查理之间进行。这一场三国演义，洛泰尔显然是曹操，路易和查理于

48

是非常聪明地选择了孙刘联盟。

路易和查理的孙刘联合还有个小故事，在现在的法国东部，隔着莱茵河与德国对望这个位置，有个城市叫斯特拉斯堡，当年路易和查理签订合伙合同就是在这里。旧社会签合同，没有盖章公证这些琐事，两边发毒誓，说话算数，如有违背万箭穿心诸如此类的。路易和查理发誓就很好玩了，这两个明明是兄弟，却用不同的语言盟誓。路易那方发誓用的是罗曼语，而后发展为法语；查理那方用的是条顿语，被认为是最早的德语，而发誓的内容形成专门的文书，用的是拉丁语。不管是条顿语还是罗曼语，都说明这两兄弟虽然血缘如此接近，却已经代表不同的国家和民族了，斯特拉斯堡等于见证了两个国家的诞生，所以这个城市在法德两家都有特殊的意思，是欧洲旅游著名的人文景点，"斯特拉斯堡誓言"也成为欧洲历史文化一个特定的词组。

曹操在孙刘盟军的步步进逼下节节败退，最后，大哥终于同意坐下来，签订最后的分地方案。843年8月，《凡尔登条约》签订，三兄弟在彼此感觉不错的状态下完成了这个折腾了30多年的领土纷争，查理曼帝国被切成三份，莱茵河以东，所谓东法兰克归了路易，莱茵河以西那片——西法兰克是查理的，原来的皇帝大哥洛泰尔领了意大利加上东西法兰克之间的一个长条地带被叫作中法兰克的。洛泰尔死后，他的三个儿子又平分了中法兰克这一长条土地，于是原来查理曼帝国的领土上，有叔侄5个王，都对自己的居住环境不满意，都想推掉围墙扩大院子，一通混战。而夹在东西两个法兰克王国中间的洛琳地区，就成为是非之地，左邻右里为它焦躁了好几个世纪。

《凡尔登条约》被认为是"现代欧洲的出生证"，德国、法国、意大利三个国家大约就是由此时逐渐形成并开始发展。

德意志篇

一　从东法兰克到德意志

这一篇起，我们说的故事才是真正属于德国自己的历史了。不过此时，我们还不能称这里为德意志，它还是加洛琳王朝的东法兰克王国。

《凡尔登条约》签订及洛泰尔死后，路易和查理抢了三个侄子不少地盘，东法兰克王国包括现在的荷兰、瑞士、奥地利和德国西部。地方不小，但是在查理曼帝国的三片领土中，这里的文明发展程度最低，也最混乱，因为这里几乎没有被早年的罗马帝国染指过，各族群还都保持着自己的人文特性，品种流杂，有点菜市场的风格。

加洛琳王朝派在这个地区的各级官员，为防御东部的异族入侵，都有自己独立的军政权力，时间长了，就形成5大派系的军阀，他们有自己的语言、法律和文化，自然就成为5个隶属东法兰克王国的诸侯国，在欧洲，我们叫它们公国，而公国的首脑，就是公爵。

这5大公国分别是：法兰克尼亚、萨克森、图林根、士瓦本和巴伐利亚。大家记住这5个大腕，它们是后面历史的主角。

先跟读者报备一声，德意志的历史，因为这些诸侯公国之间的恩怨而异常纷繁复杂，老杨尽量把复杂的问题八卦化，不过，还是那句话：看得懂就尽量看，实在看不懂，直接跳过，找能看懂的看。

路易领了东法兰克成为国王，查理曼帝国的加洛琳王朝在这里统治了68年，经历了5个国王，这5个国王谁也压服不了那5大公爵，既然国王拿自己当配角，老杨也就不打扰他们，让他们歇着吧，我们重点关注这5大诸侯。

除了这5个地头蛇态度傲慢，藐视王权，外患还有不少。因为东法兰克王国地段不好，居住环境很差，容易吸引流氓黑社会过来打家劫舍。本来他们一直受马扎尔人（后来的匈牙利人，参见《罗马帝国：霸主养成记》）骚扰，后来维京海盗发迹，丹麦人又打过来了。对东法兰克国王来说，如何拉上这 5 大家族同心同德抵御外侮是个重大考验。

东法兰克最后一个国王还是路易，他是路易四世，登基时才 7 岁，大权掌握在主教手里。这时马扎尔人的入侵已经如火如荼了，东法兰克各地都饱受蹂躏，路易四世刚成年就战死，还没来得及生孩子呢，于是，加洛琳王朝东法兰克这一支绝嗣。

按道理东边没人了，就应该到西法兰克去找接班人，毕竟人家那是加洛琳王朝的正统。不过东法兰克的主教和诸侯们一致认为，已经分家了，还什么正统不正统的，东法兰克的土地是日耳曼人最早的家邦，就应该建立一个纯粹的日耳曼人的统治格局，以后除了抢地盘，没事就不跟加洛琳家族那帮子打交道了。

加洛琳族系不考虑，这么大一片土地谁来管事呢？不是有 5 大家族吗，从中间选一个。对当时的法兰克来说，谁能凝聚各路诸侯的力量打击犯罪，抵抗蛮族黑社会是最重要的。东法兰克地区的几个大主教在家里分析讨论，法兰克尼亚的康拉德公爵应该有这个能力，而且啊，算起来，他是路易四世的外甥，跟加洛琳王朝有亲，算跟皇统沾边。

就这样，康拉德公爵成了康拉德一世，戴上了东法兰克的王冠。从公爵到国王，康拉德唯一提高的待遇就是多了顶帽子，因为其他的领地的公爵根本不鸟他。法兰克尼亚公国在 5 大家族中，实在不能算势力强大，他不当国王还好，一当国王，就成了其他那 4 家人的出气筒，变着法子找他麻烦。

其中最淘气的，当算是萨克森家族的亨利，大家还记得萨克森吧，前面介绍过，查理大帝几乎花了一辈子的时间，血溅四方，才换得这个族系的屈服。即使是归顺了帝国和基督教，萨克森人剽悍铁血的性子一时还不容易改，因而萨克森几乎是 5 大家族中最不驯的，而且也是势力最强的，跟当年咱家军阀混战时期张大帅一样，雄踞东北，财雄势大。

从康拉德一世登基开始，萨克森公爵亨利就拿他消遣，亨利也没有公开表示起兵篡位的意思，他就是隔三岔五地启衅打架，挑战康拉德的帝王尊严。康拉德纵然有一肚子愤懑，也没地方出气，因为基本上大多数交兵，他都输给亨利了。

内乱不能平息，外侮更是无能为力，康拉德一世头昏脑涨心烦意乱地在东法兰克王国国王的位置上坚持了9年，临死时，他终于给自己毫无意义的帝王生涯寻找了一个高明睿智的结尾。

本来他可以将王冠传给他弟弟，但是他知道，这个位置折磨人，还是不要祸害手足了，他决定让自己的死敌遭一遍同样的罪，他宣布，传位给他最大的仇家——萨克森公爵亨利！不管康拉德到底出于什么目的，表面上看，他这就算是以德报怨了。当然，交出大位有条件，那就是他弟弟接班的法兰克尼亚领地自治，不受新国王的辖制。

萨克森的亨利同学日常生活非常丰富，他的萨克森地盘长期受到马扎尔人和丹麦人的正面冲击，他一边忙着跟这些外来敌人干仗，一边还招惹自家老板打架消遣，除了这两件大事，平日里，钓鱼摸虾、斗鸡走狗这些活动更让他忙碌。这天，他正带着手下在哈尔茨山中抓鸟玩，突然有快马来报，通知亨利，"陛下别再抓鸟了，赶紧去加冕吧，以后全国的鸟都听你的了！"

就这样，亨利一世成为国王后，人送外号"捕鸟者"，这名字怎么听怎么不务正业！

说亨利一世不务正业那是相当委屈，这伙计一上台就说明了，他当国王的能力绝对在他捕鸟的能力之上。

先是登基加冕，亨利一世就给了所有人一个桀骜不驯、特立独行的印象，先插播一个小故事啊。

我们之前说到加洛琳家族丕平和查理被教皇涂油加冕的事，到底涂油是怎么回事呢？这要追溯到《圣经·旧约全书》，以色列的先知撒母耳根据上帝的要求，指定大卫为王，而大卫需要"受膏"，翻译成普通话就是抹一身油，这个油膏的主要成分应该是橄榄油，还掺杂点香料。通过一个上帝指定的代理人，涂在"受膏者"的脑门、胸口、后背等身体各处，表示上帝认可该人成为某种权力的代表。这些"受膏者"在教界就是教皇主教一流，在世俗社会当然就是皇帝或者国王了。这个事是不能开玩笑的，西欧后来那么多割据势力，不管多强大，即使按住了皇帝国王，将他们当宠物养，或者挟天子以令诸侯，行天子事，全套天子仪仗，所有王的事他都干了，独独不敢给自己涂一身油膏，就是怕惹恼了上帝。

亨利加冕，僧侣们端着家伙，举着各种器物，主教举着两手油，单等亨利过来配合这套长篇累牍、花里胡哨的礼节，谁知亨利坚决拒绝主教在自己身上乱抹，他接过王冠戴上直接就职，让教会好一阵尴尬。在亨利看来，主教给自己涂油，是不是以后教会就要压国王一头了？我做国王靠我自己的能力，跟你教会给不给我涂油有啥子关系？

亨利敢这么横，当然是有自己的资本，教会除了大惊失色火冒三丈也没有别的办法，于是僧侣们在背后给他起个外号，叫他"无柄之剑"，剑是好剑，没有手柄怎么操控啊？这个称号代表了法兰克教会对亨利一世的无奈。

虽然亨利一世为了显得自己名正言顺，一天到晚吹嘘说他的王权来自克洛维和查理曼的传承，不过王统肯定是跟加洛琳王朝没啥关系了，而且既然分了家，东法兰克又是纯粹的日耳曼人聚居地，也就犯不着非要跟法兰克王国攀亲戚了。从这时起，东法兰克王国正式转变为德意志王国。

二 捕鸟者——奠基人

亨利一世意外当选为国王，除了萨克森领地拥戴自己的老大，法兰克尼亚自己放弃王位，不跟亨利一世找麻烦外，其他几家都不服，而其中反应最大的就是巴伐利亚和土瓦本。巴伐利亚更是推出了自己的公爵，号称他才是东法兰克的真正国王。

攘外必先安内，不能压服这些个军阀，让东法兰克的力量团结凝聚，根本无力对抗入侵的外敌。亨利一世上班的头几年都用来跟这些同胞干仗了，终于把土瓦本和巴伐利亚两个公国打服了，虽然还没有能力彻底压制这两家，使他们知道臣子的规矩，不过公然犯上作乱是不敢了，也愿意团结亨利一世，为新兴的德意志国家而战。

国内的事大体安排妥当，亨利一世就开始解决边境问题了。大家看地图啊，上篇说过，查理曼帝国被分割，东西法兰克做大，而夹在两国中间的部分中法兰克国犯了个傻，又被平均分配给三个儿子，于是中法兰克成了一盘散沙的小国，日渐式微，两边的亲戚邻居都如狼似虎的，能不趁机欺负弱小、霸占地盘吗？所以，中法兰克夹在两国之间的部分，就成了东西法兰克都想争夺的自留地。这个恩怨几乎成了后来法德矛盾的最主要的内容。

现在的法国阿尔萨斯—洛琳地区就是这片自留地。大家应该还记得，咱们的中学语文课本曾经收录过法国作家都德的文章——《最后一课》。讲的是有个法国小学，即将被德国占领，从今以后要开始学德文的事，文章写得可怜兮兮、荡气回肠的，而这所小学，就处在这个阿尔萨斯—洛琳地区，不过《最后一课》的故事发生在 19 世纪，那是以后的事了。就在法国和德国两个大佬诞生发迹的这段时间，这个地区就已经开始在两国之间转手。

中法兰克刚分裂时，东法兰克霸占了这个地区，在康拉德一世任内，洛琳地区不喜欢跟日耳曼人混，又转投了西法兰克的门墙。人只要有选择，就别指望太忠诚，洛琳公爵给法德两边纵容出了点墙头草的脾气，这个邻居对他不好让他不爽，他就投靠另一个，反之亦然。

亨利一世这伙计有点贪财，而且不怕影响名声。比如说，他看中了一个有钱的寡妇，娶回家了，大把陪嫁到账了，随后他就想尽办法伙同教会，跟这个老婆离了婚。前妻赶走了，亨利一世并没有把陪嫁还给人家，随后又找了个更有钱的老婆，又搞到了一份更优厚的陪嫁。财色兼收的亨利一世在这点上可以媲美西门庆大哥。不过人家西门庆也没说拿了孙雪娥和李瓶儿的嫁妆，就把人家抛弃，李瓶儿去世，西门大哥还哭得半死，相比之下，西门大哥绝对比亨利一世更爷们，更讲究。

对老婆的嫁妆尚且如此，对于土地就更计较了。对亨利一世来说，只有把别人的东西弄过来这个道理，自己的东西怎么能给弄走了呢？所以，他上班后不久，就忙着把洛琳地区要回来。财迷的能量是惊人的，阴谋诡计加上武力威慑，西法兰克国家正好又有点内部纠纷，于是，洛琳地区就真的回到了德意志王国手里，成为王国内又一大诸侯。洛琳公爵娶了亨利一世的妹子，结了暂时相安无事的骨肉亲戚。

内部问题基本解决了，终于可以和匈牙利人了断了。德意志王国的几大诸侯窝里横，平时在家都挺嚣张的，如今终于结成伙出去打架居然都熊了，估计是日耳曼人从蛮夷到文明人进化得过快，再碰上其他的蛮夷找不到打架状态了。

从上面的介绍，大家看出来了，亨利一世这个伙计八字绝对是吉星高照的，跟马扎尔人的战斗，他也赢在运气上了。明明是战斗失利，却给他稀里糊涂地抓住了一个马扎尔人的首领。这个首领虽然在历史上没什么大名声，不过他肯定是德意志的大恩人，就是因为他被擒，马扎尔人不得不放弃了对德意志的进袭。为了赎回这个倒霉首领，马扎尔人签订协议，答应只要亨利一世交出首领并按年纳贡，马扎尔人没事就不过来骚扰边境了。

9年，马扎尔人给了亨利一世9年的安全和安定，亨利一世不敢怠慢，他用这9年时间修建堡垒，巩固边境，建设军队。9年后，亨利一世停止了对马扎尔人的贡赋，然后率领麾下德意志各诸侯联合组成的军队等宿敌来犯。马扎尔人果然来了，不过这一次，他们没能长驱直入，一头撞在日耳曼军队的铠甲上，被撞得七零八落。亨利一世取得了对马扎尔人战斗的重大胜利，这帮人好长时间都不能恢复元气。

除了马扎尔人，亨利一世还平定了丹麦，并开始入侵斯拉夫人的领地，到他死时，德意志王国已经成为欧洲一个实力很强的国家，亨利一世隐约已具备欧洲老大的格局，而更大的理想和更高的追求，就要通过儿子来完成了。亨利一世相信自己的儿子，所以放弃日耳曼人和法兰克王国传统的分遗产模式，将所有的王权和领土，全部交给了自己的次子，他叫奥托。

三 大帝——奥托

看过《罗马帝国：霸主养成记》的读者对新上任的德意志国王奥托并不陌生，而且我们知道，叫他奥托一世是很没礼貌的，这1000多年来，全世界认识他的人都叫他奥托大帝，这一篇我们重点介绍大帝是怎样炼成的。

既然亨利一世顺利传位给儿子了，也就算是一个王朝的延续了，因为这一支王系都是萨克森公爵出身，所以这就是德意志历史上的萨克森王朝。

奥托一世登基是得到了地方支持的，上位后，那几个大军阀头子都进入宫廷给他帮忙，基本算是紧密团结在国王周围，高举振兴德意志的伟大旗帜，共同前进。当时的职位安排是：洛琳公爵管财务，法兰克尼亚公爵管伙食，士瓦本公爵掌酒，巴伐利亚公爵掌御马监。大家别笑，这些听着像杂役，不过是个象征，也就是昭告天下，这几个公爵愿意成为国王的仆从。这些个之前唧唧歪歪的军阀愿意到宫廷里为奥托服务，正是说明了，亨利一世当年对内整合工作的巨大胜利。

老公爵们给亨利一世的面子不跟奥托为难，老公爵的子侄们不见得要买奥托的账，别说是这些地方军阀，就是萨克森自己的属地，也不断有叛臣跳出来质疑奥托的王权和地位。

跟亨利一世一样，奥托国王的第一项修炼就是平乱。奥托更惨，他在位碰上的造反行动共有四起，几乎都是由奥托身边最亲的人发起，其他诸侯趁势跟上，演变成一场德意志内部的大混战（阅读警告，以下内容比较混乱，读者们再次注意用脑安全）。

第一起，奥托同父异母的弟弟唐克马尔是头目。他想得到德意志东部边境的某个军事职位，而奥托并没有给他，怀恨在心，导致成仇；正好法兰克尼亚的公爵跟萨克森的封臣有些恩怨，行为粗暴，遭到了奥托一世的处罚，于是法兰克尼亚公爵跟奥托成仇；巴伐利亚的老公爵死了，他儿子从来都不服奥托，拒绝接班后继续做朝廷的御马监，于是加入前两者的队伍想伺机推翻国王。

这一仗的结果是，唐克马尔被杀，法兰克尼亚公爵投降，巴伐利亚的公子被罢黜，奥托扶持了老公爵的弟弟为新的巴伐利亚公爵，他宣誓效忠自己，算是奥托正式收编了巴伐利亚公国。奥托取得了国王生涯第一个胜利。

第二起，奥托的亲弟弟亨利发起。奥托的妈喜欢这个小儿子，一直认为就算不能让小儿子接班，也不应该所有的权益都由奥托继承，存了这个心思，亨利一直对奥托心怀怨怼，他跑去洛琳公国拉公爵下水。洛琳公爵的历史传统就是没有忠诚可言，所以对这种忤逆谋反的事，一拍即合；法兰克尼亚的公爵上次造反投降，现在看到又有人领头了，他又跳出来加入战团了。

这一仗是奥托帝王生涯最重大的考验，也经历了他一生最危急的时光，好在他还有几个忠实的属臣冒死勤王，否则德意志王国只怕刚出生就夭折了。法兰克尼亚的公爵阵亡，奥托就不在当地设置公爵，法兰克尼亚公国被正式并入奥托的萨克森领地，这一支军阀被彻底消灭。洛琳公爵逃亡中淹死在莱茵河，洛琳公国又没有领导了。而头号责任人——王弟亨利，奥托则给予了难得的宽容和原谅，不仅不处罚他，还让他领导洛琳公国，成为新的洛琳公爵！

根据法兰克到德意志的社会传统，兄弟间千万不要太友爱，奥托当年一念之仁，放了亨利一马，没想到过了几年，新的洛琳公爵亨利又反了！好在奥托头脑清楚，对于这位有造反前科的弟弟，他是一直保持高度警惕，所以，亨利一动念头，就被察觉，第三次动乱几乎是被扼杀在摇篮里。这次亨利的动作大了，他不是想推翻哥哥这么简单，他的计划是要哥哥的命！亨利在逃跑的路上被擒，赶紧找了身忏悔衣穿上匍匐在奥托脚下求饶（欧洲人讲究，什么都有特定衣着，负荆请罪也不能随便光膀子，有指定服饰的），按我们的意见，肯定是斩立决。就算不杀他，至少也要让他七步做出一首诗来，做不到再杀他，没想到奥托大哥又饶了他！

因为对亨利没有原则的容忍和原谅，后世评价奥托时都说他"宽厚"。他乐得给自己一个好名声，因为此时的奥托一世已经不担心国内有人反他了，上面几次平乱战争是他对付诸侯的刚性手段，而他最擅长的还是柔性手段，那就是联姻和通婚。

首先，他让自己的儿子跟土瓦本公爵的女儿伊达订了娃娃亲，所以在上面各次造反中，我们都没有看到土瓦本家族的身影。土瓦本公爵没有儿子，他一死，他的女婿也就是奥托的儿子接班成为土瓦本公爵。

亨利二次造反兵败，奥托提拔一个忠于自己的亲信伯爵康拉德成为洛琳公爵，并将女儿嫁给他，这样一来，洛琳公国成为女婿的属地。

巴伐利亚的公爵死了，只有一个年幼的儿子，奥托操作了一下，就让叛臣弟弟再次成为巴伐利亚公爵。

在德意志诸侯造反的过程中，法国为了拿回洛琳地区，也暗地里跟着搞了不少小动作，奥托平乱之后也没饶了他家，当时的法国正好也有公爵造反，奥托以彼之道还治彼身，你支持我的叛军，我就到你家去支持叛军。不过法王路易四世的武功比奥托差太远了，路易四世支持德意志叛军只是要求洛琳的主权，奥托支持的叛军却是差点要了法王的命！最后，路易四世不得不向奥托求饶，寻求和解。奥托看得远，他为了以后经常能插手法国的事务，将自己孀居的大姐嫁给了路易四世，于是，法国方面也老实了。

如此一来，五大诸侯中，萨克森和法兰克尼亚是奥托自己的属地，其他三大属国分别属于弟弟、儿子、女婿，奥托收回了一部分巴伐利亚的土地，而亨利被彻底打服了；法王现在是自己的姐夫，而且是个忌惮小舅子的姐夫，所以，奥托自己认为根本不担心这些家伙再找麻烦了。这段时间奥托一边打架，一边还要经营婚姻介绍所，业务繁忙，好在这两项业务都成效卓绝，此刻奥托长舒一口气，告慰先帝："爹啊，这才是普天之下莫非王土啊！"

大家掐指一算，不对啊，不是说有四起叛乱吗？这才三起，奥托就给自己放假了？

这第四起呢，严格说不是针对奥托，而是针对他儿子的，发起人也是他儿子。这就要说到奥托的私生活了。还记得查理大帝吧，他干掉了意大利北部的伦巴底，将伦巴底国并入法兰克的版图。后来法兰克分家，意大利这一条属于中法兰克，再次解体后，成为德法眼中的外快，随时想去捞一笔。奥托既然已经插手法兰西的事务了，意大利自然也在他日常安排中。正好当时的伦巴底国王死翘翘，某个公爵贝伦加尔趁机篡位，将前伦巴底国王的遗孀阿德尔海德囚禁在一个城堡里。

德国的野史喜欢将这个部分渲染成为经典的西欧王室爱情故事，阿德尔海德是出名的美女，落难的贵族，被怪兽关在城堡中的公主，她向当时最勇敢最威武的英雄求助，当然也就是奥托。奥托骑士带着军队杀进伦巴底，英雄救美，此后美人英雄幸福地生活在一起。

貌似欧洲的历史很待见那些为女人舍生忘死的男人，比如特洛伊战争那些个愣头青，奥托为了美女打进意大利，这个故事我们也喜欢啊，不过，有点太演义了。奥托首先是个睿智的君主、理性的政治家，然后才是个情种，如果不是他感觉在政治上有必要拿下伦巴底，就算是海伦在城堡里向他求救，他也不见得动作这么快。而且啊，奥托一直是拿查理大帝做榜样的，既然是翻版的查理大帝，怎么能缺少一顶伦巴底王国的王冠呢？

951 年，奥托的德意志大军翻越阿尔卑斯山，开进了意大利，基本没动手，意大利人一听奥托杀来，鸟兽散了，伦巴底的王冠放在宫里等他呢，奥托也没跟任何领导机关报备，就戴上了，发现大小还挺合适。随后，他就迎娶了阿德尔海德，让她继续做王后了。

阿德尔海德很争气，跟了奥托第二年，就生了一个儿子。读者们心里"咯噔"一下子，根据前面我们了解的历史，老年得子一直是欧洲王室很大的一个隐患啊，对啊，奥托的大儿子，也就是太子爷也"咯噔"一下子，这位太子爷也就是娶了士瓦本公爵的女儿，最后直接变成士瓦本公爵的那位。正好伦巴底王国流亡的国王贝伦加尔也开始在德意志内部寻求援助，他先找上太子爷，又搭上洛琳公爵，也就是奥托的女婿，如此一来，又凑齐了三家，开始跟奥托发难。

这次这三方做事比较绝，不仅自己在国内乱，他们还招来了外援，也就是久违的马扎尔人！凭借自己那些忠诚的属臣尤其是教会方面的帮助，奥托先狙击了马扎尔人，随后瓦解了儿子和女婿的叛军，再次将一场叛乱平息。

内乱容易压服，马扎尔人不容易收手，他们再次迸发了极大的热情，又开始进袭德意志边境了。奥托感觉，这个外患是到了彻底根除的时候了。

955 年，在德国中南部的奥格斯堡，奥托率领各路诸侯大败马扎尔人，这就是历史上著名的莱西菲尔德战役。这场战役可不仅仅是粉碎了一个境外黑社会这么简单，要知道，马扎尔人跟德意志过不去已经100多年了，而且这帮人一门心思地想西进，将整个西欧轮着抢一遍。奥托出手比较重，这场架打完后，马扎尔人这个集团彻底失去了作为一个著名黑帮的气势，他们决定还是从良吧，皈依天主教，以后跟德意志老大混江湖。从良的马扎尔人给自己找了个改邪归正的地方，这个地方被叫作匈牙利。

奥托打黑成功，形象空前高大，德意志的历史书认为："这一仗的胜利让过去几百年的胜利黯然失色！"其实到这时候，才算真正奠定了奥托德意志人之主这个地位，大家称他为"祖国之父"！

马扎尔人老实了，奥托对东部的征伐就容易多了，历史上萨克森公国在诸侯中实力最强是有原因的，第一，他家院子里有座哈尔茨山，也就是当年亨利一世喜欢捕鸟的地方，这座山头不仅有鸟，最幸福的是出产银矿，所以萨克森家族从来不缺银子；第二，他家的东部越过易北河，有大量的斯拉夫人可以欺负。

话说斯拉夫人在欧洲东部脱离了原始社会，分成三支出外务工。向北的那支就是俄罗斯、乌克兰之类的老祖宗；向南的那支进入巴尔干半岛，后来建立了保加利亚和塞尔维亚等国；向西的这支呢，就正好走到萨克森公国的门口，他们后来成为波兰和捷克两个国家，但在奥托一世的时候，捷克这个地区的西部被叫作波希米亚，我们现在经常说到的波希米亚风情就来自这个地区。萨克森家族历史上抢了波希米亚不少土地，分封给手下亲信。中世纪欧洲骑士打仗，国家民族这些荣誉想得少，效忠与否，关键看待遇。跟着萨克森家族征战，工资高，有土地分，所以萨克森的军队越来越强。奥托一世的时候，波希米亚彻底臣服，后来波兰王国也开始向奥托纳贡。

取得这些战绩后，德意志的军界政界时不常地、有意无意地喜欢叫奥托为"皇帝"。这个称号是让他暗爽，可仅仅是暗爽不够啊，他需要拿到正式的执照，让自己从国王升职为皇帝。从国王到皇帝，最成功的模式当然是查理大帝，前提条件是，要让教皇觉得欠人情。

奥托运气好，他碰上了天主教历史上最离谱的一个教皇，大名鼎鼎的约翰十二世。这位教皇的故事写本小说估计也可以直接进入禁书行列，香艳有趣得很，但既然我们的主角还是奥托，还是不要让约翰十二世喧宾夺主了。

约翰十二世是个"官二代"，后来接班时，他不仅是罗马的行政首脑，也是教皇。这一年他还不到18岁，是古往今来最年轻的教皇。跟所有的公子哥一样，一个18岁的小孩成为罗马之主，你就想象不出他会搞出什么事情来。他最大的特点就是继承发扬了罗马人荒淫无度的性解放生活，他在位没几天，他的住所拉特兰宫就成了著名妓院，据说良家女子都不敢经过这一带，怕给教皇看上就被掳进宫中，后果难料。不过，罗马教皇国这么个弹丸之地，教皇就算坏得冒烟，手下人也没啥实力推翻他。但是，旁边的国家就会打主意了。

前面不是说过吗，教皇国的北部就是伦巴底王国，奥托已经是国王了。到约翰十二世上台的时候，这个局面有些变了，话说奥托取得意大利北部后，跟当时的罗马教皇要求过皇冠，人家不答理他、不睬他。于是奥托就觉得伦巴底国王这个身份很没意思，而后他平乱、打黑忙得脚不着地，就扶持了之前被他赶跑的那个家族贝伦加尔恢复王位，让他对德意志王国效忠，其实不管忠不忠的，奥托也顾不上他了。

贝伦加尔觊觎教皇国的财富很久了，看着奥托管不着自己，就向教皇发难。教皇要找人帮忙御敌，只有两个选择，要么是法兰西，要么是德意志，反正他不太找拜占庭办事了（参看《罗马帝国：霸主养成记》），这时的法国国王正忙着对付阿拉伯人和诺曼人呢，于是奥托就成了第一选择。

这么大的忙肯定不白帮，奥托出发前就说了，"小子，把罗马帝国的皇冠准备好，我收拾了贝伦加尔就过来加冕！"对于约翰十二世来说，只要他还能继续做教皇，继续荒淫无度，酒池肉林，送几个皇冠出去都行，反正不要本钱。于是，奥托一世就这样进入了罗马，贝伦加尔的进犯实在不值一提，约翰十二世不得不在962年2月2日为奥托加冕，现在，我们可以叫奥托为皇帝陛下了。

二月二，龙抬头，奥托最恨有人压他一头。教皇在加冕之后就贬值了，奥托要求：皇帝陛下保护教皇是应该的，但是，教皇要向皇帝陛下宣誓效忠！

约翰十二世这时候发现，奥托才是自己的头号对头。于是，趁奥托在意大利北部收拾乱党的机会，约翰十二世跟之前的敌人贝伦加尔建立了联系，并承诺，将罗马帝国的皇冠送给贝伦加尔，让他成为教皇的保护者，对付奥托。

这逼得奥托不得不决定对教皇下一次狠手，好好给他上一次规矩，听说奥托的大军转向罗马，约翰十二世以最快的速度逃之夭夭了。奥托组织了一场史上最热闹的对教皇的审讯，虽然被告不在，猛料可不少，这些审判材料即使是放在满园春色的罗马情色史上也是挺出众的。

淫乱、贪污、受贿、伤害各种罪行成立，约翰十二世直接被宗教会议罢免，奥托扶持了一个听话的教士成为教皇，也就是可怜兮兮的利奥八世。

贝伦加尔家族余孽未除，奥托也不能总在罗马照应利奥八世。根据罗马人的道德观，约翰十二世再流氓100倍也是名正言顺的教皇，利奥八世就算再廉洁也是个山寨教皇。奥托一走，罗马人就支持约翰十二世回来复位，他挨个报复了当时审讯宣判他的主教，挖眼睛挖舌头挖鼻子剁手脚。

奥托郁闷啊，有完没完了，以后难道要常驻罗马？好在，他的大审判产生了效果，约翰十二世虽然回到了教廷，但所有的罗马男人都加强了对自己老婆的监督和保护，因为不知道什么时候自己就跟教皇成了莫名亲戚。就是这样严密的监督，约翰十二世还是忍不住跟人通奸，还被抓了现行。苦主二话不说就把教皇按在地上捶了一顿，这位吃醋的丈夫不知道是用了降龙十八掌还是七伤拳给人打出了内伤，教皇当时没事，回去没几天就翘辫子了，没等到奥托过来找他麻烦。

约翰十二世之后，教皇的人选又震荡了几次，最后奥托基本是控制了罗马的形势。根据《罗马帝国：霸主养成记》我们知道，奥托最后还是取得了拜占庭帝国皇帝的认可，并让儿子娶了拜占庭的公主，他这个神圣罗马帝国皇帝的位置就算是坐稳了，我们终于可以正式称呼他为奥托大帝了！

奥托大帝三进罗马，不累死也烦死了，所以最后一次从罗马回家后不久，就驾崩了，享年61岁。

四　奥托三世的意大利情结

先扯点花絮吧。《罗马帝国：霸主养成记》中，老杨讲过一个关于十字军东征时圣矛的故事，那是个大骗局，也许整个关于圣矛的故事都是骗局，不过现在这柄圣矛锃亮地摆放在维也纳的霍夫堡博物馆。另外罗马的圣彼得教堂也号称他们藏有一支，所以啊，关于它的真假就不好再讨论了，万一都是假的，两家这么著名的博物馆还开不开门营业了呢？

进入德国篇，圣矛是重要的道具了，所以有必要再详细地介绍一次，既然公开宣布的圣矛实物就有两支，可见关于它的版本奇多，老杨拣自己道听途说的给大家讲啊。

话说耶稣被钉上了十字架，当时正好是十三日周五，因为第二天是周六了，犹太人认为安息日不要处决犯人，所以最好就在周五把耶稣结束。耶稣残忍地钉上十字架也有几个小时了，一个罗马士兵感觉，还是要确认一下到底死了没有。于是他举枪刺进了耶稣的心脏，一股鲜血喷出来，溅了这个士兵一脸。这个士兵名叫朗基努斯，在这之前，他因为眼病几乎失明了，办完这场差事，他也要提前下岗回家务农了。可就是耶稣这一腔热血，让朗基努斯的眼睛突然恢复了光明。朗基努斯在这一刹那看到了真相，明白了十字架上钉着的，就是神的儿子，从此朗基努斯出家成为一名僧侣，开始了布道的人生，他死后，被追认为圣朗基努斯。

所谓圣矛，就是朗基努斯刺进耶稣身体的那柄枪，也被叫作朗基努斯枪。因为带有基督的宝血，所以神奇无敌，据说持有它，就有战胜所有敌人的力量。

朗基努斯既然出家为僧，应该不会带着一柄长矛到处跑，他丢下这柄枪后，这件地球上唯一刺穿过神的身体的兵器去哪里了呢？

老杨这个版本大致是这样的，大概先是当时的罗马总督拿到了圣矛玩了

66

几天，鉴于这伙计不信上帝，所以这东西在他手里也没啥用；随后辗转落在君士坦丁大帝手里。《罗马帝国：霸主养成记》里讲过啊，君士坦丁大帝信基督比较虔诚，而且有收藏圣物或者疑似圣物的癖好，这柄圣矛后来被他搞到手也不奇怪。据说他就是用这柄圣矛决定了君士坦丁堡的位置，而后建立了东罗马帝国的基业。

君士坦丁之后，圣矛又传回了西罗马，西哥特人入侵罗马时被抢去，后又辗转落在东哥特人手里，再后来就到了铁锤查理手里。传说也就是靠圣矛的力量，才有后来的丕平宫相进位为王，开启了加洛琳王朝。

既然有了圣矛，加洛琳王朝后来的事都好解释了，查理大帝的不世业绩都是靠举着圣矛完成的，而后来他失手跌落了圣矛，导致他被自己的马掀翻在地而死。加洛琳王朝分裂，圣矛在中法兰克这一支流动，随后萨克森王朝的开国君主亨利一世要求拥有圣矛，他实力雄厚，前景看好，中法兰克那几个小国王也不敢拒绝，只好将圣矛交出，于是圣矛就留在萨克森王族了。如果圣矛的神通成立，那么奥托大帝也是圣矛成就的，此后德意志各路英雄，都将这柄长矛奉为圣器，所以才让圣矛在今天还保持着神的光泽。

奥托一世之后，圣矛几乎是德意志君主传位的一件凭证了，犹如咱家的传国玉玺。

奥托大帝死了，谁接受了圣矛？奥托二世，奥托一世和阿德海尔德生的儿子，大儿子不是忤逆造反吗，自动便宜了小儿子。我们在《罗马帝国：霸主养成记》里说过，奥托一世向东罗马求亲，希望为儿子迎娶一位生于紫色寝宫的公主，当时的罗马皇帝嫌他身上有蛮夷味道，怕辱没了公主，硬没给他，奥托一世因此气得发兵意大利南部，攻打拜占庭在意大利的领土。随着奥托大帝越来越威武，拜占庭也不得不最后承认了他的地位，当时的约翰皇帝将自己的亲侄女嫁给了奥托二世，虽然不是出生在紫色寝宫的公主，但是德意志人也挺满足的了。这位拜占庭公主芳名泰奥法诺，后来的事实证明，她出嫁德意志，绝对是德意志赚到了。

奥托二世在 7 岁的时候就是父亲的共治王了，这帮人就是喜欢学罗马，太子爷先做副国王。因为训练得当，所以奥托二世被扶正后，还算有模有样的。

每个皇帝上台，德意志诸侯都要闹一场。还记得奥托大帝的弟弟亨利吧，屡次造反，屡次被镇压，还屡次被原谅，后来他终于在巴伐利亚公国做公爵安分守己了。不过这个血统里的忤逆不逊是改不掉的，到他儿子亨利，又跳出来惹是生非了。

这个亨利江湖人称"争吵者"，听名字就是那种得理不让人，不得理更不让人的主儿。他造反拉拢了波希米亚和波兰帮忙，刚制订了计划，还没动手就被镇压，奥托二世不得不将这个堂弟关起来，换了自己同父异母的弟弟的儿子去做公爵。

巴伐利亚这个地区也是个是非之地，还是因为地盘太大，再切小点吧。巴伐利亚东部这一块切出去，打赏给巴奔堡家族，大家记住这个家族的名字，而他们获得封赏的巴伐利亚东部地区，大致相当于现在的奥地利。

亨利被镇压，波兰和波希米亚马上就歇菜了，乖乖地再次同意向皇帝陛下臣服并纳贡。

奥托二世最激烈的军事行动大约就是对法国了。这个洛琳地区虽然在奥托二世手里，可里面全是千丝万缕、骨断筋连的法国关系，尤其是奥托一世加冕为帝后，罗马帝国的皇帝自然觉得自己应该是凌驾于法王之上的，对法国的事喜欢指手画脚，但是基本没有安好心的时候。

法王洛泰尔一世不想受这鸟气了，他决定，闪电出兵，先把洛琳拿回来。他还差点成功了，一直打到了德王加冕的重要城市亚琛，打了奥托二世一个措手不及，奥托二世还差点被他俘虏了。这是奥托二世一生最狼狈的时刻，据说他的亲妈都以为可能是不行了，预备卷铺盖投奔女婿——也就是法王洛泰尔一世。虎父无犬子，奥托大帝的儿子也不是怂蛋，逃离亚琛，整顿了人马，第二年，打进法兰西，一直进逼到巴黎城下！

巴黎告急，居然让西法兰克之前敌对的力量团结抗敌了，奥托二世虽然出了恶气，但也没占到便宜，只好撤回去。不过法王知道他厉害了，也退出洛琳，并答应，暂时不打洛琳的主意了。

从奥托开始到他以后的德意志君主，都有偏执的意大利情结，总觉得如果不能取得意大利，自己这个罗马帝国的皇帝做得就没劲。所以照例奥托二世远征意大利，扶持新教皇。

平乱、守住洛琳、征服意大利、插手教皇的事务，这几个是德皇上班的规定动作，奥托二世挨个演一遍后就死掉了，于是奥托三世接班了。

我们说奥托一世、奥托二世、奥托三世这个传承，听着就是正常的王位世袭，其实人家德王都是经过诸侯选举的，只是自从公爵们被皇帝收拾听话后，也就懂得非常聪明地选择少主接班。德王一般在自己活着时就把接班人安排好，奥托二世28岁就安排大选，公爵们识相选择了奥托三世成为下任德意志国王，虽然当时奥托三世只有3岁。

奥托二世没想到，自己正当壮年就在当年因为一场疟疾治疗失败去世，他死在罗马，被安葬在圣彼得大教堂，德国人好像没有将奥托二世的遗体运回德国的意思，于是他就一直留在那里了。

当时的通信基本靠走，奥托三世8月当选，12月在亚琛加冕，也就是这个时段，奥托二世驾崩、奥托三世加冕的时候，罗马的消息并没有传过来。小皇帝上班应该有个摄政，虽然他的妈妈和祖母都不是普通的女人，而且正从意大利赶着过来照应奥托三世，诸侯们还是觉得这两个女人不太可信，于是选择了科隆的大主教做奥托三世的监护人，一来是他的老师，二来是他的摄政。

之前德王成年继位还困难重重，更何况是个3岁的小屁孩，没有人捣乱就怪了。这次又是谁？没别人，还是"争吵者"亨利，他之前被奥托二世抓住后逃脱，后来又被抓，做反贼的理想就是不能泯灭。奥托二世一死，他的支持者把他放出来，这家伙不知道用什么办法说服科隆主教让他带走了奥托三世，然后召集诸侯开会，要求他们选自己为德意志国王！

第二年春天，两位太后回到德意志，立即吸引了不少反对亨利的人，两边对峙PK，由德意志的诸侯评委根据人气选择谁进入下一轮。太后获胜，亨利把奥托三世交出来，让小德王上班。为了安抚亨利，朝廷将亨利魂牵梦绕要求的巴伐利亚领地还给他，恢复他家巴伐利亚公爵的地位。

4岁的奥托三世此时面临两个女摄政，老妈和奶奶。不过这两个女人的水准高下是非常明显的，来自拜占庭的公主，奥托三世的妈妈泰奥法诺很快就将朝政抓在手里，将老婆婆打发到意大利养老去了。后来的德意志朝政，就看泰奥法诺的演出了。

亨利造反，断不会孤身犯险，他一定是又拉一群帮手，除了历史上就跟他勾结过的波兰、波希米亚，还有些其他斯拉夫部族，这次他最牛的是拉了法王洛泰尔一世帮忙。亨利肯定是答应了洛泰尔一世，如果他顺利登基，就将洛琳割让给法国，洛泰尔一辈子最大的志向就是收复洛琳，所以亨利一吆喝，洛泰尔就非常自觉地进驻了凡尔登，单等亨利割地了。

洛泰尔一世没等到洛琳回归，两年后他死掉了，又过了一年，洛泰尔的继承人路易五世也死了，这样一来，西法兰克王国的加洛琳王朝就剩下了洛泰尔的弟弟查理。查理当然有权要求加洛琳家族的帝位，只是，这其中有个隐患，那就是奥托二世在世时，为了牵制洛泰尔，专门将下洛琳地区封给了查理，挑唆着查理天天跟大哥洛泰尔一世过不去，让法王吃不香睡不着的。

泰奥法诺太后在家里掐指算账，查理是下洛琳地区的公爵，这是老公亲自封的，没啥缘由，总不能说撤就给人撤了吧，但如果他争取法国的王位成功，下洛琳不就被他带回法国了吗？那可是德意志自己搬石头砸了自己的脚，怎么办？最好的办法就是，让查理当不上法王呗。

主意打定，太后就开始操作了，到底是拜占庭出身的，这些个争权夺利的阴谋诡计无师自通的，在太后的操作下，于格·卡佩拿到了法国王位，开启了法兰西的卡佩王朝。为了感谢太后的支持，卡佩一上班就撤出了凡尔登，并通知对方，卡佩家族对洛琳没兴趣，德意志放心留着吧。

这可是巨大的胜利，大家想想，东西法兰克分家以来，两边抢洛琳都快抢疯了，现在西法兰克居然宣布他家退出了，这可是连奥托大帝都做不到的外交成就啊。

不仅是稳住了洛琳，太后基本是摆平了威胁他儿子地位的所有诸侯关系，鉴于奥托三世还不是皇帝没有加冕，所以泰奥法诺在意大利行使权力的时候，都称呼奥托三世为"奥古斯都皇帝"，她想达到一个既成事实的目的，也就是说，让所有人知道，就算暂时教皇没给奥托三世加冕，他早晚必是皇帝！

泰奥法诺这样心机深重的女人，一般寿数都不长，35岁就死了，奥托三世还没成年，只好把奶奶叫回来摄政，只是60岁奶奶比妈妈肯定是差太远了，在老太后摄政期间，国内外的形势又渐渐地向不利于奥托三世的方向发展。

好在，奥托三世及时成年了，15 岁一过，奥托三世就宣布亲政。奥托三世小朋友跟他妈妈一样寿数不长，22 岁就死掉了，7 年的首脑生涯，他真没蹉跎，不过他忙活了一辈子的事，实际上意义不大。

奥托三世一辈子忙啥？建立真正的罗马帝国！他的想法可不只是像他爸爸爷爷那样，偶尔去罗马领导教皇就满足了，他的想法是，将德意志和意大利完全合并甚至融合，将国都设在罗马，成为实实在在的罗马帝国，而他当然就是名副其实的"奥古斯都"！

我对萨克森家族挺纳闷的，按说他家早年没有被罗马帝国统治过，估计也就是远远看过罗马帝国的边境军营，自从脱离蛮夷，他家的罗马帝国情结比罗马人还强烈。奥托三世的妈是拜占庭公主，希腊人，从小的老师也是希腊人，估计这几茬人的教育重点就是把罗马帝国描绘得神乎其神，让奥托三世从懂事开始就觉得复兴罗马帝国是他义不容辞的伟大使命。

奥托三世亲政的时候还不是皇帝呢，连皇冠都没有，要重建罗马帝国还是挺玄的。所以奥托三世一主事，他就派使团去罗马跟当时的教皇商量加冕的事。心有灵犀啊，当时的教皇约翰十五世正好要求奥托三世办事。罗马城内的权贵们又跟教皇过不去了，还把约翰十五世给撵出罗马了！

德意志的国王最喜欢教皇被人欺负了，他们正好发兵意大利，在罗马用兵才有罗马帝王的感觉嘛。奥托三世大军未到，约翰十五世就死掉了。于是，奥托三世这次进军性质就变了，他要帮着新立一个教皇。他选择了自己的堂兄，一个德意志人成为新的教皇格里高利五世。奥托三世这样做是颇有深意的，意大利籍的教皇总感觉不像自己人，只有连教皇都是德国人了，才有希望把德意志和教皇国完全融合。

格里高利五世是世界历史上第一位德意志人的教皇，上台后第一件事就是给德意志人的国王奥托三世加冕成为罗马帝国皇帝。都说德国人天生逻辑严密，关于这个事的逻辑老杨一直没想通：德意志诸侯选国王，国王立教皇，教皇再提拔国王升职为皇帝……

奥托三世做了皇帝，他逻辑更混乱了！他开始将罗马当作国都，按罗马帝国的模式管理他的领土和臣民，他自己也做张做势的，在皇宫里换了全套罗马皇帝的排场，沉浸在罗马梦境里不能自拔。奥托三世大部分的时间都耗在罗马，甚至还在罗马盖了新的宫殿。中间因为波兰和匈牙利的事他回德国处理了一阵，为了获得某种保佑，经过亚琛时，他掘开了查理大帝的陵寝，整理了查理曼的尸体，还从他身上拿走了点纪念品，预备借着查理曼大帝的神光，一统罗马江山。

罗马不是德意志的罗马，奥托三世装得再像，罗马人也知道他来自日耳曼那个蛮夷的家族。罗马人组织暴动反对他，而德意志诸侯也趁机举事造反，奥托三世这么绮丽的理想，遭到现实无情的荼毒，本来就虚弱的身体很快就垮了。临终前，他的心拔凉拔凉的了，留下遗言："既然罗马人不喜欢我，就将我的尸体运回亚琛下葬，有空我还能去找查理大帝探讨学习。"

奥托三世没有儿子，现在，贵族中有两三个人有继位的资格，而这其中，就有巴伐利亚的亨利公爵，当然，这个亨利是跟奥托三世造反的那个亨利公爵的儿子，这家人一茬茬都叫亨利，成心难为写历史的人？！

亨利家有非常显性的造反基因，遗传标志就是都长着反骨，如今新的亨利公爵居然是有合法继位权的，他家还不抖擞精神、锐意进取啊。这一代的亨利公爵，说起来真造孽，小时候父亲谋反被抓，童年时代流离失所、生活无着，严重影响发育，打小就是个瘸子，估计还喝了来路不明的牛奶，长大后有严重胆结石，偶尔他还癫痫！

虽然如此，小亨利同学身残志不残，立志要在平凡的岗位上做出不平凡的贡献。听说奥托三世的灵柩回国，他立马屁颠屁颠地长途跋涉过去迎接，亏他是那样一个腿脚，居然跑得这样快！亨利当然不是为了提前表达哀思啊，他是去拦路打劫的。

话说奥托三世的灵柩刚到了慕尼黑附近，亨利就出现了，也没给先皇上香也没给鞠躬，一见面他就将所有皇帝的公章执照等凭证抓在手里。当时的科隆主教忠心耿耿地藏起了圣矛，亨利显然是武装抢劫，最后圣矛也被拿走了。举着德王所有的证件凭证，亨利要求各路诸侯推举他继位为德王。

到亨利这辈，他家的皇帝梦已经做了三世，事不过三，天道酬勤，上帝听他家祈祷都听腻歪了，成全他家吧。亨利虽然没有得到全体诸侯的通过，但鉴于其他的候选人更不着调，所以，只好让他上班了。他是亨利二世。

五 亨利家族梦想成真

不管抢来的骗来的还是打来的，自古君王不问出处，只要爱岗敬业，文能压服国内，武能平定边疆，就是个称职的国王。

亨利二世本人就是个教士，有执照和上岗证明的，传说是他小时候，奥托三世为了将这家人的造反雄心扼杀在修行里，特意安排小亨利去宗教学校受教育，等于出家为僧了。

安排有造反倾向的人出家为僧有啥用啊？人家朱元璋也做过和尚。萨克森的皇族真是不懂天子的规矩啊，就是因为上面几个奥托不知道这个规矩，以至于终于让亨利家族梦想成真了。话说回来，以当时德意志诸侯嚣张的状况，假如当时只要有谋反意向的都要诛九族的话，德意志估计会死掉半个国家的人。

教士亨利二世一生的主要工作就是跟波兰干仗，大战三次。大家都知道，讲德国人的历史，波兰是绝对不能回避的，顺带着还有捷克、斯洛伐克、匈牙利、俄国，还连带丹麦和塞尔维亚，几乎是世界上最乱的乱麻。而这一团乱麻，在中世纪就已经非常缠绕凌乱了，趁着还能找到这几条线头，老杨介绍一下波兰的故事啊。

之前已经说过，波兰是西斯拉夫人过来组建的一些零散部落，他们主要分布在奥德河和维斯瓦河之间的平原地区，所谓"波兰"也就是指平原。

部落林立，渐渐都成了气候，成了些小公国，966 年，波兰这些公国里比较有实力的大公叫梅什科，逐渐统一了这些小公国，他当时辖下的领土，跟现在我们看到的波兰也差不多大小。梅什科除了一统江山，一辈子做的最大的事情就是娶了个波希米亚的公主，而公主信仰天主教，梅什科在老婆的影响下，皈依了罗马天主教。还是那句话，宗教决定国家命运。

梅什科不是波兰国王，他到死不过就是个土地很大的大公而已。因为根据我们之前的介绍，波兰一直不过是德意志的藩属国。

梅什科没让波兰正式成为一个王国，他儿子做到了，他儿子大号叫波列斯瓦夫，他后来成为波兰的第一任国王，也就是在本篇故事里，跟亨利二世干仗的波兰人，既然他是波兰第一个君主，我们就叫他波列斯瓦夫一世。波列斯瓦夫一世干吗跟亨利二世过不去呢？土地呗，那年头打架一般也没别的新鲜事。

之前说过，波兰曾经也跟德意志干仗，没打赢，只好认了别人做大哥、宗主。波列斯瓦夫一世之前跟奥托三世关系还是相当不错的，就因为波兰老实，奥托三世才能放心在罗马浪费青春。梅什科不仅统一了斯拉夫的部落，他还向外扩张，在向西的这个方向，他一直觊觎的就是迈森地区（现在的迈森在整个欧洲很出名，它学习中国制造瓷器，后来成为德意志的瓷都，也是整个欧洲的瓷器中心）。

迈森在当时是个伯爵领地，原本是属于萨克森公国的。波希米亚成为德意志的藩属后，就感觉这个迈森应该是自己的势力范围，而当时的巴伐利亚公爵亨利是支持波希米亚的。巴伐利亚公爵既然是个公开的造反派，像波兰这样的小藩属国是不敢惹他的，只好眼巴巴深情注视着迈森，而迈森伯爵私下里也钟意波列斯瓦夫一世，两家结成盟友。

亨利忙着争夺王位的时候，当时的迈森伯爵正好也是有继位资格的人之一，不过他没抢过亨利，还离奇古怪地死掉了。迈森伯爵死掉，迈森地区暂时权力真空，迈森地区有些个坚持不信基督的异教徒暴乱，该地区的官员们就找波列斯瓦夫一世帮忙过来收拾异教徒。

波列斯瓦夫一世的人马进入迈森地区，这肯定会让亨利二世不爽，我土地上的异教徒，我自己不会收拾啊，你一个藩侯，没有王命带着兵马到处乱窜，你想整哪出啊？于是亨利二世召波列斯瓦夫一世在梅泽堡开会，讨论关于迈森的问题。波列斯瓦夫一世刚到梅泽堡，就被不明来历的歹徒袭击，差点丢了性命，他七手八脚逃回家后，越想越恨，于是，他预备组建一个盟军，找亨利二世算账。

波列斯瓦夫一世的想法肯定是亨利二世骗他去开会，然后找人揍他，这事一直没定论，历史之谜。亨利二世也没自我辩解，而且他很快发现自己的敌人还真是不少。波列斯瓦夫一世逃回家养好伤，马上就安排自己的女儿跟新上任的迈森伯爵结婚，这样一来，迈森加入波列斯瓦夫一世阵营；波列斯瓦夫一世的妹夫是当时的丹麦国王，本来丹麦一直跟德意志不和，当然也响应参加盟军；波列斯瓦夫一世还想拉拢波希米亚一起，人家波希米亚好好的干吗蹚这浑水啊，严词拒绝了，波列斯瓦夫一世不喜欢被人拒绝，他杀进波希米亚，将其控制在自己手里。波兰＋波希米亚＋丹麦＋迈森，当然还有些跟着打酱油的，乍一看，真有不少人啊！

亨利二世初登大宝，还没见过这阵仗，心里发怵，就对波列斯瓦夫一世说，"爱卿啊，再谈谈呗，这样吧，既然你已经取了波希米亚，你就拿着玩吧，不过，对外就说是朕封给爱卿的好不好？"

这时候说这样的话，明摆着就是示弱了，波列斯瓦夫一世肯定不会答应的，既然这样，只好刀剑说话了！

波列斯瓦夫一世拉了帮手，亨利二世也不愿意孤军作战，他找谁做帮手呢？还记得波列斯瓦夫一世进入迈森是干什么吗？镇压异教徒啊，所以这些异教徒是波列斯瓦夫一世的死敌吧，亨利二世很轻松就争取了他们成为自己的同盟。大家不要以为这是个简单的联盟动作，别忘了，亨利二世是个教士，天主教的教士，他现在等于联合异教徒跟天主教信徒作战！

这第一次对波兰的战争，双方战成平手，因为波列斯瓦夫一世占领了波希米亚，波希米亚上下都不服他，所以亨利二世一发动，波希米亚就自动站到德意志这边了。谁也制服不了对方，和谈吧！

不打了好啊，亨利二世还有其他的事要做呢，大家注意，他还仅仅是德王哦，他还没获得皇帝资格呢，所以啊，他还有意大利的事务要忙。

第一次战争是波列斯瓦夫一世发起的，最后和谈结束，对波列斯瓦夫一世来说就是失败了，他总结原因，得出结论：最坏的就是那帮异教徒！于是，他再次发兵，找异教徒的麻烦。亨利二世一听，也恼了，异教徒眼下是朕的盟军，你打狗都不看主人的？又打起来了！

这次，波列斯瓦夫一世占领了劳齐茨地区（在现在德国、波兰、捷克交界处），亨利二世作战不利，双方再次和谈，亨利二世只好将劳齐茨地区封给波列斯瓦夫一世。波列斯瓦夫一世的儿子迎娶先帝奥托三世的侄女，两边和亲，还互相承诺，如果对方跟其他人干仗，己方要提供军事支援。

我们知道亨利二世要再打架肯定是在意大利，波列斯瓦夫一世如果不跟德意志干仗了，他还跟谁打呢？他那头的邻居，当时的基辅罗斯公国。

8~9世纪，东斯拉夫人围绕着基辅地区也有很多部落小国，后来诺曼海盗留里克进来，让东斯拉夫人开了眼，于是被拥戴为王，建立了罗斯公国。罗斯公国和波兰都在形成期，斯拉夫人的脾气都不好，磕磕碰碰是免不了的。

波列斯瓦夫一世搞定了亨利二世，就开始转头找罗斯公国的麻烦了，说是罗斯公国占了波兰的土地。波列斯瓦夫一世要跟罗斯公国干仗，让亨利二世发兵帮忙，亨利二世履行了合同，可是波兰打不赢罗斯啊，铩羽而归。这时正好亨利二世要在意大利打架，就找波列斯瓦夫一世派兵帮忙，波列斯瓦夫一世黄牛了，为啥呢？他不爽啊，既然我打罗斯没打赢，我就可以当作你没帮过忙，那你亨利二世打仗也别想用我波兰的兵！

亨利二世没见过这么耍赖的，朕的德意志子弟也跟你战死了不少，都白死了？！不过这时候亨利二世没工夫跟波列斯瓦夫一世扯皮，因为就算没有波兰的帮忙，他也直捣罗马，在1013年，让教皇为他加冕成为皇帝了。

皇帝陛下有空了，可以回头找波列斯瓦夫一世清算了。这第三次波兰战争，双方换了个打法，把战场转移到了基辅罗斯国内。此时的基辅罗斯大公死掉了，他就是大家都认识的弗拉基米尔一世，还记得他吗？他娶了拜占庭帝国的巴西尔二世的妹妹安娜，让全体国民跳进第聂伯河受洗成为东正教徒。

弗拉基米尔一世毋庸置疑是条好汉，他儿子比他更好汉，名字还巨长，他的大儿子斯维亚托波尔克为了争夺王位，一口气杀掉了3个弟弟，而幸免于难的弟弟雅罗斯拉夫自然组织人马跟他争位。

大儿子斯维亚正好是波列斯瓦夫一世的女婿，眼看打不过自己的弟弟，他就跑去找波列斯瓦夫一世帮忙。雅罗看大哥找了帮手，他也非常聪明地拉上亨利二世。就这样，等于波列斯瓦夫一世和亨利二世又开打了。

这时的波列斯瓦夫一世是牛啊，他一帮忙，立时逆转，亨利二世和他支持的雅罗又落了下风，亨利二世不得不又跟波列斯瓦夫一世和谈了。不过这时波列斯瓦夫一世杀进基辅罗斯有更大的理想了，他不是给女婿帮忙，他自己做了罗斯大公！跟波希米亚一样，他自我感觉良好地坐上大位，当地的百姓和官员谁也不待见他，没多久，他就被赶出来。雅罗趁机再次发难，最后终于驱赶了大哥，自己成为新的罗斯大公。

对亨利二世来说，加冕为帝就要随时为教皇作战，意大利总要去出差，只好看着波列斯瓦夫一世坐大。来回奔波对一个本来就体弱多病的人太致命了，1024 年，亨利二世驾崩，最搞笑的是，他临终嘱咐皇后，收好那些玉玺、圣矛啥的皇帝凭证，别给人抢走了！因为他自己是抢来的嘛！

亨利二世在世时，波列斯瓦夫一世哭着喊着要当波兰国王，亨利二世在教皇那里进谗言，就是没让他得逞，好歹熬到亨利二世死掉，波列斯瓦夫一世如愿正式加冕成为波兰的国王，也是波兰历史上的第一个国王。

之前我们说过，萨克森家族主事前，德意志诸侯一个比一个嚣张，后来怎么那么容易都被奥托大帝收拾老实了呢？其实他有一个很重要的法宝，就是教会和主教。诸侯的领土范围国王可能说了不算，但是教会的事德皇是说了算的，在一些敏感重要的位置设立主教区，就能通过这一支力量牵制各路诸侯。显然，这招非常有用。而后的萨克森王朝，国王、主教、诸侯是三股非常微妙的既互相利用又互相牵制的力量。

亨利二世是个教士，自然对教会有些特殊情怀，对于奥托一世这个国策，他更是全心全意贯彻了。在他任内，他建了 200 多家修道院，而且他向教会或者主教赠送土地是非常慷慨的，不仅让他们在宗教社会有势力，还让他们在世俗的社会也有自己的势力。亨利二世提拔自己的亲信做主教，不过他要求这些主教必须独身，因为他不希望他赐的这些土地被主教们世袭。说明他希望完全控制教会。德意志的教会也不是傻瓜，后来的德国的历史上，除了诸侯之间的恩怨，更严重的是王权与教权之间的纠结，剪不断，理还乱。

亨利二世是个很有意思的人，他娶了卢森堡的女主人库妮德为妻，据说这两人结婚时就签订协议，要禁欲！亨利二世如果是个教士，禁欲是苦修的方式，可以理解，可既然处心积虑张牙舞爪地取得了皇帝之位，难道就不是为了王朝千世万世而不朽？看来亨利二世的野心比较有节制，他自己玩过瘾就行了，不准备一直霸占这个位置。

亨利二世的皇后库妮德答应一块禁欲苦修，后来有狗仔队爆料说发现皇后跟人通奸。这种事没有真凭实据怎么判呢？有办法啊，上帝的眼睛可是雪亮的。还记得神判法吗？中世纪教会那些人物都是这样断案的，皇后说她清白，狗仔队说亲眼见，好吧，烧红一条铁，让皇后光着脚丫走过去，如果没被做成烤猪蹄，就说明库妮德是清白的。皇后非常淡定地走过了这块烧红的铁条，她的玉足光洁如故，毫发不伤，狗仔队无话可说了。关于如何在烧红的铁条上行走，应该是个有悠远历史的传统魔术了，老杨不干那揭秘魔术的事。

六　教宗生涯原是梦

这一篇我们说教皇！老杨说过，对宗教保持敬畏，不过教皇他老人家不在此列。首先，教皇是个凡人，有凡人的缺陷；其次，就算老杨不八卦他们，全世界的狗仔队也不曾饶了他们。从 2009 年一直持续到 2010 年初的天主教会娈童案，就让教皇他老人家每次出现都一脸尴尬。也不能怪人家狗仔队，教会真要是清白干净的，狗仔队敢无中生有编排上帝的代理人吗？不过相比较现在西方教会那些个小风化问题，早年间，尤其是中世纪那段，教皇的生活几乎可以媲美韦小宝混在丽春院。

首先，我们说个女教皇的故事。这个事主流资料是找不到的，都说是个标准野史。天主教会是绝对不承认曾经有个女教皇出现的，正统史料也都暧昧含糊。

女教皇叫作琼安，传说母亲是英国人，父亲是德国人，她出生在英国，后来去德国的科隆读书，爱上了一个修道士，也顺带爱上了基督教。为了跟修道士在一起，琼安一直女扮男装。后来她爱的修道士大约是死掉了，琼安已经修习成了神学之类的专家，于是到罗马得到了一份教授的工作，后来成为神父。琼安虽然女扮男装没人能看出来，可她的内心还是很女人的，传教布道这种事，耐心和爱心是第一重要的，女人更容易胜任，于是，琼安，不，大家都叫"他"约翰神父，很快在罗马宗教界攒下了非常好的威望及声誉。应届教皇利奥托四世死去，约翰神父众望所归成为新的教皇，约翰八世！

这个骗局玩大发了，戴上教皇的冠冕，还是没人知道，教廷已经是女老板了！两年的教宗生活，约翰八世教绩卓然，深受好评，自然也深受罗马臣民的爱戴。

可惜的是，女人就是女人，不论多有智慧的女人，都有可能在一个男人手里栽跟头。琼安爱上了自己的私人管家，可以理解，工作和异装双重压力，对一个女人来说太沉重了，她需要找个人宣泄一下。

855年的一天，约翰八世组织一个盛大的宗教仪式，"他"带着一众主教，以及身后一脸虔诚的大批罗马市民，从圣彼得大教堂走向教廷的拉特兰宫。经过一条小巷子的时候，众主教和罗马市民亲眼目睹了宗教历史上最骇人的一幕：教皇约翰八世突然脸色苍白，倒地不起，翻滚挣扎一阵后，教皇的长袍下血流如注，然后，教皇生下了一个男婴！

老杨要是罗马市民，惊魂初定后会马上想到，是不是教皇被某种强大的邪灵附体？罗马人反应快多了，人家马上知道，原来教皇是个女人，受骗上当的感觉让他们当时就失控了，他们将教皇拖在马尾后，用石块将她和新生儿活活打死！

教皇的日常工作太忙了，琼安实在找不到任何理由请假离开岗位堕胎啊，于是，在光荣地任职两年七个月后，约翰八世就离奇消失了。根据天主教资料，琼安之前的利奥托四世死于公元855年，不过更多的资料显示，利奥托四世在853年就死了，这神秘的两年时间，就湮没在各种胡说八道里。

天主教一直否认女教皇的事，但是琼安之后，教皇再巡游啥的，当年琼安产子的地方他们就不走了，还宁可绕远路。最搞笑的是，从此教皇上岗体检有个重要项目，那就是：性别！

美国女作家克罗斯用了7年时间发掘女教皇事件的来龙去脉，最后写成了《女教皇》一书，是世界闻名的畅销书，最近被拍成电影，世界杯期间，居然在梵蒂冈放映了。深受娈童案困扰的教皇也没出来辩解，他们的麻烦太多了。

天主教会原来有不少针对性的条款是对女性的，可能有一部分原因是因为女教皇事件，不过更大部分的原因是源于其后，天主教廷再次被两个女人把持，她们是母女俩。

904年的时候，教廷上任的新教皇是塞尔吉乌斯三世，这个伙计在教廷历史上的成就，就是开创了一个名声响亮的"娼妓政治"时代！他又把教廷开成娱乐场所了？差不多了，这位教皇有个叫玛洛齐亚的15岁情妇，这个情妇还给他生了个私生子。玛洛齐母亲西奥多拉也喜欢上一位红衣主教。

塞尔吉乌斯三世在位7年就死了，西奥多拉就想法设法将自己的男人捧成了新教皇约翰十世，为了保住新教皇的地位，西奥多拉就做主，把自己的女儿玛洛齐亚嫁给了当时一个军官艾柏力克，这样她家就获得了军队的关照。

玛洛齐亚怂恿老公推翻约翰十世自己当教皇。没想到教皇更强，他先下手诛杀了艾柏力克，碎尸后，还招呼玛洛齐亚来参观现场！

几年后，玛洛齐亚改嫁了一个势力很大的农场主，她挑唆着第二任老公组织人马杀回罗马，此时西奥多拉已经死了，离开女人扶持，约翰十世活得很困惑，以致被玛洛齐亚扳倒而后被绞死。此时，玛洛齐亚想让自己和塞尔吉乌斯三世生的私生子继承教皇大位，只是那孩子当时太小了，于是玛洛齐亚随便扶持一个傀儡，而自己掌握教廷大权。过了几年，她让儿子约翰十一世当上了教皇。

玛洛齐亚做过教皇的情人、做过教皇的"女儿"，又做了教皇的妈，她的权力已经相当于女教皇，她还不满足啊，她又想到世俗世界去争取权力，离她最近的就是意大利王国，她张罗着去当王后！人家意大利国王当时有老婆啊，玛洛齐亚再不能容忍做情妇的命运了，她让约翰十一世帮她出面，直接逼意大利国王离婚另娶。

玛洛齐亚正筹备婚礼呢，她和艾柏力克生的儿子小艾柏力克造反了，带兵进入罗马，推翻了约翰十一世，将自己的老妈一起关进黑牢，扶持自己的儿子坐上了教皇宝座，这样一来，玛洛齐亚又做了一届教皇的祖母！

读者们提醒老杨，说皇帝绯闻就激动，说教皇绯闻更是眉飞色舞收不住，你还记得你是在写德国历史不？！是啊，没忘啊，玛洛齐亚这个教皇孙子就是约翰十二世，给奥托大帝加冕的那位花花教皇，现在大家知道他为啥一上班就把拉兰特宫变成妓院了吧？血统问题啊！

约翰十二世为奥托大帝加冕，不仅结束了玛洛齐亚当权的教廷历史上的"娼妓政治"，更是将德意志人引进了罗马，让萨克森王朝历代君主天天为意大利的事闹心。而从上面的故事我们也看出，中世纪的教廷乱到啥程度了，这事难道没人管了吗？

再糜烂的时代都有清风徐来。公元910年，一个法国公爵在勃艮第的克吕尼建了一所修道院，这个修道院很快就成为其他修道院的学习榜样，而克吕尼修道院的管理纪律更被命名为"克吕尼运动"，影响了整个欧洲，不论是教界还是政界。

为啥这么轰动？其实很简单，因为这家克吕尼修道院提倡教士应该遵守西方修道院最开始定下的纪律教条：教士应该保持独身、群体生活、安贫乐道不置产、不买卖教职、服从宗教礼仪等，总而言之一句话，坚持一个神职人员该有的操守，纯朴、纯真、纯粹地为主做工！

大家可能觉得好笑，这难道不是神职人员最基本的规章守则吗，还至于发起一个运动来推广？对啊，做官不能贪污不祸害百姓也是最基本的规章守则，可历史上那些稍微贪少点的、对老百姓客气点的就经常被老百姓奉为神仙啊！

要说"克吕尼运动"在欧洲产生这么大影响，要感谢一个重要推手，也就是德意志国王亨利三世，读者们别算，在本书他还没出场呢，他是德意志萨利安王朝的第二个君主。

七 从亨利到亨利：谁是老大

玩教廷于股掌之亨利三世

回到德意志，亨利二世驾崩时，嘱咐皇后，收好玉玺，别给不相干的人抢走了！没人抢他的，他亨利家族已经当过皇帝过了瘾啦，整个德国的王朝更迭就太平多了。所以啊，教化反贼最好的办法就是让反贼得手，反贼做了皇帝了，自然他就改邪归正不是反贼了！

德王选举，康拉德胜出，成为新德王。为啥他当选？除了公认他个人能力还行，主要是血统，早先奥托一世的女儿不是嫁给康拉德，然后驸马爷成为洛琳公爵吗？这个康拉德就出自这一支。他是康拉德二世了，他启动的就是萨利安王朝。

康拉德二世挺能打的，将入侵的波兰人赶过了奥得河，还逼着波兰国王放弃国王的称号，以后叫波兰公爵；让波希米亚臣服，又镇压了意大利人，上篇说的亨利三世就是他生的，他儿子在东部扩张事业上可能没有康拉德二世进取，因为他更需要操心罗马教廷的事。

1012 年，罗马教廷选择本笃九世成为教皇。江湖传说他继位时才 12 岁，不过天主教的资料上显示他 18 岁或者 20 岁，估计是教廷不想让教众觉得教皇选举太儿戏了，而且使用童工也不符合劳动法。这小孩跟之前的约翰十二世算是哥俩，都是没正形的公子哥。本笃就是在教皇的位置上长大的，后来的事证明，这种位置显然不适合人正常发育。

1036 年，因为本笃九世生活太糜烂放荡了，最八卦的罗马人对教皇的丑闻都听腻歪了，于是罗马市民起义，把本笃赶跑了，他们自己选了个叫西尔维斯特的人成为新教皇。新教皇干了 20 天，本笃又纠集了一帮人回来了，赶走西尔维斯特，复位二次登基。

本笃也是个怪人，他费这么大劲拿回了位置，他又不干了，他发现了新的人生方向，那就是：还俗娶表妹！他本来是个浪子，这会子突然想安定了，历代教皇虽然不准结婚，人家也都不耽误找情妇生孩子啊，本笃九世最特殊，他现在比贾宝玉还痴情呢，非要给表妹一个名分不可！结吧，买房子买车摆酒送彩礼哪样不要钱啊，我堂堂一个教皇，让我裸婚啊？！本笃生财有道啊，他开始售卖教皇之位！

1500磅黄金，本笃的叔叔买下了，他银货两讫后，成为格里高利六世。谁知本笃的婚事黄了，他又后悔了，于是又带着他的人马杀回来，想把他卖掉的教皇职位抢回来。这时，之前被赶走的西尔维斯特三世也跑回来了，也带一帮人，他们说自己才是正宗的教皇，这一下，罗马城里就有三个教皇预备争位。

罗马乱成这样了，罗马最大的警察机构负责人德国国王能不管吗？亨利三世过来了，就算没这些事，他也要过来，别忘了，他脑袋上还少顶皇帝的冠冕呢。

亨利三世也是个虔诚的教徒，而且以他德意志人严肃自律的秉性，对克吕尼派的运动是非常赞同和支持的，如果分析这次的罗马三教皇事件，起初的原因，也是教会的糜烂堕落，克吕尼派的行动对罗马教廷是一种净化作用。

亨利三世来到罗马，主持了宗教大会并判决：本笃九世，买卖圣职，有罪，下课！西尔维斯特三世，来路不明，资历可疑，辞退！格列高利六世……没等宣判，他赶紧自己辞职走了，卖圣职的有罪，他买圣职的能留任吗？三个教皇都不要，德皇指派一个，当然是德意志人。这个德国教皇上任的当天，就是给亨利三世和老婆加冕成为神圣罗马帝国皇帝和皇后。好景不长，新教皇不久就被人毒死了，又换了个德国教皇，又被毒死了。亨利三世最后委任了自己的表弟成为新的教皇，也就是利奥九世。这位利九是克吕尼改革派的教皇，不怕下毒，非常虔诚也非常热诚，他一上任，就忙活着在罗马教廷大刀阔斧地实行克吕尼派的改革。亨利三世很欣慰，这是他愿意看到的，不过，他看不到的是，这一轮克吕尼派的改革，他的家族和王朝将是最大的受害者，也为整个萨利安王朝奠定了教权皇权角力这样一个主旋律。（参看《罗马帝国：霸主养成记》，利奥九世就是因为一块饼跟东正教廷彻底闹翻的那位强硬派教皇。）

跟所有德意志皇帝一样，亨利三世治国，第一是边境防务，对东部，要压制波兰、波希米亚和匈牙利，亨利三世亲自领兵出征了几次，有赢有输，最牛的是让波希米亚公爵穿着忏悔服光着脚丫跟亨利三世认罪道歉，但是基本上，亨利三世还是再次确认了德意志对东部这几个国家和地区的宗主权；对西部，还是老问题，洛琳和法王。据说亨利三世跟法王谈判洛琳归属，话不投机，亨利三世要求跟法王单挑决斗，亨利三世39岁，法王46岁，有点欺负老人家的意思，法王说了句："朕还有事，走先！"然后就闪了。后来东部边境遭到一些没被收服的斯拉夫部族骚扰，德意志军队连受重创，亨利三世不堪打击，刚到40岁就驾崩了。

亨利三世为人冷峻，很酷，在位时调摆教皇轻松自如，教廷是德皇手中的健身球，玩得很溜，皇权空前强大。他死前绝对没有想到的是，他尸骨未寒的20多年里，一直有人欺负他儿子！

君子报仇什么时候都不晚之亨利四世

还是亨利，亨利四世，6岁的德意志国王。亨利三世对他这个儿子可是安排得很周密的，早早就为他预订了王位，4岁就已经给他戴上了德王的王冠，所以6岁也就是履行了一个正式登基的仪式。

刚开始给亨利四世摄政的是他妈妈阿格尼丝，法国阿基坦地区的公主。当年阿格尼丝作为续弦嫁给亨利三世，是抵御了重重阻挠的，对法王来说，自己的西南重镇跟德意志联姻，对法国当然一点好处都没有，所以他找了好些人，想了不少办法，也没挡住。算起来，亨利三世和阿格内斯都是捕鸟者亨利一世的后代，没出五服，实在是近亲。

之前就桀骜不驯的诸侯，加上经过两朝培养势力渐强的主教，哪个都不是清净的主儿，谁都想控制小皇帝。于是，他们号称不能接受一个女人摄政，德意志都是纯爷们，能听一个女人安排吗？德意志还真是纯爷们，爷们的表现就是欺负妇孺，他们找到亨利四世，抱起来就跑，而后逼太后交权。孩子落在对头手里，妈妈还有什么不能舍弃的？太后黯然地走出皇宫，进入一家修道院修行去了。

这是亨利四世第一次被人欺负，他12岁，无力反抗。

亨利四世16岁时，他最不喜欢的摄政科隆主教安茹安排他迎娶了都灵的女伯爵贝莎，他一直不待见这个老婆，好不容易等到自己亲政，他马上宣布：要离婚！结果，他发现他还是说了不算，诸侯主教联手，压制了亨利四世的离婚要求，又欺负他一把！

在主教摄政亨利四世成长的这几年里，杂草般的野心又在德意志诸侯心中疯长。原来国王在各公国都有属于王室的土地，趁小国王管不上，一片片都被分吃了。亨利四世离婚离不成，一肚子火，就想建功立业把这些土地要回来。

亨利四世跑到萨克森公国去，建城堡，划地盘，宣布要整合该地的王产，跟当地的封主百姓利益发生抵触，商量不妥就打起来了。镇压萨克森的暴动算是亨利四世第一次显示威风，不过没显出来，虽然打仗是打赢了，亨利四世还是做了很大的让步才让萨克森重归安宁，看亨利四世态度不错，萨克森的贵族答应继续顶他。

亨利四世郁闷啊，自己的国王做得憋屈呢，这几年眼看着，诸侯越来越强大，主教越来越硬气，最可恨的是罗马那个教宗，一天到晚，总以亨利四世的上级领导自居！亨利四世决定，再次亮相，让教皇重新审视自己的位置！

亨利四世和教宗这起举世闻名的恩怨到底怎么开始的呢？很复杂，不过最根上的原因，跟前面说的"克吕尼运动"有关，我们光注意到了这项运动对神职人员的道德建设和教会的精神文明建设的作用，其实，"克吕尼运动"还有很重要的一项精神就是：神职和神权应该是不受任何世俗权力干预的，教皇的权力是大于皇权的，教皇是上帝的代理人，教皇为皇帝加冕才能获得皇权，教皇不给这顶帽子，相当于皇权没有获得营业执照！

1073年，教皇格列高利七世上台了，这个身材矮小、模样不太周正的教皇是个激进的"克吕尼"改革派，除了上面那些个运动精神，他还认为，教皇可以任免国王，可以审判和惩罚国王，而教皇，地球上是没有人可以审判他们的！正好当时的米兰主教出缺，教皇指派了新的主教，可这事在亨利四世看来，委任主教应该是国王的事啊，于是他指派了一个。

根据德意志一贯的国策，主教是被当作制衡诸侯势力的力量培养的，所以主教必须是自己人才好控制，自然，任免权必须抓在自己手里。现在教皇和亨利四世两边都不承认对方任命的人选，两边同时决定，要让对方知道自己的厉害。

亨利四世先动手，他先召开了一个宗教大会，宣布罢黜教皇；格列高利七世反击也快，一个月后，他也召开宗教大会，宣布开除亨利四世！教皇发布的，也就是基督教内对信徒最严厉的处罚：破门律。有点像国王留用察看的性质，如果一年之内，亨利四世不能得到教皇的谅解重归门墙，那么，他的百姓和封臣之前对他的效忠宣誓可以全部作废。也就是说，如果亨利四世不求饶，一年以后，他的国王职务也作废了。

你说作废就作废啊，我的臣民和封臣为啥听你的？！亨利四世没看清楚他在位时的形势，那就是，德意志的诸侯又开始扩张壮大了，他们又不想看国王脸色过日子了。教皇的破门律等于昭告天下的造反动员令，世上所有人，不管高低贵贱，只要你敢想，就有可能推倒亨利四世，坐他的位子，大胆做，上帝同意的！德意志的部分诸侯率先被激励，他们立刻选举了土瓦本公爵鲁道夫为新的国王，而其他还没加入的诸侯也表示，如果亨利四世没办法恢复教籍，他们是不可能效忠一位被开除出教的国王的。事态很清楚，跟教皇的这一轮角力，亨利四世输了，如果他不能按时获得教皇的谅解，王位肯定是保不住了。

1077 年，亨利四世脱下王袍，带着老婆孩子和几个随从，顶着风雪翻越阿尔卑斯山脉的塞尼山口，来到了意大利北部的卡诺莎城堡。因为他知道教皇在这里。他以为教皇是故意躲着不见他，其实是教皇听说亨利四世带着人来找他，以为是找他报仇干仗的，所以他溜到卡诺莎堡躲避。

卡诺莎堡对亨利四世紧闭大门，亨利四世脱下衣服，披上了一件忏悔袍，光着脚，站在卡诺莎堡的大门外，泪流满面地请求教皇的饶恕。这是当年的 1 月，意大利北部正是严冬，积雪覆地，寒风刺骨，就是这样的天气下，亨利四世在门外站了三天三夜，据说还带着他的老婆和两岁的儿子！

这就是历史上著名的"卡诺莎之辱"，当然是指亨利四世受到的欺辱。好在虽然是被辱，但目的达到了，第四天，教皇开门了，接受了亨利四世的道歉和认错。看着跪在自己面前的德王，教皇非常得意，终于等到这一天了，终于把这帮人收拾服帖了，以后，还有谁敢挑衅教皇至高无上的尊严和权力！

咱家曾有韩信受辱胯下的故事，以退为进，敢于吃眼前亏其实是一种大智慧。亨利四世回到德意志，关于他如何卑躬屈膝、狼狈不堪祈求教皇原谅的故事，已经被教皇和他的手下添油加醋艺术加工了好几个版本遍传江湖，整个西欧，差不多连种地的农妇都知道德意志国王在雪地里的这场遭遇。而最可恨的是，那些拥立了新国王的诸侯们，并没有因为亨利四世恢复了教籍而停止反叛，他们说亨利四世悔悟太迟了，教皇能原谅他，诸侯们不原谅，况且，他们已经有了自己的国王了。

好在亨利四世毕竟是正统，大部分的诸侯出于自己的利益考虑，也不想让那个什么鲁道夫之类的成为新王，而德意志的百姓更是觉得，亨利四世以国王之尊，差点冻死来忏悔错误，怎么就不依不饶呢，于是亨利四世这边很快也有不少支持者。亨利四世现在满腔的忧愤啊，他不报仇都不能活了，于是德意志内战开打了。

教皇是叛臣一边的，亨利四世回去后就组织人马跟叛臣干仗，显然是认罪不彻底啊，教皇劝他停手，亨利四世不从，教皇大怒，1080年，再次破门律。支持亨利四世的德意志教会这次也很快做出反应，再次宣布罢黜教皇！这一次，教皇的目的没达到，德意志本地的主教都和亨利四世站在一起，不久，王军镇压了反叛，那个被推立的鲁道夫国王战败，失去一只右手后死去。

亨利四世长出了一口气，告诉自己，可以杀进罗马，找教皇算总账了。1081年，亨利四世选出了新的教皇克雷芒三世，并开始进军罗马，因为种种原因，他总不能顺利攻入罗马城，抓到仇家出气，只好一轮轮尝试。而面对亨利四世一次次来攻，格列高利七世也到处找人帮忙。

这次，教皇找的救兵是诺曼人，罗伯特·圭斯卡德。老熟人了吧（参看《罗马帝国：霸主养成记》），罗伯特的诺曼军团在南意大利扩张，最开始也遭到了教皇的抵制，他也威胁过罗伯特好多次，要对他处以破门律，这东西吓唬罗伯特这种人更没用了。亨利四世攻势甚猛，格列高利七世实在没办法了，只好跟罗伯特和解，找他帮忙。

罗伯特实在太忙了，拜占庭、西西里岛这些事，让他无暇分身，等他抽出空可以驰援教皇时，亨利四世已经攻克了罗马，新的教皇上任了，并为亨利四世加冕为皇帝，而格列高利被围在一个城堡里望眼欲穿等待诺曼救星呢。

罗伯特多猛啊，他的诺曼军团一动手就击败亨利四世，救出了格列高利。可这帮子是诺曼人啊，海盗基因，他们抢劫上瘾啊，这不进罗马了，世界级大都会啊，满眼都是好东西，金光耀眼的。于是，实在是控制不住的诺曼人在罗马大抢了三天。既然是公开打劫，就难免不杀人放火，几乎是毁掉了三分之一的罗马城！这下格列高利七世彻底把自己葬送了，你想啊，就算原来罗马人民支持他，眼下，你把诺曼人叫来，劫掠了自己的信众和他们的家园，他们还能饶你吗？格列高利知道自己大势已去，如果留在罗马，前途堪虞，只好跟着诺曼人撤出了罗马，在流亡中不知道死在哪个异乡了。

诺曼人的出现是意外状况，但是就亨利四世和教皇的恩怨来说，现在可以宣布亨利四世获得了最后的胜利，大仇得报。他在心里想，这下再没人敢欺负我了吧！

亨利四世可怜啊，他小时候就被大人欺负，等他变成大人了，又开始被小孩欺负了，而且，欺负他的，是他老婆和亲生儿子！

先是大儿子造反，被镇压。随后，诸侯们选举了小儿子亨利五世成为新的国王，这小子被人挑唆，又找他爹的麻烦，亨利四世的第二任老婆加入了这支队伍，而且啊，亨利四世发现，他自己任命的主教也学着格列高利七世一样，想尽办法要压自己一头。更可恶的是，现在的教皇都学坏了，只要想辖制亨利四世，就和德意志反对派诸侯联手，居然还带上王子亨利五世一起闹。

亨利五世先是抓住了亨利四世，逼他退位，将他囚禁，亨利四世成功脱逃后，对儿子反扑，打败了他，可惜王位是要不回来了。因为1106年，亨利四世在现在比利时列日市这个位置死去了，总算没人再欺负他了。

退一步海阔天空之亨利五世

亨利五世我们应该认识，这伙计在英国篇中跑过龙套，《英帝国：日不落之殇》中这句，"亨利的二女儿玛蒂尔达先是嫁给了德国皇帝亨利五世，没多久就做了寡妇"，这龙套跑的，出来露个脸就死了。玛蒂尔达改嫁法国的安茹伯爵，生下了后来金雀花王朝的开国君主亨利二世，这一堆亨利，亏得他们自己不晕。

总算到亨利五世自己做主演的时候了，老杨就算想给他多安排点戏分，他自己不争气啊，39 岁就翘辫子了。

亨利五世做太子的时候，跟教皇合伙跟老爸过不去，等他自己接班成了国王，教皇就开始跟他过不去了，争执的焦点问题还是那个"主教叙任权"，也就是主教这个职位，到底应该是由皇帝任命还是由教皇任命。

亨利五世一辈子就忙这事了，先是教皇拒绝给他加冕，他就带兵杀进了罗马，将教皇囚禁，也如愿戴上了皇冠。不过不久，他就接到通知，他被教廷开除教籍，亨利五世再次杀进罗马，扶持了自己选立的教皇。

德意志的诸侯最喜欢皇帝跟教皇互相折磨，他们趁机扩大地盘、扩充势力，现在对他们来说，可是个伸缩自如的时代，皇帝让他们爽呢，他们就帮着皇帝打教皇，皇帝一高兴，很多事可以妥协；如果皇帝让他们不爽呢，他们就加入教皇阵营，最后还是可以逼着皇帝向他们的要求妥协。所以从亨利四世开始，德意志的诸侯又找到了久违的活力，到亨利五世这辈，德意志又回到奥托大帝之前那个小邦林立的状态。

亨利五世很清楚自己的处境，他知道再闹下去，皇权会越来越薄弱，所以在 1122 年，跟教皇达成了《沃尔姆斯宗教协定》。此协议规定：德意志境内的主教由教士自由选举产生，这种选举必须在皇帝的监督下才能有效，但是皇帝不能插手干预。主教在领地上的世俗权力由皇帝来授予，而其宗教权力则来自教皇。两边都算给了对方一个面子，这个"叙任权之争"总算是告一段落了。

协议签完第三年，亨利五世去世，如果他不死，也够他忙的，因为他下半辈子的工作重心肯定是帮助自己的老婆争取英国王位；他要不死，英国的金雀花王朝就不存在了。

亨利五世没有子嗣，所以应该说，德意志的萨利安王朝就算结束了，不过在下一个王朝开始前，还有个 12 年，由当时的萨克森公爵执掌大位。此时的德意志诸侯活得都比较纠结，比如这位最后登基的萨克森公爵洛泰尔，他最开始是帮着亨利五世打亨利四世，后来又打亨利五世，反正就是对现有政权不满，也算是著名反贼，索性德意志诸侯就选他当国王，让他自己在这个岗位试试，让他试试经常要跟属臣诸侯开仗的生活。

八　霍亨斯陶芬家族 VS 韦尔夫家族

没有无缘无故的仇家

诸侯们没让这个洛泰尔二世失望，他一上台，就遭遇了霍亨斯陶芬家族。

霍亨斯陶芬家族的名字起源于德意志土瓦本公国侏罗山上的一座城堡，这个城堡属于当时的腓特烈伯爵，后来腓特烈伯爵成为土瓦本公爵，家族就用这个斯陶芬为名号，而"霍亨"大约是尊贵的意思，也就是尊崇的斯陶芬家族。

霍亨斯陶芬家族在亨利四世的时候与王室联姻，公爵娶了亨利四世的公主，生了两个儿子，算一下，这两个儿子也就是亨利五世的外甥。所以啊，如果亨利五世绝嗣，这两个外甥绝对有要求王位的权利。

洛泰尔二世是萨克森公爵，应该是当时实力最强的诸侯之一，他选举成功登基为王，立即就成为霍亨斯陶芬家族的敌人。为了对抗土瓦本的这支力量，洛泰尔二世将自己的女儿嫁给了巴伐利亚公爵，取得他的支持后，总算暂时平息了霍亨斯陶芬家族的王位要求。

洛泰尔二世除了跟斯陶芬家族干仗，就是参与罗马两个教皇的争位，奔波操劳，所以没干几年就死掉了，而他临终时，指定他的女婿，巴伐利亚公爵亨利接手王位。

这样一来，又引出了本篇故事的另一个主角，巴伐利亚公爵亨利。先不管他是哪里的公爵，这个亨利是韦尔夫家族的，而韦尔夫家族，可以说是德意志另一个非常古老非常尊贵的家族了，他家的历史，可以追溯到 8 世纪，也就是法兰克王国还没分裂的时候。他家最早的奠立者应该是土瓦本的韦尔夫伯爵，他的两个女儿先后成为法兰克王国的王后，大女儿更是秃头查理的亲妈。

这个家族后来先后主持土瓦本、勃艮第、意大利等地，是德意志诸侯中的名门望族。辗转几百年，家族正宗可能已经断绝了，血系旁支继续延绵下来。到亨利四世在位的时候，韦尔夫家族帮着平乱有功，被封在巴伐利亚，成为巴伐利亚公爵。后来通过联姻，又取得了萨克森的封地，所以在洛泰尔二世时期，韦尔夫家族的亨利（外号骄傲者）坐拥萨克森和巴伐利亚两片疆土，是所有公爵中的老大，另外，他还是当朝驸马。

洛泰尔私自决定将王位传给骄傲者亨利，其他的诸侯可不答应，大家想想，这时亨利已经多大的地盘了，再给他当皇帝，以后诸侯还能时不时地跟国王干仗吗？德意志诸侯最不爽的不就是国王权力太大吗？非要选个国王，又不愿意服从他，看来这帮德国公爵选国王就是为了给自己无聊的生活找点打仗的刺激。

韦尔夫家族不能当选，其他的家族也没有足够的支持率，最合适的就是斯陶芬家族了，他家的权势威望不大不小刚刚好，既配得上皇冠，又没有能力收服割据势力，而且，他家上位，韦尔夫家族在野，正好是一支巨大的牵制王权的力量。就这样，斯陶芬家族的康拉德成为新的德王，他是三世。可以预见，韦尔夫家族绝对不服整个霍亨斯陶芬王朝，这两大家族恩怨情仇是主要内容。

韦尔夫家族的狮子

康拉德三世登基后，亨利开始也愿意臣服，但是康拉德三世要求，他家的两块地，必须交一块出来，亨利当然不干，于是康拉德三世索性将两块都收回来，也不管这是人家合法继承的。亨利还没来得及发飙就死了，而他的儿子，也就是后来著名的狮子亨利还没成年呢，康拉德三世将韦尔夫家的两块领地都封给自己的亲信的封臣，于是，韦尔夫家族和斯陶芬家族正式宣布跟对方不共戴天并大打出手。

韦尔夫家族由亨利的弟弟指挥，在德意志南部跟康拉德三世对抗，基本屡败屡战。在这一轮战斗中，曾发生过一场颇令人感动的故事。却说康拉德三世亲征，亲自进攻韦尔夫家的领地，将现在德国南部的城市魏因斯贝格围困。当时城内的韦尔夫军队已经宣布投降，但是康拉德三世也不想放过他们。康拉德三世为了表现自己的骑士风度，下令，城内的女人可以徒步出城，并带上她们认为最珍贵的东西离开。命令一下，康拉德三世就目瞪口呆了，城内的女人们，几乎每个人出来，背上都背着丈夫或者是父亲或者是兄弟！就这样，在康拉德三世的无奈的目光中，城中的女人几乎是救走了大部分的军队。

两大家族你来我往仇杀了几年，终于等到小狮子长大了。康拉德三世没收韦尔夫家族的两块领地后，就将萨克森的那一块转手封给了他的一个爱将，江湖人称"大熊"，大熊在萨克森的日子真不好过，萨克森的人不认他啊，人家小亨利是正宗继承人，而且其他的诸侯也感觉，把萨克森从韦尔夫家手里拿走，这个事特别不地道。正好大熊也是个猛人，对东部边境地区有点领土野心，所以，他就宣布放弃萨克森，到东部边区占地盘去。

萨克森回到了亨利手里，条件是，他必须答应，不能再要求把巴伐利亚拿回去了。

以后的日子，狮子亨利在萨克森公爵的位置上继续成长，他叔叔在南部德国努力争取拿回巴伐利亚，而康拉德三世呢，他顾不上跟韦尔夫家族扯皮了，他找到更崇高的工作了，他报名参加了第二次十字军东征！

康拉德三世在十字军的战绩，我们在《罗马帝国：霸主养成记》中已经详细记叙过了，基本上，他就是出去丢人的，而跟他相反的是，狮子亨利的圣战却大获成功。

话说韦尔夫家族跟教皇关系是不错的，一般教皇都跟德意志最大的反对派关系暧昧。当时教皇除了发动对中东方向的圣战，还号召欧洲骑士们去收拾波罗的海边的异教徒。于是狮子亨利就把在国内憋屈的满腔怒火发泄到易北河对岸去了，那里有大量不信基督的斯拉夫人。亨利的征伐或者说是侵略非常成功，开疆辟土，建立了不少著名的城市，尤其是现在德国北部非常美丽的吕贝克。

在康拉德三世去参加十字军之前的诸侯大会上，狮子亨利再次提出了拿回巴伐利亚的要求，当时康拉德三世跟他说，等回来再解决。两人出差回家，高下立现，狮子亨利意气风发，康拉德三世灰头土脸，还整了一身毛病。康拉德三世病歪歪地也绝不松口，就是不答应狮子亨利的要求，然后，康拉德三世就死掉了。大家注意，康拉德三世一辈子挺忙的，但是有一件大事没办，那就是加冕为皇帝，没顾上。

康拉德三世死的时候，儿子 6 岁，德意志国内危机四伏，众敌环伺，一个小孩子说不定连命都丢了，算了，王位交给侄子吧。好了，霍亨斯陶芬王朝最牛的皇帝，全欧洲最狂的老大出场，掌声有请红胡子腓特烈一世，而红胡子，在意大利语里叫作巴巴罗萨，至于为啥意大利人要给人起外号呢？后面会说到。

九　巴巴罗萨的意大利纠结

巴巴罗萨登基是获得了大多数德意志诸侯支持的，为啥呢？之前斯陶芬家族和韦尔夫家族的连场内战，搅得德意志够乱的了，诸侯们感觉，是时候休息一下了，总这么打也挺烦的。而巴巴罗萨最大的优势，就是他是斯陶芬家族的侄子，而他的妈妈却是来自韦尔夫家族的，这样一来，说不定两个家族就不打了。

巴巴罗萨还真是不负众望，他一上班，就宣布，将狮子亨利一直要求的巴伐利亚领地还给他，而亨利马上宣誓向国王陛下效忠！

为啥这么好说话呢？因为巴巴罗萨需要狮子亨利支持他，红胡子一辈子的理想就是将意大利吃掉，重建罗马。而收复了亨利，第一，获得他家的军事支持；第二，也防止他趁国王去意大利出差，在后院放火。巴巴罗萨和狮子亨利就这样建立了非常友好的关系，两个人的蜜月期大约维持了 20 年。

教皇跟德王经常心有灵犀的，德王一惦记教皇，教皇就正好有事要帮忙。这不，教皇又招惹麻烦了。有个叫阿诺德的教士，对教皇和教廷腐化堕落的生活不满，觉得教会就应该艰苦朴素一点，要求无果，他就组织了一场暴动，带着一群人夺取了城市政权，还组建了自己的元老院，选出了自己的执政官！

收到教皇加急快递的求救文书时，巴巴罗萨正预备去罗马呢，他还不是皇帝，他要过去戴上皇冠啊。这下师出有名了。德意志的军队镇压了暴乱，教皇安全了，非要表示一下不可？酒就免了，给加冕吧。

当时给他加冕的教皇是新上任的英国人，阿德里安四世，经过前几十年教皇和皇帝的争权夺利，每个新教皇上班，都会尝试先把自己的威严树立起来，最好是从开头就让皇帝知道规矩。加冕仪式开始，阿德里安四世坚持巴巴罗萨要帮他牵马、扶镫，巴巴罗萨一想，这活我今天要是干了，以后全世界都知道教皇是大，皇帝是小了，以后老子还在江湖上混不？免谈！No way！阿德里安四世也够倔的，你不干我就不给你加冕，巴巴罗萨暴脾气，能受这种气吗？一声令下，加冕现场变成修罗场，在场几千罗马人被杀，血流成河。突然遭遇这样的惨祸，教皇肝胆俱裂，啥也不敢要求了，哆哆嗦嗦地给巴巴罗萨戴上了皇冠。巴巴罗萨觉得，罗马帝国皇帝这名字听着不够威风啊，他给加个形容词，以后就叫神圣罗马帝国皇帝！

遥想巴巴罗萨这一辈子对意大利的征伐，老杨不禁要为他掬一把同情之泪啊，其孜孜不倦、锲而不舍、不离不弃真是感天动地啊，不过这次，"天道酬勤"这个真理没有成立。

沐浴着血光加冕是他第一次进入意大利，其后这样的远征他又组织了4次，为啥非要跟意大利过不去呢？总结原因，第一，应该是巴巴罗萨那个惊天动地的罗马野心和罗马畅想，没有罗马的帝国怎么算是罗马帝国呢？第二，巴巴罗萨总结前几任帝王的得失，觉得他们对教皇太客气了，对教皇一定是按住不松手，不让他抬头。至于第三，那就是非常实在的现实考虑，巴巴罗萨需要钱。

意大利城市富裕、经济发达，占有这里，巴巴罗萨手头宽裕，有钱就有实力，各级诸侯还敢跟皇帝叫板挑衅吗？一手按住教皇，一脚踩住诸侯，这样的皇帝才能高枕无忧啊。

加冕后，巴巴罗萨就宣布对意大利拥有主权，以后这个地区官员任命、收税等实权部门全部由德意志负责。他本来就是来侵略的，现在得手当然是使劲压榨，意大利北部的城市因为毗邻德意志，受害最深，不久，以米兰为首的大城市开始跟德皇对抗。

1158年，第二次意大利战争，以城邦联盟投降告终；1160年，第三次意大利战争，当时的教皇忍无可忍了，宣布开除巴巴罗萨的教籍，然后跟米兰城市联盟一起，抵抗德意志侵略。这次巴巴罗萨是真火了，围城两年，拿下米兰城后，他把这座名城砸成废墟！

全意大利人被激怒了，主要城市全部团结起来，组成了一支叫作"伦巴底联盟"的义军，"反清复明"！1167年，巴巴罗萨再次领兵光临意大利，这次他势如破竹一口气打进了罗马，让当时的教皇流亡。为了藐视教皇的破门律，巴巴罗萨在罗马再次加冕为帝。

做事太绝了，真不怕上帝吗？进入罗马的德国军队突然就暴发瘟疫了，而这时，罗马的老百姓自发抗击德军。巴巴罗萨陷入人民战争的茫茫大海，突然发现自己被围，忙不迭地换上老棉袄，找块花头巾把自己的招牌胡子兜起来，装扮成当地农民，逃走了！

这一轮太狼狈了，巴巴罗萨气昏了，这口恶气不出还不脑溢血啊？这时，意大利方面的同盟城市已经有20多个，还加上了拜占庭，当然还有教廷和紧紧围绕在他周围的人民群众，这阵子意大利上下真是空前团结。对手全国上下团结，德意志也要团结啊，巴巴罗萨召开诸侯开会，让诸侯们发扬爱国爱王的精神，出兵出力随自己出征。

巴巴罗萨口沫横飞指手画脚地战前动员，各路诸侯在会议室打瞌睡。老大现在是偏执型狂躁病人了，谁跟他混不疯啊，尤其是狮子亨利，前几次对意大利的征伐，还都是靠他的人马大力支持，现在亨利在波罗的海附近步步推进，收获甚丰，不愿意总跟巴巴罗萨到意大利吃苦受累。

这时的巴巴罗萨真不能用正常人的标准分析了，亨利无视他的出兵计划，他居然走下御座，在众目睽睽之下给狮子亨利跪下了！亨利要是大宋的臣子，此时应该说："哎呀，圣上，折杀臣下了！"然后诚惶诚恐，匍匐在地，抖如筛糠，人家狮子亨利很淡定，他看着跪在地上的皇帝，笑着说："把戈斯拉尔城给我，我帮你出兵！"戈斯拉尔是个出产银矿的地区，巴巴罗萨可以丢面子，绝对不愿意给银子，想敲诈朕？没门，你们不帮忙，朕自己去！

第五次意大利战争以巴巴罗萨惨败告终，尼亚诺战役，德皇被从战马上掀翻在地，整个战场都传闻他战死了。后来知道，这位老大逃跑跟打仗几乎一样厉害，他居然又蓬头垢面、衣衫褴褛地回家了。

这一次不服输真不行了，跟教皇和解吧，占有了人家的教产，全部归还，以后教皇国内的事，不得随便插手，之前那些收税的权力全部还给当地。还不行啊？好吧，德皇跪下，亲吻教皇的脚，以后会乖了。

吃了这么大的亏，巴巴罗萨一定要找地方平衡，谁是罪魁祸首啊？狮子亨利！这浑蛋关键时刻不帮忙，枉朕平时对他那么客气！召开帝国会议，召集诸侯们批判他。皇帝盛怒之下，狮子亨利也不知道会面对什么样的环境，面对皇帝的传讯，他一而再，再而三地拒绝露面，于是，巴巴罗萨宣布，剥夺他的领地（留了两个城池），后来还将其驱逐出境。而正好亨利的萨克森领地也有人反他，他发现一时占不到上风，只好跑到英国去政治避难了。英王亨利二世是他岳父。

1186年，巴巴罗萨再次远征意大利，这一次不算干仗，他没找教皇的麻烦，他让教皇做主，让自己的儿子娶了西西里岛的公主，儿子成为意大利国王。

巴巴罗萨死于第三次十字军东征，老爷子67岁了，非要蹚这浑水，还风风火火地跑在最前面，一辈子什么大风大浪都过来了，在小亚细亚的一条小河沟翻了船，令人唏嘘。关于他死亡的原因，有两种说法，一种认为是身穿重甲过河时，一头栽倒，属于因公伤亡；还有种说法是，老爷子下水游泳，心脏病发，属于因病伤亡。这个事就不研究了，他是皇帝，不管怎么死，都不影响追认或者是追悼会规格，对吧？

德意志人心中，巴巴罗萨立志彻底收复意大利，开疆辟土，是大英雄，而意大利人看他就是恶魔了，腓特烈一世有一脸金红色的胡子，叫红胡子也无可厚非，但是意大利人叫他"巴巴罗萨"是没怀好意的。意大利人的意思是，这个红胡子是被意大利人的血染红的。

巴巴罗萨时代是中世纪骑士的黄金岁月，而巴巴罗萨更是以骑士代表自居。1184年，他在美因茨修建庆典之城，招呼各路诸侯过来参加比武大会，这可是中世纪最著名的一场盛事啊，据说到场的各路骑士超过7万人！连天的比武大会，盛况空前，钱花海了，天天摆流水席，每天大车小车往现场拉酒肉。

盛会第一个高潮应该是，巴巴罗萨亲自披挂上场打斗，据说还胜了几场，折断了对手的长矛，说不清楚是不是对方故意让他的；第二个高潮应该是巴巴罗萨为两个王子庆祝成年，并册封为骑士；第三个高潮更高，为庆典临时搭建的行宫居然被风吹倒了！应该是压死了不少阿猫阿狗、花花草草，巴巴罗萨高兴，这点事他没放在心上，但是后来那些个"事后诸葛亮"都说，这预示着王权的凋零！

巴巴罗萨在德意志人心中的地位是很崇高的，所以他意外薨于小亚细亚，很多人都不信，民间一直有他的传说，说是他带着他的骑士进入了德意志某个山中神殿，一旦有机会，他会再出来搅动江湖风雨，还有说是亲眼见过他，等等。他也是后来德意志许多狂人的偶像，显然，他自己也算个狂人了。

十　后巴巴罗萨时代

巴巴罗萨出征在外，家中一直是儿子亨利六世摄政，1190 年正式接掌王权时，他也不过 25 岁。这是个白皙瘦小的年轻人，看着有些抑郁，喜欢写宫廷情诗，颇有些传世之作，老杨看过几首翻译的作品，比梨花体显得有诚意。小白脸的文学青年，他能接下巴巴罗萨的江山吗？

本来大家都认为小白脸的一脸抑郁是一个诗人的特有表情，谁知道这个表情居然代表的是阴沉冷酷的机心。巴巴罗萨在小亚细亚游水这段时间，狮子亨利又回来了，他觉得他打不过巴巴罗萨，还能干不过青年诗人吗？这场动乱在主教的调解下两边和解，大家可以想象，如果狮子亨利能取得最后的胜利，他是不会接受调解的。

亨利六世必须先和狮子亨利和解，他没时间内战，他大侄子死了，他要忙更重要的事情！哪里来的大侄子啊？这要从亨利六世的婚姻说起。

亨利六世娶的是西西里王国的公主，我们在罗马篇里描述过，因为拜占庭雇佣诺曼人，又不兑现好处，拖欠"农民工"工资，诺曼人生气了，占领了意大利南部原来属于拜占庭的地盘，后来获得了教皇的认可。而后，他们一举拿下了西西里岛，我们现在说的西西里王国，就是意大利南部那不勒斯到西西里岛的这部分。

巴巴罗萨的意大利野心被粉碎，他参加十字军出差之前，为啥紧赶慢赶要给自己儿子安排婚事呢？不是怕他儿子是剩男啊，亨利六世当时 18 岁，他是怕新娘子变剩女，因为新娘子当时 34 了！

这个新娘子要重点介绍一下，当时的西西里国王威廉二世的姑妈康斯坦斯。康斯坦斯身材挺拔，颇有姿色，不过年纪轻轻就被送进修道院出家为尼了。因为她小时候，有看相算命的预言，这女人会祸害掉一个国家！巴巴罗萨哭着喊着要跟西西里联姻，西西里王室找了一圈，只有这么一个正统，人家德皇居然不嫌弃，赶着就把新媳妇迎进门了！

巴巴罗萨难道是想给亨利六世找个妈？当然不是，这个联姻还是为他的意大利计划，威廉二世没有子嗣，康斯坦斯是有机会要求王位的。德意志如果兼并了西西里岛，整个教皇国就被夹在中间，巴巴罗萨不相信他吃不掉这块嘴边的肉。

最好的情诗很少是写给老婆的，尤其是一个年龄可以给自己做妈的老婆，亨利六世的情诗有点缠绵忧伤，可以猜想，肯定是另有所爱。爱不爱不要紧，关键是他父皇的计划实现了，就在巴巴罗萨东征的那一年，威廉二世真的死掉了，而且，绝嗣！

眼看这富庶的西西里就要落在自己手里，亨利六世终于体会到了这份婚姻的幸福，只是，西西里人不干。德意志这点小阴谋，路人皆知的。西西里拥戴了威廉二世的异母兄弟，坦克伯雷。本来他是个私生子，没有继位权的，西西里人为了抗拒德意志人的入侵，别说私生子了，抱养的都接受。

听说坦克伯雷登基了，亨利六世赶紧同意跟狮子亨利和解，而后发兵南下。亨利六世跟狮子亨利和解的条件是让他两个儿子在自己身边做人质，这次出征，他就把这两个小狮子带上了。

在路过罗马时，亨利六世要求教皇给自己加冕，教皇不答应，亨利六世不惜将一座一直与罗马为敌，对德皇死忠的城市交给了教皇，终于戴上了帝国的皇冠，诗人做事还是挺果决的。

因为路上还操劳这些琐事，亨利六世大军到达那不勒斯的时候，坦克伯雷作为国王已经被大家接受了，面对德意志的侵略，诺曼人团结一心，共同御敌。那不勒斯久攻不下，而从北方来的德意志军队又不能适应地中海春夏的气候，以至于军队中又流行疫病，亨利六世自己也染上了。狮子的儿子趁乱逃回德意志，逢人便说亨利六世死翘翘了，国内各种反动势力再次群起逐鹿，一片大乱！

亨利六世不得不承认，这次肯定是搞不定了，赶紧撤吧。撤得很狼狈，丢盔弃甲的，还把老婆丢了，皇后康斯坦斯被西西里人俘虏了。

自己都顾不上了，还管老婆？先收拾了家里的事再说吧，各级诸侯和主教都跟亨利六世过不去，亨利六世回到德意志，好一阵手足无措，好在上帝帮了他一个大忙！

其实读者们对亨利六世应该不陌生，他除了是个诗人，是个野心勃勃的君主，最出名的，他是全欧洲身份最显赫的绑匪。还记得吧，英国的狮心王就是被他绑架的，勒索了大笔钱财。

理查落在亨利六世手里的时候，正是德皇最困顿的时候，人穷志短，他也顾不上脸面了，使劲要钱呗。整个犯罪活动进行了一年多，最后收了肉票家属15万马克，亨利六世发了一笔横财。

有了这笔钱，亨利六世还有什么难事呢？再次发兵西西里，一酬壮志。1194年12月25日，亨利六世被加冕为西西里国王，好事成双，第二天，皇后分娩了！

皇后之前被赎回，回到亨利六世身边，这种劫后余生的庆幸，让两口子突然同病相怜，发现了迟来的激情。而此时的皇后42岁了，在中世纪，遇到这个年龄的女人，我们应该尊敬地叫她祖母，她说她怀孕了，谁信啊？当时从德意志到西西里，所有人都在猜想，皇后冒充怀孕，到时候做戏产子，不知道拿谁的孩子来当太子养着。

1194年12月26日，正赶去跟亨利六世团聚的皇后在经过一个叫耶西的小镇时感到了胎动，即将临盆的皇后下达了一个惊世骇俗的命令，在耶西最热闹的市集搭一个帐篷，然后招呼当地所有的良家妇女现场参观皇后生孩子！

在所有人的见证下，一个漂亮的男婴出生了，康斯坦斯当着所有人给新生儿哺乳，粉碎了所有的谣言，这的确是王子，是太子，是天潢贵胄，是天子骄子。而这个孩子，就是后来霍亨斯陶芬王朝最精彩闪亮的君主腓特烈二世。

亨利六世取得了西西里，第一个动作就是搬空了人家的国库，然后留下老婆成为西西里王国的摄政。此时的康斯坦斯在想什么呢？曾经美丽如画的西西里，如今满目疮痍、破败萧条，如算命的预言，真是她毁灭了自己的家邦吗？

兼并了德意志和西西里，还赚了大把银子，亨利六世的权势到达顶点，现在他有两件大事要办：第一，他要完成巴巴罗萨未竟的事业，十字军东征；

第二，他希望能让德意志国王加上西西里国王这两个职称在他的后代承袭下去，以后就不麻烦德国诸侯总是聚会选举了。

愿意参加十字军是好事啊，大家都欢迎，至于王位世袭嘛，对不起，没门，不管是诸侯还是教皇都不怕麻烦，以后该选还是要选。

亨利六世现在可不是一般的皇帝，他是个巨有钱的皇帝，基本上，世界上用钱搞不定的事非常之少，历史书上查不到最后亨利六世到底给了诸侯及教会多少好处，亨利六世是大知识分子，不会像贪官傻老婆一样行贿受贿还拿小本子记录的。1196年，2岁的王子，大名叫腓特烈·罗杰的，成了德国的国王。腓特烈是他爷爷德意志皇帝巴巴罗萨的名字，罗杰是他外公诺曼人国王的名字。

亨利六世搞定了一切，正预备扛起十字军的战旗出发，西西里暴乱了，幸好有线报，滞留在墨西拿的亨利六世逃过了一场谋杀，据说这些乱党跟皇后有某些暧昧的勾连！亨利六世以非常极端残酷的手段平息了这场动乱，主要乱党都被他酷刑折磨而死，因为这一轮平乱手段狠辣，当时的教皇英诺森三世"夸奖"他："北风怒吼，肆虐在玫瑰园般的西西里。"（中世纪的人说话比较文艺）

乱党被整得太狠，做了鬼都不放过亨利六世，当年，亨利六世就因为疟疾而死，31岁的英年。

小王子只有3岁啊，谁接班呢？又乱套了！

霍亨斯陶芬家族拥立了亨利六世的小弟弟菲利普，而韦尔夫家族则拥立了狮子亨利的儿子奥托，又打起来了。斯陶芬家族的菲利普是个还俗的教士，公认是个高尚的人、纯粹的人、脱离了低级趣味的人，不久被人暗杀了。韦尔夫家族干的？还真不是，这位高尚的菲利普同学有个闺女，她原来是被许给了巴伐利亚的行宫伯爵，想争取伯爵的支持，后来菲利普发现争取教皇的支持更重要，于是又将女儿改聘给教皇的侄子。一女二嫁，毫无诚信，巴伐利亚的行宫伯爵就取了菲利普的性命，替自己出气了。

选战死了一个，另一个自动当选呗，韦尔夫家族的奥托四世，终于拿到王位了，韦尔夫家族也不用做反贼了！

既然做了国王，当然就想做皇帝，所以奥托要去巴结教皇。这一场王位大战，教皇、英法两国都参与其中，奥托是狮心王理查的外甥，他背后是英国，法王自然就转而支持菲利普了。教皇英诺森三世唱哪出？"只有我最摇摆，没有人比我帅！"先支持奥托，后来因为侄子的婚事又转向菲利普，不过教皇帅到了最后，他知道，不管谁当选，横竖会求他。

面对奥托四世的加冕要求，英诺森三世开了两个条件：第一，奥托承认教皇对西西里王国的实际控制权；第二，在意大利境内的德王领土，过户给教廷。这样的条件，如果给红胡子知道，他只怕又会气得杀人，人家韦尔夫家族就是不一样，奥托四世当时对教皇说："漫说两条，两百条您老都随便提，朕全答应！"

英诺森三世感动啊，这么多年了，总算将德意志王族降服了，乖孩子，过来，我帮你把皇冠戴上，看看，真有帝王之相，多威风多俊俏啊！

奥托四世离开时连谢谢都没说，就是回眸一笑，还给教皇飞了个媚眼。而后，他穿上盔甲，跨上战马，一举攻占了意大利名城托斯卡纳（这个城市出名的是比萨斜塔，奥托进城的时候，塔已经开始倾斜了，奥托四世说了，不是他推倒的）；随后奥托四世发兵西西里，预备攻陷这个斯陶芬家族的地盘。

英诺森三世意识到，被奥托四世耍了！教皇报复德皇，有操作指南的，第一条就是，欲灭德皇，扶持乱党！英诺森连乱党都不必找，他手上有更好的武器。

十一 世界的奇迹腓特烈二世

奥托四世和菲利普打这么热闹，大家一下忘记了，还以为先皇亨利六世绝嗣了呢，没有啊，康斯坦斯在集市生下了王子啊，而且他已经获得了德国王位和西西里王位啊，两个篡位的打红了眼，正宗的哪里去了？！

话说小腓特烈出生后，就被丢给一个公爵夫人照看，留守儿童啊，他爹妈都出外打工去了。一个忙着策划叛乱，一个忙着镇压叛乱。

4岁时，康斯坦斯非常智慧地让儿子放弃了德国王位，并在当年为他加冕为西西里国王。对康斯坦斯来说，4岁的儿子去德意志争位太凶险了，不如就安守西西里这一隅，也能保一生锦衣玉食。不久，康斯坦斯就死了，临死时，她把儿子托付给教皇英诺森三世。

英诺森三世留在历史上的形象，最出名的是他铁腕、独断，而且野心勃勃，他还有个外号是"中世纪最强大的教皇"，没有一条是说他慈祥有爱心或者是会带孩子的。他接下4岁的腓特烈时，正忙着在德意志王位战上操作外围呢。应该说，奥托四世和菲利普的争位大战，最大的赢家是英诺森三世，他趁乱占领了不少土地，教皇国一时极盛。就是因为便宜占大了，奥托四世忍无可忍了，所以一加冕得手，就对教皇国下手。

腓特烈在巴勒莫的西西里王宫孤独地长大了，大家经常忘记还有个小国王，此时的西西里，英诺森三世是实际的老大，巴勒莫主教主理朝政，西西里的各路人马虎视眈眈。作为一个兵家必争之地，这里每天要面对德国人、法国人、诺曼人、罗马人（拜占庭）、阿拉伯等各种型号的敌人，谁还顾得上理会一个小孤儿的成长？据说腓特烈小时候在王宫经常会衣食无着，他溜达到大街上也没人管，是西西里热情的老百姓偶尔给这个可怜的小国王一点家庭温暖。

西西里历史上被多个族群不断易手，巴勒莫是个国际大都市，有来自各国的人，融合着各种文化。在市井间溜达的腓特烈可以学到很多书本上学不到的知识和生存智慧，比如说语言，后来的腓特烈会说 6 种语言，遗憾的是，这个斯陶芬家族的正统皇裔，就是说不好德语！

1209 年，是腓特烈人生的转折点，教皇发善心了，终于考虑小孤儿的婚事了。教皇这时候看出有爱了，他考虑到腓特烈从小没妈，应该有些恋母情结，于是给他安排了一个大龄寡妇，阿拉贡公主康斯坦斯（阿拉贡王国在现在的西班牙东北部），结婚时，新娘子比腓特烈大 10 岁。

王室的婚姻关键是看收益，腓特烈的这一次婚姻至少让他少奋斗 30 年，康斯坦斯陪嫁过来的，是一批骑士和军队。靠着这支武装，腓特烈平定了西西里，让所有人再次确认了他是西西里之王，坐稳了母亲家的江山，他当然要考虑去整理父系的国土了。

监护人英诺森三世的意见呢？他赞同啊，在他看来，这个男孩是在自己的掌心成长的，他的生死和发展，完全取决于自己是想摊开手掌还是握紧拳头。此时教皇正要废掉奥托四世，西西里的男孩，不正是一柄利刃神兵？

腓特烈北上主张王位，不论是王后还是亲贵都不放心，奥托四世虽然已经失去了教皇的支持，可他毕竟是韦尔夫家族的，身后还站着英王。腓特烈当时很悲壮地为自己一岁的儿子亨利加冕，让他成为西西里国王，这等于是告诉所有人，就算他回不来，西西里王国已经有了继承人。

只带了几个随从和一点小钱，腓特烈到了罗马，面见教皇。虽然英诺森号称是腓特烈的监护人，可这真的是他俩第一次见面，由此可见教皇对这个孩子的重视程度。自己养了 14 年的工具可以用了，但是丑话还是要说在前面的，两条规矩：第一，德意志王冠和西西里王冠不能合并，也就是说，两个地区不能统一，把教皇国夹在中间，这一条腓特烈已经做到了，他已经将西西里王冠交给儿子了；第二，一旦取得王位，要组织十字军东征。大家还记得，十字军东征是教皇重要教绩，不过在英诺森三世任内，这项工作办得很不体面，因为先说好攻打圣地的十字军后来占领并洗劫了君士坦丁堡（参看《罗马帝国：霸主养成记》）。而圣地呢，被萨拉丁占领后又沐浴在真主的神光中了。这个要求，腓特烈自然也是答应的。英诺森三世对腓特烈的态度很满意，只是他忘记了，之前奥托四世答应他的时候，态度也是很痛快的。

腓特烈回乡之路的艰苦堪比中国春运返乡，还记得意大利北部的伦巴底联盟吧，因为巴巴罗萨时代的恩怨，他们满怀敌意设卡阻挠。而奥托四世听说腓特烈回来了，自然是率军前来围堵。好在腓特烈脚程快，大约在1212年9月到达了德意志的南部门户康斯坦茨，比奥托四世提前了三个小时，如果没有这三个小时，腓特烈的下场就不好估计了。

腓特烈生在南方长在南方，回到北方老家还不太适应，不过他的大叔大爷们可都在盼着他回家呢。霍亨斯陶芬家族之前正陷入群龙无首的困顿局面，腓特烈的到来，再次整合了家族的精神和力量，更重要的是，因为奥托四世是英王扶持的，所以法王主动送来大笔钱财支持腓特烈。

1214年的布汶会战，奥托四世惨败，韦尔夫家族不得不放弃了王位，腓特烈现在终于成了名正言顺的腓特烈二世了。这一场会战，败的不光是韦尔夫家族，还加上不列颠，当时的英王也就是"失地王"约翰，这一场乱战，他失去了他祖辈在法国的所有领土，导致了他家《大宪章》的问世（参看《英帝国：日不落之殇》）。

1220年，腓特烈二世戴上神圣罗马帝国的皇冠。现在他面临一个问题，那就是，他答应过教皇，不能将德意志和西西里合一，也就是说，不管这两个王国内部有什么勾连，必须看起来是两个国家，有两个王。腓特烈二世闹心了，相比较，他更喜欢西西里啊，他从生下来就把自己当意大利人的，他连德国话都说不好，苞米楂子高粱饭他也吃不习惯啊，怎么办？换换呗，让儿子亨利过来，接掌德意志的王位，自己还是回到西西里去做国王。

有人这时会问了，腓特烈二世既然不喜欢德意志，他干吗冒生命危险北上争夺王位？让给奥托四世就完了呗。人的占有性是古怪的，这东西是自己的就是自己的，不喜欢也要烂在自己锅里，不能给别人。而更重要的原因是，他预备用德意志资源壮大西西里，这跟他的祖辈们正相反，他们争取意大利的目的是借意大利资源来壮大德意志，由此可见，腓特烈二世实在是个意大利人。

腓特烈坐稳德国王位的第二年，英诺森教皇就死掉了，他以为他为他的后任，留下了一个很乖很听话的神圣罗马帝国皇帝，不过继任的教皇并不这么想。

话说，新教皇上班，马上想起，原来腓特烈二世不是答应过要组织十字军的事吗，这小子现在混得风生水起的，怎么不提收复圣地的事了呢？

腓特烈二世准备好了军队，也预备东征，不过手上总是有事啊，就一直没走，让教廷怀疑这小子阳奉阴违，敷衍教皇。1227 年，终于宣布要出发了，他又说军队里暴发了大型疫病，他又回来了。当时的教皇格列高利九世也是个暴脾气，他当时就认定，腓特烈二世这小子消极怠工而且调戏教廷，大怒之下，对腓特烈二世下了破门律。

又是破门律？！有没有新鲜的了？格列高利九世说了："没有，小子，过来求饶吧！"腓特烈二世这时的表现再次体现出他是个西西里人，他是既不生气，也不上火，既不找教皇麻烦，也不向他求饶，他就当作完全没这码子事，该休整休整，该养病养病，等疫病消失，他带上军队就东征去了！

教皇更火了，在背后跳脚啊："你给我回来！我让你去你不去，你现在被开除教籍了，你敢组织圣战？！"嗓子都叫哑了，腓特烈二世一概没听见。教皇心想：小子，我已经掏红牌了，你还不下场！行，管不了你，我还管不了别人吗？再下一道指令，解除德国、意大利、西西里所有教徒对皇帝的效忠，也就是说，场上的队员不准跟腓特烈二世配合进攻，逼得腓特烈二世形成单刀。腓特烈二世带着一支人丁寥落根本无力组织任何战事的军队，继续向耶路撒冷进发。

对腓特烈二世来说，此去耶路撒冷，不仅是兑现自己的诺言，更重要的是，他是耶路撒冷的国王，他必须将自己的城邦从异教徒手里拿回来！他怎么变成耶路撒冷的国王了呢？因为他迎娶了耶路撒冷的公主啊！

回顾一下《罗马帝国：霸主养成记》，第一次东征，十字军占领并血洗了耶路撒冷，并在那里建立了一个拉丁国家，后来萨拉丁拿回圣城，原来的拉丁国王被驱逐，公主叫伊萨贝拉，这可真是落难的公主，没钱、没权、没地，就剩耶路撒冷的继承权，刚好腓特烈二世的阿拉贡老婆几年前去世了，腓特烈二世就娶了伊萨贝拉，接过了耶路撒冷国王的空头职称。

欧洲人和教皇都等待着腓特烈二世惨败的消息，都在猜测这小子凄惨的下场，没想到，1229 年，传回教廷的消息是：腓特烈二世全取了耶路撒冷，还加上耶稣出生的伯利恒、耶稣的故乡拿撒勒，以及去往这三个圣地朝拜的陆上通道！这家伙怎么做到的？！

缘分啊，遇上知音了。还记得吗，腓特烈二世会说六种语言，虽然不会说德国家乡话，可他阿拉伯语讲得很溜啊，而且腓特烈二世是个杂家，什么都懂一点，天文地理，挺能侃，特别喜欢科学艺术。巧了，此时主持圣地的是萨拉丁的侄子，而这位阿拉伯苏丹跟腓特烈二世一样，涉猎广泛，痴迷科学艺术。关键两个人都是思想开放、作风时尚的人，对于天主教和伊斯兰教的所谓矛盾，都不以为意，腓特烈二世带着球进入禁区，跟苏丹四目相对时，暗通款曲，相逢恨晚。几天谈下来，越聊越投机，苏丹觉得这哥们远来不容易，不能让人空手回家，很痛快就把上述地区交还了，临走还送给腓特烈二世一头大象。腓特烈二世当然不忘找到圣墓教堂，自己给自己戴上耶路撒冷的王冠。

收回了圣地明明是好事，教皇应该高兴吧，正相反，他更生气了！他开除了腓特烈二世的教籍，腓特烈二世居然不费一兵一卒拿回了圣地，这不是打教皇的脸吗？老爷子越想越气，通过对教皇国百姓征税给自己搞了一支军队，而后，进攻腓特烈二世的西西里王国！一边进攻腓特烈二世的国土，一边还大肆散布腓特烈二世已经死在耶路撒冷的消息。

腓特烈二世听说西西里遇袭，赶着回家，登陆时，他一展开王旗，现场就有人当场吓死，因为大家都相信腓特烈二世已经死了，冷不丁看着这么一个旗帜出现，不是诈尸就是还魂啊。不过，等西西里人反应过来，皇帝没死，他们马上就跟腓特烈二世站在一起，将教皇和他的杂牌军赶回了罗马。

如果换了腓特烈二世的爷爷巴巴罗萨的脾气，教皇趁他不在偷袭，他不杀进罗马才怪呢！可腓特烈二世仗着雄壮的兵威赶走了教皇军，并没有乘胜进攻教皇国。格列高利九世在罗马想了几天，宣布恢复腓特烈二世的教籍。老爷子也没办法啊，罚他打他不管用啊，干脆和解呗。

承诺的东征任务完成了，腓特烈二世继续对西西里这一亩二分地下功夫，他东征之前，就在西西里启动了大型改革，颁布了一部伟大的法典，还建立了那不勒斯大学——欧洲第一所国立大学。

这轮励精图治的改革带来丰硕成果：建立了强大的中央集权国家，有点专制独裁，让君主制在西西里率先凌驾于教皇与教会之上，比西欧诸国提前100多年，这个时期西西里王国政权在欧洲历史发展中，具有极明显的前卫性和先进性，有历史学家称之为"早熟政府"。

腓特烈二世在意大利政策上铁腕独裁，可他对德意志的政策就正好相反，他对德国老乡很客气，而且愿意让那些本来就尾大不掉的诸侯自治，在他任内，诸侯在自己的地盘上，独立审判、独立收税、独立铸币，还可随意增加城防设施！德意志的诸侯很知道好歹，老大这么客气，他在位的时候，不跟他添乱找碴，还配合他意大利的行动。

腓特烈二世是达到自己的目的了，可是德意志的国王是他儿子亨利啊，太上皇把各路诸侯养得这么剽悍，亨利怎么控制他们呢？于是在如何治理德意志的问题上，父子发生了矛盾，应该说，斯陶芬家族再次发生了父子争端。不过这一场父子斗，双方级别差得太远，腓特烈二世听说儿子叛乱（他自己是国王，怎么算叛乱呢？算他是淘气吧！），连兵马都没带，只带他的宫廷仪仗，散着步进入德国，亨利一党慑于太上皇那豪华的仪仗，当场便土崩瓦解了。亨利被囚禁，6 年后，在一次转运看押中，坠落山谷而死。死个儿子不怕，腓特烈二世有的是儿子，不仅有以前生的，他还不断生出新的来。

就在审判儿子那一年，腓特烈二世又结婚了！他没重婚，耶路撒冷公主又挂了，这又是个克妻的。这次，腓特烈二世娶的是英王的妹妹。

儿子刚平定，教皇又闹了。1239 年，教皇再次对腓特烈二世下了破门律！腓特烈二世又犯啥错误了？！腓特烈二世的计划是以西西里为根据地，向北推进，当然他的理想也是全取意大利。自从教皇有了一块土地后，他们的世俗心就被激发了，谁不想院子越来越大啊，腓特烈二世向北推进，位于意大利中部的教皇国正在前进的道路上。

腓特烈二世对破门律都麻木了，不过这次他没无视，他指挥大军开进了罗马。格列高利九世实在受不了这个气，终于蹬腿了，接替他的英诺森四世继续叫嚣收拾腓特烈二世。英诺森四世也收拾不了这个猛人，罗马太不安全了，教皇为安全考虑，跑到法国里昂，建了一个新教廷，遥控指挥全欧洲的同盟对抗腓特烈二世。

根据之前的记述，斯陶芬家族最忌惮的敌人是伦巴底同盟。腓特烈二世当然不想放过他们，而且儿子造反的时候，伦巴底同盟还是他同伙呢。于是，腓特烈二世发兵找伦巴底同盟算新账旧账。可惜的是，巴巴罗萨打不过这种新兴的城市联盟，腓特烈二世也打不过。而教皇的指挥是颇有层次章法的，除了战场上的正面打击，他还买通了腓特烈二世身边人对他投毒下药，这中间还包括腓特烈二世的御用医师。

1250年，腓特烈二世死去，之前这个强人已经病了一段时间了，可是既然连御医都信不过了，我想他也不太敢乱吃药，就这么死掉了。

腓特烈二世是个很精彩的帝王，即使是最枯燥的历史书籍、最严肃拘谨的文字里，你都能感觉到他是个放浪形骸、离经叛道、特立独行的潮人。读者们也许会想，上面说的这些事，看不出来呀？每个德国皇帝不都忙这些事吗？是啊，他不忙皇帝工作的时候，日子是很缤纷的，老杨拣几条给大家说说啊。

第一，教皇动不动就开除他教籍，其实这个事，他根本不放在心上，作为一个基督教国家的首脑，罗马天主教廷的保护者，腓特烈二世最大的特点就是，他对上帝的信仰没那么虔诚。

第二，腓特烈二世特别喜欢研究科学，而且喜欢拿活人做医学实验。最出名的一个，他想知道，人吃饱以后是坐着不动消化快，还是吃完运动消化快。他找了两个犯人，晚上给吃了顿饱饭，然后安排一个去骑马，一个躺下睡觉。第二天一早，这两个倒霉鬼被解剖，皇上得到的结论是，吃完不动，消化得好。有一天他又突发奇想，要是没有任何人跟初生的婴儿交流，他们会不会自动学会说话，自动会说哪种语言呢？于是他下令，找几个婴儿，规定保姆只准喂他们吃，给他们换尿布，但是绝对不能跟他们有任何语言上的交流，不准爱抚他们，哄他们。实验结果是，这些小婴儿没说出火星语言来，他们全死了！这个实验确实泯灭人性！诸如此类的活人实验多了，要列举出来，这腓特烈二世绝对是个反人类的变态分子。不光是医学，腓特烈二世对占星术、天文学之类的都有研究。

第三，腓特烈二世结了三次婚，情人无数。他骨子里是西西里人，狂放、热情、随性，所以泡妞也是张扬型的。他喜欢用意大利语写情诗，意大利语可能适合写情诗，因为可以写得非常肉麻。腓特烈二世据说是有个专门的卫队，不，应该说御用快递公司，每天帮着他把情书送到世界各地的情人手里。腓特烈二世最出名的就是喜欢阿拉伯女郎，他出差去一趟耶路撒冷，露水情缘无数，白天和苏丹哥俩好，晚上有异族女郎当陪护，其中还有不少是苏丹哥们送的礼物。他后期宠爱一名叫布兰卡·兰西亚的女子，一直没给她名分，他临终时，在灵床上跟布兰卡完成了婚礼，他这样做，应该是为了给布兰卡的孩子继承权。

第四，腓特烈二世是个阿拉伯控（控：特别喜爱之意），他对阿拉伯的文化的痴迷有些古怪。这伙计喜欢东方帝王的排场，上篇不是说他的仪仗队一进入德国，叛臣立时自动瓦解吗，给大家描述一下他出门的仪仗啊。阿拉伯轻骑兵前面开路，跟着就是齐整的骆驼队，骆驼队驮着轿子，轿子里是腓特烈二世后宫的阿拉伯美女，虽然蒙着面纱，但掩不住魅惑流转的目光，这些美女由一些黑人护送着，后面是皇帝本人，穿着他喜欢的猎装，大多数时候，他按阿拉伯人的时尚打扮。双眼"像蛇一样"（腓特烈二世读书太多，近视眼，喜欢眯着眼看人，有点像蛇）；皇帝身边跟着骑士和宫廷侍卫，再后面，就热闹了，一个动物巡游的队伍，内容包括：皇帝的鹰和猎狗、猎豹、大象、狮子、熊、猴子、猞猁等，遇上大婚之类的盛大行动，动物队伍后面，就是一车车东方工艺品和珠宝。这样一个队伍出门，谁能看出来是基督教的国王，怎么看都像是阿拉伯苏丹啊，腓特烈二世这样子行走在教皇辖下的大街小巷，怎不让人侧目呢，怎么不让敌人恐惧呢。腓特烈二世喜欢拉文化人聚会，他的宫廷里，经常有基督徒和穆斯林一起参加的各种party（聚会），这里没有异教徒之类的刻薄概念，所有人相处甚欢。

第五，腓特烈二世是个驯鹰的高手，宗师级的，他写的驯鹰手册，到18世纪还被奉为该学科的圭臬（每说到这一段，老杨都会笑场，因为一个经典笑话，"就你这眼神，还玩鹰呢？"腓特烈二世是出了名的眼神不好）。

篇幅有限，必须打住了，就因为腓特烈二世这诸多的事迹，他被人称为"世界奇迹"！

腓特烈二世这样的君主写进历史书是好看的，做他的臣民不见得会幸福。就因为他以意大利为主的国策，让德意志诸侯割据、国土分裂、王权分崩离析，他死后，德意志整体作为一个王国几乎已经不在了，而这个分裂的状态，足足持续了其后的600年。

教皇在腓特烈二世死后的疯狂报复,让斯陶芬家族难以立足,在教皇授意下,法国安茹伯爵攻占了西西里,腓特烈二世的儿子被杀,宣告了斯陶芬家族的终结,而实际上腓特烈二世死去那一年,德意志王国的霍亨斯陶芬王朝实际上就算结束了。

十二 哈布斯堡家族发家史

1254 年，腓特烈二世的继承人去世，德意志和意大利都陷入混乱。1254~1273 年这 19 年里，整个王国没有正式的获得大家承认的首脑，历史上称之为"空位期"。说是"空"，各路诸侯可都没空，他们在原有的基础上不断扩充自己的地盘，强化自己的实力，诸侯们的日子很惬意，希望这样没人管的日子持续到地老天荒。

不管诸侯们心里怎么想，德意志形式上还是个国家吧，总要找个老板摆着啊，于是几个实力最强的诸侯主教便组成了一个选举委员会，决定自己的老板人选。老板是谁不重要，此时的德意志形势，全看这个选举委员会的心情，委员会内有 7 个著名委员：三大教会诸侯分别是科隆大主教、美因茨大主教、特里尔大主教；四大世俗诸侯分别是萨克森公爵、普法尔茨伯爵、勃兰登堡公爵、波希米亚国王。这七大护法给德意志的历史增添了一个特色名词：选帝侯。

19 年空位期，德意志诸侯日子闲散，罗马教廷却很忐忑，你德意志霸着一个神圣罗马帝国的名号，是我教廷教皇的保护者，现在你们各自为政，谁也不管教廷的安危，算怎么回事啊。所以空位期时间一长，教皇着急了，督促这些选帝侯，端正态度，严肃有效地选一个国王出来。

整个德意志历史，因为诸侯邦国林立、人物众多，所以老杨在讲述的时候，只能留下主角和少数重要配角，有些青史扬名的龙套，老杨就尽量不提他们的名字了，否则这部德国史看着就像一本电话号码薄了。

这次正经选国王，候选人有四个，其中最引人注目的是波希米亚的国王奥托卡二世，他绝对是当时德意志实力最强的超大型诸侯，他参加竞选的时候，辖下的领地除了他家自己原有的波希米亚，还包括：奥地利（巴奔堡家族的最后一个大公在跟匈牙利的作战中战死，奥地利落在匈牙利手里，后来又被波希米亚弄去了）、西里西亚（现在的波兰西部，与德国、捷克交接处）、匈牙利，几乎囊括了现在地图上德国东部的所有领国，这么大的国家屈尊做德意志的附庸多不合适啊，就应该把王位给人家嘛。

其他的选帝侯没有老杨这么二百五，波希米亚国已经这样强了，再给他德意志的王位，随后再加一顶皇冠，奥托卡二世又是一个可以辖制所有诸侯的君主，以后哥几个还能像过去几年那么自在吗？根据他们的想法，此时的德王最好是老少咸宜，人畜无害，资历能服众，势力又不能翻天。就这样，哈布斯堡的鲁道夫一世最后当选，带着哈布斯堡家族走上历史的舞台。

哈布斯堡家族来自瑞士北部的阿尔高州，1020 年筑造鹰堡——哈布斯堡，以后就以此为号。鲁道夫接手的时候，哈布斯堡家族也就是领有瑞士阿尔高州和阿尔萨斯（法国东北）这两片贫瘠的地产，鲁道夫通过联姻、继承、买卖等各种手段，不断扩充家族地盘。不过，作为一个二等伯爵，他再扩张，区域也是有限的，后来哈布斯堡成为全欧洲最显赫的家族，应该说，起点就是鲁道夫取得了王位。

鲁道夫一世的当选，除了他无毒无害的形象，他最大的财富是有 6 个如花似玉的女儿，通过嫁闺女，他搞定了 2 个选帝侯，对他最后当选起到了直接积极的作用。

作为空位期后的第一个国王，鲁道夫一世任内的主要工作是清算，清算什么呢？清算德意志没有老板期间，那些占有、挪用、贪污公司财产的高层们，而其中的典型，就是波希米亚国王奥托卡二世。

霍亨斯陶芬家族消亡后，他的家族领地和王室财产都被各路诸侯用各种办法瓜分，别说公司高层，连中层下层都贪了不少，肥了不少人。奥托卡二世显然是最肥的，集体贪污的特点就是，贪得少的嫉恨贪得多的，如果那小子还嚣张跋扈，更加得罪人。鲁道夫一世都当选加冕了，奥托卡二世还不服，坚决不肯宣誓效忠，于是国王诸侯上下一心，决定胖揍他一顿，让他把之前吞掉的帝国土地都吐出来！

跟奥托卡二世干仗是鲁道夫一世在位最重要的工作，鲁道夫一世没啥文化，好战尚武，他以 60 岁的高龄率德军出征，一战再战终于平定了波希米亚，奥托卡二世战败被处死。

这一仗打得漂亮，结果更漂亮，原本是鲁道夫一世代表公司惩罚高层，结果没收的财产——奥地利及周边的部分没被充公啊，经过大家同意，鲁道夫一世将奥地利封给自己的儿子了，从此以后，奥地利就成为哈布斯堡的家族领地，被霸占了好几百年。

什么时候德意志诸侯这么好说话了？不是他们好说话，实在是鲁道夫一世会做人。鲁道夫的6个女儿，除了一个出家做修女，其他5个全都嫁给了德意志的重要人物，在德意志上层，鲁道夫拉了一张庞大的裙带网，加上老头为人和气，作风朴实，本来身家也不太丰厚，德意志诸侯怜贫惜老的，也就愿意让他借着在位的机会致富。最有效的关系建设还是教皇，鲁道夫登基之前就跟教皇承诺过，对西西里不感兴趣，绝对不会去抢回来，把教皇国夹在中间。德意志国王对意大利没有野心，对教皇国来说，是重大利好，所以鲁道夫一世在位时，所有教皇看他都笑眯眯的。

传说大象可以预知自己的死期，并找到象冢死去，貌似鲁道夫一世也有这种特异功能。他晚年（他一登基就算是晚年了）为痛风所累，差不多的时候，他居然带着老婆孩子、侍卫大臣们浩浩荡荡向施佩尔进发，施佩尔是德意志诸位先皇的墓冢所在地。73岁的鲁道夫老爷子骑马赶到施佩尔，寿数耗尽，跟先皇们团聚去了，非常神奇。

鲁道夫一世死后，儿子阿尔布雷希特就觉得自己可以要求承继王位，可诸侯们不干，原因不言自明，从此可知，鲁道夫当这一朝国王，哈布斯堡家族已经是空前壮大了。阿尔布雷希特没有他爸爸人缘好，据说只有一只眼睛，看着吓人，所以诸侯们推举了一位无权无势无兵的伯爵——阿道夫。

阿尔布雷希特既然对王位有要求了，他当然不会善罢甘休，加上阿道夫在德意志没有背景，一上台他就找英王帮忙压服诸侯，让德意志又不待见他了，1298年，阿尔布雷希特成功地罢黜了阿道夫，拿回了哈布斯堡家的王位。在位10年，阿尔布雷希特先是忙着让教皇承认自己，后又忙着帮儿子争取波希米亚的王位，结果因为他对侄子的不公正待遇，被侄子暗杀，哈布斯堡家族莫名其妙地上场，又稀里糊涂中场休息了。

十三　国王的职业津贴

上篇说到，德意志的选帝侯选国王跟选柿子一样，体型要不大不小的，手感要比较柔软的。这些个软柿子国王上台，都要看各路诸侯的脸色，国王不敢限制诸侯，诸侯也不跟国王较劲，国家看着挺和谐的。对这些软柿子家族来说，被选中成为国王却是个发展壮大的捷径，哈布斯堡家族已经创建了一个成功模板，下一个轮到谁家了？

卢森堡的亨利伯爵雀屏中选。卢森堡啊，我们讲这么久的历史，都没提过这家人啊，是啊，小门小户，小鼻子小眼，上不了台面啊，怎么轮到他家了呢？这位亨利伯爵有个好大哥，是位枢机主教。什么是枢机主教呢，也就是我们熟悉的红衣主教，相当于教皇的高级幕僚，帮着教皇管理所有事，混得好的话，能当教廷的家。亨利伯爵的哥哥是红衣主教，稍微操作一下，亨利七世就登基了。

大家回忆一下啊，哈布斯堡家族传了二代国王，家族领地越来越大，实力开始让其他家族害怕，但是他家有一件事没做啊，鲁道夫一世父子两代到死都是德国国王，他们不是皇帝啊，神圣罗马帝国的皇冠呢？

哈布斯堡家族没顾上，也没有好的机会让他们进罗马去提要求，一不小心，惹毛了教皇也不好。亨利七世就上进多了，他一上台站稳脚，就开始忙乎意大利的事业。

意大利被德意志这些个皇帝整得，也是四分五裂的，意大利人也盼着有个强势皇帝来整合统一。亨利七世显然不是上帝选中的人，虽然他依靠教会的背景实现了加冕为帝的目标，但是想平定北意大利，并收复南意大利西西里，这个太难了。而亨利七世皇帝也拼尽了全力，仅仅在位 5 年，就死在进军那不勒斯的途中。

哈布斯堡家族做国王获得的福利是取得了奥地利，亨利七世为卢森堡家族争取来的特别奖金是什么呢？波希米亚！亨利七世的儿子约翰娶了波希米亚的公主，亨利七世发兵帮着自己的儿子媳妇抢了波希米亚的王位，如此一来，波希米亚就成为卢森堡家族的领地。

又发达了一家，选帝侯们再不能选他家当国王了，换一家。现在，有些大型诸侯不愿意看到那些小门小户一步登天了，他们开始争取选票让自己当选。维特尔斯巴赫家族浮出水面。

这个家族统治着巴伐利亚和普法尔茨，算是大户人家，不过因为人口多，子孙分分，每个人实际控制的可能也不大。他家出来竞选国王的是路易，拥有上巴伐利亚那部分领地。

路易公爵当选后就是路易四世，他没有获得全部的选票，反对的诸侯也推选了一个国王，来自哈布斯堡家族的腓特烈三世。路易四世登基后大部分时间都用来跟腓特烈三世争位，打到最后的结果是，两人成了朋友，化干戈为玉帛，两个人一起当国王，不是有共治君主这个玩法吗？

路易四世解决了和哈布斯堡的矛盾，他也想去意大利加冕为帝啊，这时候教皇说了："你是谁啊？你说加冕就加冕啊？教皇没同意呢！"然后，又抛出了唯一的那招撒手锏：破门律！

德意志的中世纪历史，教皇是绝对的主角之一，一直戏分很高，最近这几场戏，教皇他老人家只闻其声不见其形啊，教皇跑哪去了？教皇不是搬家了吗？还记得吧，"世界奇迹"腓特烈二世总跟教皇过不去，教廷为安全计，跑到法国去了，在美丽的普罗旺斯找到了新据点，法国的阿维尼翁小城此时是新的教皇城。

每个当选德意志国王的人第一个心理准备就是要被开除教籍，路易四世早准备好了："我管你答不答应啊，你连罗马都不敢回了，怎么还这么嘚瑟呢？"于是，路易四世南下罗马，让罗马的贵族给自己加冕为帝，然后，自己扶持了一个罗马教皇跟法国教廷对抗。看来皇帝加冕这个事是越来越不严肃了，只要进入罗马，就能戴上皇冠，跟教皇在不在家在不在场没啥关系。

加冕回家的路易四世遭遇了一些质疑，好在他还想些办法，安抚平息了反对派，后来，当教皇再唧唧歪歪说路易四世是个假货的时候，大部分的德国诸侯代替国王回答："以后，俺们自己的皇帝自家说了算，老家伙不要多事多嘴！"

当时教皇克莱芒六世又被刺激了，他们不是有一本专门收拾德皇的秘籍吗，也带到法国去了，教皇拿出来一翻，扉页上那一句赫然入目：武林称雄，挥刀……对不起拿错了（老爷子博览群书的，什么书都有一本），这本才是：欲灭德皇，扶持乱党！

大家都知道了，不管后来德意志有多少人才和特产，反正中世纪的德意志最大的最源源不绝的特产就是乱党和反贼。教皇只要有心，随手就能捞一个。

卢森堡家族再次被选中，亨利七世的孙子，波希米亚的国王查理将向路易四世宣战，替教皇出这口恶气。可惜路易四世和查理四世没机会打起来，因为路易四世大战之前死掉了。

十四　金玺诏书：王权大派送

我们上几篇经常提到波希米亚，波希米亚作为一个风格词汇频繁出现在各种文化载体中，比如，每年的时装界都会有点波希米亚的元素。说起波希米亚，我们可能觉得很潮流，说起捷克，如果不是米兰·昆德拉的小说，我们就经常会忽视中欧的这个小国。

捷克的历史，也是一部血泪史，充满了心酸的欺凌和蹂躏，即使是近代，还被左右邻居两头拉扯，经常体无完肤，可怜兮兮的。不过我们这一篇，要回顾一个捷克史上的盛华时代，那时的布拉格，是中欧最繁荣最兴旺最有文化的城市。

这个最美的布拉格时代缔造者就是本篇的主角——查理四世。上篇说到，他被教皇扶持，对抗路易四世，既然路易四世中途死了，查理四世也就名正言顺成了德意志国王。

查理四世来自卢森堡家族，他的父亲就是被亨利七世派到波希米亚继位的约翰。因为德意志国内不太平，查理四世小时候就被他爹放出去游学，游历了不少地方，住的时间最长的就是法国。法国那地方不容易学好，小查理四世又早恋又早婚，7岁就和法王的妹妹成亲了，不是童养媳啊，新娘子也7岁。在法国期间，查理四世有一个私人教师，而这位教师就是后来的教皇克莱芒六世。现在大家知道为啥教皇会扶持查理四世争位了吧。

建立以波希米亚为中心的德意志帝国，是查理四世的执政纲领。在他任内，布拉格相当于德意志的首都，而他也不遗余力地建设这个家园。

首先，通过跟教皇的勾连，波希米亚成立了自己的大主教区，也就是说，此后捷克的教会自治，波希米亚的国王要是在头衔和职务上想更进一步，不用去求其他的主教，自己家的主教就能给加冕。

建立了中欧第一所大学，也就是现在布拉格的名校——查理大学。查理大学在学术上有什么地位呢？这所大学出过一个最重要的人物叫胡斯，我们后面会详细介绍，而就是这个胡斯同志，告诉所有人，宗教势力的为非作歹，并号召大家对教会的腐败做出斗争，影响了整个欧洲乃至整个世界的基督教改革运动，胡斯是真正的先驱。爱因斯坦曾是查理大学的理论物理教授，他最重要的论文就诞生在这里。它还是现代派文学的始祖卡夫卡的母校。

查理四世自己是个知识分子，学者皇帝，经常跟罗马的马克奥利略、拜占庭的君士坦丁七世相提并论。他建大学的目的，就是给所有的德意志子弟一个就近求学、集中探讨的地方。他的目的达到了，鼎盛时，布拉格是中欧的文化中心。

除了学子，还有各地的艺术家。听说查理四世要建设新的布拉格城市，意大利和法国的建筑家、设计家都云集在此。圣维特大教堂和横跨伏尔塔瓦河的查理大桥都是当时的作品，至今仍然是布拉格的地标。去捷克旅游，很多带有查理名号的名城古迹，多少都跟查理四世有点关系。查理四世做罗马皇帝的那几年，布拉格繁花似锦，富丽堂皇，是波希米亚最美丽最耀眼的年华，到现在，经过了许多兴亡荣辱的捷克人还是认为，查理四世是历史上最伟大的捷克人。

不论查理四世为捷克做了什么，他作为德意志的国王，基本可以说是败坏朝纲。

查理任内，欧洲暴发了黑死病（参见《英帝国：日不落之殇》）。这场大规模鼠疫席卷欧洲后，全欧洲人都疯了，因为是信徒嘛，马上就反省到可能是自己不洁或者亵渎，上主降下惩罚，于是整个欧洲开始流行一种活动，那就是聚众游行，然后拿鞭子自己抽自己，抽得血肉模糊的。

把自己抽得半死还是没有制止疾病的流行，欧洲人开始抓罪魁祸首了。谁是第一嫌疑？犹太人！当然是他们，不是他们还能是谁，这帮人永远不合群，神秘群居，神奇般地不断制造财富。自从犹太人被罗马人赶出家园开始流浪，他们就散落在欧洲各地艰难地生活。可是不管怎么艰难，这些人无上的财商总能让他们在最短的时间聚集最多的钱财。犹太人族群是很多国家的王室银行，只要没钱了，就向犹太人征收苛捐杂税。然后，一有不爽，就杀犹太人出气。

欧洲的黑死病，犹太人染病的比例很低，因为他们的居住地是和周围隔绝的，最重要的是，犹太人即使是居无定所地流浪，也保持着比中世纪欧洲人好得多的卫生习惯。欧洲人大批染病，犹太人居然没事，推理得出结论是：犹太人下毒！

下毒案没有证据，判刑是够重的，全欧洲都是行刑者，开展了一场声势浩大的屠杀犹太人行动。民间的情绪不容易控制，尤其是集体杀人行动。老杨原来说过，历史上对犹太人的屠杀，跟他们太有钱了是很有关系的。这一轮对犹太人的屠杀行动，对下层百姓可能是出于某种恐惧引发的病态反应，而对欧洲很多高层，绝对是为了钱。有些贵族欠了犹太人的债，债主死了，钱就不用还了。有的诸侯等着自己领地的犹太人被杀光，然后将他们留下的钱财宅地据为己有，而在这一类人中，就有查理四世。

在德意志国内，犹太人一年贡赋不少，安分守己，正是查理四世最忠实的臣民，应该得到他的保护，谁知，他对屠杀采取的是默许的态度。整个屠杀行动，欧洲被杀掉了 10 万犹太人，查理四世因为这个事发了大财，直到黑死病逐渐得到控制，也实在找不到犹太人可以下手了，这才下令停手。即使是不杀犹太人了，也不让他们好过，为了将他们和欧洲其他人区别，规定，犹太男人必须戴宽边礼帽，犹太女人面纱下留一缕额发，耶稣受难日那天，不管有事没事，犹太人都不许出门。查理四世大小是个君主，就为点钱把名声都搞坏了，真不值得。

查理四世是个知识分子，和平人士，他一直认为，不管德意志还是意大利，不管是诸侯还是教皇，不要一有事就干仗斗嘴，大家商量嘛，商量不通就花钱嘛，还有钱解决不了的事吗？大家想啊，查理四世是教皇以反对党扶持起来的国王，他怎么这么容易就坐稳了江山呢？第一是散钱，第二是联姻，对谁都好使，诸侯不跟查理四世较劲，教皇还给他罗马帝国的皇冠。不过因为查理四世有更大的计划，所以他需要更多的钱。没有钱办不了的事，最怕是没钱。

1356 年，查理四世抛出了一份让他名垂青史的重要文件，也就是德意志历史上大名鼎鼎的"金玺诏书"。诏书的主要内容有以下两点：1. 明确皇帝由七大选帝侯选举产生，选不出皇帝时由萨克森公爵和莱茵宫廷伯爵摄政；

2. 各选侯拥有自己领地内的关税和铸币权、矿山开采和贩卖食盐权等（在此之前，这些权限在皇帝和选侯间不明确）。诸侯们需要尽的义务是：禁止结盟反对自己的封君，禁止城市结盟反对诸侯，选帝侯神圣不可侵犯。诏书刻意回避了教皇和教廷在皇帝选举时的作用，等于是隐晦声明了，以后选皇帝，不关教皇的事。

拿到这份诏书，德意志的诸侯们都哭了，激动啊，他们眼泪汪汪拉着查理四世的手说："老大，太客气了，太讲究了，太够意思了，让兄弟们说啥好啊！"诸侯们能不高兴吗，原来选帝侯这个事，只不过是德意志自动形成的权宜之计，如果真碰上强势的君主，随时可以剥夺诸侯们这项大权，如今查理四世的诏书一下，诸侯选国王成宪法了！国王或者皇帝在法律上成为诸侯的玩具，诸侯在自己的领地几乎是自治的，也就是说，国王管不到这些诸侯，诸侯随时可以收拾国王！

这份"金玺诏书"一下，正式宣告，德意志的王权彻底灰飞烟灭，德意志皇帝和诸侯之间的权势角力，诸侯完胜，而且这个胜利维持了几百年。

查理四世脑子进水了？只听说皇帝拼命往手里抓权，哪有把皇权当礼物派的啊，他到底想干什么？查理四世的目的有点精分（精神分裂），他颁布诏书的目的是破坏诏书！他给诸侯送礼的重要原因是，他希望自己死后能由儿子承继王位！他想的也对啊，只要选帝侯的事确定了，收买选帝侯就可以获得皇冠了。

为儿子的前程，查理四世真花了不少银子。拿人钱财，就要替人办事，德意志诸侯们这点规矩还是懂的。于是，查理四世的儿子文策尔就真成了德意志下一任的君主。1378 年，查理四世死于中风，在布拉格的圣维特教堂下葬，死得心满意足，因为宝贝儿子的前程已经铺就了。

德意志诸侯算是很给老大面子了，要说查理四世留下这娃，比咱家刘备那个娃还不上路呢，诸侯们隐忍了 22 年，1400 年，才将其罢黜。这个德国阿斗被揪下台时，选帝侯们给他的肄业评语是：体弱多病，学识疏浅，有失体统！

查理四世是个自私的小商人，因一己之私，误国误民。因为他的金玺诏书，神圣罗马帝国沦为一个诸侯的松散联邦，德意志没有按时形成像英法那样的民主国家，后来的法国哲学家伏尔泰比较刻薄，他说：神圣罗马帝国既不神圣，也不罗马，更不帝国。

14~15 世纪，欧洲的经济发展迅速，沿海地区已经出现资本主义萌芽。就因为德意志这个四分五裂的局面，各地区之间各自为政，缺乏经济、资源上的交流和联系，导致学习成绩严重下降，在很长的一段时间里，德意志这个同学沦为欧洲地区的差等生。

十五　美男子的宗教暴行

上篇说到布拉格查理大学，这个学校出的第一个历史名人叫胡斯，1402年，胡先生成为查理大学文学院院长。大学校长，就应该以引领思想进步为己任，校长更容易成为新思潮的旗手，如果大学校长常年纠结于自己应该享受局级待遇还是副厅级待遇，我们就不能指望他们还能有心思干别的了！

胡斯就是一个旗手校长，宗教改革派，他一上任就抨击当时的天主教制度。认为教会还是要纯洁一点，干净一点，销售火爆的赎罪券不能再卖了，普通教徒也有在领圣餐时，同时领取酒和饼的权利（根据东罗马史我们知道，这个圣餐礼挺容易闹纠纷的）。

又说到赎罪券了，《英帝国：日不落之殇》中已经简单介绍过了。基督教认为人生下来就带着原罪，耶稣被钉上十字架就是帮所有人赎罪。耶稣的血，还有先前大量殉道的圣徒的血，可以免掉所有人的罪。而这些个宝血怎么用怎么分配，什么人能用，什么人不给他用，当然是天主教廷决定的。

赎罪券最早应该是起源于第一次十字军东征，算是教皇发放的参军补贴，参加十字军，领一张赎罪券，这辈子什么罪都没了，死后肯定上天堂享福。后来教皇感觉，赎罪券要是随便发放，就是废纸了，于是就开始出售。教廷有市场服务的意识啊，欧洲这么大，所有的教徒去罗马买赎罪券，不方便消费者，怎么办呢？大规模铺货，要保证：凡有人之所在必有基督徒，有基督徒之所在必能买到赎罪券。赎罪券肯定是中世纪欧洲最畅销的产品，教廷因此财源滚滚，富得流油。

胡斯对天主教发难，他引导的宗教改革派跟当时代表旧势力的天主教传统派展开激烈辩论，扯皮、打嘴仗。闹到最后，两边都觉得道不同不相为谋，如果捷克的信教标准和德意志或者教廷都不一样，就不要一块混，以后不管是教皇还是德意志那些主教，都不要插手波希米亚的宗教事务，查理大学内部，胡斯派的继续跟胡斯混，不认可胡斯的换个地方混。

于是，查理大学内部的传统天主教派退出了大学，他们搬到德意志的莱比锡，成立了新的莱比锡大学，布拉格查理大学分裂。

闹这么凶，教皇能不管吗？管啊，开除胡斯的教籍呗，不过胡斯本来只是个有改革思想的知识分子代表，被教廷一挤兑，又给镀金了，捷克人再看胡斯，那整个一个民族英雄啊！

捷克民情汹涌，蠢蠢欲动，眼看局势不能弹压，这时，美男子出场了。

美男子大号西吉斯蒙德，我们就叫他西吉吧。西吉是查理四世的小儿子，跟"阿斗"——文策尔是同父异母的兄弟。这娃从小就是个帅哥，容颜绝美，气质高贵，身材挺拔，玉树临风，性格还爽朗可爱，能言善道。所以，他先是被叫作"美男子"，后来又被称为"美君王"。

美男子一辈子工作岗位不少，他本来是勃兰登堡的选帝侯，娶了匈牙利国王的女儿，这个匈牙利国王还兼有波兰的王位，所以 14 岁时，西吉继承岳父的波兰王位，波兰人嫌他长太帅，不几天就赶他下课了。19 岁时，又继承了匈牙利王位，这才正式变成"美君王"了。

德意志诸侯罢免了文策尔的德意志国王职务，没剥夺他波希米亚的王位，回到波希米亚的文策尔日子也不好过，因为西吉也喜欢波希米亚的王位，所以长期跟自己哥哥找麻烦。

文策尔之后，德意志王位传回维特尔斯巴赫家族的鲁佩特。在位 10 年，死掉了，美男子被选为德意志国王。

西吉在位，天主教廷又开牌局了，同时有三个教皇上班！法国的阿维尼翁有个教皇吧，罗马又选了一个教皇，不过因为谁也不服谁，所以两地教廷开会，又选了一个教皇出来！

三个教皇太聒噪，胡斯派闹得太危险，宗教世界需要有人整饬纪律。西吉上台，最牛的一件事就是在德意志的南部门户康斯坦茨召开了一次盛况空前的宗教大会，英俊的德王，迷人的王后，各国来宾……相当于南非世界杯。

宗教大会的结果也跟南非的世界杯差不多，来自德意志的西吉国王，罢免了法国教皇、意大利教皇、比萨的教皇，然后，自己扶持了一个新教皇。

这个会议让德意志国王的形象很高大，向全欧洲释放的信息是，虽然德王管不了自己治下的诸侯，但是管教廷是足够了。

就是在这届"世界杯"上，西吉邀请了胡斯，来当众宣讲他的主张。宗教大会嘛，总要允许宗教专业人士说话啊。胡斯说了，说得不好听，没让所有人舒爽，听众的反应也比较偏激，架了个火堆，直接把胡校长烧死了！据说行刑前给了胡校长选择，只要他放弃自己的"歪理邪说"，就可以饶他不死，胡校长淡定自若地接受了自己的结局。现场有目击者动情地说："撇开信仰，他也是个伟人！"

西吉以为一把火烧死了一个宗教异端，没想到，他烧掉的是胡斯派最后的克制。胡斯的死讯沸腾了波希米亚，布拉格每天都有骚乱。胡斯死后，布拉格市政厅基本是天主教传统派把持了，他们镇压胡斯派忙得焦头烂额。

1419 年 7 月 30 日那天，胡斯派又上街游行了，经过市政厅楼下，居然有人从楼上往街上丢石头，胡斯派信徒被打得头破血流。示威群众冲上楼去，也不查问真凶，随便抓起几个市议员，就顺着窗口丢出去了！

有机会去布拉格旅游，大家注意一下市政厅的大楼，那个楼啊，丢石头没问题，石头摔不死啊，丢活人就危险了。

市议员摔死了，直接导致的结果是，波希米亚国王，文策尔，也就是被罢黜的"阿斗"，当场吓死了，西吉接手了波希米亚的王位。

既然正式撕破脸，胡斯派教徒就开始动手，神圣罗马帝国以圣战的名义发动镇压，持续了 15 年的胡斯战争爆发。而上述那个事件，历史上被称为"第一次丢出窗外事件"，大家注意，既然叫第一次，肯定还有第二次。

前后 5 次十字军镇压胡斯派，成员被杀了不少，可胡斯派运动不可遏制。在战场上，西吉真没占到便宜，幸亏后来胡斯派内部分裂，跟西吉达成了协议，战争才勉强结束。西吉自恃有功，赶紧跑去罗马要了一顶皇冠戴上。美男子现在名片上印的是：罗马帝国皇帝、德意志国王、匈牙利国王、波希米亚国王，怎么看都像是批发帽子的。

不对，美男子不是 4 顶帽子，有 5 顶，皇后还送了他一顶纯绿的。话说美男子的晚年遭遇家变，他的皇后预备跟一个波兰小伙子结婚，然后图谋波希米亚、匈牙利甚至是波兰的王位。这个政变计划不知怎么就败露了，美男子将老婆囚禁，粉碎了一起重大阴谋。

西吉在位，有一件他认为的小事，但是却是对德意志历史有重大影响的大事。西吉原本不是勃兰登堡的选帝侯吗，现在他帽子太多，忙不过来，而且，他需要他的手下真心给他帮忙，所以，他就将勃兰登堡边区的封地和选帝侯的职称送给了自己手下的武将，霍亨索伦家族的腓特烈。不，当时说的不是送，是借，皇帝有钱的时候，可以赎回来。请大家认真记住这件事。

美男子70高龄（当时就算高龄了）死于风湿，而且是自己穿好丧服死在王位上。一个美男子要潇洒地登台，也需要体面地退场。

美男子的女婿随后被选为德王，他来自哈布斯堡家族，由这时起，哈布斯堡家族就占据德国王位，一直到神圣罗马帝国的终结。

十六　最后的财迷骑士

从《货币战争》这本超级畅销书中，很多人知道了，欧洲 19 世纪出现的贼牛的罗斯柴尔德家族，这家人几乎掌握着全欧洲的钱，进而影响了世界历史的进程。其实罗斯柴尔德家族冒起前，16 世纪的欧洲，已经出现过一个这样的财阀家族了，他们就是富格尔家族。

富格尔家族原是德国南部奥格斯堡的乡下人，靠着纺织亚麻布起家。15 世纪，以地中海沿岸为中心的欧洲贸易中心开始北移，德国南部城市奥格斯堡，因为背靠主要矿产区，居民又比较开化，所以在很短的时间就累积了大量的财富，逐渐发展成为一个有钱人集中的地方。有钱人有了钱，除了扩大实业，就是发展金融，奥格斯堡配套出现了很多银行家，当时的中欧人都知道，想融资，去奥格斯堡。

自从选帝侯的事成了法律，德意志的选王形势就跟早年选秀一样了，只要你有大把钱，就可以买通一群人，帮着场外发短信投票。而德意志的王，也跟买官来的一样，花钱买通选帝侯，登基，然后利用德王之便，到处找人打架抢劫扩张地盘，把自己买官的钱挣回来。反正下一任还不知道是谁呢，不用考虑万世基业的事，最主要是赚快钱。

最会赚钱的是腓特烈三世，1440 年被选为德王，也是哈布斯堡家族的。他的前任，也就是美男子西吉的女婿，干了一年，得痢疾挂了。

腓特烈三世在位 53 年，没啥特别政绩，他也搞不出啥政绩，各路诸侯都岗位责任制了，自己负责自己的事，不劳老板操心。所以德王只剩一件事，那就是扩大家族的势力连带搞钱，搞多多的钱。

贪财的人一般都抠门，老腓抠门都名留青史了。他给他儿子举办婚礼，要求场面奢华，来宾衣着光鲜，这钱他自己不肯出，他到奥格斯堡去找富格尔家族出，靠贷款给儿子办婚礼。老腓在奥格斯堡下榻，欠了厨子、屠夫、渔民各种人的钱，打白条子，不给人家，所以他后来离开的时候，被这些债主押着不准走，帮他打马掌的工匠抓住皇帝的缰绳，说是不给钱，就把御马留下抵债！

场面相当难看，后来是奥格斯堡的市政府，觉得实在太丢人了，就帮着皇帝还了债，但是也没饶他，把他随身携带使用的各种金银器皿扣下了。

有钱人都是抠门出来的，老腓死的时候，给儿子马克西米利安留下了63箱金银珠宝！大家会问了，他跟富格尔家族贷款不用还啊？当然要还，人家富格尔家族又不是慈善机构，腓特烈三世用他家哈布斯堡封地内的各种矿山资源做抵押，就因为给皇帝放债，富格尔家族很容易就控制了大部分的资源产地，越来越富了。

马克西米利安是老腓还在位的时候就被选为德王了，不知道诸侯们是怎么想的。马克西米利安一世（简称马克）完全继承了他老爸的守财奴特点，他一接受老爸的遗产，就把这63箱金银财宝藏匿，然后，继续跟富格尔家族借钱用。到底，这家伙要这么多钱干吗呢？因为他要花钱的地方太多了。

第一个，马克到岁数要结婚啊。有对象吗？有，勃艮第的公主。

勃艮第也是当年查理曼帝国被粉碎后的产物，属于法兰西（勃艮第的故事详见法国卷）。此时勃艮第公国，其版图大约包括现在的荷兰、比利时、卢森堡及法国的东北部地区。大家看出来了吧，正好是法德两国的中间地带，所以勃艮第地区历史上就喜欢在两国之间玩跷跷板。

勃艮第公国经济发达、贸易便利，一直是欧洲最富庶的地区，勃艮第公爵号称是法王的封臣，从来不把法王放在眼里，勃艮第地区基本是自由自治的，法王一直想把这块地方收回来。当然，德国那边也是这样想的。回忆一下《英帝国：日不落之殇》，1337~1453年的英法百年战争，英国就是靠着勃艮第公爵的帮助，在战争前半段掌握主动。后来圣女贞德死后，勃艮第公爵才幡然悔悟，停止卖国行动，让法国取得了百年战争的最后胜利。

都知道勃艮第公爵有一个女儿，谁娶了勃艮第的玛丽公主，谁就等于收编了富裕的勃艮第公国。欧洲的贵族子弟们，哪个不是想尽办法获得美人的芳心啊。求婚礼物花样繁多，马克在征集众谋士的意见后，给玛丽公主送去了一枚钻石戒指！读者们说，切！谁不知道求婚要送钻石戒指啊！告诉大家，求婚送钻石戒指这个风俗，就是这一次由马克一手开创的，之前还没人想过要给女人送钻石戒指呢！钻石恒久远，一颗永流传，玛丽公主就是被这颗钻石打动，嫁给了马克。马克这个创造发明搞坏了女人的审美，后来的女人看到这些透明石头就两眼放光。

马克成为勃艮第之主，让法王在家急得直拍大腿，不能眼睁睁看着自己家的这块宝地被德国人吃掉了啊，怎么办？抢回来呗。打了一架，打完后，勃艮第地区正式归入了哈布斯堡家族，而这个欧洲最富裕的地区成为哈布斯堡发展壮大的重要基础。

1453年，奥斯曼土耳其干掉了拜占庭，并开始向西骚扰匈牙利一带。马克带兵驱逐了土耳其人。

马克一天到晚张罗打仗，德意志的诸侯是很排斥的，因为马克的行为怎么看，都不像是替德意志考虑，他更多地是替哈布斯堡家族争取利益。所以不管是跟法王争夺勃艮第，还是对匈牙利的热心肠，德意志各路诸侯都不愿意陪国王玩，马克只好不断找富格尔贷款，征召雇佣兵跟他出征。他家的那些铜矿银矿也就陆陆续续都抵押给富格尔家了。

1499年，马克非要攻打瑞士。为啥打人家呢？不听话呗。哈布斯堡家族是起源于瑞士的吧，瑞士还不听国王的。瑞士境内结成联邦，不受德皇的辖制。马克被手下忽悠，就觉得清理门户，责无旁贷，就打过去了。前后打了6次，最后，德意志承认瑞士独立！

没有比打仗更花钱的事了，马克就好这口，怎么办呢？当时意大利南部的那不勒斯的国王死了，法王认为他有权继位，于是杀进了意大利，引发了持续半个世纪的意大利战争。马克自然毫不犹豫一头扎进去，玩得不亦乐乎，让自己负债累累。

我们在《罗马帝国：霸主养成记》中说过，自从神圣罗马帝国不太执着于南意西西里岛归属后，这个地区的主要争夺者就是法国和西班牙。马克这时候还不是皇帝呢，他还需要去罗马加冕呢，而且他勃艮第老婆没了，他在米兰找了个续弦，预备再婚，所以他可不能由着法国在意大利这么嚣张。为了将法国驱逐出意大利，马克需要跟西班牙联手，在欧洲，拉同伙最好的办法就是结亲家呗。

这是欧洲历史上最重要的婚事之一，马克那个出名英俊的儿子，美男子菲利普迎娶了西班牙的公主胡安娜。胡安娜外号疯女，在《英帝国：日不落之殇》中曾经提到过她，她是英王亨利八世第一个皇后凯瑟琳的大姐。菲利普和胡安娜的婚事对欧洲历史的影响是巨大的，我们后面再说。

马克和西班牙同盟，还真是暂时将法国人赶出了意大利。马克一直没机会进入罗马加冕，不过，教皇给了个方便，让马克在德意志加冕，从此以后，所有的神圣罗马帝国皇帝都把去罗马这趟旅费省了。

虽然没有在罗马加冕，马克却比历史上他之前所有的神圣罗马帝国皇帝都牛，因为他加冕的时候，拜占庭已经不存在了，东罗马帝国的皇帝消失了。拜占庭皇帝只要还在，神圣罗马帝国皇帝怎么看都有点像 A 货，如今正货没了，A 货就是正版了呗。马克做皇帝的时候，他是欧洲唯一的皇帝。

戴上皇冠不久，马克又找到新乐子了。他看中教皇那顶帽子了。当时的教皇突发重病，眼看没几天了。马克突出奇想，他应该将宗教和世俗的最高权力集于一身，也就是说，马克想当教皇玩。选教皇跟选德皇一样，主要动作就是砸钱。马克在意大利上下打点，花钱如流水，没想到，教皇不久恢复了，又上班了，德皇这一轮砸钱全砸水里了，连水花都没看见一朵。

马克这人毫无理财的概念，除了打仗、扩张，还生了 14 个非婚子女。爱好广泛，特别是喜欢赞助文化艺术，他自己学识不错，写了一部自传体的小说《白色国王》。反正都是些花钱的事，一天到晚追着富格尔借钱，像个叫花子。这家伙后来债务缠身，混得极狼狈，晚年时，他不管走到哪里都带着一口棺材，防止自己随时会死，后来就真的死在路上了。

马克西米利安一世被称为"最后一个骑士"，会玩会闹会打架，很过瘾很精彩。他喜欢打架，可不是玩家，是专家。他一手开辟了德意志雇佣兵这种征兵办法，创立了德意志炮兵，还发明了风靡一时的一种铠甲。

不过，老杨会专门开篇记录他的原因倒不在于他"生命在于折腾"，而是，他奠定了一个伟大的基础，日不落帝国的基础。马克之后，哈布斯堡家族成为欧洲第一个日不落帝国的主宰。

十七　马丁·路德的世纪精华帖

上篇说到骑士皇帝马克理财能力很差，是个散财童子，其实有点偏颇，他收入不算少，就是手脚太大。他一直有个很稳定的外财渠道，他是当时欧洲一个很牛的股份公司的大股东。这个股份有限公司全称叫作"神圣罗马帝国天主教赎罪券销售有限公司"（这名字是老杨自己取的，读者们千万不要到德国的工商局去百度）。

公司的主营业务就是销售赎罪券，有四大股东，第一个就是教皇，第二个是富格尔家族，第三个是勃兰登堡的选帝侯，第四个就是马克西米利安一世。

公司的组织机构是这样的，勃兰登堡的选帝侯跟富格尔家族贷款，贷来的钱交给教皇，教皇拿了这笔钱去修建全世界最大的圣彼得教堂；教皇扶持勃兰登堡的选帝侯成为几个重要地区的主教，然后授予他在该地区销售赎罪券的专卖权；勃兰登堡的选帝侯卖来的钱，连本带利清偿富格尔家的贷款。德皇干吗呢？在神圣罗马帝国境内卖东西，还不是需要主人家同意吗，给皇帝一份，他高兴了，大家都方便。

16 世纪，德意志的大街小巷都能看到不辞劳苦到处奔波的赎罪券销售人员，穿白衬衣黑西裤，打领带，夹个公文包，碰上谁都套近乎，大哥大姐地乱叫，一打一打发名片！

卖保险的你还能拒绝，卖赎罪券不好拒绝啊，销售人员说了，如果不买，死去的亲人在炼狱的火里、水里、油锅里煎熬，将来自己也有可能跟着一起煎熬啊。所以，当时很多百姓，卖房子卖地购买赎罪券，教会发这种昧心财，日子越来越奢侈，也更加骄横无礼，欺压百姓尤其是底层信徒。

1517 年 10 月 31 日，有个叫马丁·路德的神父发了个帖子，当时没有网络嘛，所以这篇名字叫《九十五条纲领》的帖子被置顶贴在维滕贝格教堂的大门上。帖子引发的轰动效果太惊人了，虽然没有网络，口耳相传的覆盖率一点不低。当时跟帖的人群是这样分类的：保守天主教一派，雇佣了大量5毛党拍砖，甚至跨省；而中下层民众则是积极顶帖，高喊：楼主V5（威武）；某些有新兴思想的贵族骑士不断点头暗暗叫好，也就是我们常说的纯表情回帖，当然也有不少打酱油的取3分走人。

路德自己也没想到他一个帖子激起这么大反应，本来这个帖子的中心思想就是对赎罪券的批驳，还没上升到对现有宗教制度乃至社会制度，甚至是关于德国民族统一这个问题的要求。路德睡一觉起来，发现自己俨然已经是德意志民族的代言人了！混到这个分上，想低调是不可能了，教皇派出了神学专家跟路德展开公开辩论，想当众拍死他。

1519年，是马丁·路德职业生涯一个质的飞跃，在莱比锡的宗教辩论大会上，教皇派出的神学专家没顶住路德的三寸肉舌（这个词跟新《三国》学的），节节败退，最后狼狈离开。马丁·路德的声望一时达到了顶点。

1520年是路德最火的一年，发表了宗教改革史上最著名的三篇大论：《致德意志贵族公开书》《教会被囚于巴比伦》《基督徒的自由》。在这些著作中，路德的攻击方向拓展了，他不再单找某一教皇或教廷的麻烦，也不限于说教会奢侈腐败，他批判了整个封建神权政治，从根本上否定了中世纪的教阶组织，否定了奴役人们的圣礼制度和教会法规，提出建立与资本主义发展相适应的资产阶级廉俭教会。

教皇反应也很快，跟着就下诏书，勒令路德在60天之内悔过自新，否则将开除他的教籍。此时的路德拥趸甚众，已经回不了头，只能跟教皇死硬到底了。收到教皇的诏书，在所有粉丝的欢呼赞美声中，路德把诏书当众烧掉。这一把火不仅烧掉了诏书，更烧向了全德意志。这就是我们常说的可以燎原的革命之火。

学术上拍不死他，开除教籍又不管用，教皇再次技穷了，怎么办？！路德不还是德意志的人吗，教皇管不了，皇帝难道也不能管？德意志的老板呢，出来，管管这帮子作乱不懂事的！

十八　日不落帝国之王

　　不管查理五世在整个哈布斯堡王朝的地位多么高级多么尊崇，必须承认，世界历史这套戏里，他肯定不如马丁·路德出名，所以查理五世要借着路德炒作一下才敢登台。

　　查理五世是马克西米利安一世的儿子。爸爸就是美男子菲利普，妈妈是疯女胡安娜。胡安娜的父母结合正好统一了西班牙，独子身亡，胡安娜成了统一的西班牙的王位继承人。

　　马克一世的勃艮第皇后死后，儿子菲利普接手了他母亲的勃艮第领地，当时的菲利普是王子，是奥地利和勃艮第的公爵，最重要的是，他也是历史上出名的美男子。胡安娜对老公的爱情，那真是日月可鉴，她是恨不得一天到晚把菲利普放在口袋里揣着。根据我们读过的欧洲言情小说，菲利普这种绝对是众星捧月的男主角类型的，菲利普每天过着花红柳绿、偎红倚翠的惬意生活。

　　胡安娜就是这点看不开，她就想独占菲利普，不对外开放，而她又没有办法可以控制菲利普和他身边的女人，时间长了，就为爱痴狂，真狂了，神经病了！

　　到底是西班牙王储啊，她对付不忠的老公有最有效的办法，她扬言要发兵攻打勃艮第，用武力约束菲利普的风流。菲利普也不是吃素的，他先提出控告，说是老婆疯了，而后，将其禁闭在疯人院。

　　菲利普而后跟岳父争夺胡安娜留下的王权，两边差点打起来，结果菲利普因为斑疹伤寒中途死了。这下胡安娜更疯了，她接过了丈夫的尸骸，迟迟不愿意下葬，她把菲利普的棺椁留在自己的城堡里，没事就打开深情相拥一阵，或者失声痛哭一场。而即使已经是一具逐渐腐烂的尸体，她也不准其他的女人靠近，据说时不常的，她还和这具尸体同眠（这个画面实在不让人开胃）！胡安娜太疯了，所以西班牙人只好把这个女王关进城堡里。

查理 6 岁时接下他父亲在尼德兰的领地，16 岁时，他又进入西班牙领了西班牙的王位，在历史上，他被称为西班牙国王卡洛斯一世的时候更多，因为在他自己看来，他更愿意把西班牙当作根基和大本营。

19 岁时，查理的爷爷，也就是马克一世死了。马克运气好啊，他没遭遇马丁·路德闹得最凶的时候，所以他晚年的生活，除了躲债，就是教孙子查理如何有效行贿，以获得德意志的皇位。

查理拿到西班牙王位是镇压了当地叛乱的，他还因此迁怒于他可怜的疯妈，因为西班牙造反是打着胡安娜旗号。取得德意志的王位，查理也不轻松，因为这一轮，比的不是武力，是财力。

马克一世驾崩，德意志的大位有四个候选人，分别是：查理、法国国王弗朗西斯一世、英国国王亨利八世、萨克森选帝侯。怎么法王英王都冒出来了？是啊，这不都知道，罗马皇帝的大位已经市场化了，价高者得啊。

亨利八世早早出局，专心离婚去了。萨克森选帝侯貌似更愿意做一方诸侯，所以最后就剩了查理和法王的争夺。查理很纠结啊，他要求西班牙王位的时候，西班牙人说他是德国人，不接受他；等他做了西班牙国王，还在结结巴巴学西班牙语呢，德国人又不要他了，说他是西班牙人！好在哈布斯堡家族过去几年，除了势力越来越大，就是融资能力越来越强了，又是在富格尔家族的鼎力赞助下，查理总算继承了爷爷的王位。法王弗朗西斯一世输得很没有风度，一辈子怀恨在心，于是，这两位爷在位最主要的工作就是互相掐。

查理一登基，第一个要面对的就是马丁·路德。1521 年，查理五世召开宗教会议，其实就是一个马丁·路德的批判会，想用王权压制让他认罪伏法、改邪归正。结果马丁·路德在会上一派慷慨陈词铁骨铮铮，让查理五世哑口无言，为自己招募了更多的粉丝。查理五世是真想下旨把这小子推出午门斩首，可是不行啊。马丁·路德是萨克森选帝侯辖下的神父，而萨克森的选帝侯，曾经的德王候选人，是人称智者的腓特烈，他几乎是个公开的新教支持者，马丁·路德的言论可以这样恣意地蔓延，跟他的默许是有很大关系的。

况且，马丁·路德的前任，胡斯神父被烧死的事才过去不久呢，布拉格市政厅的窗户还不敢打开呢，查理实在不敢想象，对马丁·路德下杀手，会面临什么样的一个局面。算了，在他的职权之内，他只能宣布，马丁·路德不受德意志的法律保护，有人杀他也不犯法，让他自生自灭去吧。

马丁·路德知道自己仇家不少，所以选择了隐居乡间，暂时离开了他一手掀起的风雨飘摇。他还是挺懂事的，他这样消失，让查理五世狠狠松了一口气，因为，他可以专心跟法国干仗了！

查理五世统辖西班牙和德意志以及尼德兰的低地地区，成为欧洲权势最大的君主，其他人不敢惹他了，但还是有让他不爽的，西边当然是宿敌法兰西，而东边，就是步步西进的奥斯曼土耳其。

德意志和法国的这一场恩怨，从 1521 年连绵到 1553 年，前后大战了 5 次！战争的起因，还是两家的意大利情结，还关系到欧洲的霸主地位。

马克一世时期开始的意大利战争，以法国对意大利南部要求主权开始，法国人打得太顺手了，将意大利南北贯通，占领了意大利北部的地区，导致了德意志、教皇国、西班牙、瑞士等组成联盟驱逐法国。

查理五世一上任，杀进意大利北部驱逐法国人当然就是头等大事。初战告捷，1526 年，帕维亚战役，法王弗朗西斯一世被查理五世俘虏。这段欧洲历史上最不安分的两个角色，在西班牙马德里签署了《马德里条约》，法王作为败军之将，只好签字放弃对意大利北部的所有要求。不过这家伙说话不算数，查理五世一放他回去，他立即翻供。说是自己在马德里被上了老虎凳辣椒水美人计才签的字，所以协约无效。查理五世气得直跳，扬言要找弗朗西斯一世决斗，此时已经 16 世纪了，决斗这件事太 out（落伍之意）了，人家法王才不这么土鳖呢，当时就拒绝了。

耍赖后的法王获得了当时的教皇克莱芒七世的支持，都知道德意志的国王只要在意大利取得优势，一定会控制教皇国，所以克莱芒赶紧和法王同盟。

感觉被摆了一道的查理五世大怒之下率西班牙雇佣军杀进了意大利，雇佣军干活都比较彻底，1527 年 5 月，西班牙人杀进了罗马。大家马上预感到了，罗马这个城市风水不好，招人犯罪，进入罗马的军队，稍微军纪差点的就沦为严重的刑事犯。因为当时带兵的波旁公爵战死在城下，无人约束的西班牙雇佣军再次洗劫了罗马，抢了多少钱没法统计了，反正是教皇被监禁，这支抢劫犯军队管理罗马长达9个月，离开后，罗马再次暴发瘟疫和饥荒。

这次罗马"大劫"在历史上意义重大，往大的方面看，罗马这次被荼毒，直接导致了由13世纪开始的文艺复兴的凋零，被很多历史学家认为是文艺复兴的结束；从小的方面看，影响了欧洲诸国的形势，而其中我们最熟悉的就是，教皇被查理五世收拾怕了，所以英国的亨利八世要抛弃查理五世的姨妈，教皇坚决不答应，最终导致了英国的宗教改革。

查理五世在意大利找足了面子，教皇不得不给他加冕为皇帝，这一次，是世界历史上，教皇最后一次为皇帝加冕。

西班牙和法国的战争逐渐对西班牙有利，查理五世逐渐确立了在意大利的统治，从这时起，意大利在西班牙心不在焉的黑暗统治下长达150年，这个阳光明媚文化繁荣的半岛地区，经历了漫长的发展停滞、毫无生机的时代。

法王弗朗西斯一世打不过查理五世，他不得不做了一件欧洲人最不希望发生的事，那就是，勾结奥斯曼土耳其两头夹击德意志，将土耳其的野心引入了西欧。

干掉了拜占庭"帝国"后，奥斯曼土耳其帝国没有安于现有的成就，躺在功劳簿上吃老本，他们积极进取，保持旺盛的斗志，到处抢地盘。既然巴尔干半岛那几块料都被收拾了，塞尔维亚、匈牙利这一线自然就变成欧洲防御土耳其人的前线了。

查理五世这一段历史，跟他打过交道的都是历史上赫赫有名的人物，不管是朋友还是仇敌，素质都挺高，绝对不让查理五世感觉掉价。1521年，土耳其帝国史上强人苏莱曼大帝接班成为新苏丹。当年就以10万大军占领了贝尔格莱德，随后，又以10万人马加300门大炮进攻匈牙利，占领其首都布达佩斯，匈牙利国王战死。拿下匈牙利，哈布斯堡家族的核心领地奥地利就在眼前了。

查理五世大部分时间在西班牙，或者在意大利打架，对哈布斯堡家族在德意志的地盘，他真有点顾不上。他只能将奥地利交给弟弟斐迪南大公。

1529 年 9 月，奥地利首府维也纳被土耳其围困，斐迪南大公领导英勇抵抗，土耳其久攻不克被迫撤军；1532 年，苏莱曼再次进军维也纳。这次，斐迪南实在扛不住了，他跟土耳其签订条约，对他们称臣纳贡，而且承认他们对匈牙利的占有。

查理五世是虔诚的天主教徒，前半辈子除了打仗，就是想把新教徒赶尽杀绝。不过新教的发展速度显然超出了查理五世的控制能力，欧洲的基督教世界已经明显分裂成几个派系，而在德意志本土，支持新教的诸侯们居然结成了一个反皇帝的施马卡尔登联盟。如今土耳其人步步紧逼，查理五世能调动的不过是西班牙和意大利的雇佣军，德意志本土那些剽悍的日耳曼军队，能指挥动的非常少。而且查理五世也看出来了，如果不能集合基督教世界所有的力量，他这个神圣罗马帝国搞不好就要步东罗马的后尘了。而更可气的是，法王因为总是抢不过查理五世，气急败坏中，跟土耳其同盟了！

不管查理五世心里有多恨，此时他需要所有的基督徒出战。万般无奈之下，查理五世勉强答应给予新教徒平等的地位，大家信仰自由，不会再有人因为宗教信仰非主流被刑罚或者整死。

施马卡尔登同盟见皇帝低头，也知道土耳其人的进攻兹事体大，生死存亡，由不得大家再使性子，于是基督教世界团结一致对土耳其人作战。好在土耳其全世界范围内打地盘，压力也比较大，时间长了也撑不住，打到最后，两边都决定抽身停战，停止这种两败俱伤的消耗。土耳其撤退，之前占领的匈牙利和波希米亚，被奥地利大公顺势收编，此后的很长时间，这两个地区就在奥地利哈布斯堡家族控制下。

查理五世一辈子都没消停，总是处于打架的状态。虽然被施玛卡尔登同盟要挟，不得不承认新教合法，可让新教和天主教享受同样的地位却是做不到的，所以，查理五世一稍微有空，就决定向同盟宣战。

战争前半段皇帝还是挺顺的，后来萨克森的公爵将梅斯、图尔、凡尔登三个地区割让给法国，换得他家的大力支持，战局逆转，同盟占领了哈布斯堡家族在奥地利的首府因斯布鲁克，幸亏皇帝跑得快，否则就被叛军活捉了。1555 年，回天乏术的查理五世不得不再次向同盟低头，签署了《奥格斯堡和约》，答应无条件结束宗教战争，给予新教与天主教相同的地位，之前没收占有的新教教会的资产，如果没花光用尽，赶紧还给人家。新教徒终于迎来了属于自己的解放区的天。

这个屈辱的合约查理五世并没有亲自签字，他委托他的弟弟出面办理的。因斯布鲁克战败，查理五世失去了所有的精气神，就在这一年，这位拥有小半个地球领地的皇帝崩溃了，他不想干了，他撂挑子走人了，留下一个支离破碎的帝国。他将他辖下的领土一分为二，皇帝斐迪南大公成为新的德意志国王，而查理五世的儿子菲利普成为西班牙国王。

也许结局有些落魄，这样混战了一辈子也挺劳碌的，但是，查理五世的的确确是地球上第一个日不落帝国之主。

查理五世是大航海世界的君主，他的外婆，也就是疯女的老妈，掏出自己的私房钱，资助了一位生于意大利的航海家，在1492年，带着呈给中国皇帝的国书跑上了美洲巴哈马群岛，还硬说是发现了印度，这个方向感不好还喜欢胡说八道的航海家，就是我们都认识的哥伦布同志。此后，西班牙就拥有了这片来路不明非常神奇的美洲殖民地。

到查理五世这辈，对美洲大陆的收编就更顺手了。西班牙资助了两大绝顶高手，一位叫科尔蒂斯，一位叫皮萨罗。

科尔蒂斯带领着一支不到1000人的队伍，从墨西哥东海岸登陆，用了不到5年的时间，摧毁了印第安人在墨西哥的阿兹特克帝国，将墨西哥一带收入西班牙的囊中。随后，危地马拉、洪都拉斯、萨尔瓦多纷纷沦为西班牙的别院。1534年，科尔蒂斯去北美洲转了一圈，看到一片地方感觉不错，西班牙也收下了，并起个名字叫加利福尼亚。

皮萨罗就更猛了。这伙计带着180人在秘鲁上岸，开了一席著名的鸿门宴，请印加帝国的国王来吃饭并偷袭成功，然后就用这180人灭掉了人口超过600万的伟大而神秘的印加帝国，将南美秘鲁一带拉进西班牙庞大的殖民序列。

查理五世也不总是指使手下欺负美洲深山里的老实人，他还学习他外婆，赞助航海事业。他资助的这位同志就是麦哲伦，一个瘸腿的葡萄牙人，在自己国家不招人待见，查理五世挺喜欢，而麦哲伦也不辜负皇帝陛下的信任，非常准确没有跑偏地绕了地球一圈，虽然把自己的性命丢在了菲律宾，但他的船队继续帮着皇帝完成了这次惊天动地的环球航行，再次确定了地球是滚圆的。

查理五世在位，向他俯首称臣的领地包括：德意志、西班牙、奥地利、瑞士、法国东部、荷兰、比利时、卢森堡、整个捷克、匈牙利西部、意大利的大部分地区、西班牙在南北美洲的殖民地，还包括波兰部分地区，应该还有，不列了，怕大家头晕，而如果再列出查理五世的各种职称职位头衔，就真是暴晕了。总而言之，言而总之，这大片的领地是真正的日不落帝国，查理五世是地球上第一个日不落帝国的君主。

查理五世娶的是葡萄牙公主，算起来是他表妹。两口子情深意笃，还约好到时间一起进修道院终老。不幸的是，皇后没有等到这一天，结婚13年，死于难产。此后的十余年，查理五世一直没有续弦，还到修道院住了一阵，以完成对爱妻的承诺。46岁的时候，查理五世看中了一位市民少女，灰姑娘大名叫芭芭拉，皇帝没有给她名分，她一直陪伴查理五世终老，还给他生了一个非常威猛会打仗的儿子。

十九　一只鞋引发的"餐具"

在英国，就是议会改革，在德国，就是宗教改革。

插播了一段查理五世的事迹介绍，马丁·路德在乡下隐居也够久的了，这伙计忙啥呢？他将《圣经》翻译成德文了！大家不要小看《圣经》的翻译工作，老杨在《英帝国：日不落之殇》里写到，英语成为全球通用语言，跟1611年英国的詹姆士国王钦定版《圣经》的出版发行是很有关系的。路德将没有修改过的希伯来原文《圣经》翻译成德文，让普通的德国的民众都能亲身接触理解《圣经》的要义，不需要经过教会的断章取义。而最重要的是，统一了《圣经》等于统一了德文，对分裂割据、支离破碎的德意志来说，一种通用的语言无疑是日后民族统一的重要基础，所以有人说，路德的德文版《圣经》相当于"创造了德语"。

路德隐居了，他的信众还在运动中，信徒也分温和的和激进的，尤其是下层民众，路德的宗教改革为他们打开了一小片天空，这些新鲜的空气鼓舞他们要摧毁头顶所有的屏障，看到更高远的一切。

1524年，有个叫闵采尔的神甫领导德意志中部的农民发动了起义，这次起义可不是宗教改革那么简单了，这些农民兄弟们要求的是，推翻现有的剥削制度，众生平等！

对于闵采尔，老杨只能遗憾地形容他为偏执，或者是少许的心理扭曲。闵采尔父亲早年被某个权贵害死，让他的童年不幸，所以对统治阶级带有私心杂念的深仇大恨。他组织的这场运动不好叫起义，应该叫暴动，因为杀人无数，破坏公物也无数。虽说枪杆子出政权，出手狠辣无可厚非，可他宣扬的那些斗争思想和斗争目标听着比摩天大楼还高，用脚指头想都知道，当时当地，不管杀了多少贵族都不可能实现的。

整个农民暴动，最醒目的一支队伍是来自阿尔萨斯的农民，他们打出的旗帜是一只鞋子，绑带皮凉鞋，很时尚，有点罗马款。因为当时这种鞋是穷人穿的，贵族地主们都穿长靴。"鞋旗"所到之处，从者甚众，一时占领了不少地区城镇。

应该说引发这场农民运动的燃点是马丁·路德的宗教新思想，而很多诸侯跟这个新思想也有共鸣。不过诸侯和农民各有各的解读，诸侯喜欢新教是因为可以抵制教会教廷对自己的诸多束缚，想到的是自己的实惠，绝对没有考虑要让底层百姓获取福利，所以，起义一开动，诸侯们立即镇压。

始作俑者马丁·路德怎么想的呢？他离圣人就差这一步，他投靠了统治阶级。一开始，他还是调停者的角色，号召他的各阶层粉丝克制，发展到最后，他失控了，面目变得很狰狞，他建议诸侯们，对付暴民"都应该把他们戳死、扼死、刺杀，就像必须打死疯狗一样"！

1525年，闵采尔率领8000人跟诸侯的几万大军决战，当时很多人都劝说闵采尔撤退保存实力，扭曲的意识导致扭曲的行为，他采取的办法是跟诸侯大军同归于尽。不过这个理想也没有实现，闵采尔被活捉，受尽酷刑而死，就义时只有35岁。

农民起义失败的结果让诸侯对德意志底层百姓的剥削压迫更加严苛，而有可能最终引发的民族统一斗争也遥遥无期，德意志继续分裂继续落伍继续做欧洲差等生。

因为马丁·路德的强硬态度，让诸侯贵族在镇压农民起义时感觉特别光明正大，名正言顺，马丁·路德被当作非正义事业的工具，这不是第一次。进入"二战"后，希特勒一直说是秉承马丁·路德的精神对待犹太人，他的意思就是说，杀光犹太人这个事，是马丁·路德教唆的。

跟对农民起义的态度一样，对于犹太人的宗教信仰，马丁·路德刚开始还是挺温和的。他认为应该将犹太人纳入他的宗教改革大业。最开始，他的主张是释放善意，对犹太人好一点，感化他们，最后将他们拉回基督教的怀抱。对犹太人的感化工作进行了十几年，路德发现，犹太人根本不买账，他们坚持自己的信仰和生活习惯、行为准则，最气人的是，抵死不相信耶稣。路德的耐心用完了，他又建议要狠狠教训犹太人了，还给处理犹太人提出了七条纲领，相当恶毒，内容是：

第一，燃烧犹太教堂和学校，所有无法烧的东西都埋到地里，这样无人可以再看到它的一砖一瓦。我们应该这样做，奉献给我们的主和整个基督社会，让神看到，我们是基督徒。

第二，同样破坏和摧毁他们的住房，因为他们在他们的住房里做与在他们的学校里同样的事。然后像吉卜赛人一样将他们圈在一个大厅或畜栏里，好让他们知道在我们的国土内他们不是主人。

第三，没收所有他们的书和经书，因为在这些书里他们传播偶像崇拜、谎言、诅咒和对神的诽谤。

第四，禁止他们的拉比教书。

第五，不向犹太人提供保护，不许他们使用街道。

第六，禁止他们放高利贷，没收他们的钱币和金银。

第七，给年轻和健壮的犹太人镰刀、斧头、铲子、纺织机，让他们用自己的汗水赚他们的面包。

这七条被后来的很多纳粹奉为行动指南，当然，还是比较人道的纳粹。对大部分纳粹来说，他们对路德老师最深刻的记忆是，路德说了，犹太人是魔鬼，是欧洲所有基督徒不幸的根源，所以最好是灭绝。

路德脾气火暴，还是个酒鬼，历史上，对他的评价一直比较纠结，尤其是对待犹太人这段，让基督教的路德直到现在都经常遭遇尴尬。历史学家不能评论的人和事，我们也就不费工夫了，这么详细地记述他的事迹，不过是因为他对德国的历史影响的确很大而已。

二十　混战 30 年

战前诸王

本来德意志就一盘散沙，几百个大小诸侯各自为政，文化和生活习惯上都有差异，也就是宗教信仰还能勉强算一家。宗教改革后，基督徒又分成了两派，传统天主教和新教，可怜的德意志更碎了。

查理五世想扶持儿子即位为帝，德意志的诸侯们不干，他们愿意支持查理五世的弟弟斐迪南一世。好在查理五世地盘大，亲戚们都能有份。于是查理五世的儿子成为西班牙国王腓力二世，他后来追求英国女王伊丽莎白被人家摆了一道；而斐迪南一世就坐领了神圣罗马帝国的皇位，并接管了哈布斯堡家族在德意志的领地。如此一来，哈布斯堡家族就被分成了西班牙和德意志两支。

斐迪南一世因为娶了波希米亚、匈牙利两国国王路易二世的妹妹，所以路易二世对抗奥斯曼土耳其战死后，斐迪南一世成为波希米亚和匈牙利的国王，不过匈牙利大部分还被土耳其霸着呢，匈牙利国王没什么派头，而波希米亚就是由此时正式并入了哈布斯堡家族。

自从宗教分派了，此后的德意志皇帝也要站队了。斐迪南一世刚开始忠于天主教，后来发现新教的发展是不可遏制的，他也就非常聪明地选择了妥协，后来查理五世愿意跟新教诸侯签订和解协议，跟斐迪南一世的努力是分不开的。

斐迪南一世成为皇帝后，在对待两教冲突上非常谨慎，一直致力于平衡两派的情绪，由此时起，判断一个德意志皇帝是不是合格有没有政治智慧的标准就是：在他任内，两派会不会干仗。斐迪南一世公认很公平，所以他合格了。

斐迪南一世可能感觉让皇帝位在哈布斯堡家族中传递有点难度，所以他牢牢地控制了波希米亚和匈牙利的王位，基本做到了世袭。而实际上，德意志的选帝侯感觉到，选皇帝太费事了，哈布斯堡家族能者多劳，德意志国王和神圣罗马帝国皇帝都让他家继续干吧。

于是，斐迪南一世之后，儿子孙子相继成为皇帝。儿子马克西米利安二世和孙子鲁道夫二世都是知识分子类型的皇帝，都喜欢赞助艺术家和科学家。

在宗教立场上，马克二世从小就跟新教有共鸣，不过，为了顺利继皇帝位，教廷和教皇是不能得罪的，马克二世一直冒充传统天主教徒，给自己骗了许多天主教支持者，临死时，宣告了自己新教徒的身份，受骗上当的信徒也不好找他算账了。

鲁道夫二世则虽然不认可新教，不过对新教也算是宽容。鲁道夫二世算是哈布斯堡家族比较没用的皇帝，他异想天开地想通过一场圣战将土耳其彻底赶出匈牙利，稀里糊涂跟土耳其打了好几年，土耳其人没赶走，把匈牙利人打恼了，暴动反对这个没用的国王。鲁道夫二世的弟弟出面跟匈牙利和土耳其求和，解决了这一场莫名的麻烦，鲁道夫二世的弟弟随即自己取了匈牙利的王位。

皇帝没用，手下人就敢叫板，波希米亚看鲁道夫二世混得很狼狈，就趁机要求更多的宗教自由，鲁道夫二世竟然答应了他们的要求，一看皇帝这么好说话，波希米亚人觉得要求得太少，开出了更高的条件。鲁道夫二世决定不再滋长这些人的嚣张气焰，不答应。波希米亚人现在可由不得皇帝了，鲁道夫的弟弟解决匈牙利问题挺能耐的，叫他出来一并解决波希米亚的问题吧。

鲁道夫二世的弟弟叫马蒂亚斯，一看就比大哥有种，他来到波希米亚就把鲁道夫监禁起来，又把波希米亚的王冠也拿来戴上了。

德意志诸侯一看，这娃办事果断有前途啊，行了，鲁道夫二世，把德意志国王和神圣罗马帝国皇帝两顶帽子一并转让给你弟弟吧。

马蒂亚斯跟前两任皇帝不一样，对待新教，他像秋风扫落叶一般的利落，他一登基，就恢复了哈布斯堡家族领地内天主教的最高地位。

不过，不管以上的四位君主什么样的宗教立场，至少在他们任内，国内所有势力虽然虎视眈眈偶尔还骂街，却没有真动手干仗。此时的德意志众诸侯已经按新教和天主教各自站队组成联盟，空气闷热，非常干燥，稍有不安定因素就会引发大型群殴。

再次高空掷物

斐迪南二世是马蒂亚斯的堂弟，斐迪南一世的孙子，他依靠西班牙哈布斯堡家族的支持取得王位，所以他将意大利和阿尔萨斯的封地送给西班牙人当作佣金。

斐迪南二世当选，让新教联盟特别郁闷，因为都知道这个伙计是个虔诚的天主教徒，对宗教改革深恶痛绝。一听说他将是下届老大的人选，所有新教分子都在揣测他会采取什么样的行动。斐迪南二世不负众望，首先进入波希米亚，声称要将之前鲁道夫二世给予的宗教宽松政策收回，驱逐新教官员，拆除新教教堂，当然还迫害新教徒。

严格地说，波希米亚的新教和德意志的新教还有点不同，他们是糅合了胡斯教义和路德教义的更新流派，被称为波希米亚教派。斐迪南二世之前的哈布斯堡家族皇帝，在做波希米亚国王之前，都会郑重承诺尊重波希米亚的宗教。斐迪南二世当选之前态度也挺友善，一旦上位，立即暴露了仇视新教的真面目。

1618年，斐迪南二世派两个钦差驻在布拉格镇压新教徒，5月23日，一群操着铁棒长矛还有粪叉的群众冲进了王宫，钦差大人正发蒙，就被英雄的布拉格人民抓起来从窗户丢出去了！

画面太熟悉了吧，这就是第二次掷出窗外事件了。

布拉格王宫这个窗户比市政厅矮一点，外面正好有道壕沟，估计沟里还有些稻草之类的防护物品，所以这两个钦差空降落地居然没受伤，拍拍屁股上的灰尘，以最快的速度逃离现场。这两位钦差大人后来逢人便说，以后去布拉格出差，一定要选低矮楼层办公，最好是窗外还预先备好棉被稻草等物。

听说自己的钦差"被跳楼"，斐迪南二世震怒，决定集合哈布斯堡家族的所有力量对波希米亚一战，彻底清理门户。只是，如今打仗不是他个人的门户这么简单了，波希米亚是新教联盟的成员，人家不会找帮手帮忙啊？

布拉格人第一次把政府官员丢出窗户，引发了 15 年的胡斯战争；这一次把皇帝钦差丢出窗户，规格更高了，引发了牵动大半个欧洲的 30 年战争。

第一阶段：窝里斗

30 年的战争，肯定是要分阶段打的，刚开始这段，主要对手还是波希米亚和斐迪南二世。

波希米亚围攻奥地利首府维也纳，斐迪南二世这个罗马皇帝当的，是又没兵又没钱，只好到处找帮手。

因为新教的冲击，天主教内部也在酝酿改革，出现了一个叫耶稣会的组织，强化传统天主教的教育和传教。当时很多名人都是这个组织的成员，比如斐迪南二世。

斐迪南二世在耶稣会有个同学，是巴伐利亚的公爵马克西米利安，前面说过，德意志的诸侯已经分化成新教同盟和天主教同盟两大派系，这个马克西米利安就是天主教同盟的带头大哥。

虽然是同学，找人家帮忙也不白帮，斐迪南二世答应，将普法尔茨地区转让给马克西米利安。可是这个普法尔茨地区不是斐迪南二世的地盘啊，人家有自己的公爵，也就是英国国王詹姆斯一世的女婿，腓特烈（在《英帝国：日不落之殇》里翻译成弗雷德里西）。

腓特烈是个新教徒，现在跟波希米亚的人民一样，是斐迪南二世暴政的直接受害者，于是，波希米亚人推举腓特烈为新的国王，波希米亚和普法尔茨成了联军。

斐迪南二世那边，马克西米利安拿出 25000 人马就打退了围困维也纳的波希米亚人，然后，斐迪南二世再叫上他的西班牙亲戚一起，攻入波希米亚。在布拉格附近的白山地区，两支大军展开决战，天主教的人马显然在装备和战法上更占优势，大获全胜。腓特烈被迫流亡荷兰，斐迪南二世重新收复了波希米亚。

这是 30 年战争的第一场，哈布斯堡家族天主教同盟获胜。

第二阶段：丹麦人来了

哈布斯堡家族的胜利不仅让德意志的新教同盟很怨念，更让欧洲新教国家很惆怅。其实除了宗教方面的原因，还有更多的政治考量。当下的欧洲，看哈布斯堡家族不顺眼的有以下几家：英国、荷兰、丹麦、瑞典、法国。看不顺眼的原因各有不同。

斐迪南二世收复波希米亚，让英国的驸马爷流亡，所以英国人想收拾他家，加上英国人本来就对西班牙人感到不爽。

荷兰的矛盾比较复杂，原来的尼德兰地区不是西班牙哈布斯堡的属地吗，尼德兰濒临北海，资本主义经济发展迅速，16 世纪成了欧洲的商贸中心。西班牙发霉的封建制度一直限制尼德兰的发展，鉴于西班牙人太土鳖了，进化得过快的尼德兰人发动了一场战争跟西班牙决裂。经过半个世纪的斗争，人类历史上第一个资产阶级共和国荷兰诞生了。1609 年，西班牙勉强承认荷兰共和国，双方签订了一份 12 年的停战协议，大家注意，只有 12 年啊，两边都知道时间一到，还要再打，所以荷兰肯定是哈布斯堡家族的超级仇家。

而丹麦、瑞典、法国这三家想法一样，都担心哈布斯堡家族坐大，看斐迪南二世这势头，他肯定是想恢复大哈布斯堡王朝的权势，说不定他运气好，就把一盘散沙的德意志统一了，本来德意志就跟丹麦、瑞典在波罗的海的某些权益上有仇，一旦德意志成了气候，丹麦和瑞典都没好，正好这两派都是新教国家，可以打着保护新教的名义出兵。而法国呢，他家没有出兵的借口，因为他家也是天主教的，可法兰西一直想称霸欧洲，当然也视哈布斯堡家族为对手敌人。

法国人开始挑唆这些新教邻居们联手并肩上，这几家商量的结果是，法国在背后出主意，英国和荷兰在背后出钱出兵，由丹麦领头跟斐迪南二世正面械斗。丹麦人不愿意在自家院子里开打，所以在 1625 年，这支"新教"联军杀进了德意志西北部。这就是 30 年战争的第二阶段，又叫丹麦阶段。

像 30 年战争这么大的活动，肯定有明星表演的。30 年战争名将如云，但是不管怎么排位，德意志方面的华伦斯坦都是当之无愧的头号巨星。

华伦斯坦是波希米亚人，一个新教国家的传统天主教徒，也是耶稣会的。华伦斯坦算是波希米亚中等贵族，虽然不穷，也并不显赫。他翻身得益于一桩婚姻，迎娶了比他大好几岁的富有寡妇，几年后，老婆死去，华伦斯坦就发达了。

作为波希米亚的天主教徒，新教起义的时候，华伦斯坦家的领地和庄园被没收了不少，他当时已经开始招募军队帮着天主教同盟军队作战，所以，波希米亚的新教徒失败后，华伦不仅收回了之前失去的土地和庄子，还接受了不少新教的财产，更加有钱了。

丹麦入侵时，斐迪南二世感觉，总是求爷爷告奶奶找人帮忙不是长久之计，他需要自己的军队。这时，华伦和他的雇佣军出现在皇帝面前，华伦跟皇帝表决心，他会帮着组建一支5万人的大军，还不用皇帝出钱。怎么会有这种好事呢？这5万人难道喝西北风就能打仗？华伦高深莫测地说了四个字："以战养战。"这四个字可以翻译为：允许军队随便抢！

华伦的号召力不错，他真按自己的要求组建了一支庞大的军队，迎战丹麦人。3年的奋战，华伦的军队果然在斗争中不断发展壮大，到1628年时，华伦麾下的雇佣兵多达10万人，他本人成了神圣罗马帝国参加30年战争的绝对主帅，不仅将丹麦赶出了德意志，还一路追击，取得了丹麦北部的奥尔堡，等于占领了丹麦全境。丹麦人不得不签署协议，答应再不插手德意志的内部事务。

也就是说，第二局，哈布斯堡家族又赢了。华伦当然也是大赢家，不仅手握重兵，还拥有两个公爵领地，已经成为德意志最显赫的诸侯之一。打退了丹麦，华伦开始清理德意志内部的新教徒，既然是以战养战，大军所到之处，自然是形同蝗虫过境。而其他的德意志诸侯，也感觉到了某种危机。

大家想，回忆之前的历史，德意志这帮大爷们最怕什么？最怕皇帝拥有强悍的王权，如今斐迪南二世拥有华伦和他的军队，所有的诸侯都无法与之争锋，将来斐迪南二世真想灭掉这些诸侯，也不是不可能的。如此一来，诸侯们开始想办法了。

华伦战绩彪炳，皇帝封赏也很丰厚，可是斐迪南二世从没真心信任过华伦，因为华伦组建军队时开出的条件是，他对军队有绝对的控制权。这件事，对任何一位皇帝来说都是危险的，眼看着华伦越来越强，斐迪南二世此时真跟诸侯想到一起去了，那就是必须缴了华伦的兵权。

这阵子德意志难得地上下一心，皇帝和诸侯想裁撤华伦，人家华伦也感到自己受挤兑，根本不等皇帝下旨，先辞职不干了！德意志这几百年的历史啊，沉浮的封疆大吏无数，这么懂事听话的凤毛麟角。

第三阶段：雄狮殒命

丹麦被打跑，幕后主使法国在家里捶足顿胸，大骂丹麦是帮不长进的货。哈布斯堡家族眼看又增长了一分，法国人不能什么都不做啊。怎么办，再找一家，不是还有瑞典吗，这家子最近不简单，当家的是个狮子王！

16世纪，法国出了一位大名鼎鼎的预言家，诺查丹玛斯。写了一本天书一样的《诸世纪》，那些隐晦深奥的句子被各种高人一翻译，诺查丹玛斯就成大仙了。诺查丹玛斯对于北欧有个预言，据高人翻译后是这样说的：16世纪末、17世纪初，北欧将出现一头狮王，搅动欧洲风云，可惜英年早逝，将命断德意志。

1611年，17岁的古斯塔夫成为瑞典国王，按瑞典的规矩，20岁才算成年，才能继位，可是瑞典人宁可把这规矩改了，就为让古斯塔夫提前成为瑞典当家的。

9世纪以后，北欧三国挪威、瑞典、丹麦相继成为国家。这三个邻居的关系太密切了，一边征战不休，一边联姻结亲，到最后剪不断，理还乱。

14世纪初，丹麦的王后玛格丽特先是继承了丹麦王位，随后又继承了挪威王位，接着又靠战争取得了瑞典王位，将三国的王权集于一身。为了达到统一的最终目的，玛格丽特安排这三家先桃园结义，组织了一个叫卡尔玛的联盟，丹麦是老大。

丹麦这个大哥没有刘皇叔讲义气，对待挪威和瑞典两个小弟，基本就是抱着剥削压迫兼揩油的态度，瑞典的贵族一直不服，坚持跟丹麦斗争。1532年，在瑞典贵族古斯塔夫·瓦萨领导下，瑞典终于脱离丹麦独立。古斯塔夫·瓦萨就是我们要讲到的古斯塔夫二世的爷爷。

独立后的瑞典，周围都是敌人，丹麦的恩怨没有了断，还要面临俄国和波兰的威胁。在这样一个环境下，将国家交给一个17岁的小孩，如果瑞典人不是脑子被冻坏了，就是这小孩是个赤裸裸的天才。古斯塔夫聪明早慧到啥程度就不介绍了，他在历史上，除了被叫作"北欧雄狮"外，还有一个更学院的称号，叫"现代战争之父"！

古斯塔夫一上台，就招商引资，吸引荷兰人到瑞典投资办厂，经济发展一稍有成效，他便启动军事改革。

当时的欧洲军队，基本都是雇佣军，这种合同工能有忠诚度吗，能遵规守纪吗？小古同学实现了瑞典军人的职业化。瑞典的军人是征召的，有薪酬保障和升职前景；瑞典在欧洲第一个实现了军装统一，小古带出去的军队，军容风纪严整，一看就是正规军，这算是实现了正规化；改良了武器，尤其是炮兵，不仅建立了独立的炮兵团，还改良了火炮的重量，让炮兵更适应灵活机动，等等，这算是军队建设现代化。职业化、正规化、现代化，小古的军改，不仅涉及技术，还涉及制度，覆盖了各个军种，瑞典不知不觉拥有了欧洲最精良的武装，军队这东西，是好是坏一定要拉出去遛遛才知道。

法国怂恿丹麦进攻德意志时，不是不想找瑞典帮忙，当时瑞典太忙了，小古上台，先打丹麦，再打俄国，后来又收拾了波兰，丹麦败退回家时，小古正好有空。

德意志都打到丹麦北部了，以后波罗的海谁家说了算啊，别说法国给赞助，就是没人赞助，瑞典也需要收拾哈布斯堡家族。

1630年，瑞典13000大军在德国登陆。这些国家都有这个智慧，打架一定要去别人家院子里打，打坏别人家的东西不心痛。

小古和新型瑞军的第一仗，发生在莱比锡附近，也就是世界战争史上著名的布莱登菲尔德会战。这一战到底有多著名呢？后来美国的西点军校形容这一战是"中世纪的结束和现代的开端"。

大家还记得，德意志最强的统帅华伦斯坦已经辞职了，抵抗小古的也是30年战争的名将，来自巴伐利亚的红衣主教提利，这位老人家一手主持了白山大战，帮助皇帝收复了波希米亚，现在，他是天主教盟军的总司令。

瑞军进入德意志，打的是帮助新教同盟的旗号，德意志的新教诸侯并不买账，对他们来说，不管宗教上有什么分歧，总不见得会支持外国人侵略自己的国家。对于瑞典和天主教盟军干仗，新教联盟预备坐山观虎斗，德意志新教联盟的两大诸侯——萨克森选帝侯和勃兰登堡的选帝侯，都提前买了最靠前的戏票。

我们的提利老爷子没猜对这两大诸侯的心思，他担心看台上这两位爷不知道啥时候就意兴高昂跳下场亲自上阵，加入瑞军跟自己捣乱，所以他趁着小古还没到眼前，先出手攻击了萨克森选帝侯的地盘。昏招！逼得萨克森倒向瑞典，两家合兵作战。

布莱登菲尔德会战是非常有戏剧性的，老提利和小古都是比猴还精的老板，但是不可避免都有些猪一样的员工。布下战阵后，先是老提利的左路贸然出击，暴露出自己防线的缺口，老提利急得跳脚骂娘呢；谁知小古的左路，萨克森兵团一跟对手接触就四散溃逃。也就是说，还没开打，两边的左路都崩溃了。这时，两家比的就是修正错误的能力。小古很快向德意志人展现了他的军事改革成果，瑞军灵活机动，反应迅速，很快就查漏补缺，调整了阵法。军事素质上胜一筹，会战的结果也就可想而知了，老提利大败溃逃，南下休整。

提利这一走，整个德意志大地向小古敞开了怀抱，现在的小古，基本可以自由行，想去哪去哪。小古看了一圈，选择进攻天主教同盟的大本营——巴伐利亚地区。

后世的军事专家对这个进军一直有争议，大部分人都认为小古犯了错误，他如果顺着波希米亚杀进奥地利的维亚纳，抓住斐迪南二世皇帝，说不定北欧狮王就统一德意志了。后世评论前世，站着说话不腰痛的情况很多，我相信小古进军巴伐利亚是有自己考虑的。

为了保护巴伐利亚，提利在列克河畔陈兵抵抗，重伤战死，小古杀进了慕尼黑。瑞军在德意志大陆打了个南北通透，斐迪南二世急得是气血不畅。国乱才记起忠良，华伦斯坦爱卿，假期结束了，回来上班吧。

华伦赋闲在家，没有放松学习进步，每天看书看报上网，紧密关注瑞军在德意志的动向，分析他们每一步的军事行动，解构他们的战法和组织。华伦再次上岗时，应该说，他是最了解小古的人，是小古的知音兼粉丝。他知道小古的长处，也知道他的短处，所以还没跟偶像对阵，他就先抄瑞军的后路，切断了对方的补给线，用的是小古的作战手法。

既生瑜何生亮，绝代双骄总有碰头的时候。

那一天，吕岑，大雾，一条壕沟两边，北欧小伙一脸冷峻，德意志雇佣军也神色严肃，因为看不真切对方，双方都有些紧张。华伦元帅痛风发作，被抬在担架上指挥，小古肩伤发作，所以他没戴头盔和胸甲。

因为知道华伦的援军已在路上，自家的萨克森援军不知道有没有起床，小古先下手，希望在对方增援之前结束战斗。

这一年，小古38岁，正当盛年，家里有个如花似玉的老婆和一个绝顶聪明的女儿，不知道在1632年这一场大雾里，小古有没有想到这些。他呼唤着上帝的名字，身先士卒杀进了德意志皇军的战阵，瑞典人最后记得的是，雾气中快速隐去的国王那一头柔软的金发。

过了不久，一匹白色战马满身鲜血穿越了两军的战场，回到了瑞军的大营，所有人都认识，这是国王的坐骑，它带回了国王的消息，英明神武、天纵英才的瑞典战神古斯塔夫二世阵亡了！

如果是德意志雇佣兵，主帅身亡，队伍肯定就溃散了，小古治下的军队不一样，这些北欧战士的血性和忠诚都被战马上的这片鲜血激发了，他们拼命抢出了小古的遗体，而后带着复仇的怒火向华伦的军队进攻，虽然华伦的援军也进入了战场，然而瑞典军队竟在这种没有统帅，以少打多的不利状态下，赢得了战斗！战斗结束，华伦军队损失了近万人，瑞典损失了6000人左右，如果算上国王的牺牲，瑞典一方损失要大多了，所以眼看着华伦军队撤退，瑞军也不敢追击，而且，他们也必须撤出去给国王安排后事。

因为古斯塔夫和华伦这两颗巨星碰撞出的光芒，30年战争的第三阶段是世界历史上很好看的一幕大戏。但最后既然瑞典撤兵，我们不得不遗憾地宣布，这一局，哈布斯堡家族又赢了，迄今为止，他们取得了三比零的战绩。

吕岑战役让小古终结了他的辉煌，华伦没想到，这一战也是他自己的谢幕表演。其实，华伦跟其他的德意志藩王诸侯真不一样，他没想过趁掌握军权壮大自己，继续削弱皇帝，华伦想的是，帮助皇帝建立强大的中央集权，最终统一德意志。只是，鸟尽弓藏、兔死狗烹这八个字，在哪个国家都适用，华伦对军队事务的独断专行总是让皇帝心存猜测。

1634 年，几个雇佣兵的军官突然冲进了华伦斯坦的卧房，华伦当时重病在身，他很坦然地从床上爬起来，淡定地接受了插进心口的一剑，没有反抗，没有哀求，他只恨不能对皇帝说：其实你不懂我的心！华伦斯坦在德意志是个家喻户晓的人物，因为德意志文化史上地位仅次于歌德的大文豪席勒曾经写了一部历史剧叫《华伦斯坦三部曲》，讲述了这位名将的故事，是席勒最著名的作品之一。

第四阶段：帝国的死亡证书

两支劲旅都被哈布斯堡家族淘汰，一直躲在幕后的法国人坐不住了。他们知道，如果不亲自出手，哈布斯堡家族就越来越不容易控制了。

法国人正要出兵，哈布斯堡家族先动手了，德意志和西班牙两边同时动手，两头夹击，向巴黎进逼。事实证明，还是老大最强悍，法国先了结西班牙这边的危险，而后发兵德意志，与留在那里的瑞典军队会合，跟哈布斯堡家族的军队决战。

1635~1648 年，法军带着自己的小弟们在德意志土地上征伐，失去西班牙援助的德意志皇帝抵抗得越来越吃力，法军干掉西班牙后也有点体力透支，耗在德意志持久拉锯战更是疲惫不堪，两边都打不动了，算了，谈判议和吧。虽然和谈是两边都同意的，但是既然哈布斯堡先求饶，我们就算他们输了，不管之前三局赢得多漂亮，最后一场输了，就算输掉了整个战争。

1648 年，《威斯特伐利亚和约》签订，宣告持续 30 年的这场浩劫总算是结束了。这个和约讲了些什么呢？基本上，大家都有些好处，首先，荷兰和瑞士的独立被再次确认了；瑞典获得巨额战争赔款，成为波罗的海霸主，而且在其后的一个世纪成为欧洲军事强国；德意志割地，瑞典获得了不来梅的部分地区，瑞典国王正式成为德意志的诸侯，以后，只要皇帝不老实，瑞典国王收拾他名正言顺；法国不用说了，绝对的战胜国代表，获得了他家一直想要的阿尔萨斯和洛琳地区，并顺便坐定了欧洲霸主的位置。至于宗教信仰方面，各大小国家一律平等，根据自家的情况爱信啥就信啥，谁也不能横加干涉。

战败国方面，西班牙本来是地球霸主，先是被英国在海上打残了，陆上又被法国收拾得狠了，由此时起，西班牙过气衰败，离大国、强国、霸主这些名字越来越远。

而本书的主人公神圣罗马帝国呢？他家最惨，历史上《威斯特伐利亚和约》有个别名，叫作"德意志帝国的死亡证书"，在法国的主导下，德意志皇帝和诸侯再次拟定了一份宪法，这部法律说，选侯、诸侯、帝国城市在自己的地盘上都有自己的完整主权，内政外交全都自己说了算，跟其他国家签订条约之类的，自己签字就行了，不用找皇帝盖御玺。这部宪法说白了就是保障德意志这种四分五裂的状态，而哈布斯堡家族的皇帝，最多就是相当于奥地利的大领主，除了名字响亮点，跟其他的诸侯没有什么不同。

这 30 年打下来，虽然参加的国家挺多，不过几乎所有的战争都发生在德国的土地上。这个本来就贫穷落后的国家饱受荼毒和破坏，如今变得更加残败不堪，在欧洲那条日益繁华昌盛的大街上，德意志这家门户显得如此寒怆……

30 年战争算是人类历史上第一次大规模战争，有点像小型世界大战了，但是咱家对这场战争都不是很在意，因为 30 年战争这个阶段，华夏大地比欧洲更激烈，他们预备开打的时候，努尔哈赤建立了后金，随后李自成起义称王。法国从幕后走到台前亲自动手的时候，吴三桂将多尔衮的大军放进了山海关，从此中华民族就多了一个少数民族——满族。可惜咱们被这些个琐事缠住了，没时间抬头看看欧洲那片混乱，这些我们没放在眼里的欧洲蛮夷，已经抛弃了冷兵器战斗，开始了多种枪械配合、各兵种配合作战的准现代化战争了。

二十一　西班牙王位争夺战

华伦斯坦死后，接替他成为神圣罗马帝国天主教盟军司令的，是斐迪南二世的儿子斐迪南（读者们必须习惯洋人这种父子祖孙同名的状况）。最后战争几方能顺利和谈并签约，跟斐迪南的主和态度很有关系。

斐迪南在30年战争中没有功劳也有苦劳，所以当选为新皇帝斐迪南三世。这个皇帝坐得威风啊，统辖300多个拥有独立主权的大小诸侯、地区和城市，哪个部分愿意把辖区的土地割一块送给敌对国，皇帝不能干涉，哪个诸侯愿意加入敌对国跟皇帝打架，皇帝也只能应战，做老大混到这个程度，还真是挺享福的。

不管有多大权限，皇帝这顶帽子还是有吸引力的，所以哈布斯堡家族处心积虑要把神圣罗马帝国的皇冠当家族遗产传递。斐迪南三世死后，他的次子利奥波德一世继续做这个空心皇帝——奥地利大公、波希米亚和匈牙利国王。

哈布斯堡家族输掉了30年战争，让他家的皇帝身份显得有些潦倒，不过利奥波德一世在别的地方把丢掉的面子找回来了。从1663开始，哈布斯堡家族的领地又遭到了土耳其的大举进犯。经过两次重大战役，利奥波德一世不仅抵抗了土耳其的进攻，甚至反攻巴尔干半岛，逼土耳其签下和约，以后的日子，这个帝国东部的大敌算是被压在五指山下了。

对一个神圣罗马帝国的哈布斯堡皇帝来说，有个美好梦想就是再次跟西班牙的哈布斯堡合并，恢复一个哈布斯堡的大帝国。30年战争后，西班牙真是衰得不能再衰，因为长期近亲结婚，王室成员品种越来越差。

1661年，西班牙的国王是卡洛斯二世。说起这位小同志，眼泪哗哗的。他本来有四个哥哥可以继位，全死了。他是带着全西班牙人的期许出世的，4岁就登基了。这娃从小就罹患各种遗传疾病，哈布斯堡家族著名的就是下颌比较大，到卡洛斯这辈，登峰造极了，不仅是个标准鞋拔子脸，而且这巨大的下颌已经严重影响他进食！30多岁，卡洛斯二世就已经头发掉光、牙齿脱落、眼盲耳聋、频发癫痫。这些还都不算大问题，最要命的大问题是：西班牙的哈布斯堡家族绝嗣了，也终结了。

现在全欧洲最大的谜题就是：谁来做西班牙国王？卡洛斯二世的几个姐姐都嫁入欧洲王室，也意味着，卡洛斯二世有好几个外甥或者外孙，他们都有竞选国王的资格。比较有实力做西班牙国王的，一个是法王路易十四的孙子，另一个是神圣罗马帝国皇帝利奥波德一世的儿子。

西班牙在战后沦为二流国家，可他家在全世界还有巨大的殖民地盘呢，依然是一块好肉，所以法王和德皇都不愿放弃，1701年，名为"西班牙王位争夺战"的战争开打。

利奥波德一世虽然是皇帝，不过他想打架，能轻松调动的，也不过是他奥地利地盘上的势力，说是神圣罗马帝国跟法王干仗，其实就是奥地利和法国的战争。

欧洲战场不兴单挑，一看见有人打架，就有起哄架秧子或者撸起袖子帮忙的。奥地利最大的帮手是英国和荷兰。大家回顾《英帝国：日不落之殇》，此时英国的国王是荷兰执政官威廉，他跟法国有仇，所以他一成为英王，就求着英议会帮他出兵报仇。而此时英国正在大步迈向欧洲盟主的坦途上，如果未来的法王成了西班牙国王，两国合并，英国还有机会称霸吗？所以英国和荷兰联手加入奥地利战团。

这一战打了12年，不列颠是最大的赢家，法国王子顺利成为西班牙国王，开启了在西班牙统治至今的波旁王朝。奥地利又费工夫又费人，他捣鼓这场战争纯粹为了成就两个未来霸主，一个当然是英国，而另一个，就是我们下篇故事的主人公——普鲁士。

二十二 普鲁士崛起江湖

波罗的海的湖南人

这篇先介绍一个欧洲重要的组织，条顿骑士团。

条顿，大家都熟悉了。骑士团，顾名思义就是骑士团伙嘛。对，是个团伙，不过首先是个僧侣的团伙。第一次十字军东征后，欧洲贵族在地中海东岸耶路撒冷附近建立了许多拉丁国家（参看《罗马帝国：霸主养成记》），这些拉丁国家孤立在穆斯林的汪洋大海里，非常不安全。教皇为了保住这些留在异教世界的基督火苗，号召成立了一支常备军队，成员都是些没落的贵族骑士，出家成为修士，而后成为骑士团成员，向教皇效忠，只服从教皇的指令，是教廷的嫡系部队。

欧洲历史上出现过很多骑士团，有三个非常出名，一个是圣殿骑士团，一个是医院骑士团，一个就是条顿骑士团。圣殿骑士团是法国人发起组织的，巅峰期很辉煌，毁灭时很惨烈，我们到法国篇再说；医院骑士团，听这名字就知道是做后勤保障的，保护朝圣者，给去圣地的信徒们提供一些医疗方面的保障；而条顿骑士团，当然就是以德国人为主的骑士团。

进入正题，先说普鲁士人。咱家形容湖南人有句话，叫吃得苦，耐得烦，霸得蛮，说的是湖南人吃苦耐劳，做事坚持，倔强不服输。还有一种说法，说湖南人是中国的普鲁士人。

看地图，古代普鲁士人应该是跟立陶宛人一个族群，原来在波罗的海沿岸过着自由的生活。12世纪开始，德意志人开始侵略他们的领地。除了军事，自然还夹带着强行推广宗教，普鲁士人倔强啊，就是打不服。波兰有个公爵封地正好是普鲁士人的邻居，他也策划着向北挺进扩大地盘，结果这个念头刚形成，人家普鲁士人先下手为强，攻占了该公爵的领地，还把波兰人打得很狼狈。波兰同胞们没人愿意无故得罪一帮悍匪，没办法，公爵只好借着打击异教徒的名义，请条顿骑士团过来帮忙。

话说三大骑士团在小亚细亚活动，条顿骑士团是最后成立生意最差的，要打架，有圣殿骑士团，做善事，有医院骑士团，条顿骑士团两头不到岸，地位尴尬。后来他们只好回欧洲拓展业务，帮着中欧各国镇压异教徒。

波兰公爵绝对是犯了引狼入室的错误，条顿骑士团过来不是帮忙打架的，他们是来找地盘的。这帮人跟普鲁士浴血奋战200年，收复并占领了普鲁士，没给波兰介绍费，直接建立了骑士团国，没事还对波兰虎视眈眈。有了地盘，条顿骑士团在德意志发了很多小广告，号召所有人移民过去大生产，强行推广基督教，渐渐地，这个地区被德意志化，纯普鲁士人也慢慢不见了。

普鲁士建国

1370年，波兰王室绝嗣，波兰的公主嫁给了立陶宛的大公，驸马爷顺势就兼领了波兰王位，这两国合并了。波兰立陶宛合体，骑士团国就是眼中钉，肯定找碴收拾他们。两边斗了快一个世纪，骑士团国越打越衰，最后不得不割让一半的普鲁士土地给波兰，骑士团挤在剩下的地盘里向波兰俯首称臣。

骑士团的董事长是教皇，总经理是骑士团团长，教皇天高水远，有什么最高指示趁热传到波罗的海沿岸也都凉透了，所以骑士团的事务，基本还是团长自决。

大家回忆一下当时的皇帝美男子西吉斯蒙德将自己勃兰登堡的封地和选帝侯的位置"借给"了他手下的武将霍亨索伦家，说是等有钱赎回来。霍亨索伦家是等了100多年啊，皇帝换了几茬，没人来赎，算了，自己留着吧，霍亨索伦家就正式成为勃兰登堡的选帝侯了。

这家子是叫索伦的，后来觉得自己地位尊贵了，所以加了"霍亨"两个字，跟霍亨斯陶芬家一样，自己给自己贴金的意思。

1512年，霍亨索伦家族的一个近亲，阿尔布雷希特被选为条顿骑士团的团长，因为霍亨索伦家族是信仰新教的，所以新团长一上任就宣布，以后骑士团不跟教皇玩了。条顿骑士团是教皇一手建立的，你说分开就分开啊，教皇不是你想卖就能卖的！只听说开除总经理，没听说开除董事长的。阿尔布雷希特一不做二不休，索性连骑士团都解散不要了，改组成为公国，以后就叫普鲁士公国。虽然不用看教皇脸色了，波兰依然是宗主国，波兰国王封阿尔布雷希特为普鲁士公爵。

阿尔布雷希特死后，他儿子成为新的普鲁士公爵，新公爵是个精神病患者，只有一个女儿，最后只好女婿过来接受遗产。女婿叫约翰，正好是勃兰登堡家族的下任选帝侯，他一接班，顺手就合并了普鲁士和勃兰登堡，成为勃兰登堡—普鲁士公国，勃兰登堡那边是神圣罗马皇帝的封国，而普鲁士那边听波兰的，要面对两个老板。

不管有几个老板，勃兰登堡—普鲁士有一套自己的经济发展办法，那就是优渥的移民招商政策，吸引了不少人才和资金，移民国家像20世纪90年代的深圳一样生机盎然。而更出色的就是军队建设，30年战争，最让德意志诸侯受教的就是瑞典的军改，普鲁士离得近学得快，他家以最快的速度按瑞典模式建设军队，并且很快在局部战争中战胜了瑞典老师。因为势力发展太快，本来勃兰登堡就不鸟皇帝，很快，普鲁士也不鸟波兰国王了，这两个老板对霍亨索伦家族来说，犹如两个神龛。

神圣罗马帝国的选帝侯政策经过多年发展，选侯数量也增加了，利奥波德一世期间，他提拔德国汉诺威的公爵成为第九个选侯，还引起一场政治风波。汉诺威公爵也是我们的熟人，后来他家去英国接掌了英王位，开辟了大英的汉诺威王朝。

现在德意志的九大选侯，势力最大的肯定是哈布斯堡家族，而紧随其后排名第二的，就是勃兰登堡—普鲁士公国的霍亨索伦家族。谁有势力谁称王或者称帝，可是，不管索伦家族如何发展壮大，想坐皇帝位还是不可能，为啥呢？大家还记得吧，选帝侯中有三个是教会诸侯，天主教的大佬，索伦家是信新教的，所以，索伦家暂时没有机会。

霍亨索伦家觉得，我家不能做皇帝，总可以做王啊，爵爷哪有王爷听着神气啊。神圣罗马帝国这会子有个规矩，只有哈布斯堡家族的波希米亚可以称国王，其他的就老老实实做公爵吧。霍亨索伦心想，我家的普鲁士领地不属于神圣罗马帝国的吗，不用跟德意志的规矩，为啥不能做普鲁士国王呢？

霍亨索伦家族是德意志的封侯，几乎所有事都可以自治，不过要给自己戴个王冠，还是需要皇帝稍微同意一下子。这个事困扰了霍亨索伦家好几任爵爷，终于等到机会了。

机会就是西班牙的王位争夺战，利奥波德一世知道，这会是一场鏖战，此时德意志军事力量最强大的就是索伦家，如果拉他家帮忙，皇帝的儿子就有机会取得西班牙王位了。

这段时间，霍亨索伦家族的大当家是腓特烈（提醒一下读者，以后很长一段时间的普鲁士历史，男主角都是这个名字，注意不要晕）。听说皇帝要找帮手，腓特烈马上表示愿意出8000精锐与圣上组成联军作战。皇帝不会让他白帮忙的，答应给补助一笔巨款算是雇佣费，这还不够，给一个王位吧。普鲁士一半的国土还在波兰版图里呢，叫普鲁士国王有点名不副实，就叫普鲁士国里的国王吧。真绕，德国人严谨呗。

名字难听点，腓特烈不介意，在柏林的王宫里，组织不同种类的庆祝会持续了半年，然后隆重加冕，自称腓特烈一世，算是正式建立了勃兰登堡—普鲁士王国，我们就简称普鲁士国吧。伴随腓特烈一世莺歌燕舞大肆庆祝的，是送给皇帝的8000普鲁士子弟兵在战场上灰飞烟灭。普鲁士的王冠从一开始就溅满战士的热血。

腓特烈一世终于称王，很嘚瑟，讲排场。那时候的欧洲，法国文化被认为是主流和潮流，腓特烈一世对于法国的宫廷排场很神往，所以也学着经常在柏林组织舞会狩猎啥的，还招呼些文人骚客进宫座谈，以示风雅。

柏林皇宫最著名的座上嘉宾就是莱布尼茨，哲学家、思想家、外交家，其多才多艺在专出全科天才的欧洲人文领域都算罕见的，其作品覆盖历史、语言、生物、地质、物理等各个方面。不过，他最让人称道的事就是发明了微积分。在学术界一直存在争议，就是谁是微积分真正的奠基人，莱布尼茨还是英国的牛顿，微积分老杨是不懂，但老杨知道牛顿被称为物理学家，莱布尼茨可一直被称为数学家呢，就算老杨也分不清数学和物理学的区别，在老杨的地盘上，微积分是莱布尼茨对世界的贡献，牛顿就是一个种苹果的。

腓特烈一世在柏林过着穷奢极欲的日子，有人很有微词，而这位看着不满的，就是普鲁士国的首位太子，大名叫腓特烈·威廉，读者们注意啊，这个腓特烈后面带着一个威廉的后缀，以示跟父亲和儿子的区别。

军曹国王 OR 乞丐国王

腓特烈·威廉这个娃吧，怎么看都不像出身大户人家的，从小不爱学习不好风雅，举止粗鲁，脾气暴躁，自幼抠门，吝啬出名。

1713 年，他继位为王，一上班，普鲁士王国就增加了大量的苛捐杂税，到处敛财，搞钱的嘴脸有点穷凶极恶，只差挖地三尺。国王搞钱一般都是为了自己生活得纸醉金迷酒池肉林，这哥们真没有，腓特烈·威廉一世自己的生活非常节俭，自从他入主普鲁士王宫，贵族们生活水平直线下降，舞会、宴会都取消了，连普通的宫廷聚会，吟诗唱赋所有的娱乐活动一概不准。

怪了，您老要这么多钱又不花，到底干吗用呢？这些钱全用了，全用于军队了。腓特烈·威廉一世最大的功绩就是集举国之力，打造了一支剽悍的普鲁士军队。

刚接班的时候，普鲁士有 3.8 万人的常备军，在腓特烈·威廉一世手里，扩展到 8.3 万人。国王在征兵方面的动作比搞钱还难看，传说，他在全德意志范围内招兵，他居然上街绑人！比如他想组建一个高个子的掷弹团，于是下令，看到身材高大的小伙子，直接绑到军队去，强制服役，甚至连高个子的女人都不放过，也绑走，跟高个子男人强行配对，指望他们生出下一代巨人掷弹手。

征兵由国王亲自安排，训练也是国王亲自过问，腓特烈·威廉一世这种脾气，别指望他爱兵如子了，他提着棍棒亲自上训练场，碰上智商特别低，学得特别慢的，国王亲自下死手打。因为一天到晚扎在军营里混，腓特烈·威廉一世给自己赢得了一个"军曹国王"的称号。

被国王这个暴脾气的训练出来的普鲁士军队作风硬朗，当然还装备精良。在腓特烈·威廉一世统治后期，普鲁士国库一年收入 700 万塔勒（该时期的德国货币名），国王将其中的 600 万用于军队！一分耕耘一分收获，腓特烈·威廉一世任内，普鲁士军队军事素质的排名可以稳居全欧洲的前三甲。

腓特烈·威廉一世是个标准军国主义分子的形象，本来应该是挺酷挺威猛的，不过在历史上，他的名声总是有点猥琐。最重要的原因还是他那个娘胎里带来的毛病，抠门、吝啬。

大小是个国王，总要整点精神文明建设吧，没有！文化娱乐活动？不许！玩物丧志知道不？甚至某些关乎民生的投入，他也能省就省了，野史传闻，他拜会一位寡妇，寡妇向国王哭诉了自己的贫寒，希望能得到国王的救济，国王说："俺可没钱给你，俺还有军队要养活呢，俺又没本事拉出金疙瘩来！"一个粗鲁的守财奴形象跃然纸上，所以，他还有个绰号叫"乞丐国王"。

上面说腓特烈·威廉一世建设军队是斯巴达流派的，绝对不会爱兵如子。其实，他对待自己的儿女就跟对待士兵一样，看不顺眼就一顿棍棒或者是不给吃饭。腓特烈·威廉一世身高近2米，暴饮暴食，身子骨挺硬朗。可是女儿健康非常糟糕，儿子也是身材瘦小、面色苍白，科学研究已经证明，家庭暴力是会影响青春期小孩的发育的。

腓特烈·威廉一世的儿子叫腓特烈（注意，没有威廉），这个腓特烈跟老爸可不一样，虽然身子骨不太健壮，但是人品风流清隽，爱好文艺，身边总围着一群文人，有点曹植的做派。

不知道从什么时候开始，腓特烈·威廉一世怎么看这个儿子都不顺眼，一个男孩子，一天到晚打扮得油头粉面的，梳个法国卷发，衣裳光鲜，喷着香水，非常之娘娘腔。最让腓特烈·威廉一世生气的是，这个儿子不仅举止有点脂粉气，貌似跟身边那几个小白脸的关系还非常暧昧。

之前老杨说过，对出自希腊的欧洲文明来说，同性之爱挺健康的，进入基督教时代，这个事有点犯禁。所以关于腓特烈王子的性取向，没有特别明确的文献资料，老杨也不好乱说。腓特烈王子一直有个非常亲密的朋友，卫队的军官，汉斯·赫尔曼·冯·卡特。

腓特烈·威廉一世安排儿子迎娶哈布斯堡家族的一个远亲，腓特烈不干，他母亲是英国公主，一直想安排儿女跟英国娘家联姻，腓特烈自己也倾向于英国的表妹。为了躲避老爸和婚事，腓特烈前后三次离家出走，想逃到英国去。第三次，他联系到了英国大使，拉上冯·卡特一起走。什么事能瞒住一个军曹老爸呢？被抓了个正着。

军曹看来，儿子这不是因为家庭气氛压抑导致的离家出走，这就是逃跑！惩罚逃兵，腓特烈·威廉一世不会手下留情的，一顿暴揍是免不了的，而最残酷的是，他安排儿子在现场参观对他最好朋友的处决！

处决卡特的故事野史有各种版本，琼瑶那个版本说，冯·卡特临刑前，一脸深情看着王子，说自己无怨无悔。而腓特烈王子哭得肝肠寸断，他求父王，愿意放弃未来的王位，甚至愿意用自己的性命换卡特的性命。随着手起刀落卡特的头颅飞上天，腓特烈王子晕了过去。根据腓特烈的姐姐记载，苏醒后的王子高烧不退，不吃不喝，差点就跟着卡特去了。

幸好他没死，如果腓特烈王子死了，欧洲好多人就找不到偶像了，比如拿破仑同学。大家可能纳闷，小拿同学怎么会崇拜这么个娘娘腔的没用小男人呢？人不可貌相啊，读者看了这么久历史，知道在欧洲，绝顶的君王才会被称为大帝，而腓特烈王子继位登基后，历史书叫他腓特烈大帝！

二十三　美泉宫皇后和无忧宫主之一

去奥地利旅游，维也纳西南的美泉宫是第一重要的景点，17世纪初，30年战争开打前最后一个和平时期的罗马皇帝马蒂亚斯，狩猎到此，喝了点当地泉水，甘洌清甜，于是命名为美泉，后来这个地区就成为美泉地区。18世纪中期，华美壮丽的宫殿在这里拔地而起，成为哈布斯堡家族的重要皇宫之一。

美泉宫是巴洛克风格的建筑。巴洛克风格的鼎盛时期就是17世纪，源于意大利。不管艺术界对这种艺术如何评价，老杨看来，这就是天主教社会的一种赌气。对谁赌气呢？宗教改革呗。

新教不是说要教会浮华奢侈堕落吗？教廷心想，我还就浮华奢侈堕落了！盖房子，极尽华丽，极尽隆重，极尽张扬，金碧辉煌，晃得人睁不开眼。读者们去欧洲旅游，看到那种华丽张扬、色彩浓艳的建筑，一般就是巴洛克风格了。巴洛克风格发展到后期衍生出一种洛可可的风格，更宫廷，更细腻，更精致，此时的很多建筑和艺术作品，都糅合了巴洛克和洛可可两种风格。

巴洛克加洛可可的杰出代表很多，法国的凡尔赛宫就是其一。西班牙陨落后，法国成了欧洲老大，不仅各方面实力成为老大，法国文化巴黎时尚也成为欧洲潮流的风向标，周边各国尤其是德意志诸侯们，都以模仿法国宫廷生活为时髦。美泉宫就是模仿凡尔赛宫而建，从现在的规模来看，显然是哈布斯堡的财力稍逊一筹。

奥地利是天主教国家，他家喜欢巴洛克风格可以理解，普鲁士虽然是新教那边的，但是这样一个边境穷省成为暴发户，没有相应的文化传统和自己独特的品味，所以也追求法国时髦，他家也山寨凡尔赛宫建了一座皇宫，也就是位于波茨坦北郊的大名鼎鼎的无忧宫。

美泉宫和无忧宫有点古怪的缘分，它们的建造者是同年登基的，一男一女，早年间甚至有人想拉扯他俩相亲处对象，最好是共偕连理，让神圣罗马帝国的两大诸侯奥地利和普鲁士合二为一，这事要是发生了，欧洲的历史就真不知道演变成什么样了。虽然没有最后成亲，他们对彼此的态度肯定比夫妻还铭心刻骨，因为他们互相纠缠了一辈子。

要说这段恩怨，又要花开两朵，各表一枝了。

奥地利女王

最近光关注普鲁士老子打儿子的事了，奥地利哈布斯堡这边谁当家了？

接前篇，西班牙的哈布斯堡家族绝嗣，奥地利忙着捣鼓了一场大战。宿命的不幸轮到自己家了，奥地利发现，自己家也面临绝嗣！

1717年5月13日，一位公主出生在奥地利的霍夫堡皇宫，公主的父亲，神圣罗马帝国皇帝查理六世看上去比霜打的茄子还颓废。他当时不知道，这种打击才刚刚开始，随后的几年，他的皇后非常争气地又生了两个闺女！

查理六世的一生，还真是挺郁闷的。他是利奥波德一世的二儿子，利奥波德一世发动声势浩大的战争，就是想支持查理成为西班牙国王。西班牙王位战还没打完，利奥波德一世就驾崩了，长子约瑟夫一世继位时，奥地利一边陷在自己一手导演的战争中不能自拔，一边国内经济形势如同一塘烂泥。约瑟夫一世非常能干，以最快的速度稳定了国内外形势。不幸的是，这个能干的大哥在位6年就死了，查理六世接他的班成为皇帝，而且眼巴巴地看着法国人戴上了原本属于自己的西班牙王冠。

约瑟夫一世留下两闺女，查理六世本来生了个儿子，夭折了，于是乎，整个奥地利哈布斯堡家族没有男丁，就剩5个丫头片子了！

查理六世其实挺有先见之明的，西班牙的哈布斯堡家族绝嗣，曾经的欧洲霸主西班牙就算废了，查理知道，如果奥地利也绝嗣，下场几乎是一样的，所以，一定要保证哈布斯堡家族的属地——奥地利、波希米亚、匈牙利——还是掌握在一个君主手里，绝对不能分割。

1713年，查理六世颁布了一个《国本诏书》，诏书的重要内容就是一句话，如果他生不出儿子来，闺女也能即位。根据墨洛温王朝开始使用的法典，虽然英国、丹麦等地都有女王出现了，但对于中欧的老爷们来说，女老板还是有点难接受。查理六世突然给奥地利妇女这么大的解放和提升，欧洲的其他国家怎么可能答应呢。

查理六世在后来的很长一段时间就是出让各种利益让教皇、其他诸侯、邻居各国同意他这份诏书，请客送礼行贿都少不了的，卓有成效，大部分诸侯都签字同意了。查理六世不知道，在他的诏书上签字同意和以后不找他闺女的麻烦是完全没有关系的两件事情。

1717 年出生在霍夫堡的长公主，大名叫玛丽亚·特蕾莎，因为总怀着能生出儿子的美好梦想，查理六世并没有按继承人的标准培养大女儿，早年还想将她远嫁俄国联姻北极熊。特蕾莎 6 岁时，维也纳的皇宫来了一位表哥，英俊潇洒的洛琳公爵弗兰茨。青梅竹马，弗兰茨表哥是特蕾莎从情窦初开就想嫁的男人。好在查理六世为女儿选的俄国老公很识时务地死掉了，在女儿的恳求下，皇帝格外开恩，准了神圣罗马帝国公主这段自由恋爱的婚姻。查理六世真是个好父亲，在那个时代，一个王室的公主可以以爱情为基础结婚是很不容易的。

好父亲在 1740 年驾崩，死因是吃了夏季新上市的蘑菇。作为一个皇帝，如果不是出于某个宫廷阴谋，吃毒蘑菇死掉显得特别没面子。

这一年特蕾莎 23 岁，4 年前，她如愿和弗兰茨结婚，婚后的生活就是接连不断地生孩子。成为奥地利女大公、波希米亚和匈牙利女王时，她正大着肚子呢。她虽然接下了哈布斯堡家族的所有领地，但是想做神圣罗马帝国皇帝肯定是不行的，她可以做皇后，让上门女婿弗兰茨成为皇帝。

尽管查理六世之前已经通过皇帝诏书跟所有人打过招呼，他死后肯定是女儿接班的，可其他诸侯看到一个孕妇真成了德意志最大的诸侯，而且她的小白脸老公即将戴上帝冠，这事还是让他们不太平衡。

欧洲地区的大小王室都是乱联姻的，亲戚关系异常混乱，所以千万不要说国家内政与外人无关之类的话，因为很多人都可以插手多嘴。

不同意女王两口子继位的有法国和西班牙两家，德意志诸侯中，萨克森、普鲁士、巴伐利亚都不干，意大利的那不勒斯王国也坚决不同意。

有反对的就有支持的，支持女王的有英国、荷兰和俄国，还有就是她自己的两个属国，匈牙利和波希米亚。

大家一看，又分边站好队了，每次一组团站队，下一个动作肯定是对打，于是，西班牙王位争夺战的硝烟还没散尽，奥地利的王位争夺战又开打了，哈布斯堡家族每次生不出男孩，欧洲就是一场大乱。

腓特烈大王

1740 年，登基的不光特蕾莎一个。这一年，普鲁士王子腓特烈也终于熬出头了，不用总担心挨揍了，因为那个暴躁的老爸死了。

家暴环境下长大的小孩，千万别指望他有爱心，腓特烈二世一登基，他就带头欺负孕妇。整个奥地利王位战争，从头到尾的中心内容，就是腓特烈二世对西里西亚的争夺。

西里西亚也就是现在的波兰西南加捷克东北一带。真是一块宝地，土地肥美，种什么都疯长，而更值钱的是，这里的煤、铁、铜、铅、锌储量丰富。

西里西亚原来也是一个公国，17 世纪晚期，绝嗣了，一个聚宝盆成了无主财富，全德意志的诸侯都流口水。谁抢到算谁的，哈布斯堡家族动作比较快，先霸住了。抢来的是赃物，不受保护。特蕾莎继位，腓特烈就提出对西里西亚的要求，收到对方的拒绝后，普鲁士就打起了反对女人当家的大旗，军队开进西里西亚。

在腓特烈二世登基之前的那几年，他已经不太怨恨老爸了，因为他见识到了他老爸一手训练的骁勇军队，他知道，这是他收到的最有价值的遗产。

1740 年底，2.5 万普鲁士军队突袭西里西亚，奥地利守军防不胜防，立时乱了阵脚，节节败退。第二年，特蕾莎就不得不答应腓特烈的条件议和，将西里西亚割让给普鲁士。

特蕾莎并不是被打怕了，面对内忧外患的严峻局势，这位年轻的女王一直镇定而智慧。对女王来说，当时面对的最紧要的问题是自己的继位权和老公弗兰茨的皇位。反对她的德意志诸侯联盟萨克森、巴伐利亚、普鲁士联手推举了新的神圣罗马帝国皇帝，也就是巴伐利亚的选侯查理七世。这家伙最坏，早先查理六世为自己的女儿贿选的时候，这厮早早就签字同意特蕾莎继位。等查理六世一死，他马上伙同团伙杀进了波希米亚，自说自话登基成为

170

波希米亚国王，随后被德意志诸侯选举成为神圣罗马帝国皇帝。

特蕾莎对西里西亚的放弃，是一种壮士断腕的割舍，她要全力对付占据了属于她家皇位的查理七世。

奥地利军队采取了围魏救赵的战术，没有正面进攻占领了波希米亚的敌人，而是直接入侵查理七世的巴伐利亚大本营，逼他回家救援。奥军打不过普鲁士，打其他诸侯还是够的。特蕾莎这一轮反击，不仅占领了查理七世的巴伐利亚老家，还把波希米亚收复了。

腓特烈二世发现这个女人不简单，猜测她只要一恢复元气站稳脚跟，肯定会将西里西亚收回去。趁着奥地利和巴伐利亚还没最终了断，普鲁士军队又加入战团，这一次，腓特烈二世野心更大，他出击刚刚被奥地利收回的波希米亚。

我估计特蕾莎女王在兵法的学习上就学会了"围魏救赵"这一计，上次对巴伐利亚奏效，女王决定对普鲁士也来一轮。奥军直接扑向了普鲁士王国的勃兰登堡。

从1740年开战到1745年，普奥已经正面较量了5次，奥军几乎全败，包括这一轮围魏救赵。女王没有普鲁士人的犟脾气，打不赢就和呗。只要普鲁士承认女王，并同意王夫弗兰茨成为神圣罗马帝国皇帝，西里西亚就当谢礼送给普鲁士，天打雷劈不得索要。

腓特烈二世达到目的了，也就不再欺负女人了，笑呵呵地撤军回家。经过这一轮战争，普鲁士国土增加了一半，国家还发了一笔小财。此时的普鲁士是骡子是马已经非常清楚了，奥地利方面不得不承认，这伙北方人已经足够和哈布斯堡家族分庭抗礼了。其实，不仅奥地利不敢小觑普鲁士，其他的欧洲国家都感觉到，普鲁士王国绝对不仅仅是一个普通的德意志诸侯了，他几乎可以说是进入了欧洲强国的序列。

凯旋回家的腓特烈二世受到了普鲁士人山呼海啸般的喝彩，他们开始称呼国王为腓特烈大帝。叫他大帝的确不符合欧洲规矩，腓特烈二世还不是皇帝，连普鲁士还没全罩住呢。所以严谨的历史书叫他大王。这个名字很低级，《西游记》里的红孩儿，《大话西游》中的至尊宝都可以被叫作大王。

奥地利那边，弗兰茨成功登基，开创了神圣罗马帝国的哈布斯堡—洛琳王朝，要说这位皇帝一生的最大贡献，就是帮着特蕾莎女大公生了16个孩子。这个事一定要高度评价，能生一堆孩子绝对是了不起的贡献，想想，之前因为生不出孩子引发了多少祸端？况且，除了生孩子这一项，其他的事，他也帮不上忙，老婆太能干了。

腓特烈大王的内政

进入 18 世纪，封建王权遭到了前所未有的挑战，欧洲的王权统治流行一个新词汇，叫作"开明专制"，这里要特别请出一位客串嘉宾，这一段历史中，欧洲最红的红人，法国的伏尔泰。

伏尔泰年轻时游历英国，对英国由资产阶级主导的君主立宪制的国体印象深刻。回到法国后，总看自己家不顺眼。陈旧的封建专制主义显然千疮百孔，这家伙非常明确地预见，一场翻天覆地的革命即将席卷法国大地。

伏尔泰最重要的思想就是：法律面前人人平等，捍卫公民自由、信仰自由，主张开明的民主制度。

大家现在知道，伏尔泰的这些个想法，后来被称为"启蒙主义"，启蒙这东西犹如泄洪，一定要控制流量，比如在法国，没控制好就洪水泛滥发展成大革命，直接害死了法王两口子。

不过，在中东欧地区，因为资本主义还没发展到可以闹事的程度，启蒙思想如涓涓细流滋润这片大陆，带给了这个地区新的气象。而所谓的"开明专制"的王权，就是这个新气象。

这场君王的思想解放秀中，腓特烈二世显然是表演最好的。继位不久，他就对全体臣民宣布，他是"国家第一公仆"，强调普鲁士"人人平等"的原则。不论是公仆还是平等，对普鲁士来说都有点远，这里的主流还是农奴制的农庄经济呢。腓特烈二世想过要废除农奴制，可是，面对普鲁士内部强大的地主阶层，他最后只能在属于王室自己的土地上缓慢推行。

虽然对基本的政治制度没有大的变革，腓特烈二世在经济、教育、军事等方面的改革多少还是有点效果。比如强制性义务教育，规定 5~13 岁儿童必须上学读书，普鲁士是世界上第一个建立了比较规范的强制性义务教育制度的国家；腓特烈第一次在普鲁士国家颁布了宪法草案，这项草案最了不起的是，规定国王必须完全放弃对司法的干预，保持司法的独立性，还号召让所有百姓讨论商议法律条文，很符合古罗马法律中"众人之事，应由众人决定"的精神；兴修水利，重点发展商业，而他对普鲁士农业发展的重要成就就是，大力推广土豆种植。

土豆进入欧洲，有个小典故，话说土豆最早起源于南美，16世纪被西班牙探险家带回欧洲。不管这帮美洲回来的海盗怎么推荐，怎么做广告，说这东西贼好吃、贼充饥，欧洲人坚决抵制不待见。因为《圣经》这部指导文献里没说可以吃，而且吃植物的根茎不健康，它要真是个好东西，上帝怎么会安排它长在地下见不得光呢？小土豆就因为这些愚昧的见识，进入欧洲后，有200年都默默无闻。

腓特烈二世在位时期，国家战乱频发，维持庞大的军队，保障军人们的口粮是第一个要解决的问题。为了解决军地的粮食补给，腓特烈二世下令在普鲁士大面积种植土豆。后来因为欧洲年景不好，谷物歉收，普鲁士人靠吃土豆依然兵强马壮，而土豆那些高淀粉，也让普鲁士的子弟更加健壮高大，能征善战。

后来土豆在全欧推广，帮助长期兵荒马乱的欧洲渡过了一次次的饥荒，自从有了土豆，欧洲人结实多了，土豆是近代欧洲发展不可忽略的重要角色。

GDP发展迅猛，人口不断增加，国库储备充裕，腓特烈在波茨坦附近仿照凡尔赛宫建起了如诗如画的无忧宫，此后这里就消磨了他大部分的时光。德意志历史上最经典的一个画面是，在无忧宫华美的壁纸前，普鲁士国王身穿缀有金银丝线的华服，向来宾们演奏长笛。而在无忧宫跟国王讨论艺术的，不是著名文人，就是知名艺术家，也许还有些附庸风雅的三教九流，唯独有一个品种看不见，就是女人，甚至包括王后，国王的性取向再次引起大家的高度关注。

奥地利女王的家务

启蒙思想也同样进入了奥地利，特蕾莎女王不甘落后，她也主导了一场重要的改革。只是，比起新教的普鲁士，奥地利代表着更加保守固执的封建势力，女王的开明程度也比不上有点艺术家秉性的腓特烈二世。

女王改革的重点内容是，取消了大地主的某些税务特权，降低农民的地租，限制上层贵族对地方事务的干预，改革行政部门等。女王在位期间，奥地利的政府收入也是不断增加，而最有成效的是对军队的建设，她继位时奥地利军队不到 10 万人，到统治后期，奥地利军队已经超过 20 万，也是训练有素、装备精良。

1743 年，特蕾莎在维也纳西南修建了美轮美奂的美泉宫，成为哈布斯堡家族的避暑山庄。跟无忧宫一样，这样的大房子显然是盛世的纪念。

特蕾莎太忙了，奥地利、波希米亚、匈牙利，几乎所有的事务她都亲自过问，早出晚归。即使有点空闲时间，她也用来生孩子坐月子了，如果再有点空，她都用来捉奸了。

话说，这个时段的欧洲，日子最安逸的就是神圣罗马帝国皇帝——特蕾莎的老公弗兰茨一世。弗兰茨皇帝的主要工作是开国务会议时坐在老婆身边，号称是摄政，他完全可以打瞌睡，因为很少有人注意到他的存在。每天锦衣玉食、无所事事，饱暖思淫欲，弗兰茨俊俏多金，地位尊崇，又加上是个多情有点滥情的男人，整个维也纳成了他的乐园。

此时的维也纳，巴赫这颗耀眼的明星刚刚闪过天际，所以贵族们最流行的娱乐就是泡歌剧院。弗兰茨皇帝是歌剧院的常客，皇帝的私生活混乱，在维也纳是公开的新闻。歌剧包厢、皇家猎苑、各种行宫都留下皇帝猎艳的痕迹。

上梁不正下梁歪，皇帝以风流出轨为荣，维也纳整个城市也变成了"浪漫"之都，当时有外地人称维也纳为"偷情之城"。

弗兰茨是特蕾莎一辈子的爱人，看着他到处寻花问柳，皇后岂能不伤心呢。于是，特蕾莎实施了她任内最著名的一项改革，那就是约束风化，建设精神文明。中心思想就是一条：不准偷情！

特蕾莎组建了一个"贞洁委员会"，一个旨在查处奸情的秘密警察组织。这个维也纳东厂太神了，捉奸锦衣卫便装潜入森林、剧院、小酒馆、私人住宅，犄角旮旯等地，看到有谈恋爱的、处对象的、接客的立即铐走，毫不留情。

为了体现自己对这项风化整饬运动的重视，特蕾莎经常化装易容，亲自率领小分队深入维也纳大街小巷，缉拿皇帝。跟普鲁士国王在无忧宫吹长笛对应的画面是，奥地利女大公包着头巾，打扮得像个偷地雷的，蹑手蹑脚趴在各种墙头窥伺。以特蕾莎神圣罗马帝国皇后、奥地利女大公、波希米亚女王、匈牙利女王之尊，沦落至此，岂不令人唏嘘。同时也说明，一个沦落的女人身后，肯定站着一个不长进的男人。

好在特蕾莎不是一般的受气黄脸婆，她的锦衣卫抓住奸夫淫妇，一概用铁链锁在城门边示众，不给吃喝。当然皇帝不在此列。这些被锁住的男女并没有被围观群众投掷番茄或者鸡蛋，浪漫的维也纳百姓同情他们，还送来食物，让女王很尴尬。最尴尬的是，这一场王室家务，娱乐了整个维也纳，老百姓聚在小酒馆咖啡屋闲聊时，经常说的一句话是："弗兰茨太太，先管好自己的丈夫！"

二十四　世界大战的 7 年预演

腓特烈大帝在吹长笛，特蕾莎女王在跟踪老公，感觉上德意志两大诸侯日子过得很惬意嘛。实际上，对这两个王来说，在位期间，平静的日子屈指可数。

奥地利王位争夺战结束 10 年后，1756 年，人类历史上第一次世界规模的大战——七年战争爆发了。

七年战争的矛盾格局是这样形成的，第一个是英法矛盾，这两家宿仇，英国预备称霸武林，已经干掉了西班牙和荷兰，现在就剩下欧洲大陆的老大法国挡路了；第二个就是普奥恩仇，前两次战争，特蕾莎捂着胸口割让了西里西亚，女王曾经说：上帝的怜悯使我得以坚强，使我能够在他为我安排的布满荆棘、痛苦和泪水的道路上徘徊前进；就算战斗到最后，我宁可卖掉最后一条裙子，也绝不放弃西里西亚！第三个矛盾，不断崛起的沙皇俄国，打败了死敌瑞典，向西向南扩张的道路上，普鲁士成为障碍。

老规矩，群架嘛，先找帮手。英国和普鲁士先勾搭上了，签订了一个合伙协议，说是要联手维护德意志境内的和平。英王是汉诺威家族的，插手德意志的事务不算干涉内政。

英普一勾结，法国肯定马上就牵手奥地利呗，回忆之前的打架史，这两家也算宿敌，就这样冰释前嫌了。之前俄国人和英国人还有同伙协议呢，但为了对付普鲁士，沙皇俄国也加入了法奥阵营。

战争以普鲁士军团奇袭萨克森开始，大家注意，这家人喜欢这种打法，带坏了后面好多小孩。萨克森正好处于西里西亚和普鲁士本土之间，战略位置极重要，萨克森公爵也是个摇摆不定的，早先跟普鲁士结盟，后来又倒向奥地利，所以普鲁士先占领了这里。

整个战争期间，英国人一直负责在海上工作，绝对不登陆作战，除了时不常地给普鲁士盟军一点军费补助，大部分时间是在战舰上帮着普鲁士人喊加油。整个欧洲战场，剽悍的普鲁士一人单挑一群，被沙俄、法国、奥地利围在中间打。

腓特烈二世想用闪电战在法、俄动手前打败奥地利，没想到奥军这几年也功力激增，没让普鲁士人得手，1758 年，法国和俄国加入了战斗，此时，普鲁士西有法军，东有俄军，南部还有奥地利军队，背腹受敌，陷入绝境。虽然是绝境，顽强的普鲁士军队依然苦苦支撑。这一次对普鲁士的夹击成功且漂亮，让欧洲人印象深刻，所有人都学会了，以后对付普鲁士就要逼他家东西两线作战。

1760 年，腓特烈二世坚持到了最后，他知道，真玩完了，他都不敢设想战争的结局和普鲁士未来的命运，他当时想到的竟然是自杀。腓特烈二世不知道有没有祈求上帝，因为他一直是个无神论者，此时此刻，谁能救他？！

自己才能救自己！转机发生在沙俄，女沙皇伊丽莎白一世驾崩了！这位历史上著名放浪的女沙皇一生情人面首无数，就是没生出孩子来，只好把在普鲁士长大的外甥彼得召回来继位。彼得六世在治国安邦等事务上毫无建树，可不妨碍他在世界历史上拥有很高知名度，他第一出名的是因为他是叶卡特琳娜沙皇的老公，第二出名的是他是腓特烈二世最忠实的粉丝。

跟腓特烈大帝后来的粉丝相比，彼得六世简直不值一提，可对自己偶像的帮助，彼得六世肯定是最大的，他几乎帮着腓特烈二世重生了一次。彼得六世一继位，就宣布沙俄绝对不会对普鲁士作战，退还之前占领的全部普鲁士国土，沙俄军队将加入普鲁士一方对法国和奥地利作战。为了表彰彼得六世，腓特烈二世封他为普鲁士陆军中将，俄国沙皇穿着普鲁士的制服美滋滋地在克林姆林宫到处嘚瑟。

法国和奥地利当时都傻了，如此触手可及的胜利，如此离奇地消散，而普鲁士的这一场绝地翻身，历史上称为"勃兰登堡王室的奇迹"。

英国人在海上大获全胜，普鲁士又拿回了西里西亚，所有参战国都精疲力竭，算了，这次先到这里吧。

七年战争，英国是最大的赢家，获益无数。普鲁士差点被打成废墟，但毕竟守住并留住了西里西亚，而且跟沙皇俄国建立了同盟关系。经此一役，普鲁士的江湖地位又增长了，1785 年，德意志北部十五个邦组成诸侯联盟，认腓特烈为大哥，公开跟神圣罗马帝国对抗，德意志非常明显地被一分为二，欧洲人也认识了该地区五魁首的格局：英国、法国、俄国、普鲁士、奥地利。

二十五　美泉宫皇后和无忧宫主之二

这段历史太乱了，老杨要一边写战争一边写逸事，就是为了让读者们调剂阅读。七年战争不是打完了吗，又到调剂时间了。

腓特烈二世的艺术人生

之前说过，腓特烈二世是很多大明星的偶像，著名的有拿破仑、希特勒、华盛顿等，这个粉丝团里还包括老杨。那几个好战分子崇拜腓特烈二世是因为他的军功，老杨崇拜他是因为别的事。

腓特烈二世一直以开明君主自居。一个农奴制国家的君主开明的程度肯定是有限的。不过，腓特烈二世最可贵的地方是，他的改革包括让普鲁士言论自由、出版自由。曾经有人画了丑化腓特烈二世的漫画，公开挂在柏林书店展览，据说腓特烈二世亲自去参观过，建议应该挂在更醒目的地方。

腓特烈二世喜欢文学、音乐、绘画，会说好几种外语，尤其是一口顺溜的法语，还经常用法文写诗（古代欧洲人只要识字就敢写诗），最擅长吹长笛，还组织长笛独奏音乐会，给他伴奏的，就是我们开篇提到的"西方音乐之父"巴赫的二儿子。巴赫这位二公子一辈子的工作就是腓特烈二世的宫廷乐师，我看他的画像，垂头丧气的样子，难道是被国王的笛声蹂躏的？

腓特烈二世治国有术，打架有为，颇有才艺，有点小自恋。他长期自诩是个哲学家皇帝，潜台词是自己跟罗马皇帝马克·奥勒留一样，是"比帝国还完美的君王"。哲学家只能跟哲学家沟通，哲学家说话，一般人听不懂，于是腓特烈二世请哲学家陪自己玩，首选的自然是伏尔泰。当时的欧洲很多君主，似乎以跟伏尔泰结交为某种风尚。

在无忧宫里，最好的房间是给伏尔泰预备的，因为伏尔泰迷恋中国，所以腓特烈二世非常细心地按中国风装饰这个房间，到处是中国瓷器和梅兰竹菊的浮雕。

伏尔泰盛情难却，入住了无忧宫，每天陪国王谈天说地开玩笑。说到开玩笑，腓特烈二世自以为是个很幽默的人，不过公认的是，他的幽默一般人难以接受，他以调侃刻薄别人为乐。这种说话方式，如果办个脱口秀节目针砭时弊批评现实还是可以的，但用这种方式对待朋友，那估计朋友都鸟兽散了。只不过腓特烈二世是国王，他说话难听，谁也不敢拂袖而去，更何况在无忧宫好吃好住还有薪水拿，很多门客也就忍了。

腓特烈二世接近伏尔泰，不过是为了更加表现自己可以认同他的观点，是个开明君主，大家想一下，如果伏尔泰说的腓特烈二世都能接受，普鲁士的改革那可真是翻天覆地、脱胎换骨了。腓特烈二世感觉到，伏尔泰有的时候脑子太简单了，想的东西太天真了，所以有意无意地，腓特烈二世就经常刻薄伏尔泰，以腓特烈二世脱口秀的水准，估计能让伏尔泰很难堪。

伏尔泰出名的也是会讽刺人，有的时候急眼了，他也反击。腓特烈二世经常写写法文诗，交给大文豪伏尔泰请他斧正，伏尔泰抓住这个机会出气，到处跟人介绍国王的大作，当然，还加上自己尖酸甚至有点恶毒的评价。渐渐地，腓特烈二世那些歪诗就像黄段子一样，一念出来就有人笑。

发展到最后，两人越来越话不投机，甚至经常发生口角，伏尔泰不愿意寄人篱下受此鸟气，3年后，离开了普鲁士和腓特烈二世。都说腓特烈二世和伏尔泰虽然不见面了，还是一直保持友谊到死，通信是一直有的，不过伏尔泰老爷子此后就经常说普鲁士国王是个专制的独裁鬼，还将无忧宫描述成一个同性恋的淫乱场所。

腓特烈二世死于1786年，他奉他父亲的命令娶了皇帝的一位远亲的公主，还发誓不会背叛老婆。无忧宫建好后，腓特烈二世让王后留在柏林孤独终老，自己带着一帮老爷们在无忧宫过着丰富多彩的生活。唯一遗憾的是，老爷们生不出孩子来。根据《鹿鼎记》韦小宝的说法，所有雄才大略的皇帝都应该有一堆孩子，从这一点上看，腓特烈二世显然不合格，最合格的是奥地利的女王。

特蕾莎女王的儿孙福

之前说过，弗兰茨一世皇帝虽然每天在外招蜂引蝶，但家里的事真没懈怠，让老婆一口气生了16个娃。墙上挂满王室成员尤其是这16个儿女的画像，一看见就觉得王室家庭美满，天伦之乐。

1765年，弗兰茨一世皇帝死了，老婆孩子悲痛欲绝，弗兰茨不管是做王夫还是父亲都是成功的，从不插手政务，惹是生非，即使私生活遭人非议，他的子女们还是认为他是完美的父亲。特蕾莎更是伤心难抑，以后少了盯梢跟踪这个生活调剂，日子也是蛮苍白的，后来的岁月，一直到女王死去，她都穿着黑衣并要求周围的侍女也都穿得像参加追悼会。弗兰茨一世猎艳之余就是喜欢收集古董艺术品，现在奥地利各大博物馆里很多宝贝都是当年这位皇帝的私人珍藏。

女王的长子约瑟夫被推举为继位皇帝，并成为特蕾莎的共同执政。因为江山早晚是儿子的，女王就不能让儿子像老公那样无所事事了。

约瑟夫二世的外貌遗传了父母的优点，从现存的雕像上看，颇为英俊潇洒，据说有一双宝蓝色的眼睛，魅惑了维也纳无数名媛。

外型上虽然遗传了，性格和思想则是完全变异了。作为继承人，他从小受的是最正统保守的教育，正常的教育对他的影响有限，反而那些激进的启蒙思想让他产生了共鸣，所以一继位，他就想改革，不是特蕾莎那种蜻蜓点水式的姿态，他想的是废除农奴制，建立一个开放民主的哈布斯堡王国。

激进的儿子让特蕾莎很忧虑，她知道，对于现在的奥地利，那样翻天覆地的变化是难以控制甚至会引发溃乱的，她只能尽力控制儿子的动作，女王后来的执政岁月，约束儿子成了重要内容，母子俩闹得很不愉快。

之前说过，生孩子是一个帝王的雄才伟略，对特蕾莎非常适用。特蕾莎自己是自由恋爱结婚的，可对自己的儿女，她就没有自己的父亲那样宽容了。在她的包办下，儿女们大部分都成了她实现某种政治目的的工具，特蕾莎有个外号叫"欧洲岳母"，可以想象她的女儿嫁得都比较风光，这个岳母不客气，跟每个女婿都索要巨额彩礼，几乎每个闺女都为她带来了不同规模的土地和利益，所以奥地利人开玩笑说："你们的土地需要打仗争取，我们奥地利不用，我们用公主换。"

特蕾莎的女儿中，最幸福的应该是老五玛丽亚·克里斯蒂娜，她在父亲的支持下，嫁给了自己心爱的人，虽然对方没有王位爵位土地和巨额家产。五姑娘的婚姻让女王很闹心，好在有另一个闺女很让她长脸。

这位公主排行第十五，从小就美丽动人，不爱学习，没啥文化，不食人间烟火，有点缺心眼，最擅长的事就是花钱。这些缺点我们能看到，特蕾莎看不到，这么漂亮的公主，要给她找全欧洲最显赫的婆家，所以她嫁给了法国太子，随后，成为法国王后。她的芳名叫作玛丽·安托瓦内特（奥地利的公主大部分都叫玛丽），法国国王路易十六的老婆。

1780 年，奥地利历史上最受爱戴的女王因为肺气肿去世了，活了 63 岁，算是高龄了。儿子陪伴他走完最后一程，死的时候，貌似没有什么遗憾，她真应该庆幸，如果再高寿一点儿，她将看到一幅惨烈无比的画面。

二十六　巴士底狱的华丽胜利

如果还有读者提问，玛丽·安托瓦内特是谁啊？老杨又无语了。在欧洲历史上，这个名字代表着放纵、奢靡、堕落。野史最著名的段子，有人告诉玛丽王后，法国人民穷困潦倒，已经连面包都吃不起了，玛丽闪烁着美丽的大眼睛，纯真地说："既然吃不起面包，为什么不吃蛋糕？"这个女人从进入法国起就剩了一项娱乐，花钱购物。法国那地方多少钱都能花光，这位王后很快就债台高筑，被叫作"赤字夫人"，她的故事我们到法国卷再详细说。

女主角出场了，大家感到，整个欧洲历史最高潮的一场戏要开始了。

1789 年，法王路易十六因为财政危机召开三级会议，可以理解啊，娶那样一个老婆，不破产才怪呢。当时的法兰西社会分三个等级，天主教的僧侣是第一等级，贵族是第二等级，市民是第三等级。18 世纪，法国的资本主义经济高速发展，资产阶级已经形成了气候，而落后的法国封建制度严重阻碍了资本主义的发展。

法国的三级会议，一般的宗旨都是国王缺钱，想征收新税，这次，路易十六也是这个意思。第三等级里的资产阶级代表有的是钱，只要愿意，他们可以帮国王支付一部分账单，但是，钱不能白给吧？那些有钱的老板们捏着一把钞票要挟，只要陛下改革制度，限制王权，臣等万事好商量。没想到路易十六平时挺怂的，这时候会要态度了，竟然不受威胁，还反威胁要解散议会，更加独裁。

看来法国人气质都挺硬朗的，两边互相威胁了两个月没有结果，法国人民就直接起义了，7 月 14 日，巴黎市民攻陷了巴士底狱。

老杨小时候学历史，经常很困惑，巴士底狱不过是个监狱或者劳改农场，为啥要说"攻陷"，直接说占领不就完了吗，法国占领了一个劳改农场怎么这么得意，还吵吵着全世界都知道了呢？后来经过学习才知道，巴士底狱最早是被当作军事设施修建的，相当于一座防御堡垒，高墙深涧，戒备森严，厚实的外墙上，几门大炮居高临下，想占领这里，跟攻占一座城池也差不多了，据说当时的巴黎市民除了浴血奋战，死伤无数，也调来了大炮跟巴士底狱的守军对攻，而后取得胜利。启蒙思想盛行后，这里经常关押一些宣扬自由思想比较激进的政治犯，可以说，这里是法国封建专制的某种象征。

攻占巴士底狱成为法兰西起义的发令枪，各地都开始武装夺权，并建立了正规的起义军队，制宪会议掌握了国家权力，通过了人类历史上最振奋人心的文件——《人权宣言》。

听说老百姓真翻脸了，玛丽王后和幕僚们建议路易十六逃跑。坚信君权神授上帝与他同在的法王不相信这些暴民会翻天，所以坚持留在凡尔赛宫不离开。起义民众后来要求他迁移到巴黎市区的皇宫，在革命群众的监督下生活。

在巴黎期间，路易十六同意了推行由资本主义主导的君主立宪制的政体，态度顺服地签署了许多制宪会议要求的法令。全世界的老百姓都很单纯，只要国王肯让步，所有人都很感动，巴黎人民一致同意国王还是国王。老百姓不知道，路易十六一边笑眯眯地支持制宪会议，一边跟周围的国家传小纸条，请他们派兵过来帮着平乱剿匪。

路易十六被软禁在巴黎两年后，他终于决定要逃跑，此时的法国，已经是革命的汪洋大海，国王这只不识风浪的小船能去哪里呢？路易十六被抓回来后关入城堡，逼得法国人下决心废止了王权，成立了法兰西第一共和国，随后，因为里通外国镇压革命之类的秘密档案被发现，法国人民对国王的耐心到了尽头，1793年1月13日，路易十六和玛丽王后在巴黎革命广场被"龙头铡"砍掉了脑袋。大家算一下，这是特蕾莎女王死去的第13年，也许，老太太不死，这个事是另一个发展方向。

法国的资产阶级革命让全欧洲都傻眼了，不仅是专制独裁的王权国家感到恐慌，就连英国也不愿意局势失控，于是这些欧洲大佬难得地一次次携起手来，非常执着地打击法国革命。为了应对国内外的复辟势力，法国的革命党内部也在不断地分裂、更新、升级。1799 年，法国人升到最高级了，这一年，拿破仑通过雾月政变取得了法国政权，解散议会，成立了以他为第一执政的独裁政府。一场反专制反独裁反帝制的起义，最后就是为法国换了一个更狠的皇帝。

二十七　波兰大西瓜

　　回到德意志，七年战争，再喜欢打架的欧洲人都疲倦了，但是休假期间，这几个大哥也不愿意闲着。俄国不是跟普鲁士建立友好关系了吗，两家就商量着，干脆把夹在两国之间的波兰分掉，让两家挨得更近、更亲密点，而且啊，大家记得吗，普鲁士王国还有一部分领土在波兰人手里呢。

　　原来说过，普鲁士曾经是波兰的属国，很久之前，波兰就不敢以老板自居了。1569 年，当时的立陶宛大公国和波兰王国合并，成立了波兰—立陶宛联邦，疆域接近 100 多平方公里，人口超过 1100 万，本来应该是个挺兴盛的大国。

　　遗憾的是，他的北方邻居沙皇俄国也在发展并扩张。大家都知道，北极熊向东向北已经没有什么联想空间了，他家要发展必须向南向西，跟俄国人这样的人家比邻而居，你千万别指望他家能善待邻居。两边打了几次架，波兰老老实实承认是俄国保护国，自认小弟。

　　启蒙运动的发展，波兰也深受影响，内部的资本主义革命思潮也在蠢蠢欲动。波兰的一圈邻居，俄国、普鲁士、奥地利，三个君主都号称自己是开明君主，最大的特点就是叶公好龙，最喜欢跟别人谈论自由新思想，最喜欢假装能接受新事物，而其中的沙皇叶卡特琳娜和普鲁士的腓特烈更是以结交伏尔泰等人士为乐，但是真要面对一场旨在限制或者消除王权的革命运动，他们三家是一个比一个不爽。

　　沙俄对波兰的企图，那真是司马光之心，就想砸缸。一感觉这家有革命小火苗，马上就找到借口了。俄国拉上普鲁士，两家一商量，要是不算上奥地利，多有不便。正好当时的奥地利约瑟夫二世跟特蕾莎共同执政，约瑟夫二世一上台就认为应该利益当先，至于跟普鲁士的矛盾，不用太执着，特别是对沙俄，约瑟夫一直是示好的。听说两家要分猪肉，约瑟夫背着特蕾莎赶着过来入伙。

1772 年，波兰第一次被瓜分，30% 以上的国土归入了这三家的版图。对于儿子的强盗行径，特蕾莎女王在约瑟夫二世屁股上踢了两脚说："死孩子，你胆忒大了吧！"据说还在维也纳为波兰流下了同情之泪，流泪归流泪，她也没说要把拿来的土地还给波兰。腓特烈大帝不是喜欢刻薄人吗，阴阳怪气地说："奥地利那个女人啊，哭得越多，拿得越多。俺享受波兰如同享受圣餐，不知道女王陛下如何拉拢了她的告解神父呢？"腓特烈二世这人是太阴损了，他的意思是，特蕾莎一边向自己的告解神父忏悔，一边昧了波兰的土地，有点儿装，比不上他自己真小人坦坦荡荡要无赖。

1793 年，因为法国大革命的声势和影响，波兰剩下的领土里，开始出现爱国运动，波兰人开始号召驱除鞑虏，收复河山。唉，这傻哥们，又给了坏蛋机会了，沙俄再次以镇压革命进入波兰，听说又发福利，普鲁士赶紧端着盆过来排队，这次没预备奥地利那份。这是第二次瓜分波兰，这以后，波兰就剩 20 万平方公里的土地了。

分到这个地步，俄国人看波兰，就像猪八戒偷吃西瓜，已经把猴哥和沙师弟那块都吃了，师傅那份就肯定也保不住了。正好，眼看着国家沦亡，不屈的波兰人再次起义，偷袭波兰境内的俄军。1794 年，师傅那份终于被吃掉了，三个恶邻居再次出手，分净吃光，还把手上的汁水舔干净，波兰这个大西瓜就这样消失在地球上了。直到"一战"，这个国家才得以恢复，不过"二战"……太可怜了，我们擦干同情的泪水，以后再说吧。

二十八　末代皇朝的反法同盟

帝国的暮色

第一次瓜分波兰，腓特烈大帝和特蕾莎女王都还在位，第二次分"西瓜"，这两位大佬都没赶上。而最幸运的是，这两位死硬派也没赶上看法国大革命这场好戏，对他们来说，这绝对是可以气得头痛的大悲剧。

约瑟夫二世总算等到老妈走了，他可以自由行事了，于是，这个奥地利历史上最激进最前卫的帝王开始锐意改革。1781 年皇帝下令废除农奴制，随后又下旨，雇佣杨白劳这样的农民干活必须支付工钱，不能让他们白干！那些坏地主一听，当然是跳着脚地强烈反对。

保护关税，奖励商业，取消了死刑，还仿效普鲁士推广义务教育，为天才的穷学生提供奖学金供他们接受高等教育，并且允许为犹太人和有其他宗教信仰的人创立特殊学校。

在神圣罗马帝国的诸位皇帝中，说开明真开明的，约瑟夫二世算是头一号了，他将维也纳皇宫附近的森林和草地开放为公园，供普通市民浏览、参观、野餐。还规定，任何人见到皇帝都不许屈膝和吻手，不用毕恭毕敬、小心谨慎。

约瑟夫二世有个著名笑话，他将维也纳皇宫公园对普通民众开放，让贵族很不满，贵族们问："如果连普通市民都能进入皇家公园，那我们这种人以后去哪里散步啊？"约瑟夫二世笑着回答他："那要照你们这么说，朕就只能去皇陵散步了！"

约瑟夫二世也是个艺术发烧友，赞助了不少艺术家，而其中最著名的，就是神童莫扎特。

法国大革命发生时，约瑟夫二世已经罹患严重的肺病，在 1790 年去世。

如果他不是这么早就死去，以约瑟夫二世这种开明的心态，奥地利对法国大革命的态度会不会有不同，会不会让历史换一个走向呢？

不管革命有没有错，兄妹之情总是不会改变的。法国王后是约瑟夫二世的妹妹，他不见得会由着法国人欺负自己的妹子。随后登基的利奥波德二世是约瑟夫的三弟、玛丽王后的三哥，他一上台就号召欧洲各国团结起来，以武力保护法国的君主体制。利奥波德二世在皇位上干了两年就歇菜了，他也没机会看见自己的妹子被砍头，谢天谢地。

利奥波德二世的儿子弗兰茨继位，继承父亲的遗志，上班第一件事就是组织同伙，到法国去给自己的姑姑出头。

反法同盟

不等弗兰茨二世拉同伙了，法国人一听说奥地利想行动，先对普鲁士和奥地利发动攻击。1792年，法国军队占领了奥属尼德兰（现比利时）和莱茵河东岸。看到法国革命党这么骁悍，弗兰茨二世赶紧到处结盟，荷兰、英国、西班牙、意大利西北的撒丁王国因为自己的考虑都加入这个同盟，而俄国普鲁士不是太热心，因为这两家正忙着第二次瓜分波兰呢，这次分"西瓜"奥地利为啥没参加？正被法国的事整得焦头烂额呢，而且他家觉得当务之急是对付法国，而不是"吃西瓜"。

1793年，第一次反法同盟成立，英国、荷兰、撒丁王国、西班牙，还加上一个不算太配合的普鲁士。

大家都知道，反法同盟是世界历史上著名的乌合之众，盟友都是离心离德，普鲁士刚吃了波兰，忙着消化，不愿意动，看着法国人挺凶的，竟然背着盟友跟法国签订了和约，普鲁士答应，退出反法同盟，保持中立，同意法国占领莱茵河东岸地区，但要求法国在莱茵河西岸给普鲁士一点好处或者说是回扣。

1796年，正在法国政界冉冉升起的拿破仑荣任法兰西共和国意大利方面军总司令，就是在意大利，拿破仑多次打败奥地利军队，最后迫使皇帝答应签订屈辱的割地条款，将奥属尼德兰地区（比利时）和意大利北部的伦巴底割让给法国，这是公开的割地条款，私下里，皇帝连莱茵河东岸一起割给法国了！第一次反法同盟散伙，这些欧洲大佬知道了，谁是他们真正的对手。

1799 年，拿破仑被当时法国执政的督政府派到埃及去出差，遭遇了英国的拼命三郎纳尔逊，一时不得脱身。弗兰茨二世趁这机会，又拉上俄国、土耳其、英国组成第二次反法同盟。拿破仑知道这帮人忌惮自己，急急忙忙赶回法国，为了防止自己再被政府派出去出差，索性就政变将自己升级为政府了。大权在握的拿破仑调度资源更容易，揍人更顺手，第二年，奥地利又认输了。第二次反法同盟表演结束。

从神圣罗马帝国的角度写反法同盟的事，很容易写得垂头丧气，绝对是屡败屡战、孜孜不倦的绝佳注解。

1804 年，不愿伪共和的拿破仑一不做二不休，让法兰西共和国又变回法兰西帝国，自己做了皇帝。大家注意啊，拿破仑做的是皇帝，之前的法国君主都只是法国国王。以拿破仑的脾气他也不用任何人同意加冕，他自己戴上皇冠就是皇帝了呗。

全欧洲只有一个皇帝，神圣罗马帝国哈布斯堡家族的君主，现在又冒出来一个皇帝，搞得咱们弗兰茨二世像假冒的，更气人的是，拿破仑还跑去意大利，自己给自己加冕为意大利国王。于是，1805 年，弗兰茨二世加入了由俄国、英国发起组织的第三次反法同盟。这第三次反法同盟成员包括奥地利、英国、俄国、那不勒斯、瑞典，从南到北，从东到西，覆盖全西欧，很隆重。

第三次反法同盟有看点了，因为其中有一场著名的战役，大腕云集，非常精彩。1805 年，在今天捷克境内的奥斯特里茨村，法国军队遭遇了俄奥联军，法军 73000 人，俄奥联军 83000 人，不管多少人，都比不上军团司令醒目亮眼。法国那边，带兵的是拿破仑，新鲜出炉的法兰西帝国皇帝，俄国这边领军的是沙皇亚历山大一世，奥地利弗兰茨二世御驾亲征，所以历史上，这次大战被称为"三皇会战"。

面对人数上的劣势，拿破仑把天才的战术和战略思路发挥到了极致，让我们忽略战斗过程，清点一下战斗的结果吧，俄奥联军 15000 人战死，至少10000 人被俘，损失了 180 多门大炮；法军大概死亡 1350 人，伤 6940 人。从数据上看，拿破仑显然是又赢了，赢得比较彻底，直接攻进了维也纳。据说拿破仑进城时，受到维也纳人热情的欢呼，因为这时的拿破仑是欧洲第一号大明星，维也纳的老百姓很高兴终于看到活的了。

帝国的终结

弗兰茨二世是神圣罗马帝国的末代皇帝，跟拿破仑生存在同一地区同一时代，他是不幸的。

在维也纳，二皇碰面，看到拿破仑神采飞扬跨马进城的风度，弗兰茨二世必须承认，这个科西嘉小个子，比自己更有一个皇帝的气场。

拿破仑和弗兰茨二世签订了著名的《普雷斯堡和约》，根据这个协议，哈布斯堡家族让出了现在德国境内和意大利的全部领土。这些土地让给谁呢？其他的德意志诸侯，顺服了拿破仑的听话的诸侯。德国西部、南部、中部的16个诸侯组成莱茵联邦，脱离神圣罗马帝国，在法兰克福成立两院制议会。承认拿破仑为保护人，他如果要出去打架，莱茵联邦必须出兵帮忙。接下来的一段时间，越来越多的德意志诸侯加入莱茵联邦，最后成为有39个邦国的同盟。

随着土地的割让和莱茵联邦的成立，弗兰茨二世一算，自己能控制的地盘也就剩下奥地利了，这个神圣罗马帝国的皇帝成了笑话。正好在1804年，也就是拿破仑成为法兰西皇帝那一年，弗兰茨二世大约是预计到了自己的前途，提前给自己整了个奥地利皇帝的头衔，老杨怀疑这个伙计的目的就是让欧洲皇帝泛滥，使皇帝称号严重贬值来报复拿破仑。

1806年8月6日，弗兰茨二世宣布，解散德意志民族神圣罗马帝国。弹指一算，844年的寿数，这是老杨写死的第三个罗马。

唇亡齿寒

神圣罗马帝国解体后，德意志变成了三个部分：哈布斯堡家族的奥地利，拿破仑控制的莱茵联邦，北部以普鲁士为首的诸侯联邦。

第一次反法同盟，普鲁士背信弃义保持中立，坐视神圣罗马帝国消失，德意志彻底分裂。看着拿破仑在欧洲大地摧枯拉朽，普鲁士人暗自庆幸，幸亏没参加反法同盟那种傻团体。只是，拿破仑当时让普鲁士中立就是为了专心对付奥地利，如今奥地利已定，普鲁士还能安全吗？

签订中立保证书的，是腓特烈·威廉二世（有威廉的），腓特烈大帝的侄子。在普鲁士所有君主中，对他的定语就是意志薄弱，缺乏主见，很丢霍亨索伦家族的脸。任内唯一的成就就是参与瓜分波兰，让普鲁士的土地增加了近三倍。不过国内财政混乱，负债累累。最致命的是，普鲁士赖以安身立命的剽悍军队严重老化，腓特烈大帝当年创立的新型战法，已经严重落伍过时，以腓特烈·威廉二世的能力，他也开发不出新的战法。

跟法国私下苟合，让普鲁士的形象严重受损，欧洲各国携手共同抵御法军，同仇敌忾，普鲁士人为了一己私利，偏安一隅，独善其身，让欧洲人很看不起他们家。

普鲁士不计较周围邻居的脸色，北方 15 个诸侯都愿意与他联盟，看到奥地利不行了，腓特烈·威廉二世的儿子腓特烈·威廉三世就感觉到，拿破仑要对自己下手了。不行了，找人帮忙吧。这个时段的欧洲，只要是号召跟法国打架，不愁找不到盟友。

1806 年，普鲁士、英国、俄国组成了第四次反法同盟。

拿破仑没想到，他的偶像腓特烈大帝一手打造的军团如此不堪一击，10 月的战事中，一天之内，拿破仑取得了两大战役的胜利，普鲁士军队几乎全军覆没，法国军队长驱直入，进入了柏林。普鲁士国王混得也挺失败的，拿破仑进入柏林，跟进入维也纳一样，街上又站满了追星的老百姓，神圣罗马帝国的百姓对分裂习惯了，没有基本的民族感和荣辱观，没感觉这是被灭国了，他们对偶像将自家军队杀得片甲不留这个事大为赞赏，并为之欢呼。

一进入柏林，拿破仑就瞻仰了腓特烈大帝的陵墓，在墓前，这位百战不殆的神人用马鞭指着陵墓对手下说：要是他还活着，我们不可能站在这里。后来拿破仑得到了腓特烈大帝曾经的佩剑，拿破仑说，这柄佩剑他会珍藏，即使用一座城池跟他换，他都不换。这话有道理，腓特烈大帝的佩剑可能只有一把，被拿破仑征服的城池不知道有多少。

拿破仑几乎可以全取普鲁士，但是他没有，他将易北河以西的小邦国捏合成一个新的国家——威斯特伐利亚王国，交给自己的弟弟管理。普鲁士在瓜分波兰时分的不义之财也被分出来，成立华沙大公国，由萨克森公爵管理，萨克森很早就对拿破仑表示臣服，拿破仑很喜欢他家。霍亨索伦家族最后保留的，只有自家原来的属地勃兰登堡以及东普鲁士加西里西亚。普鲁士的人口缩减了一半，留在普鲁士的法国军队是普鲁士军队的 4 倍。

最后还给霍亨索伦家族留下立足之地，并不是拿破仑手下留情，因为他和沙俄都有共同的想法，法军和俄军之间，最好还是留一个缓冲带。

二十九　屈服于魔头的兄弟俩

普鲁士的浴火重生

普鲁士沦陷，成为被异族占领的可怜小邦国，拿破仑不仅要求普鲁士跟法军一起对付英国，还要求普鲁士支付巨额的军费。普鲁士一直坐视奥地利的遭遇，没想到自己的下场比奥地利更惨。面对即将崩溃的国家，普鲁士内部很多肯动脑筋的人分析原因了。到底是什么让法国军队如此神勇，到底又是什么让曾经强悍的普鲁士如此赢弱？

普鲁士一直有明白人，比如首相施泰因。在普鲁士中立的时候，他就一再提醒国王要小心法国人来袭，第四次反法同盟时，他也力谏不要跟法国军队硬碰。法军占领了柏林，也多亏了施泰因，为普王保留了不少财产。普鲁士大败后，腓特烈·威廉三世再次启用施泰因为首相，希望他开出挽救普鲁士性命的药方。

有趣的是，因为之前施泰因的思路跟普王不对谱，一直不被老板待见，遭到罢免。如今再次启用他，是拿破仑指定的。可以想象，如今不论大小事，拿破仑皇帝不答应，普王没有权限。拿破仑支持施泰因，是因为对他有信心，为啥拿破仑对普王这么好呢？很简单，他需要普鲁士快点恢复经济，让他取得他索要的那笔战争赔款。拿破仑此时一念之间就可以改变普鲁士的命运，但是他绝对没想到，他将施泰因扶上相位，给自己埋下了多大的祸端。

在同胞和敌人共同的殷切期望下，施泰因开启了改变普鲁士乃至后来德意志的重大改革。

问题其实很明显，法国大革命，让农民获得了自由，资本主义高速发展，从根源上说，就是普鲁士土得要命的农奴制经济制约了国家的发展。

上任第二天，施泰因就宣布，废止普鲁士的农奴制度，土地可以自由买卖。

在普鲁士，贵族和大地主这个阶层有个特别称呼叫"容克"。施泰因的改革让发展中的资产阶级可以购买容克的土地，并获得自由民成为雇佣工人，资本主义经济自然进入了顺溜的发展轨道。

施泰因改革了政府机构，建立了内阁制度和现代化的官僚体系，应该说，如今德国政府部门的高效和务实正是源于施泰因这次改革打下的基础。

改革直接触犯了容克阶层的利益，他们肯定是恨死了施泰因。施泰因是个爱国者，一边忙着给法军筹措军费，一边算计着如何才能驱逐这些入侵者。

1807年，趁西班牙内乱，拿破仑入侵了该地，扶持自己的哥哥做了西班牙国王，引发了西班牙人的强烈不满，西班牙、葡萄牙、英国携手跟法军开战。后人常说，西班牙战争是勒死拿破仑的第一条绳索。法军被拖在西班牙苦战，不能自拔。看到这个情况，奥地利赶紧又发起和组织了第五次反法同盟。

听说拿破仑在西班牙失利，施泰因兴奋不已，给朋友写信也就不避讳地讲述了自己的想法，他认为，普鲁士应该趁这个机会起义，而且要坚决加入奥地利，跟法军再打一场。

全世界哪里都不缺奸佞和小人，容克一直派人监视施泰因，想找他麻烦赶他下台，这封信件自然就落到了他们手里。他们将信件转给了拿破仑，让皇帝陛下大怒，立即下令要求将施泰因逮捕，并下令，如果施泰因被法军擒获，就地正法！好在施泰因反应快，逃到了波希米亚，后来又到了俄国，成为沙皇的外交顾问。

施泰因对德国的贡献并没有因为下台而中止，后来沙皇亚历山大一世跟拿破仑翻脸，法军兵败俄国，跟施泰因对沙皇的进言是分不开的。

施泰因离开后，哈登贝格男爵继任首相，在前任的基础上，深化改革。哈登贝格在对待容克的问题上比较缓和，改变了施泰因过于激进的做法，获得了容克们的认可。

除了施泰因和哈登贝格在政治经济上的改革，在这个普鲁士伟大的变革时代，还涌现了很多的军事改革家。普鲁士国家传统延续的对军事化的重视和在打架方面的天赋异禀都被再次激发，基本可以说，就是这个伟大的改革时代，让普鲁士完成了从一个守旧落后的封建国家向资本主义现代国家的过渡，为最后实现德意志的统一打下了基础。

奥地利的平衡外交

被拿破仑控制的这段日子，普鲁士选择了改革沉疴，让国家重生。奥地利则选择了使用外交智慧保全自己。

听说拿破仑被困西班牙，奥地利又发起组织了第五次反法联盟，对拿破仑在德意志的土地发动攻击，逼得拿破仑强行从西班牙撤军东征。

虽然在西班牙元气大伤，但奥地利依然不是对手。拿破仑再次占领了维也纳，奥地利又要割地赔款。

相对于普鲁士人穷则思变，奥地利人是极端保守的，面对一次次被法国蹂躏，他们想到的，不是使自己强大起来，而是如何使用外交手段，保证自己的安全。所以，这段时间奥地利最出风头的人物是外交大臣梅特涅。

在《英帝国：日不落之殇》里说过，拿破仑在欧洲大陆混得霸道，最让他搞不定的就是英格兰。后来拿破仑启动经济武器，搞了个"大陆封锁令"。

欧洲大陆对英国产品和市场的依赖太强了，拿破仑的大陆封锁令把很多欧洲人逼红了眼，其中最不信邪的就是俄国沙皇。拿破仑发现他忙着封闭欧洲大陆，沙皇却在私下走私，大为光火。从西班牙抽身出来，拿破仑最重要的工作计划是杀进莫斯科教训叛徒。

根据奥地利以往的表现，拿破仑知道，只要自己有大型军事活动，奥地利一定会明着暗着耍花招，祸害法国，想来想去，一劳永逸的办法就是，化干戈为玉帛，化敌人为盟友。你说结盟就结盟啊，哈布斯堡王室看拿破仑就是个大魔头。

正好，拿破仑也有自己的需要，咱们的约瑟芬皇后不是一直没生出孩子吗，为了法兰西帝国的万世伟业，拿破仑必须离婚再娶，生出儿子来啊。哈布斯堡王室有个公主，叫玛丽·路易丝，美丽可人，之前拿破仑见过几次，颇为动心。

拿破仑通过梅特涅传达了自己求婚的要求。弗兰茨二世是绝对不答应的，玛丽公主自己更是不从,大家想啊,从玛丽懂事起,她就知道这个世界上有个叫拿破仑的大坏蛋,把自己的家国搞得一塌糊涂,整个王室经常被他欺负,是哈布斯堡家族的头号仇家。

梅特涅找到奥皇,晓之以理,动之以情,讲述了此次联姻对奥地利的种种好处。其中最重要的说法是,只要奥地利和法国成为亲戚,法国就会放手全力攻打俄国,根据梅特涅的分析,这一仗打下来,法国人纵然赢了,估计也会伤筋动骨,削弱不少,到时候,要不要报仇还不是看奥皇自己的心情吗?

奥皇被说动了,玛丽公主万般无奈嫁入法国,成为皇后,弗兰茨二世稀里糊涂成了自己最大仇家的岳父。好在拿破仑婚后对玛丽宠爱有加,玛丽还给拿破仑生了个金宝蛋一样的儿子。

正如梅特涅所料,拿破仑真就调集50万大军去找沙皇的麻烦了,临行前要求岳父发3万军队协同作战。根据梅特涅的计策,这3万奥军虽然陪着上了战场,基本是去打酱油的,完全不干活。所以,俄国一战,拿破仑几乎全军覆没,3万奥军俄国旅游一趟回家了。

战争中,梅特涅一边给驸马爷加油助威,一边暗地里跟英国、普鲁士私通,告诉大家,奥地利是玩无间道的,只要有机会,一定跟兄弟们再次并肩子上。

三十 一个魔头的倒掉

纵马进巴黎

拿破仑在冰天雪地里大败而归，是个痛打落水狗的好机会，第六次反法同盟顺势而起，成员包括英国、俄国、普鲁士、匈牙利、瑞典等。

知道了拿破仑是可以失败的，真不是战神投胎的，这次反法同盟的气焰非常高涨。几场战役打下来，虽然拿破仑还是取得胜利，但是发现局势对自己越来越不利了。这时候，奥地利的梅特涅跑出来了，梅特涅笑眯眯地告诉拿破仑，只要他放弃占领的德意志领土，反法同盟马上可以解散，但如果不同意，奥地利就不给驸马爷面子，马上加入反法同盟一起找他麻烦。作为一个外交官，控制说话的态度第一等功夫，梅特涅威胁拿破仑的时候跟当年拍他马屁替他做媒时的态度一样热诚。

拿破仑是不受威胁的，所以奥地利加入第六次反法同盟。

第六次反法同盟最著名的战役就是莱比锡会战，号称是整个对拿破仑的战争的决定性战役。原来对于拿破仑的进攻，不论是普鲁士还是奥地利都没有民族存亡的意识，历史发展到现在，德意志人的民族国家意识一直很薄弱。俄国人民使用焦土政策打赢了一场卫国战争，让普奥深受教育。两国上下都感觉到，这场架不是原来那种欧洲经常发生的邻里纠纷了，而是关乎自己的民族、家园、文化的存亡之争，所以这次战事，吸引了很多民族参加。因为参加的族群种类较多，莱比锡会战又叫作民族会战。

1813 年 10 月，德意志莱比锡附近，拿破仑的 20 万大军应对来自三个方向的 30 万联军。大战历时四天，拿破仑军队死亡 8 万多人，盟军损失 5 万多人，成为拿破仑战争中规模最大也最激烈的战役，盟军取得了最后胜利。莱比锡战役的失利导致拿破仑控制的莱茵联邦解体，而皇帝在德意志的统治也宣布瓦解。可以说，莱比锡战役是德意志的一场民族解放战争，民族会战这个名字也有这个意思。

现在的德国莱比锡城内，还竖立着一座雄伟的民族大会战纪念碑，91米高，号称是欧洲最高的纪念碑。

第二年挟莱比锡大胜之威，反法同盟的联军主力开进了法国，阳春三月，沙皇亚历山大一世带领联军纵马进入了巴黎。4月，拿破仑宣布退位并无条件投降，随后被流放到地中海的一个小岛上，顶着皇帝的头衔享受岛主的待遇。

群架后的总结大会

根据欧洲人的习惯，打了一场痛快淋漓的仗后，最好的放松方式就是开表彰会或者是分赃会。对拿破仑的战争一口气打了20年，欧洲众街坊被打得七零八落，更有些丢了鸡走了猪的街坊要把丢失的财物找回来啊，所以需要开个会整理一下街道次序。

哈布斯堡家族已经不是皇帝了，不过他们的皇帝责任心还在，所以他家的梅特涅跳出来用大喇叭通知开会，于是与会代表都公费到维也纳旅游，史上称为"维也纳会议"。

此次会议是奥地利主持的，但他们家最心虚，虽然他家也提供了50多万人的军队参战，但毕竟是后来参加的，而且重点的战役明显都是俄国和普鲁士在英国人资助下完成的，是以英国、俄国、普鲁士理直气壮提要求，奥地利就算底气不足，肯定也要最大限度要求自己的利益。

维也纳会议像聚会多过像开会，因为都是赢家，都抱着一个轻松的心态，白天吵翻脸，晚上维也纳方面就组织舞会调节气氛。

就在一边跳舞一边扯皮的时候，开会这几家突然听说，岛主潜回巴黎了，而且推翻了刚被联军扶持的路易十八，重登了帝位！

在维也纳开会的各路人马惊出一身冷汗，大敌还未除，咱们哥几个还有空在这磨嘴皮子？赶紧的，第七次反法同盟又来了！

第七次反法同盟中英国和普鲁士功劳最大，因为这两家联手完成了滑铁卢战役，彻底摧毁了拿破仑最后的希望，让这场漫长的拿破仑战争终于以盟军的胜利结束了。

维也纳会议在滑铁卢战役 9 天前取得了成果，英国人获得了最大的海外利益，俄国和普鲁士在欧洲获得的土地最多，而奥地利虽然实际收获不算大，可是梅特涅高超的谈判智慧，让他成功完成了几次领土置换，最后，哈布斯堡家族辖下的土地连成一片，战略上更加有力，而最要紧的是，保障了哈布斯堡家族继续控制意大利。

德意志内部，神圣罗马帝国显然已经不能恢复了，德意志诸侯还是一家人，组成德意志联邦吧，主席还是奥地利，普鲁士是副主席。

经过法国大革命引发的这一轮折腾，俄国、普鲁士、奥地利都心有余悸，他们很担心，万一哪国又冒出来一场革命，又从天而降一位神仙，那欧洲人还过不过了？这些皇帝国王不能总过这种朝不保夕的生活吧。防患于未然，下次有哪个国家出了革命党，三家联手一巴掌就扑灭，不能再让他成气候。在共同的忧虑下，俄普奥三国重新组建一个同盟，也就是神圣同盟，主营业务是在欧洲范围内镇压革命党。这个同盟还是挺有吸引力的，后来好多有需要的国家都加入了。

维也纳会议基本是在梅特涅的主持下完成的，后来神圣同盟的许多活动他也是主要策划人。弗兰茨二世死后，梅特涅作为首相辅佐斐迪南二世，在欧洲影响很大，所以维也纳会议后的 30 年，欧洲的格局被称为"梅特涅时代"。

三十一　牛人辈出的时代

写到这个位置，德意志的历史可以休息一下了。经过被法国军队的一轮教育，德意志人发现，他们忍受了1000多年的割据分裂的日子，不能再忍受了，这样的一盘散沙随时被动挨打受欺负的命运一定要改变。眼下对德意志来说，最重要的三件大事：第一是统一！第二是统一！第三还是统一！

形势很明显，不管从哪个方面说，最后有实力统一德意志的，不是奥地利就是普鲁士，谁能修成正果，让欧洲人拭目以待去吧。

本书开篇就介绍了来自德意志的音乐家和哲学家，老杨早就说过，讲德意志的历史，他家那些辈出的各色牛人是不能回避的，尤其是文艺复兴到启蒙运动的时期。这一篇，让我们离开德意志那些打架斗殴的俗事，跟他们家的文化人聊一聊。

祈祷之手

从丢勒开始吧，这是个画家。老杨发现。大部分德国历史书籍上会引用丢勒的作品，说他是德国历史上最伟大的画家，应该毫不过分，在他的时代，能跟他同列争锋的，恐怕只有意大利的达·芬奇。

15世纪，文艺复兴几乎燃烧了意大利，而德意志依然黑暗冰冷，丢勒的出现，也许是这个时代德意志罕见的艺术之光。

丢勒出生在纽伦堡一个冶金匠的家庭，13岁时，就因为一幅逼真生动的自画像表现出绝顶的天赋。后来，丢勒就变着法子为自己画像，画了各种各样的丢勒，终于为自己赢得了一个"自画像之父"的美名，这种称号怎么听都有点自恋。

丢勒擅长画自己、画别人，还出入宫廷为皇帝画像。他在版画和素描方面的成就非常高，作品精细严谨，名作很多，不过那些作品的名字，就算老杨一一列出，不懂绘画的读者估计也都没啥感觉。但是，丢勒有一幅作品是出现在很多场合的，比如教堂、比如高档会所，有的时候，还被很多品味独特的人挂在家里。有一次，老杨在一个嘈杂餐馆熏着香的小厕所里看到了这幅画，让上厕所这种庸俗行为突然变得很神圣！这幅画最大的特点是，你只要看过一遍，你就肯定忘不掉，这幅画就是著名的《祈祷之手》。

这是一幅简单的素描作品，画面正中是一双严重变形的手，双手合十。长茧的指节、变形的手指、暴起的筋络，细腻逼真，有摄影作品一般的真实震撼。而这幅绘画史上著名的素描作品是有一个感人故事的。

丢勒年幼时，家里有兄弟姊妹18个，家境困难。丢勒和哥哥艾伯特都被发现有艺术天赋，丢勒的父亲找到一个机会，可以送一个儿子跟纽伦堡的著名画家学习。可是家庭只能负担一个孩子学画的费用，兄弟俩最后决定，抛硬币决定谁去学画，谁留在家里做工。

硬币的结果是丢勒去上学，哥哥艾伯特无怨无悔地去附近的矿场做工，挣来的钱资助弟弟的学习。就这样，4年之后，丢勒成功地超越了自己的老师，声名鹊起，也挣了不少钱。毕业后，衣锦还乡的丢勒回到家乡，对哥哥说，现在，他可以帮助哥哥实现理想了，他愿意出钱让哥哥去学画。

艾伯特将自己的双手送到丢勒面前，告诉弟弟，太迟了，这辈子，他都与画笔无缘了。4年的矿场劳作，艾伯特的双手已经严重变形，指节粗大，布满老茧，显然不可能再学画了。这双手当时让丢勒泪流满面。

为了这一份不可名状的遗憾和愧疚之情，丢勒当晚决定将艾伯特这双手画下来。所有的艺术作品都是作者情绪的体现，丢勒带着最真挚的感动画下了这双手，让这份伟大的爱和奉献永远留在了艺术史上。

不管过了几个世纪，人类的思想和价值观如何变化，这双《祈祷之手》要表达的慈悲和感恩，每个人都能体会到。因为这幅画里传达的情感跟某些基督教的精神暗合，本来丢勒只是将其命名为《手》，后来被改成了《祈祷之手》。

这幅画现藏于纽伦堡的陈列室中，去到那里的读者请驻足仔细感受。

跟其他的欧洲艺术家一样，丢勒也是个全科人才，他在画作上表现出来的完美的布局和结构，来源于他对数学和几何学的研究。

自由职业不自由

开篇已经写了一众音乐家，写德意志的音乐家，特别容易骗稿费，随便可以写一本书。可是，如果不写写莫扎特，是不是这段历史感觉像缺了一块呢？

1756 年，莫扎特生于奥地利的萨尔斯堡，父亲是当时萨尔斯堡的宫廷作曲家。莫扎特本来应该有姊妹 7 个，他是最小的，但其中 5 个都死了，只留下莫扎特和姐姐娜奈尔。这两个孩子能存活证明了优胜劣汰的理论，姐弟俩都是不世出的天才。

最开始，老莫是把女儿娜奈尔当作重点培养对象的，5 岁的娜奈尔就开始玩键盘了。莫扎特 3 岁的时候，听姐姐弹琴，随后自己就能完整地把刚听到的乐曲弹奏下来。老莫发现儿子更加天才，欣喜万分，于是马上着手培养。

4 岁那年，莫扎特就写出了一首可以拿上台演奏的协奏曲！每次说到莫扎特的故事，老杨都深深怀疑这个孩子上辈子死后过奈何桥时没有喝孟婆汤，还带着前世的记忆，而且他前世就是音乐天才，因为莫扎特的才华，怎么看都不像一辈子能修炼出来的。

老莫发现自己中了大奖，赶紧安排对儿女的炒作。莫扎特 6 岁开始，就跟着 11 岁的姐姐组成一个童星组合，跑场走穴，一直走进了特蕾莎女王的宫廷。

经过特蕾莎女王夫妇的赞赏，姐弟俩名动欧洲，老莫带着这两个明星演员，进行了欧洲巡回演出，每到一地都大获成功，英国女王、俄国沙皇，所有的达官贵人、皇亲国戚都对这个小男孩恩宠有加，巴黎甚至为 7 岁的莫扎特出版了创作专辑。这一次巡游中，莫扎特接触到了对他一生启发最大的作品，来自巴赫。

13 岁时，莫扎特去了意大利，罗马教皇授予他金马刺骑士勋章，他轻松考入了当时最富盛名的波隆纳爱乐学院，这个学院的入学年龄被要求为不得低于 21 岁。

到莫扎特16岁时，这个神童一直是蒙天地眷顾，一帆风顺的，不过，这一年发生的一件事，改变了这个天才的后半生。

游历10年的莫扎特回到了故乡萨尔斯堡，那个时代，文化产业没有形成气候，莫扎特再红，没有经纪公司可以签约，也没有电影电视广告可以接拍，开演奏会也没有温州炒票团炒门票。音乐家要想吃饱肚子，总是要挂靠一个单位，以奴仆的身份为王室或者贵族服务。所以，天才如莫扎特，他到时也必须回到萨尔斯堡，在大主教的宫廷乐队成为首席乐师。

这一年一直很照顾喜爱莫扎特的萨尔斯堡的大主教死了，接任他的是跋扈专横的柯罗雷多亲王。新主教对音乐没有什么特别情结，即使是莫扎特，不过也就是个打工仔而已，莫扎特感觉他根本得不到最起码的重视甚至是尊重。

莫扎特从懂事起就知道自己是个天才、神童，因为前半生鲜有挫折，这样的小孩大都傲慢冲动，而且头脑简单，尤其是人际关系方面，不懂通融。

既然是给人打工，就别指望张扬个性了，柯罗雷多要求莫扎特按自己的要求作曲，想象中，主教肯定是要求莫扎特写一些像《两只蝴蝶》或者是《老鼠爱大米》这种歌，这对莫扎特来说，绝对是一种凌辱，加上主教说话也比较难听，经常当面叫他"废物、白痴"之类的。熬了8年，莫扎特实在忍不下去了，他竟然辞职不干了！大家感觉，不就是炒老板鱿鱼吗，什么大不了的。在当时那个时代可不是小事，要知道，在那个时代，放弃公职做自由音乐人，是个石破天惊、不知死活的事。整个欧洲这么多同行，莫扎特是第一个摆脱了宫廷和教会，成为个体户的音乐家！

事实证明，还真有点不知死活。自由音乐人的生涯一直让莫扎特陷入贫困，从小吃惯用惯，不知道节省，也没有理财的概念，虽然收入一直是不错的，可总是不够花，稍微一受挫就负债累累，尤其是，后来又娶了老婆生了孩子，需要养活一家老小。

好在生活上的困难并不影响创作，这段时间莫扎特进入了真正的成熟期。1786年，莫扎特最最出名的歌剧《费加罗的婚礼》上演，引起了轰动。有趣的是，这部名作最先感动的不是维也纳，而是波希米亚的布拉格。莫扎特在波希米亚受到了铺天盖地的掌声和欢迎，带着这种被认可的喜悦，莫扎特完成了《唐·璜》。这部作品刚问世的时候，维也纳有诸多批评和诋毁，莫扎特很淡定地说，给他们时间，他们会懂的。后来维也纳人终于懂了，到现在为止，《唐·璜》被认为是世界上最完美的一部歌剧，长盛不衰，几乎是全世界所有歌剧院的保留曲目。

没有固定单位、固定收益，以莫扎特毫无计划的生活方式，依然没有改善自己的贫穷状况。莫扎特临终前几年一直健康不佳，延医用药也是很沉重的开支。

1791 年，世界艺术史上最天才的音乐家在他 35 岁的盛年溘然辞世，就在临终病入膏肓的那段时间，他完成了歌剧《魔笛》。《费加罗的婚礼》《唐·璜》《魔笛》成为莫扎特最著名的三部歌剧。

烦恼之维特少年

老杨一直说，对某些东西，要敬畏一点。比如《红楼梦》，没什么事最好不要恶搞，更不能翻拍成《聊斋》。不过对于外国的艺术，老杨长期无知无畏，缺乏敬畏。可能是翻译的原因，感觉从来没有一部外国名著让老杨读出了《红楼梦》或者是《三国演义》或者是《金瓶梅》那样的快感。

只是，不读外国名著，不好意思说自己是文化人啊，为了冒充知识分子，附庸风雅，做张做势，老杨咬着牙读了不少。

曾经有个小朋友问老杨，到底《少年维特之烦恼》是不是讲早恋的，老杨本着海（毁）人不倦的宗旨，言简意赅地告诉他：《少年维特之烦恼》讲的就是一个没出息的小男人爱上别人的老婆不能自拔，在工作单位又不受待见，最后自杀了的故事！

这一篇，德意志的文化人，我们讲歌德。

歌德生于 1749 年的法兰克福。他成年后的时代，是德国文化史上一个很明星的年代，叫作"狂飙突进时代"。

这是法国大革命爆发之前，欧洲的文化思想界正要经历一场大变革，也可以说，是黎明前最黑暗的时刻。德意志的资产阶级还没具备法国那样的反抗能量，但是封建压抑的旧制度带给年轻人的窒息和郁闷却是一样的。德意志的文艺青年们，受到启蒙思想的启迪，想要在穷乡僻壤的德意志开展一场暴风骤雨般的大跃进行动，一举打碎头顶所有的乌云，挣脱身旁所有的束缚，进入一个自由民主的艳阳天。

"狂飙运动"的参与者主要是知识分子，也没有明确的政治目标和企图，怎么看都像是愣头愤青，所以这场运动，如同流星，虽然耀眼地闪过天空，可这束光芒未免太短暂了。

《少年维特之烦恼》算是这个时代的代表作品。按照恩格斯的说法，《少年维特之烦恼》之功，全在于批判。少年维特是个挺磨叽的小男人，代表着那个时代德意志资产阶级的无力和脆弱。维特的经历，应该是当时资产阶级充满渴望而又无能为力的写照。所有伟大的文学作品，有一个共性就是：通过单一个体的经历、思想、情感映射整个时代精神和内涵。

批判现实的作品总是能引起广泛共鸣，所以在中国，《蜗居》很受追捧。《少年维特之烦恼》一发表就震动了整个欧洲，连印了16版，并被翻译成各种文字，据说拿破仑也是读者，而且读过七遍。"维特"成为全欧洲年轻人的偶像，学他打扮，学他的谈吐，甚至学他自杀。要知道，就是以自杀结尾这一点，这部书就足够离经叛道了，因为在基督教世界里，自杀是不能原谅的行为。

《少年维特之烦恼》出版之前，德意志这个穷乡下还真没有能拿得出手的文人，就是这部短短的言情小说，让歌德从一个德意志作家升级到了世界级的作家，而他后来的作品《浮士德》则一举将落后的德意志文学送上了世界文学殿堂的前几位。

写作《浮士德》，几乎花费了歌德60年的时间，据说歌德大学时就在构思这部作品，写成后的第二年，他就去世了。

浮士德是16世纪传说中的人物，一个江湖术士，将自己的灵魂出卖给魔鬼，然后享尽人间极乐。欧洲好多国家都有关于浮士德的故事。老杨以为，当时民间会流传这种故事，源于基督徒在现实艰难的生活中产生的某些信仰上的摇摆。这个问题到今天依然有现实意义，如果给你完美无缺的生活，你愿不愿意出卖灵魂来交换？

浮士德是个老博士，一辈子饱读诗书，满腹经纶，活得很努力，却总觉得有些欲望得不到满足，一辈子书白读了，人白活了。看着老年浮士德的烦恼，魔鬼跟上帝打赌，说人都是这德行，"既想索取天上最美丽的星辰，又要求地上极端的放浪，不管是在人间或天上，总不能满足他深深激动的心肠"。上帝认为，人虽然大部分很迷茫，不知道自己要的到底是什么，但是最终会明白所有真谛。于是魔鬼跟上帝打赌，他能将浮士德引上魔路。

魔鬼找到浮士德，跟浮士德说，他可以让他重活一次，体会所有的快乐，条件是，只要浮士德获得了真正的满足，说到"太美了，可以停止了"，魔鬼就收走浮士德的灵魂。浮士德根本不信死后有灵魂这码事，所以很痛快地签了合同。

成交后，魔鬼让浮士德喝魔汤，返老还童，青春年少。魔鬼开始满足浮士德的所有欲望，第一个欲望当然是女人，浮士德经历了一场跌宕的爱情，以他爱人被处死告终；随后浮士德穿越回到古罗马，发明纸币帮助皇帝化解了经济危机，实现了权力欲望；皇帝希望看到古希腊的美女海伦，魔鬼又施法让海伦出现，结果浮士德自己爱上了海伦，还生了孩子，孩子会飞不会降落，飞起来后摔死了，海伦也消失了。根据文学专业的说法，这个孩子映射的是诗人拜伦，海伦代表的是古典主义，对海伦的追求，代表着歌德古典主义的梦想，也是一种欲望；后来浮士德帮助皇帝战胜了敌国，获得了一片海滩，浮士德决定围海造田打造一方乐土。此时的浮士德已经百岁了，双目失明。魔鬼召来恶灵为浮士德掘墓，浮士德听到锄地的声音，还以为是劳动人民大生产，浮士德想象着，他会建一个自由平等的家园，终于，他体会到满足了，他说："太美了，可以停止了！"然后死去。这一刻，魔鬼赢了，他可以收走浮士德的灵魂。不过，上帝认为，在不断追求实现所有欲望的过程中，浮士德的灵魂得到了净化升华，没有堕入魔道，所以他将浮士德的灵魂带上了天空。

浮士德一生，经历了读书、爱情、政治、古典主义和建立功业五个阶段，不断探索，不断追求，还自强不息，代表着几百年欧洲知识分子上下求索的形象，主张人类应该不断克服自己的缺点，完善自己，让人性更美好。文章的最后，浮士德发现能真正满足自己的是改造自然，建设和谐家园，终于让欧洲的知识分子从个人享乐和狭隘欲望升华到了为万民谋福祉的高度。

《浮士德》是对话形式的长诗，所以叫作诗剧，全诗一共一万二千一百一十一行，结构宏伟庞大，天上地下，庸人神仙，浪漫主义现实主义共冶一炉，是文学史上最恢宏的作品之一。《浮士德》《神曲》《哈姆雷特》《荷马史诗》被认为是欧洲的四大名著（显然不如《红楼梦》《三国演义》《水浒》《西游记》好看）。

老杨根据自己的喜好，选出这三个人物大致介绍德意志的文化，德意志的文化名人还有很多很多，比如之前说到的微积分的发明者莱布尼茨、行星运动定律的创立者开普勒、德国国歌的作者海顿、德国历史上仅次于歌德的作家——《欢乐颂》的作者席勒等。

三十二　神秘年份

暗流涌动

老杨原来说过，欧洲历史上一直有个神秘年份，仿佛是来自某种神秘力量煽动，整个欧洲各地都燃起了熊熊火焰，差点烧成一片火海，这个年份就是 1848 年。

维也纳会议，欧洲建立了所谓的梅特涅次序。这个次序应该是说很不合时宜的，法国大革命已经让资产阶级和市民阶层看到了一片不一样的天空，那些王室贵族们还想把国家带回过去的生活几乎是不可能了，所以，从 1815 年维也纳会议到 1848 年这几十年，欧洲大地到处都有些对政府不满的小行动。

上篇讲了最近这 100 多年德意志的文人，渊博的读者会提醒老杨，漏掉了一个重要人物啊，大诗人海涅。

他还真是大诗人，因为有一首他的作品是大部分中国人都会背的，这诗老杨不谙世事的时候读到，心里直突突，当时就想啊，这诗人受啥刺激了，诗写得这么咬牙切齿的：

忧郁的眼里没有眼泪，
他们坐在织机旁，咬牙切齿：

"德意志，我们在织你的尸布，
我们织进去三重的诅咒——
我们织，我们织！

"一重诅咒给那个上帝，
饥寒交迫时我们向他求祈；
我们希望和期待都是徒然，
他对我们只是愚弄和欺骗——
我们织，我们织！

"一重诅咒给阔人们的国王，
我们的苦难不能感动他的心肠，
他榨取我们的最后一个钱币，
还把我们像狗一样枪毙——
我们织，我们织！

"一重诅咒给虚假的祖国，
这里只繁荣着耻辱和罪恶，
这里花朵未开就遭到摧折，
腐尸和粪土养着蛆虫生活——
我们织，我们织！

"梭子在飞，织机在响，
我们织布，日夜匆忙——
老德意志，我们在织你的尸布，
我们织进去三重的诅咒——
我们织，我们织！"

大名鼎鼎的《西里西亚纺织工人》，可以称之为"反诗"。

看了这么久的德国历史，读者们应该和老杨一样知道海涅为什么咬牙切齿了。其实刚出道的时候，海涅跟他之前所有的诗人一样，走浪漫主义情诗路线的。欧洲各国的文字只要一创作成诗歌，多半用来泡妞，而且赤裸裸的，肉麻无比，海涅也没有脱离这个俗套。

随着革命意识的觉醒，或者是出于对广大受苦人民的同情，海涅的诗歌开始批判和揭露现实，很快成为普鲁士乃至整个德意志的反动文人，甚至还遭到通缉。连情诗诗人都开始批判社会政府了，就说明某种意识真正在民间觉醒了。

初级革命者只要一被迫害升级为革命家，如果找到正确的方向，批判诗就升级为有明确政治意图的政治诗。啥是明确的政治意图？通俗地说，诗歌产生号角的作用，有鼓动斗争激励斗争的意思了。所以，老杨没有将海涅放在文人或者艺术家之列，他是一个革命家、政治斗士。

海涅这些策动革命意图的诗歌多半写于19世纪40年代，这段时间，海涅碰上了两位同志，一个叫马克思，一个叫恩格斯。

马克思说了，人类历史上的发展矛盾就是不同阶级之间的利益对立和利益攫取。到最后，社会最底层的无产阶级必然会取代所有的阶级成为主宰，共产主义必将取代资本主义。马克思的理论，对当时的德意志来说，恐怕还有点高远，算是给了底层劳动者一个斗争的希望。在马克思实际生活的年代，马克思主义对他自己祖国产生的影响远远不及对后来法国、俄国的影响。所以关于马克思和恩格斯的故事，老杨申请到其他国家再详细说。

除了这几位大腕搅动江湖风雨，1817年，德意志的大学生还组织集会、游行，并出版各种报刊，号召抵抗国内外所有的反动派组建统一民主的德意志兰。"反动派"头子俄国沙皇派出特使过来调研，这个倒霉的特使被大学生杀了。

出了这么大的事，奥地利首相梅特涅赶紧跳出来恢复秩序，在捷克的一个小城，德意志各邦代表开会，宣布取缔大学生协会、取缔他们的出版物、取缔新闻言论自由、镇压所有的起义暴动等等。我们都有历史经验，洪峰就要来到，不疏导排洪，光是强行封堵，后果是不堪设想的。

革命洪流——组团造反

19世纪初，你要是问欧洲那些国王皇帝封建领主：会不会有一天，老百姓都成了气候，让你们统统下岗啊？这些人肯定回答：等到猴年吧！

1848年，道光二十八年，正好是戊申猴年，这一年，咱家的李莲英公公出生了，印证一句话：国之将亡，必降妖孽。

法国是当时的革命圣地，风吹草动都是他家先开始。拿破仑失败后，波旁王朝复辟，随后七月革命，又推翻了波旁王朝，建立了所谓"七月王朝"。法国这一次"七月革命"的辐射影响是，比利时独立了，第一任国王是英国女王维多利亚的舅舅。

法国的大金融资本家主导了七月王朝的建立，所以他们自然成为国家的真正领导者，资本主义工业快速发展，大银行家、大商人、大地主财富不断增加。而中小企业主和百姓则被这些寡头盘剥，生活日趋贫困。各地经常发生饥民暴动，资产阶级准备开个宴会请大家吃个便饭，随便讨论一下是不是改改选举制度，让寡头们放一点权力给其他人。

被革命怕了，聚众即使是吃饭，也有点危险，所以法王下令取缔饭局。资产阶级心想，国王不准请客，那就不请呗，大家回家自己吃自己的，结果广大群众市民不干了，法国人已经造反成习惯了，于是又行动了。因为是自己打自己，都在自家院子里干仗，所以都是巷战，大街上筑起工事，关上院门在里面打得不亦乐乎。

这是1848年2月，历史上被称为法国的"二月革命"。法国人民取得了重大胜利，赶走了法王，建立了法兰西第二共和国。

法国人一启动，德意志人就跟上了。先是离法国比较近的西南地区起事，3月，普鲁士的柏林和奥地利的维也纳几乎同时爆发了革命。

奥地利人的诉求比较明白，第一要实现的目标就是让首相梅特涅下台。梅特涅眼看形势不对，男扮女装逃到了英国。梅特涅一走，之前一直联手镇压各国革命的神圣同盟也就土崩瓦解了。奥地利皇帝斐迪南一世是神圣罗马帝国末代皇帝的儿子，大脑袋小短腿，据说是个半弱智，一直靠梅特涅帮着理事，梅特涅逃跑了，斐迪南一世就容易控制了。

斐迪南一世答应组建内阁，颁布新宪法，召开国民大会，不过新组建的内阁思想不够解放，离革命党的要求颇有距离，维也纳又发动第二轮战斗，斐迪南一世也逃跑了。

斐迪南一世在奥地利历史上可能不值得记录，不过老婆还不错，皇后是来自撒丁王国的公主。眼看着皇帝这工作，残疾老公实在干不了，王后跟自己的妯娌商量，让小叔子的儿子，也就是斐迪南一世的侄子接班对付乱党。斐迪南一世的侄子就是弗兰茨·约瑟夫一世，对大部分女读者来说，老杨写整部的德意志史，弗兰茨·约瑟夫一世才是正牌男主角，因为他的女主角是万众期待的茜茜公主。

宫廷绯闻后面再说，这会子都打翻天了，儿女私情先放放啊。奥地利革命的成功，让普鲁士深受鼓舞。普鲁士当值的国王是腓特烈·威廉四世。

普鲁士的问题比较复杂，腓特烈·威廉四世是个伪革命，一开始就亮出了合作的面孔，不就是立宪和召开议会吗，大家先散了，一切好商量。正当革命群众预备撤军，国王的弟弟，威廉亲王就组织军队向人群开枪，亲王这一行动，让自己光荣地赢得了"散弹亲王"的美誉。

起义民众被激怒，学习法国人的先进经验，跟军队展开街战并取得了胜利，腓特烈·威廉四世只好再次答应组建由资产阶级主导的内阁，召开国民大会。

全德意志在法兰克福召开大会，第一个要谈的，自然是如何统一的问题。在这次会议上，关于德意志统一有两个方案，大德意志，把奥地利、波希米亚全算上，奥地利皇帝过来做帝国元首；小德意志，将奥地利排除在外，成立德意志帝国，普王成为帝国皇帝。

不管开会的中产阶级代表如何兴奋，奥地利和普鲁士对这件事都有自己的想法。奥地利的代表先离开了大会，还带走了南部德国不少邦国的代表。而腓特烈·威廉四世耻于接受国民议会授予他的皇冠，甚至拒绝会议讨论出来的宪法。奥地利和普鲁士都这么强硬，显然已经找到了更好的解决办法，只是这些开会的中产阶级革命党不知道革命远没有成功，还在啰啰唆唆为一些没要紧的事扯皮，浪费了大好机会，贻误了宝贵的战机。

哈布斯堡家族这一年是忙死了，1848 年除了维也纳的人民起义，他家治下的匈牙利、意大利、捷克都发生了规模不等的各种起义。

匈牙利的起义比较引人注目，因为起义的领导者中有个大明星，诗人裴多菲。"生命诚可贵，爱情价更高，若为自由故，两者皆可抛。"基本上，匈牙利人就是在裴多菲《民族之歌》的鼓舞下，发动起义，一举占领了首都布达佩斯，并马上在全国范围内废除了农奴制。匈牙利起义成为 1848 年所有革命中最大的亮点，并且持续的时间最长。

1848 年的革命，最大的特点就是看上去成功得太容易，貌似很快就达到了起义的目的，以至于这些革命党脑子有点晕，要办的事太多了，不知道先做哪一件啊！相比之下，他们的敌人脑子清楚得多，要做的事也简单得多，那就是组织镇压。

大家注意，之前的神圣同盟虽然解体，成员都还在呢，尤其是老大沙俄，他家没人闹事，他有大把时间充当欧洲警察，维持各国治安。

先是法国革命失败，随后，沙皇尼古拉一世出人出钱加入了奥普的镇压行动。1848 年，捷克、意大利的起义被镇压，第二年 3 月，奥军强攻维也纳取得了胜利，奥皇回家上班，恢复了封建专制统治。普鲁士军队进入柏林，占领国会大厦，议会被驱散，普鲁士各地的起义被镇压。

在匈牙利，奥军受挫，匈牙利人宣布脱离哈布斯堡家族统治，国家独立。沙皇赶忙发出了 14 万大军过去帮忙，充分显示了诚意。俄普联军合伙绞杀了壮烈的匈牙利民族解放运动，裴多菲战死沙场。

匈牙利失败，标志着 1848 年欧洲大地如火如荼的革命热情被浇灭。虽然失败了，但是意义是重大的，老杨记得中学历史考试时，有关 1848 年欧洲革命意义的标准答案是：为资本主义的发展扫清了道路；锻炼了法、德等国的无产阶级以及革命群众，对后来欧洲工人运动以及社会主义运动的发展有着深远的影响。

三十三　第二帝国诞生

看到这个标题，读者们很失望，不是写茜茜吗？有美女看的时候，谁关心老男人啊？鉴于本书的标题是"德意志：铁与血的历史"，所以从扣题方面考虑，俾斯麦才是大主角，先请他出来亮个相呗。

俾斯麦的年少轻狂

1815 年 4 月 1 日，俾斯麦出生在普鲁士勃兰登堡一个大容克贵族世家，全名叫奥托·冯·俾斯麦。老杨小时候，以为德国人姓"冯"的特别多，后来才知道，是个贵族的标志，如同荷兰姓"范"的，西班牙姓"唐"的。愚人节最早起源于 16 世纪的法国，俾斯麦同学应该是知道自己是愚人节的小孩，所以一生都很严肃认真，生怕自己变成一个笑话。

贵族子弟肯定是进入首都柏林读小学，俾斯麦从上学起老师们就评价这娃脾气暴躁，喜欢打架。以俾斯麦的出身，大学肯定是进入名校，所以他进入了哥廷根大学学习法律。

哥廷根大学位于哈茨山南麓的一座小城。当时的神圣罗马帝国皇帝查理六世批准汉诺威选帝侯在该地建立一所新大学。汉诺威的选帝侯肯定是没空的，因为他还兼任着英国国王乔治二世，所以这工作就交给了手下的重臣。1734 年，大学成立，重金从全欧洲招募最优秀的学者。

要说出自哥廷根大学的一流人物就数不胜数了，大数学家高斯曾在这里求学和任教，当时哥廷根大学被称为"数学界的麦加"。1837 年，有七个教授联名抗议当时的汉诺威国王废除宪法，结果这七个教授被解除聘用，还被赶出公国。这七位好汉，就是德意志历史上声名赫赫的"哥廷根七君子"，这七位爷中间有两位是兄弟俩，后来写童话写出名了，都叫他们格林兄弟。

这样详细介绍哥廷根大学的背景，是告诉大家，俾斯麦同学是诚实守信的，的确是出自名校，没有拿野鸡大学的毕业证欺骗世人。

俾斯麦的大学生涯是个"富二代"的格局，奇装异服，造型古怪，在校园招摇，花天酒地，放浪形骸。除了花钱，就是打架，俾斯麦的大学时光，最出名的事件就是决斗，跟人一言不合就亮剑，大小战役 27 场。老杨怀疑哥廷根大学的校规是双重标准，据说海涅当年也在哥廷根大学，因为决斗被开除了，俾斯麦打了这么多次架，为啥不开除他呢？难怪人家海涅沦为革命党，就是被迫害的。

在哥大读了两年，俾斯麦又跑去柏林大学了，据说是因为好朋友转学过去了，他为朋友义气，也跟过去了。柏林大学创立于 1810 年，"二战"前，这里几乎是世界学术的中心。柏林大学从创立伊始就是一所现代综合大学，后来他的办学模式成为典范向全世界推广，被称为"现代大学之母"。

毕业后俾斯麦必须服兵役。据说为了逃避兵役，家里给他走了不少后门，不过此时的俾斯麦是个标准的纨绔子弟，干啥啥不行。家里搭了不少钱，让他当了律师，他不好好干，空闲泡妞，挥金如土，最后实在看不到前程，23岁那年，还是只能去当兵了。

退伍后的俾斯麦回到了家里的农庄，这个放荡不羁的浪子居然在田居生活中找到了乐趣，仔细研究农业科技，取得了可观的成绩，即使他还是保持着泡妞赌博这两个生活习惯。喜欢跟女人献殷勤，到该结婚的时候，俾斯麦还是通过朋友介绍，娶了一位很平凡的姑娘。到现在为止，俾斯麦还是普鲁士容克家庭的普通公子哥，虽然有的时候做事出格，还没看出会有什么特别大的出息。

时事造人才

1848 年，柏林人民起义，"散弹亲王"枪击起义人民，而随后起义的群众又打退了镇压的军队。他们迫使普王腓特烈·威廉四世向之前死难的百姓致哀，普王只好脱下王冠，低下了高贵的头。容克阶层感觉到，国王混得太惨，普鲁士需要铁腕的重臣。

听说国王被乱党挟制，刚结婚度完蜜月的俾斯麦在自己的属地上组织人马，进京勤王，后来普鲁士的革命被镇压，俾斯麦也因为参加镇压有功留在了柏林，竞选成功，成为议员。

这里先插播介绍一下 1848 年后德意志的状况。其实，从 19 世纪上半期开始，普鲁士就进入了一个经济发展高速期，资本主义经济形势一片大好。尤其是 30 年代，德意志也进行了一轮工业革命，煤铁产量、铁路建设都有跳跃式的发展。1851 年的世界博览会，美国的工业展品获得了世界的惊叹，到1862 年，伦敦再次举办世博会时，德意志及其产品成了明星，俨然已经超越了大英帝国。德意志成为一个机械设备的出口国。

1815 年的维也纳会议，德意志 34 个邦国、4 个自由市组成了邦联，基本上还是四分五裂，各自为政。随着经济的快速发展，这种散乱的格局就弊端甚多了。第一，没有强大的国家做靠山，国际市场上，德意志的产品受不到保护；第二，法律、货币甚至度量衡都没有统一，邦联内部都无法形成庞大的市场，劳动力也很难实现流通；第三，所有的邦国都不愿意放弃自己的税收政策和商业利益，所以商品在德意志内部流通，关卡重重，税目繁多，严重制约商业发展。

以上三个问题只要德意志统一，基本都能改变，但是如果暂时不能统一，就可以先挑容易的解决。1818 年，由普鲁士发起，在自家境内取消了所有关卡，统一了税制，并发起组织关税同盟。就跟现在的欧盟一样，只要加入成为成员，同盟内取消一切关税。到 19 世纪 50 年代，除了奥地利，几乎德意志所有的邦国都加入了这个以普鲁士为中心的德意志关税同盟。

而 19 世纪整个德意志的经济发展中，又是普鲁士的发展最为强劲突出，他家已经成为德意志的工业中心。感觉到自己有了实力，普鲁士又一直憋着一统德意志江山的伟大理想，所以，他家就开始有些动作。

其实，之前诸邦搞的那个德意志邦联，在 1848 年大革命的冲击下，已经基本散伙了。1849 年，普鲁士国王腓特烈·威廉四世就想搞一个新的邦联，由普鲁士做老大，还真是忽悠了不少邦国加入。结果这个事不仅引发奥地利严重不满，俄国沙皇尼古拉一世也非常不爽。据说他老人家亲自赶到华沙，用训儿子一样的态度将普王斥责了一顿，而后告诉奥地利，普鲁士这小子以后再不老实，直接揍他，俄国给帮忙。别说北极熊发飙，就是单挑奥地利，当时的普鲁士心里也没底，所以只好屈辱地签订了一个协议，臣服奥地利，放弃统一德意志的计划，再不许自封大哥。

普鲁士又吃瘪了，为什么总吃瘪？就是因为打不过别人，如果不怕打架，谁敢不服？抱有这个想法的是普鲁士的新国王威廉一世，也就是之前的"散弹亲王"。他的哥哥腓特烈·威廉四世死于精神错乱，威廉一世在1861年继位成为新普王，从他敢向起义人群开枪这点看，这伙计是个狠手。

威廉一世上任第一项工作就是军事改革，增加军费投入，扩充军队数量。当时的德国资产阶级明的暗的总是要跟国王以及他代表的容克阶层抢权，资产阶级担心国王有了更强的军队，势力更大，他们就没有出头的机会了，所以对于国王要增加军费，下院迟迟不给通过。国王跟议会产生了矛盾，普王再次感觉到，自己需要一个铁腕果决的帮手，来帮自己实现理想。于是，经历了驻德意志邦联代表和驻俄公使、驻法公使的俾斯麦回到柏林，成为威廉一世的首相兼外交大臣，时年47岁。

铁血的统一战争

刚上任的首相发表了著名的演说："当代的重大政治问题不是用说空话和多数派决议所能决定的，而必须用铁和血来解决。德国所指望的不是普鲁士的自由主义，而是他的武力！"就是因为这篇经典名言，后来的俾斯麦一直被叫作"铁血首相"。

其实关于德意志的统一，普鲁士的想法一直是很明白的，按照俾斯麦的说法，德意志必须由普鲁士来统一，而且要用武力，不过奥地利太大了，普鲁士吃不下去，所以德意志应该将奥地利踢出去实现统一。

说到做到，俾斯麦果然是最佳首相，看着德意志议会叽叽歪歪总是想限制国王，俾斯麦预备无视议会，直接对周围动武。他知道，只要他统一了德意志，资产阶级获得实质的好处，他们自然就闭嘴安静，不再启衅了，就这样，俾斯麦开启了他铁血的统一战争。

德意志的统一战争大战有三场，第一场，普鲁士对丹麦。

为啥要对丹麦动手呢？历史遗留问题。德国的头顶有个叫石勒苏益格—荷尔斯泰因州的地方，北部与丹麦接壤。这个地区的归属，一直是丹麦和德意志的主要矛盾。

石勒苏益格、荷尔斯泰因、劳恩堡是三个易北河地区的公国，石勒苏益格地区跟丹麦比较紧密，是德意志人和丹麦人混居的，荷尔斯泰因和劳恩堡则纯粹是德意志人了。

根据 1851 年的《伦敦议定书》，这三个公国在行政上接受丹麦国王的领导，但是荷尔斯泰因和劳恩堡两个公国又属于德意志邦联的成员，这么变态的规定，纯粹就是找事。1863 年，新上任的丹麦国王索性一咬牙一跺脚宣布，这三个公国都属于丹麦！

丹麦一举得罪了所有德意志人，俾斯麦正好要找地方打架呢，丹麦就撞在枪口上了。如今德意志民族意识觉醒并高涨，邻居公然抢自家的自留地，全德意志人要团结一致将他打出去。俾斯麦在家眼珠子一转，想了个好办法，他拉上奥地利组成联军一起对付丹麦。

历史上这场所谓的普丹战争根本不能算是战争，打了一年不到，几乎没有值得一提的重要战役，丹麦就老老实实答应，三个公国交出来，以后再不敢随便占邻居便宜了。

拿回这三个公国，一切才刚刚开始。对俾斯麦的统一战争来说，要干掉的头号敌人是奥地利，普丹战争不过是俾斯麦给奥地利精心编织的一个套。

普奥联军坐地分赃，普鲁士拿了石勒苏益格，将荷尔斯泰因划给了奥地利，奥地利还挺高兴，殊不知，这一小块地方正好被普鲁士的国土包在中间，已经成为是非之地。

正如俾斯麦预料的，因为荷尔斯泰因的问题，普奥两边摩擦不断。这段时间，普奥会不会开打，怎么打，谁会胜都成为全欧的焦点话题。

从普鲁士崛起，神圣罗马帝国解散以来，欧洲的大哥们都在预防让德意志顺利合体，看普鲁士摩拳擦掌的状态，都感觉德意志的态势恐怕不受控制了。而普鲁士和奥地利的一战，就能决定德意志的前途。很明显，普鲁士胜，奥地利被排斥在外，德意志统一，以普鲁士现有的工业实力，德意志必将在欧洲中部称霸；奥地利胜，以哈布斯堡境内民族混杂的状况，他要统一和稳定这么大的德意志是很艰难的，纵然强行统一了，内部也乱哄哄的，估计跟分裂状态也差不多。

当时的欧洲几个大哥，沙俄、法国、英国都不愿意看到德意志统一，但俾斯麦绝对不是一个只知道决斗的愣头青，作为一个卓越的政治家，大战之前，他一定在外交上做好了相应的准备。

第一个是沙俄，大家还记得，普鲁士刚想跟奥地利动手的时候，奥地利就是请出了俄国人大哥将普鲁士一顿臭骂。很明显，奥地利是俄国人罩的，不过最近，情况发生了变化。

沙俄刚刚打输了克里木战争，输得很丢人，克里木战争中，普鲁士一直保持中立，私底下巴结俄国，可奥地利居然跟英法一起跟俄国作对。知人知面不知心啊，战争一结束，沙俄就表示，以后不跟奥地利玩了，不罩他了，以后普鲁士想揍他，只管揍。

至于英国呢，他家真顾不上。这段时间对他家最重要的事是老山姆那边，南北战争开打了。虽然美国独立了，英国人还是觉得，老山姆家的事还是自家的事，自家打得热闹呢，还有空管别人家打架？

剩下最大的麻烦就是法国了。法国是站在奥地利一边的，此时的法国是法兰西第二帝国，皇帝是拿破仑三世。俾斯麦想了个小花招，他暗示拿破仑三世，普鲁士可以承认法国对卢森堡、比利时和莱茵河西岸一带的占有，而且普鲁士要跟奥地利干仗，是预备打一场长期战争的。拿破仑三世在家一算，他在家坐山观虎斗，自己有不少好处，这两家打架，肯定两败俱伤，而且根据拿破仑三世的分析，普鲁士根本不是奥地利的对手，最大的可能是在战争中消耗干净了，于是，法国也就放手让他们打了。

普鲁士还有一个很重要的帮手，那就是意大利。意大利一直被哈布斯堡家族控制，也是分裂的，他们也有统一的要求，他们愿意帮助普鲁士打赢这一仗，削弱哈布斯堡家族。

外交准备完毕，其实国内的压力更大。对奥地利作战，在普鲁士人看来凶多吉少，很多普鲁士人都认为他们会被俾斯麦葬送。为了不让这个狂人将普鲁士拖向毁灭，反对派甚至组织了对俾斯麦的谋杀。像俾斯麦这样的人，认准了的事，做了鬼也不会放弃的。

战争怎么开始呢？鉴于奥地利家对荷尔斯泰因管理不善，普鲁士宣布，将它收回来自己管。奥地利当然不干，还说要交给德意志联盟的议会来讨论，根据两家之前分赃的协议，这两个公国的归属，是两家自己的事，不能麻烦德意志联盟，既然奥地利要把它交出来公决，显然是违反协议的，这就是战争借口。

1866 年 6 月，普鲁士对奥地利宣战，两边各自调动了超过 20 万的大军，意大利紧随着加入战团。

应该说整个普奥战争，最耀眼的明星是普鲁士的陆军参谋总长毛奇。他一开始就制定了快速向奥地利大军的集结地开进，而后直接决战，速战速决这种打法。这个打法很冒险，20 多万人向奥地利方向集结，万一几路大军不能按时到达指定地点，容易被各个击破。这个过程中，不管是普王还是俾斯麦都睡不着觉。据说当知道高效的普鲁士军队在规定时间规定地点完成集结时，毛奇非常淡定地通知国王和首相："陛下，您不仅赢得了这场战役，还赢得了整个战争！"

7 月 3 日，萨多瓦会战，普军大胜，奥地利军队遭到了难以想象的巨大伤亡，停战求饶，请法国出面调停。

面对胜利，俾斯麦再次表现了一个政治家长远的眼光。普鲁士人面对这个唾手而得的胜利欣喜若狂，举国上下一致认为，普军应该乘胜进入维也纳，抓住奥地利皇帝，让他好看。俾斯麦压住了国内的这些想法，他明白，凡事要留后路，奥地利一时是不能完全打死的，法国人还在虎视眈眈，早晚普法必有一战，如果把奥地利逼得太狠，人家破釜沉舟，加入法国报仇，普鲁士将难以应付。

萨多瓦大胜三周后，俾斯麦以一个非常宽容的态度跟奥地利签订了《布拉格和约》，奥地利退出德意志邦联，以普鲁士为首成立北德意志邦联。

法国人真没想到奥地利说输就输了。好在普鲁士仅仅拿下了北方，靠近法国的南德地区，在法国的影响下不肯加入北德意志邦联。拿破仑三世当时说了："德意志应该分成三块，永远不能统一。如果普鲁士要对南德下手，法国的大炮就自动发射！"

在俾斯麦的斡旋下，南德几个邦表面上承诺法国不跟普鲁士合伙，私底下早就跟北德意志联邦建立了同盟关系，而且北德意志联盟的市场、经济发展等优势，也由不得南德不低头。

两边都知道战争不可回避，可谁都不会先动手。对俾斯麦来说，他在等待一个机会，最好是让普鲁士人感觉到被法国人欺负了，就像当年被拿破仑占领一样，为了国家民族，上下一心，同仇敌忾对法国作战，而出于国家民族的目的，南德几个邦也就自动与法国为敌了。

普奥战争时，俾斯麦不是暗示可以将比利时、卢森堡和莱茵西岸一带出让给法国吗，所以拿破仑三世就一直索要。俾斯麦跟法皇说："跟我们要这么大片地方，不能空口白牙地要吧，写个文字性的东西过来，我拿给我们领导去批呗。"拿破仑三世不知是计，还真写了封"勒索信"给了俾斯麦，俾斯麦拿了这封信复印传真给了沙皇、英王等大哥，还添油加醋地表示，法国人就是想称霸欧洲，看，都穷凶极恶成啥样了。沙皇和英王看了"勒索信"，都觉得法皇不是东西，真要打起来，绝对谴责他。

存心想找人打架，是肯定能找到机会的。西班牙女王被罢黜了！此时的西班牙女王伊莎贝拉二世也是荒淫无度，私生活饱受诟病。她亲政25年，换了34届政府班子，西班牙人都快疯了。

1868年伊莎贝拉二世被西班牙的军队推翻，流亡巴黎，宣布退位。西班牙王位悬空，欧洲各国又开始忙了，当然最忙的是法国。伊莎贝拉二世是波旁王朝的女王，她倒台了，法国人感觉应该自家人过去接班。

这时俾斯麦也动念头了，他派了不少人到西班牙跟当时执政的军政府交涉，业务跑得很成功，西班牙人真的考虑让霍亨索伦家族的利奥波德亲王过来登基的事了，而利奥波德亲王是普鲁士国王威廉一世的堂兄。

这个消息让法国人火了，如果霍亨索伦家入主西班牙，等于是哈布斯堡家族最巅峰时的状态，法国被两个敌人夹在中间，这件事法国人绝对不能允许。

这件事俾斯麦跑得来劲，威廉一世并不配合，他感觉这样太得罪法国了，所以不答应。俾斯麦为了说服国王，把自己都累病了。

法国人也要跑业务，他家专门派特使到普鲁士国王的疗养地埃姆斯温泉去堵普王，要求普王一定要指天誓日、白纸黑字地表示，霍亨索伦家永远不会染指西班牙的王位。普王被他纠缠得没办法，加上威廉一世本来就是个不禁吓的人，只好唯唯诺诺地同意了。

俾斯麦收到这个消息，几乎绝望了，心想，自己英明神武，天纵英才，可惜摊上这么个没用的国王，他当时就决定辞职了。为了缓解郁闷之情，他约了几个同僚朋友在家喝闷酒，正喝着，收到了普王发给他的电报。普王的电报大意就是说，朕在疗养，法国特使跳出来，逼得我没办法，朕已经答应并承诺，永远不会让利奥波德去西班牙继位了。

拿到这封密电，俾斯麦看到了新的希望。当时总参谋长毛奇也在座，俾斯麦问他，如果跟法国开打，有没有把握。毛奇不仅说有把握，而且说，早打比迟打对普鲁士更有利。

于是，俾斯麦开始篡改国王的电文，大意并没有改变，只不过，措辞傲慢多了，大意变成：普王已经说了，他堂兄不稀罕西班牙王位，法国人没完没了的还是纠缠，普王再不愿意见到法国大使，并通过值日副官告诉大使，普王已经没什么好说的了。改完后，交给媒体，发表在各种小报上。

这封电文后来被称为"调戏了高卢公牛的红布"。法国人太小心眼了，就这么一句，法皇就感觉被羞辱了，法国政府叫嚣着，打进柏林去！7月19日，法国对普鲁士宣战，这么突然打起来，好多人不知道发生了什么事。

拿破仑三世对进攻普鲁士心态很放松，他说，他不过是组织人马"去柏林散个步"。他后来才知道，散步一定要慎重选地方，不能想去哪就去哪。

德意志人已经被拿破仑欺辱过一次了，不会再容忍有人打进院子里来了。南德的邦国也主动要求参战，普鲁士集结了50万大军，开到法国边境。

法军一进入德意志境内就遭到迎头痛击，本来是法国的侵略战争，顷刻间战场就转移到了法国。节节败退的法军退守色当，跟普军决战。9月1日色当会战开始，9月2日，普王收到了拿破仑三世的投降信，拿破仑三世这个人能屈能伸啊，张狂的时候比谁都得瑟，一旦失败，态度极其卑微："哥啊，弟既然没死，只好交出佩剑投降，只希望哥能一直拿我当兄弟！"9月3日，39名法国将领、10万法军、几百门大炮一起向普鲁士投降。法国举国哗然，再次革命，推翻了法兰西第二帝国，成立了临时政府。

普鲁士乘胜进军，包围了巴黎。法国政府被迫投降，签订了和约，赔款，割地。法国人割让了之前从德国人手里拿走的阿尔萨斯和洛琳省的一部分。前面说过，这段历史，反映在都德的小说《最后一课》里。

德意志帝国成立

三战皆胜，德意志的统一已成定局。1871 年，1 月 18 日，一个"要发"的日子，在法国凡尔赛宫的镜厅，普王威廉一世加冕为皇帝，统一的德意志帝国正式成立。距第一位普鲁士国王加冕，正好过去了 170 年。一个神圣罗马帝国的边疆小穷省，用了不到 200 年的时间，就将分裂了几百年的德意志统一了。

跟法国的革命不同，普鲁士的革命是自上而下的，被称为"白色革命"。

虽然当时的欧洲，民主自由已经是潮流，巴黎甚至已经建立了无产阶级的政权，但是，新成立的德意志帝国依然是一个君主专制的国家。帝国元首是皇帝，是军队的最高统帅，有任命宰相和高级官吏、召集和解散议会、打架或者是和谈的权力，首相只对皇帝负责。

因为对外还是君主立宪制国家，所以还是要将立法权交给议会。不过议会基本还是由容克阶层掌控，大小事还都是皇帝首相说了算。

德意志的统一是靠战争成就的，所以德意志帝国从成立的那一天开始，就带着他家首相赖以成功的"铁血"军国气质。

德意志统一，为资本主义发展扫清了障碍，德国工业获得了更为迅猛的发展，到 19 世纪末期，普鲁士的重工业已经超过英国，成为欧洲第一。

三十四　永远的茜茜

意外的皇后

大家还记得神圣罗马帝国正式开始选帝侯政策后，有一阵子，哈布斯堡家族、卢森堡家族、维特斯巴赫家族轮流成为皇帝的事吧？

维特斯巴赫家族一直把持着德意志的巴伐利亚公国，是选帝侯之一，家族中有两人做过帝国皇帝，属于德意志的显贵。茜茜公主的家就出在这一支。

巴伐利亚国王生了九个女儿，这些女儿派上大用场了。

四公主嫁进了普鲁士，成为普鲁士王后。六公主苏菲嫁给了奥地利皇帝斐迪南一世的弟弟，弗兰茨·卡尔大公。前面说过，斐迪南一世脑袋大，脑仁小，是个弱智皇帝，1848 年的革命让他更加犯病。他的老婆和苏菲商量，算了，别让他干了，看把哈布斯堡家族折腾散了。苏菲的儿子是皇帝的亲侄子，皇帝没儿子，侄子的血缘最近，让他继位吧。1848 年，18 岁的弗兰茨·约瑟夫一世成了奥地利的皇帝，六小姐就成了著名的苏菲皇太后。

巴伐利亚的八公主路德维德嫁给家族的一个旁支，巴伐利亚的约瑟夫公爵。约瑟夫公爵是个随性开朗的贵族子弟，守着阿尔卑斯山下，家族留下古老的土地和庄园，过着与世无争的山居生活，他自己日子过得安逸，别人看他就有些没落，对于八公主来说，算是下嫁。

约瑟夫公爵喜欢骑马、打猎、喝酒、看滑稽戏，虽然号称王室宗亲，可家里也从没有什么规矩体统。公爵自己有时候还扮上亲自演滑稽剧，将上下人等逗得哈哈大笑。这样的父亲，一般对孩子也都没什么约束。约瑟夫夫妇生了八个子女，没一个喜欢读书学规矩的，这八个孩子在美丽清新的湖光山色中，自由自在地成长，如同山谷中那些快乐的飞鸟，毫无束缚。

1837 年 12 月 24 日，约瑟夫公爵收到的圣诞节礼物是另一个漂亮小姑娘，之前他已经有一个美丽精致的女儿了，海伦公主小名叫奈奈，这第二个漂亮的女儿，公爵叫她茜茜，大名叫伊丽莎白。

茜茜美丽活泼，深得公爵宠爱，公爵骑马打猎到处跑，喜欢带着这个女儿，养成了茜茜公主开朗大方同时也有点我行我素的性格。

约瑟夫公爵没啥政治野心，小日子过得很惬意，可公爵夫人不能不操心，她做梦都想着要振兴家族呢。如果老公没出息，野心就只能指望儿女了。尤其是生个美女，联姻到好人家，是个提升自己的捷径。随着奈奈公主一天天长大，鲜花一样越开越美，公爵夫人知道这是她的机会。公爵夫人的目标是，将女儿嫁入皇室，所以茜茜公主在草地上纵马疯跑的时候，姐姐奈奈正在接受各种皇室课程，训练繁文缛节。

眼前就有个皇室，外甥奥皇没有婚配，苏菲皇太后正在欧洲忙着物色儿媳妇。妹妹家的闺女芳名远播，听说最近还被训练得高雅娴静，可堪母仪天下。于是姐妹两商量，安排一场相亲，让奈奈和弗兰茨·约瑟夫一世见个面，如果皇帝陛下没有意见，苏菲皇太后也认可这个儿媳妇，两边就亲上加亲了。

相亲的地点选在因斯布鲁克。哈布斯堡家族迁到维也纳之前，这里是家族的中心。这个坐落在阿尔卑斯山山谷的美丽小城是奥地利旅游的首选之地，除了绝美的自然景观，还有哈布斯堡家族留下的大量人文景观，最大特产是施华洛世奇的水晶。

跟现在所有父母安排的相亲一样，即使是奥皇，也不愿意这样找对象。可他是皇帝，已经 22 岁了，找老婆是第一等的国家大事，况且他的身份也不准他结交网友或者报名参加《非诚勿扰》，所以虽然郁闷，他也只能接受。

相亲当天，弗兰茨手持红玫瑰愁眉苦脸站在皇太后身边，他的八姨带着表妹海伦公主奈奈站在他对面，表妹亭亭玉立，仪态装扮一丝不苟，优雅而淡定，苏菲皇太后在一旁默默地点头，并暗示妹妹，这闺女调教得不错。

不过，弗兰茨皇帝的注意力没在奈奈身上，奈奈身后站着的姑娘吸引了皇帝所有的目光，那样清澈无邪、无忧无虑的笑容，不会出现在任何一个贵族女子的脸上。这个看上去还很稚嫩的小姑娘，让皇帝感觉到，是阿尔卑斯山冰雪初融时的一道暖阳和繁花似锦的山谷里吹过的阵阵清风。皇帝就这样被他从来没见过的自然清新之美牵引，走过了奈奈，将手中的红玫瑰交给了茜茜。

野史关于皇帝与茜茜的初见版本甚多，有人说是相亲到中间时，茜茜闯进了房间，小脸跑得通红，让弗兰茨眼前一亮；还有说是弗兰茨刚到因斯布鲁克就注意到了茜茜。茜茜活泼好动，喜欢骑着马到处乱跑，给皇帝撞见的概率很高。不管怎么遇见，总之是一见钟情，大家可以想象，弗兰茨从小到大见过的女孩子，都是一副模具造出来的标准贵族淑女类型，茜茜除了是个美女，身上几乎没有宫廷教育留下的矫揉造作，是非主流公主，一下子打中皇帝的心坎也不奇怪。

皇帝将红玫瑰交给茜茜，相亲现场几乎凝固了。在苏菲皇太后看来，茜茜是个 15 岁的野丫头，不论是年龄还是受过的教育都让人对她不放心。可是皇帝认定了，坚决不改，大家问茜茜，愿不愿意结婚，她居然说："愿意啊，他要不是皇帝就好了！"

1854 年 4 月 24 日，茜茜公主乘坐豪华的游轮从家乡巴伐利亚顺多瑙河而下，进入维也纳。这个美丽天真的小姑娘受到了全维也纳的欢迎，沿途都是鲜花和人群的欢呼。不过大家再看不到茜茜无拘无束的笑容了，因为茜茜的牙齿不够白，皇太后规定，要笑不露齿，所以后来，茜茜只能抿嘴微笑了。

皇室的喜宴举行了三天三夜，奥皇夫妇收到了来自全欧洲的祝福。欧洲大革命刚刚过去，老百姓对专制统治和皇室都带着深切的敌意，维也纳的天空一直阴霾压抑，这个巴伐利亚小公主的到来，让百姓感到了久违的放松和欢乐，维也纳上下难得地喜悦和谐。

迷茫的皇后

整个维亚纳的欢乐气氛中，最不和谐的就是皇太后那张苦瓜脸。从相亲到儿媳进门，苏菲皇太后愁得吃不香睡不着，最后决定，不怕麻烦不怕难，将这个野丫头从头开始调教。

于是，茜茜公主一进入美泉宫，在岗培训就开始了。举手投足、吃饭睡觉、见人说话，每一件事都有规矩和守则，貌似茜茜每一件事都没做对，因为婆婆的目光中总是责备。

婆媳关系不好，一般都是儿子没用。刚结婚这段，弗兰茨是深爱茜茜的，但他更怕母亲。这个可怜的皇帝在位够忙的了，此起彼伏的革命党在行动，普鲁士新上台的首相诡计百出，对奥地利虎视眈眈，匈牙利天天闹着要独立，辖下各种不同民族完全不能融合。

上班时，大臣幕僚们给他通报的，都是关于国家国际形势的不利消息，下班回家，老妈要跟他历数老婆的种种不堪，回到卧室，老婆要眼泪汪汪地诉说婆婆对自己的挑剔和严厉。这皇帝"鸭梨"（压力）很大。

苏菲皇太后出名的是严肃端庄，而且她一手扶持儿子登基成为皇帝，弗兰茨从小就对母亲心存敬畏。所以，老妈批评老婆，弗兰茨也劝说茜茜，让她顺着太后的意思，收敛点，不要太放肆。茜茜感觉到自己在皇宫中渐渐孤立无依，想起巴伐利亚那些恣意的日子，蔚蓝色高远的天空，16 岁的皇后每日以泪洗面，日渐抑郁。

弗兰茨应该可以感觉到，他明明娶回来一道阳光，可这道阳光一进入奥地利的皇宫就被冰封了。一屋不扫何以扫天下？弗兰茨在后宫都没办法处理一家三口的关系，怎么能指望他处理这么复杂的国家大事呢？

茜茜怀孕了。不管日子多么难过，她是奥地利皇后，传宗接代都是头等工作。皇后怀孕有皇后的规矩，不能大着肚子跟皇帝黏在一起，需要自己的领地休养。哈布斯堡家族治下，茜茜为自己选择了匈牙利。她喜欢这个国家，虽然离维也纳不远，但是总算可以离开宫廷中令人窒息的空气。

离匈牙利首都布达佩斯不远有个叫格德勒的小镇，镇上有一处美丽的庄园，据说当年特蕾莎女王驻跸于此。弗兰茨用国家的名义买下送给茜茜，后来这里就成为匈牙利旅游最著名的景点之一——茜茜公主庄园。而从这里开始，茜茜公主和匈牙利奇妙的缘分也慢慢展开。

搬到匈牙利的茜茜再次呼吸到了自由的空气，按她的要求，居所内部都漆成紫罗兰色，淡雅而神秘，像一个永远不会醒的美梦。白天，茜茜就在这团紫气中阅读海涅的诗歌，下午，她会在豪华的马厩里寻找一匹好马，骑上后走遍附近的匈牙利乡村山间。

茜茜自己酷爱自由，她也希望别人是自由的，她喜欢读海涅的诗，说明她内心对自由民主的共鸣。对于匈牙利人日渐高涨的独立热情，茜茜颇为同情，而为了安抚匈牙利的情绪，她学习了匈牙利语，主动跟匈牙利各阶层聊天、沟通，缓解匈牙利与哈布斯堡家族的对立。这个在维也纳一直不受待见的野丫头，在匈牙利受到了很多很多的尊崇和爱戴。

1855年，茜茜的第一个女儿出生了，可想而知，她肯定使用祖母的名字叫苏菲。本以为女儿的出生可以让自己在维也纳宫廷有个慰藉，谁知，孩子一出生，就被苏菲太后抱走了。理由是，茜茜自己还是个小孩呢，怎么会养孩子教孩子呢？跟所有的恶婆婆一样，对于生了女儿的媳妇，根本不用考虑她的感受。

茜茜哀求丈夫，希望弗兰茨能从中调和，让她跟孩子在一起，可是弗兰茨也感觉，孩子由妈妈带着应该比年轻的老婆带着靠谱。几次争取没有结果，茜茜带着对孩子的思念再次回到匈牙利，现在对她来说，匈牙利是她生活中唯一温暖的地方了。

第二年，茜茜又生了一个女儿，吉塞拉。还是一样，太后再次抱走了孩子，没给茜茜任何交代。不需要交代，太后的意思很明显，你的任务就是生孩子，生完了你就可以闪了。茜茜再次回到匈牙利。

对两个女儿的思念折磨着茜茜，巴伐利亚草原上那个快乐的女孩日渐枯萎。茜茜没有想到，由此时开始，她生命中的打击和折磨才刚刚开始。

苏菲公主病了。茜茜终于见到了已经3岁的女儿。谁都不怀疑小公主长大会跟妈妈一样美丽，可惜大家都看不到了，她在茜茜怀里永远闭上了眼睛。痛彻心扉的茜茜再次回到了匈牙利。她不得不承认，无论是维也纳皇宫还是丈夫弗兰茨都不能带给她任何希望了，她要努力改变自己的境遇。

所幸，过了一年，茜茜终于生下了哈布斯堡皇室的继承人，王子鲁道夫。举国欢庆，不包括茜茜，她知道，依旧跟自己不相干，公主自己都不能抚养，太子就更轮不到她了。通过太后的努力，王子的教育非常到位，据说鲁道夫会说很多话了，都还不会叫妈妈，成年后，跟茜茜非常生分。

抑郁无法开解的茜茜开始组织舞会，用一场场的舞会打发自己的时间，只是，这样的连场热闹，仿佛让她更空虚了。

抗争的皇后

大革命之后，哈布斯堡家族辖下的各种族都在为独立而斗争。根据前面的历史我们知道，因为神圣罗马帝国对意大利的染指，意大利也一直处于分崩离析的状态。对哈布斯堡家族来说，分裂的意大利更容易管理。

在意大利所有的邦国中，只有以撒丁岛为中心的撒丁王国算是独立的，撒丁王国的领土包括现在的都灵一带，正好夹在法国和奥地利之间，成为两家之间的缓冲，撒丁王国对哈布斯堡家族的斗争一直得到法国的支持。19世纪，撒丁王国完成了改革，积极插手国际事务，争取自家的国际地位，他们的目的很明显，要以撒丁王国为中心，统一意大利，所以啊，跟奥地利也是难免一战。

1859年，撒丁王国对奥地利开战，战争打了两年，撒丁王国取得了胜利，收复了伦巴底和威尼斯，为后来的统一奠定了基础。而作为战败国，奥地利显然更加低迷。战争开始后，茜茜公主投入了对伤病的医疗救援工作，也许，只有帮助别人，才能缓解自己的伤痛。实际情况是，皇后一点也没有缓解，刚见过女儿的死，又见大批士兵的死亡，让茜茜的心情越来越糟，身体也越来越差。奥地利输掉了战争，皇后罹患了重病。

茜茜的病，叫"奔马痨"，老杨原来一直以为是骑马骑太久，累出痨病来了。后来查过资料才知道，机体免疫力极端低下，造成肺部干酪性坏死，肺泡周围还会渗出大量黏液！

以那个时代的医学水平，这病估计就算不治之症了，御医唯一能开出的药方是，找个清净的地方慢慢调养吧。奥地利皇室隐瞒了茜茜的病情，将她送回娘家。随后的两年，是茜茜的求医问药之旅，她走遍了南德、匈牙利、希腊、地中海，在阳光温泉中彻底放松休息自己，也可能就是这两年的行走，让茜茜爱上了旅游，后来的日子，游历成了她生活的关键字。

她不在的这两年，维也纳人经常问：皇后哪去了？在舆论压力下，刚刚战胜病魔恢复健康的茜茜就回到了维也纳。广场上迎接皇后的排场可以媲美她婚礼那天，有10个管弦乐队在现场表演，还是压不住周围群众的欢呼声。

奥地利人发现,久违的皇后长大了!

刚嫁入皇室时,茜茜身量未足,身高才160厘米多一点,现在她已经超过170厘米了,亭亭玉立,美丽雍容,经过了这么多离丧和生死,看过了这么多人情冷暖,茜茜公主不再稚嫩了,现在她的表情里带着一种坚定成熟的自信。她需要改变,她不想再像以前那样生活。

茜茜向皇帝要求,她自己挑选自己身边的宫廷命妇,而且要亲自抚养教导孩子。此时的苏菲皇太后也老了,这婆婆帮媳妇带孩子还带夭折了,实在说不过去,所以这一次,皇帝同意了茜茜的要求。可是茜茜又说要把孩子带到匈牙利去抚养,皇帝就不干了,公主可以带走,王子是储君,一定要留在维也纳。最后茜茜带走了女儿。宁可放弃儿子也要离开维也纳,可见茜茜此时对皇宫厌恶到了什么程度,也可以感觉到,弗兰茨和茜茜曾经美好的爱情几乎已经荡然无存。

恋爱的皇后

茜茜总是往匈牙利跑,除了她喜欢这里的文化和人民,还有一个重要原因。

因为茜茜对革命派的同情,她的庄园成为一些匈牙利革命党喜欢拜访的地方,而匈牙利有些民间的呼声,他们也希望通过茜茜皇后转达给弗兰茨皇帝。进出茜茜公主庄园的进步分子中,最引人注目的,应该是安德拉希伯爵。

伯爵在匈牙利算是风云人物,有点红花会总舵主陈近南的意思。1848年,匈牙利闹革命,安德拉希是上层干部之一。革命失败后,他逃亡法国。后来哈布斯堡家族审判这些乱党,在安德拉希缺席的情况下,判他死刑,然后不知道用什么东西做了个模拟像绞死算数。安德拉希模样英俊,是个美男子,他被假装绞死后,得了个外号叫"英俊的绞刑犯",这些女人居然调戏一个死囚。

安德拉希被吊销了户口,只好在各地流亡,还去了一趟美国,受了新思想启迪后,他的意识也发生了点变化。之前那种认死理非要民族独立的想法肯定是不容易实现的,那就不如跟哈布斯堡家族妥协,接受他家的统治,但是逐步地要求自治。1857 年，哈布斯堡家族大赦政治犯，安德拉希回到了布达佩斯，开始组织运作新的行动。

1866 年，安德拉希在茜茜公主庄园见到了这位传说中的皇后。白色长裙，翩若惊鸿。比见到美女更让伯爵高兴的是，皇后是同情匈牙利民族运动的，而且愿意作为中间人，在奥皇和匈牙利人之间沟通协调。也就是因为茜茜的努力和她在匈牙利的受欢迎程度，这几年虽然匈牙利和皇帝经常话不投机，但基本还能相安无事。

茜茜一生都在向往自由，安德拉希一生都在为自由而战，茜茜是心底的叛逆，安德拉希是明明白白的叛逆，这样两个人，只要一见面就肯定会碰撞出眩目的火花。不管在心里开出了多大的花，茜茜还要维持她奥地利皇后的端庄，安德拉希要遵守他臣子的操守，隐秘的爱情如同一缕暗香在两人之间若隐若现地流动。

1866 年俾斯麦终于对奥地利动手了，给他帮忙的，还有身后的意大利。战败后的皇帝看到了哈布斯堡家族的没落，弗兰茨知道，奥地利要安全生存，必须取得匈牙利的支持，可如果不答应他们独立自治的条件，他们肯定继续与哈布斯堡家族为敌，则奥地利四面八方都是敌人。

1867 年奥地利和匈牙利终于通过了一个折中的共荣方案，那就是，匈牙利还是接受弗兰茨继续做匈牙利国王，对外的外交、军事、经济等政策由帝国统一协调，但是匈牙利成立自己的议会、法庭等，内部的事务自己解决，并使用自己的语言，跟奥地利平等，成立一个所谓的二元帝国，正式定名为奥匈帝国。

弗兰茨专门到匈牙利再次加冕为国王，安德拉希伯爵成为匈牙利首相兼总理大臣。匈牙利人都知道，奥匈帝国最后的成立，离不开皇后在中间的穿针引线，安德拉希伯爵将王冠戴在了茜茜头上，尊她为匈牙利的女王。

既然是匈牙利女王了，茜茜更有理由一直待在匈牙利了。她开始投入建设布达佩斯，这座被她奉为精神避难所的城市。比如现在布达佩斯城内的匈牙利国家大剧院，被公认是世界上最美的歌剧院之一，开始因为设计规模过大，工程中断，差点成了烂尾楼，后来是国王和王后掏了自己的腰包才将它建成。

歌剧院是茜茜很喜欢光顾的地方，奥匈帝国成立后，总理大臣安德拉希的业余生活就用来安排女王看演出了，有时甚至亲自接送陪伴。安德拉希伯爵经常出现在女王的庄园，陪她散步、骑马、打猎。这君臣俩的关系，让很多人猜测遐想。老杨查了不少书，没有证据证明茜茜跟安德拉希的关系有超越礼数的发展，虽然貌似匈牙利人都乐见总理大臣和女王的这点暧昧，但两人基本还是维持了纯洁的柏拉图式的爱情。

纠结的王子

奥匈帝国成立的第二年，茜茜生下了第三个女儿，玛丽公主。这个小公主是很忙的，因为她经常要在维也纳和布达佩斯两头跑，帮助她几乎不说话不见面的父母传递消息。

弗兰茨长期见不到老婆，他大小还是个皇帝，工作之余不能坐在宫里发呆吧。茜茜在匈牙利收到的，是皇帝在维也纳有些私生活不检点的小道消息。茜茜公主很生气，不管她对弗兰茨还有多少感情，乍听见老公找情人，还是有点不平衡。弗兰茨算不错了，他老婆长期不理他，他在维也纳的绯闻并不是很过分，偶尔发生几起，皇室也想办法掩盖了，没有演变成巨大的丑闻，但最让茜茜闹心的，还是儿子鲁道夫。

要说最近这段在维也纳宫廷里生活得不自在的人，第一个是茜茜，第二个就是鲁道夫王子了。奥匈帝国的这位王储，在万众瞩目中出生，兼有父母的美貌，也拥有父母近亲结婚导致的身体虚弱与心理脆弱。

奥地利是个死硬派的保守国家，让奥皇接受民主自由的意识几乎不可能。糟糕的是，生长在维也纳保守宫廷的王储，居然是个新派的自由分子！

鲁道夫成年后，喜欢跟有进步思想的文人们混，受他们的影响，鲁道夫希望国家更开明、更民主。他甚至说过，他更愿意做一个君主立宪制国家的总统，而不是一个皇帝。他还用笔名在报纸上发表各种批评时政、犯上作乱的文章。因为王子有些宫廷第一手内部资料，他的文章一发表，皇帝就看出来是他干的了，弗兰茨气得拍桌子的时候，偶尔会说要取缔这个儿子的继位权。

王子身边的革命损友们给王子出主意，说现在是你死我活的时候，用英文说叫作"To be or not to be"，殿下你要是不自己想办法提前继位，搞不好就永远别想继位了，革命同志们都等着您登基上位，给我们自由民主新生活的那一天呢。

鲁道夫脑子一热，大义凛然地同意革命党组织一场对皇帝的暗杀。鲁道夫做了20多年皇储，弗兰茨一点权力也没分给他，他想搞政变没有资源，所以只有杀掉老爸这一种选择了。

这娃太怂了，杀君弑父这件事，要么不要想，既然已经动了念头，下了决心，就由不得你退缩了。结果行动要开始，他又给整黄了。还跟革命同志们说，算了，顺其自然吧。

就这样，两头不到岸，不仅皇帝对这个儿子看不上，连他之前的革命朋友们也开始严重鄙视他了。

事业不遂，理想破灭，婚姻也不顺。皇帝和皇后给儿子安排了一场政治联姻，鲁道夫娶了比利时的公主斯蒂芬妮。虽然两人生了女儿，可鲁道夫对这个老婆一点感情都没有。而最糟的是，此时的茜茜，媳妇熬成婆，她忘了她当年如何被婆婆欺负了，她自己做了婆婆，她也欺负媳妇，而且办法都是跟苏菲太后学的，那就是，一看见儿子就说媳妇坏话。

鲁道夫这个郁闷啊，这女人不是你们选的吗，我也不喜欢，你也不喜欢，干吗让她来呢？郁闷归郁闷，也不能离婚啊，怎么办，外头找乐子去呗。王子开始酗酒，夜夜欢歌，流连于欢场女子身边，当然还有些贵族女子也愿意为王储献身。

1889年1月27日，在维也纳西南的一个度假山庄梅耶林，鲁道夫带着自己17岁的小情妇玛丽男爵跟朋友喝酒到半夜，他带着玛丽回到房间时，告诉所有人，不准打扰，就算皇帝来了都不要骚扰他。第二天，仆人在无奈下打开房门，看到鲁道夫王储和玛丽已经用手枪自尽。

梅耶林事件是欧洲历史上一件谜案，众说纷纭。王储离开维也纳时曾经给老婆留下了遗书，所以说他是自杀应该没有疑点。根据当时的尸检，太子爷先打爆了玛丽的头，在尸体边坐了几个小时候后，打死了自己。

野史的说法一，太子爷深深堕入玛丽的情网，甚至想到要跟老婆离婚，这个意思一表达出来，就被弗兰茨皇帝一顿臭骂。鲁道夫不是怂吗，发现自己伟大的爱情无望，就索性殉情了。野史说法二，茜茜的威斯特巴赫家族，有隐性自杀倾向，鲁道夫流连花丛那阵子，跟好几个女朋友提出过殉情的要求。野史说法三，太子爷是被普鲁士安排谋杀的，就为让弗兰茨皇帝这一支绝嗣。野史说法四，太子爷是被皇帝安排谋杀的，因为他曾经想过杀君弑父……

要是研究野史，历史书怎么写都写不完了。鲁道夫是自杀的，天主教的规矩，自杀死的不能正常下葬。弗兰茨和茜茜找教皇开了个后门批了个条子，才让儿子的灵柩进入皇陵。

茜茜被儿子的突然死亡震蒙了，她简直不敢相信这种厄运再次发生在自己身上。还没从丧子之痛中恢复过来，第二年，茜茜又收到了安德拉希伯爵的死讯。茜茜收起了所有的华裳，换上了一身黑衣，带了几个仆从，离开了维也纳，开始在欧洲漫无目的的游历，不管走了多少地方，看过多少风光，直到死去，茜茜都没再笑过了。

最后的皇后

1898 年初秋，61 岁的茜茜到了瑞士。她一身黑衣神情肃瑟，非常低调。不管她如何低调掩藏行踪，茜茜就是茜茜，她在瑞士的行程，早就被报纸报道过了。

9 月 10 日这天，茜茜结束了瑞士的旅程，预备从水路回到维也纳。下午一点多钟，茜茜和随从来到了勃朗峰码头，正要上船时，突然冲过来一个年轻人，在茜茜胸口上打了一拳跑掉了。茜茜倒在地上，好在因为发髻比较厚，没摔伤头部。手下人扶起茜茜上了船。

茜茜一直以为那个袭击她的年轻人只是想抢她的手表，所以没当回事。胸口剧烈的疼痛居然也没让她感觉不妥，直到晕倒在地。当时的船长船员还不知道茜茜的身份，光知道一个老年贵妇被抢匪袭击后身体不适，用常规方法抢救了半天，茜茜的随从才发现，皇后的胸口有一点伤口，微微有些流血。随从慌了，她表明了茜茜的身份，船长也慌了，赶紧掉头寻找医院。在医院里，医生一切开茜茜的伤口，鲜血喷射出来，随后茜茜因流血过多而死。大家知道，19世纪欧洲贵妇的大裙子和紧身胸衣，正好压住了伤口。

后来知道，袭击茜茜的年轻人不是劫匪，他是一个意大利的无政府主义者——卢切尼，夙愿就是谋杀权贵，没啥政治目的，就为出名。本来他的目标是奥尔良公爵，结果公爵突然改了行程，他在报纸上正好看到茜茜皇后，于是随手就修改了谋杀目标。谋杀使用的凶器是一把极细的锥子，所以茜茜在被刺中时，几乎没有感觉到。

绝代的皇后就这样死了，死在异乡，没有回到维也纳。也许，这符合她的愿望，整个一生，茜茜对维也纳都毫无留恋。

葬礼上，弗兰茨皇帝剪下了茜茜的一绺头发，表示对亡妻的爱恋。不知道此时的弗兰茨有没有想起他初见茜茜的时刻，是不是可以说，那束红玫瑰带着邪门毒咒，就这样葬送了本该快乐自由的女孩子的一生？

我们现在说到永远的茜茜，心里想的，一般不是19世纪的这位本尊，而是出生于维也纳的奥地利女演员罗密·施奈德。她带着电影《茜茜三部曲》进入中国，让咱家上下老少都惊为天人。要说演员对历史人物的诠释之准、演绎之美，恐怕施奈德是个中翘楚，以至于我们不关心真实的茜茜在历史上究竟是什么样的，罗密·施奈德就是茜茜，唯一的茜茜，永远的茜茜。

三十六 新帝国的气象

历史上虽然叫普鲁士统一德国的行动为"白色革命",不过说他们革命有点贬低革命的意思。一般来说,革命是带着先进性的,最好的结果是新的东西革掉了旧的东西。前面讲过,普鲁士是个封建专制的国家,统一后的德意志号称君主立宪制,其实内里还是封建专制的国家,基本算是原地合体,没有明显的功力升级。而面对蓬勃发展的资本主义经济,从小国首相升职为帝国首相的俾斯麦如何管理、运作这个国家呢?

德意志帝国统一,周围有很多人不爽,不过最不爽的是罗马教廷。普鲁士是新教国家,一统德意志江山,罗马教廷肯定意识到,新教的势力会越来越强。地球就这么大,信众就这么多,新教和天主教一直在争夺市场。德意志南部的不少邦国是信天主教的,所以有些分离分子聚集在天主教的大旗下,他们组成了德意志议会中的中央党,跟俾斯麦过不去。

消灭分离分子、深化德意志统一,罗马教廷的保护者是法国,打击罗马教廷还有给法国好看的意思,所以,俾斯麦对内斗争的第一个矛头,就指向中央党和天主教会。

这场德意志议会内的党派斗争后来被称为"文化斗争",被认为是意识形态领域的争斗,俾斯麦出于他容克阶层的统治要求想压制中央党,而其他的进步党派则是想通过对罗马教廷的斗争,彻底洗涤德意志中世纪留下的陈腐空气,让新的思想新的文化尽快充满德意志帝国的每一个角落。

俾斯麦和自由民主派一起打击中央党。这中央党是以宗教为基础建立的,特点就是不能被迫害,把他们整死了,信众们觉得他们为信仰而死,是为殉道,这种悲情牌是非常有用的。后来议会选举的结果让老俾郁闷得在家撞墙,本来中央党只有63个席位,老俾做了一通恶人,中央党获得了91个席位!

中央党是整不死了,再闹下去,自己树敌太多了,和解吧。好在此时罗马教廷也没那么倔了，握手言和。教皇还给俾斯麦颁发一枚勋章，奖励他知错就改，浪子回头。

老俾找到其他东西发泄了，那就是工人运动，社会主义分子。德意志的社会主义分子组成了社会民主党。其实老俾在对付中央党的时候，就已经说过，社会民主党也是一群危险分子，找到机会要收拾他们。现在，机会就来了。

1878 年 5 月的一天，有个白铁工人在柏林的菩提树大街枪击德皇威廉一世，未遂。这个白铁工人曾经加入过社会民主党，老俾就以此大做文章，要求议会通过严厉镇压社会民主党的法案。德意志议会感觉老俾脾气太大，下手太狠，否决了他的法案。9 天以后，威廉一世又被袭击，这一次杀手准头挺好，德皇身受重伤。杀手被抓后自尽了，没有任何证据证明他是社会民主党人，不过按老俾的意思，第一次是社民党干的，第二次肯定也是，因为第一次失手，所以第二次追加。

德皇伤重，差点要了老命，不能理政，老俾说啥就是啥，这次他下定决心要把社民党往死里整，议会既然不配合，解散，重新成立一个配合的议会。在老俾的议会中，后来臭名昭著的《反对社会民主党企图危害治安的法令》，也就是俗称的《非常法》颁布了。

镇压工人运动，查封报纸、报刊，在老俾的私家议会配合下，这个法令一口气实行了 12 年，德国社民党遭受重创。

老俾绝对不是头脑简单一根筋的粗暴政客，一边镇压社民党，他一边还分析，为啥工人运动有市场、有拥趸呢？很简单，资本主义快速发展，工人阶级不断壮大，他们的各种权益如果得不到保障，当然要反。而对大部分工人来说，政治上的权力是不能吃的，能影响他们的还是基本的生活保障。于是，老俾左手继续高举大棒，右手掏出了一把糖果。

这些糖果包括：6 天工作制，每天不多于 10 小时，用货币支付工资。雇主要给员工购买疾病保险、工伤事故保险、养老保险等，到 20 世纪初，德意志帝国各类社会保险的费用超过 5 亿马克，有 500 万人受益。俾斯麦的这些法令，让周围的资本主义国家看着新鲜，都说他是玩"俾斯麦先生的社会主义"。事实证明，老俾的这些糖衣炮弹是比大棒管用，既然日子还能过，工人老大哥按时上下班，回家陪老婆孩子，没事就不上街跟政府发难了。

俾斯麦在国内跟宗教和主义较劲，可他对国外，却是一脸笑容、非常和平的。三场统一战争打完，俾斯麦就跟威廉皇帝说，以后德意志要以和为贵，周围这些邻居，友好相处，不要随便动手。

德意志帝国的外交政策，应该说是轻巧有型、左右逢源。老俾在欧洲纷乱复杂的各种形势中，不慌不忙地编织了一张德意志的关系网。

对老俾来说，他第一个要防备的就是法国报仇。普法战争后，德意志和法国就正式为敌了，德国人拿走了阿尔萨斯—洛琳的部分地区，法国人天天吵着要拿回去，德法恩仇成为后来欧洲历史的主要不安定因素。老俾知道，法国绝对不会善罢甘休，所以他一边压制仇家，一边拉拢同盟使法国孤立。

欧洲大陆5个大哥，英、法、俄、德、奥匈，英国人此时奉行"光荣孤立政策"，也就是说，如果跟他家直接利益无关，欧洲大陆的事他们一般不掺和。这样一来，俾斯麦的结伙策略只要搞定沙俄和奥匈，法国人就基本没脾气了。

德意志、沙俄、奥匈都属于守旧固执的君主国家，历史上还一起瓜分过波兰，有些事还是可以商量。俾斯麦运气好，他需要这两家时，这两家也需要他。

当时的情况是这样，奥匈帝国在德意志没有地盘了，也没意思了，所以他家将工作重心转向巴尔干地区，希望得到德意志的支持和协助。而奥匈在巴尔干遭遇的对手是沙俄，沙俄一边跟英国争夺中亚，一边要抑制奥匈在巴尔干半岛的扩张，很怕德意志在自家西线有小动作，所以也希望跟德意志搞好关系。既然奥匈和沙俄都想跟德意志好，那就一起玩吧，沙皇、德皇、奥皇签订一个三皇同盟，中欧地区先稳定住了。

俾斯麦一边组织三皇开party（聚会），一边偷着乐，他等着看法国还能怎么蹦跶。人家法国人还真能蹦跶，法国此时已经经历过巴黎公社，成立了第三共和国，重整军备，号召国民收复河山。俾斯麦仗着自己人多，就预备吓唬法国，摆出一副要对法国开战的造型。

吓唬没成功，不管是俄国还是英国，欧洲所有的国家都不愿意德意志继续欺负法国，也不是什么正义爱心，完全是出于欧洲各国势力均衡的考虑。

吓唬人这码事，最怕对方说：你放马过来吧！俾斯麦进退两难了，好在巴尔干的局势给他帮了大忙。俄国和奥匈帝国在巴尔干的矛盾升级了，沙俄不仅插手巴尔干，还想借此南下印度，所以同时得罪了英国和奥匈两家。这三家起矛盾，德意志的态度又非常重要了。

因为巴尔干这摊事，牵连了很多国家，连法国也在其中，唯一牵连不深、基本还算置身事外的就是德意志，所以几家一商量，让俾斯麦组织一个会议，大家开个碰头会，看看到底怎么解决。于是1878年，俾斯麦召开了柏林会议，老俾俨然一副欧洲调解办主任的模样，人五人六的，非常神气，按新闻稿的话说，凸显了德意志在国际政治经济格局中的重要作用。

调解办主任就是和事佬，而且他肯定是维持各国平衡的，明显俄国强奥匈弱，所以德意志的意思是，大家联手挤兑俄国人不合适，但是俄国人欺负奥匈更不合适。会一开完，俄国人就不跟德意志玩了，三皇同盟剩了"双黄"（咸鸭蛋？）。

俄国人对德意志有情绪，当然不会是摆摆臭脸就算了，他家马上跟法国人联系上了。对俾斯麦来说，东西两线联手对德意志是致命的，你会东西联手，我也会东西联手啊，俾斯麦赶紧向英格兰丢去一个荷包，两边开始对歌。如此一来，欧洲形成两个派系，俄国+法国 VS 英国+德意志+奥匈帝国，而在俄国人最闹心的巴尔干问题上，法国人也帮不上他什么忙，迫于无奈，俄国只好又提着两串红肠两瓶伏特加，敲开德意志的门，要求两家和好。在俾斯麦的安排下，沙皇、奥皇、德皇又被拉在一起，成为新三皇同盟。

俾斯麦不光玩这四家，他还鼓动意大利跟法国为难，成功得手后，意大利也加入了德意志的同盟。就这样，俾斯麦围绕着法国编织了一道大网，仇家法国就这样陷在网中央，越陷越深越迷茫，路越走越远越漫长……

老俾看重欧洲大陆，对海外殖民地比较保守，他把人家法国欺负得够呛，总担心这家人报复，所以根本不敢往海外想。况且如果要争夺殖民地，必将得罪海上霸主不列颠，德意志的舰队又不是对手，算了，就在中欧一带玩呗。

可是德意志的资本主义经济发展由不得光在大陆玩啊，德意志的资本家们也需要海外原料和市场，后来，老俾在大陆结盟成功，看着法国也翻不了天了，于是，德意志也开始蹑手蹑脚往海上跑了。不久，西非、东非、南太平洋的一些地区，可以看到德意志人的旗号了，不过跟不列颠相比，这些小地盘就太可怜了。

上面这一篇欧洲乱麻，可能又有读者看郁闷了，这不仅仅为了表现俾斯麦精明老成的政治智慧，以及德意志成为欧洲稳定的主要力量，还是后面要发生的故事的重要基础。

三十七　俾斯麦下课

出来混，总是会下课的。老俾也到退休年龄了。跟所有老同志一样，他多希望在工作岗位上终老，永远不用退休。没办法，他也有胳膊掰不过大腿的时候，不，他没输给大腿，他输给了一条残疾的胳膊。

残疾的胳膊属于威廉二世，因为出生时难产，他患上了尔勃氏麻痹症，左臂萎缩。威廉二世是世界上著名的皇帝之一，我们现在可见他所有的照片画像中，他都非常聪明地右手盖住左手，或者左手戴手套，或者拄着剑，反正是看不见左手的。这么小心的掩饰，说明威廉二世对自己的残疾是非常忌讳的，而所有人都说，威廉二世的性格和人格形成，都跟他的残疾引发的某种自怨自艾有关。

鉴于后来威廉二世整翻了大半个地球，我们不得不把那个难产的妈妈找出来问责一下。威廉二世的妈妈来头老大了，她是大英帝国的长公主，维多利亚女王的长女，昵称是维姬（参见《英帝国：日不落之殇》）。

威廉二世的爸爸是腓特烈三世，威廉一世的长子。威廉一世不地道，一口气活了 91 岁。被刺客袭击重伤那年就 81 岁了，又活了 10 年！活这么久对太子不公平啊，很多研究欧洲历史的人都喜欢假设一个命题，如果威廉一世少活几年，世界格局会怎么样？

为什么会研究这个命题呢？因为腓特烈三世是自由民主派的，维姬公主更是一个有思想有远见的女政治家，腓特烈三世做了英国女王的女婿后，经常到英国串门子探望丈母娘，对英国的国家制度颇为受用。维姬嫁入德意志，是带着改革婆家的理想而来的。腓特烈三世性格温和，不喜欢霸权，而维姬更是一直警惕着德意志国内日盛的军国主义和排斥犹太人这些负面情绪，而最大的变数将是，如果腓特烈三世早早掌权，德意志和英国会成为亲密的盟友，整个欧洲的格局自然也就不同了。

假设是没有意义的，腓特烈维姬夫妇没机会实现他们的理想。1888 年，威廉一世高龄去世，腓特烈三世 57 岁登基，做了 99 天皇帝就死了，那 99 天里也没时间干别的，都用来医治喉癌了。威廉二世就这样继位了。1888 年这一年，德意志换了三个皇帝，历史上称为"三皇之年"。

维姬的难产，让威廉二世吃了不少苦头，除了手臂残疾，脑子还受过损伤，据说从小他被左脑、左耳、左腿疼痛折磨，看来是左边的神经受损。而对于这个天生残疾的儿子，维姬没有做一个慈爱妈妈，她知道这个儿子将来是要继承大统的，不能娇气，从小就逼着他进行各种锻炼。威廉二世从懂事起就感觉这个妈妈一点也不温暖，母子关系非常糟糕。

可能是因为残疾，威廉二世很在意别人的看法。维姬自己都说，很多时候，她儿子做事是出于虚荣。跟民主派的父母不同的是，威廉将皇位看得很神圣，他认为，皇帝就应该掌控一切，只有皇帝才是帝国唯一的主人。威廉二世很小就进入军营受训，所有人都不敢置信，一个天生残疾、身体极差的少年，居然能成为一个优秀的骑兵军官。而普鲁士式的军营锻炼，也培养他一种信仰，那就是，军队有实力，万事可成功。

威廉一世的晚年，俾斯麦大权独揽，权倾天下。小时候，威廉二世对这个爷爷是心存敬仰的，可到自己登基，威廉二世感觉到，俾斯麦还想做爷爷，关键问题是，威廉二世不是孙子了。

威廉二世登基时，俾斯麦已经 73 岁了。对于一个脾气偏执急躁的年轻皇帝，俾斯麦也不知道怎么办。君臣两人明争暗斗了两年，俾斯麦终于累了。1890 年，俾斯麦被迫引咎辞职，交出他干了 28 年的首相之位。有趣的是，俾斯麦离开后，威廉二世在德皇的位置上，也正好干了 28 年。

老俾下课，老心幽怨，后来就一直在报纸上发表文章，披露一些政府秘闻，让威廉二世难堪。而欧洲各国，对老俾的离去都捏把汗，因为谁都看出来，威廉二世这个小同志办事不牢靠，闯祸的可能性很大。老俾在，还能稳住这匹暴躁的野兽，老俾走了，德意志还能控制吗？

1898 年，83 岁的俾斯麦在家乡逝世，彻底结束了欧洲历史的俾斯麦时代，而他以非凡的手腕在欧洲大陆建立的平衡也开始出现裂纹。

俾斯麦不能见容于威廉二世，也是历史学者研究的课题之一。最近德国人爆出来一种说法，说有证据显示，威廉二世早年嫖妓被勒索，妓女给俾斯麦家写信揭露此事，并要求封口费，而俾斯麦和他的儿子在处理上不合适，没有将事情掩盖周全，让威廉二世丢了人，以他狭隘敏感的性格，从此就暗自对俾斯麦家心存不满甚至仇恨。

不管什么原因了，能伺候三届主子还能混个好死已经殊为不易了，老俾除了是个玩政治的高手，还是个理财好手。

三十八　大战前夕

战争之路

这一篇讲讲德意志帝国是如何一步步将自己带入第一次世界大战的。

第一步，威廉二世独自当家了。上篇说到，维姬评价儿子虚荣得病态。这种虚荣反映在个人生活上，他喜欢组织舞会，喜欢华服和排场，喜欢听人阿谀奉承。这个特点极其膨胀的时候，他需要全地球的人关注他赞扬他崇拜他，所以，他想打造一个世界帝国，让自己成为世界帝国的皇帝。

这个可以想，19世纪晚期，德意志完成了工业革命，打造了一个举世瞩目的工业帝国，到20世纪早期，德意志的工业生产在全世界工业中所占的比例为欧洲第一，世界第二，仅次于美国。

政治上，德意志大步跃进的资本主义工业，对原料和市场的要求越来越大，可是德意志的海外殖民地却少得可怜。国内那些大资本家也有向外扩张的要求。应该说，俾斯麦那种四平八稳谁也不得罪的大陆政策让威廉二世最不满，威廉二世想的是，德意志是时候而且很应该建立全球霸权了。

称霸全球，有成功案例，也就是大英帝国。大英帝国靠什么？靠的是强大的舰队，而德意志一直打不出去的原因就是，舰队不够实力。于是威廉二世的头等大事就是发展海军。

皇帝满腔热情，雄心勃勃，还曾经亲自画图设计并参与制造了一艘军舰，据说这艘舰艇是皇帝陛下多年钻研精心考虑的结果，他感觉，绝对是世界一流水平，接近完美。威廉二世很得意地将自己的设计方案图纸交给专家审议。

德意志的专家们非常仔细地研究了皇帝的工作成果，最后措词小心地给皇帝发了一封书面意见："陛下，您设计的这艘军舰，造型华丽、坚固无比、威力巨大，它将拥有世界上所有舰艇都追不上的速度，最强大的火力配置，大炮的射程也会是世界上最远的，而舰内的设备会让舰上每一个人都感觉舒适平稳。要说缺点嘛，只有一个，小问题啊，您老设计的这艘船啊，它是个旱鸭子，一下水就会沉到底！"

虽然威廉二世自己设计的军舰沉到底，人家德意志的专家可不是唬人的，老杨在《英帝国：日不落之殇》里介绍过，这一阵子，欧洲最热闹的事就是英德两国的海上军备竞赛，比数量，比吨位，比火力，让英王很上火。这，就是启动战争的第二步，跟英国叫板，以最快的速度与英国成为敌人。

一边发展军队，一边找殖民地。眼看全世界好地方都有主了，德国人办事干脆啊，索性把最大最好的那块地方分掉，1897 年，德意志抢占中国的胶州湾。

事情的起因是山东的大刀会抢劫天主教堂，杀了两个神父。咱家的大刀会是一身横练的功夫，号称刀枪不入，后来的事证明，德意志的枪械是可以打穿的。

拿下胶州湾后，德国又在山东取得胶州湾 99 年的租期、铁路修筑权以及采矿权，德意志进入中国带给咱们的见面礼是给咱们建了一个叫青岛啤酒的工厂。德意志这个事办得漂亮，俄国、英国、法国、日本全跟着来了。其后的历史我们都很熟悉，镇压义和团，八国联军，德意志都是积极分子。

除了中国，还有非洲。因为非洲被殖民得比较早，德意志属于来晚了的，所以他家预备抢。德意志看中的是摩洛哥，在直布罗陀海峡的南面，夹在地中海和大西洋之间，地理位置非常重要。摩洛哥国家长期内乱，法国、西班牙、英国的势力很早就进入这里，德意志也挤进来想分一杯羹。

之前法国和英国已经商量好，法国认可英国在埃及的利益，则英国将摩洛哥放给法国。眼看着法国已将摩洛哥放进嘴里，正预备吞下去，德意志赶紧让他吐出来。德意志说是要帮助摩洛哥独立，甚至还对法国发出了战争威胁。因为还不到打的时候嘛，所以法国人先让步，让摩洛哥保持独立，这是历史上第一次摩洛哥危机。

几年后，摩洛哥人民发动起义，反对自己的政府和法国侵略者。法国以保护侨民为理由，占领了不少地盘。德意志又跳出来，让法国让几块出来，你有我有大家有，为了表示自己不是随便的，德意志将一艘名叫"豹号"

的军舰开到了摩洛哥的港口阿加迪尔。

这个动作把英国人给刺激了，把军舰开到别人家门口威胁，这个行为是英国独门武功啊，这种事谁都能偷学的吗？英国国会马上通知德意志，赶紧开走，回头把英国舰队招来大家不好看。德意志盘算了一下，估计不是对手，撤吧。法国人将刚果让一部分给德国，以后摩洛哥的事，德意志就不要插手了。这是历史上第二次摩洛哥危机。

两次到摩洛哥去露脸，威廉二世完成了进入"一战"的第三步，让英国人愿意给法国帮忙对付德国，而法国更恨德国了。

第四步，当然是俄国。柏林会议，德国偏袒奥匈帝国，已经让俄国不爽，但是俾斯麦凭借高超的外交手段，让俄国与德国签订了《再保险条约》，听名字就知道意思，重要内容就是，俄国不能跟法国联手。俾斯麦非常清楚，对德意志来说，如果东西两线同时作战，肯定死得快，所以不惜任何办法手段，都不能让俄国和法国联手，最麻烦的是，俄法之间没有什么不得了的冤仇啊。俾斯麦的意思，《再保险条约》是一直要签的，每次一到期，就要想办法续签。威廉二世没有这个紧迫感，而且最近土耳其的事也跟德意志密切相关了。

不知道从什么时候开始，土耳其成了德意志的重要市场了。德意志的银行业和工业界都看好中东，预备大笔投资，重点培养。最核心的计划，就是修建一条从柏林到巴格达的铁路，柏林（Berlin）—拜占庭（Byzanzs）—巴格达（Bagdad），所以这个计划被叫作3B计划。基本可以说，这条铁路一修成，土耳其及周围的国家都在德意志控制下了。

这不是给俄国人添堵嘛。1890年，条约到期，德意志人跟土耳其人眉来眼去打得火热，肯定不会再跟俄国人签约了。俄国人不介意，不久，他们就跟法国人联手了。

就这样，俾斯麦的心血化为污水，被威廉二世泼进了水沟。德意志如此咄咄逼人，逼得自家孤立，逼得仇家结伙对付他。1904年到1907年，英国、法国、俄国通过一系列的协议成为协约国。

敌人都抱团了，战争还会远吗？好在，德意志也不孤独，他们也有自己的盟友，比如老亲戚奥匈帝国。

巴尔干乱麻

说到奥匈帝国，不得不先说到他家一个老仇家。大家还记得吧，前面的历史多次提到，哈布斯堡家族的东部长期受到奥斯曼土耳其帝国的骚扰。进入19~20世纪，奥斯曼帝国也垂垂老矣。这样一个幅员辽阔，种族众多，卡在战略要道的大国，一旦颓萎，下场是可以想象的。这一节，我们不可避免要遭遇乱麻般的巴尔干局势。老杨小时候学历史，这段事情差点把自己整崩溃，读者们自带药片，防止晕倒。

大家回忆一下拜占庭的历史，应该还记得，整个拜占庭历史的主旋律之一就是对巴尔干半岛诸国的战争。奥斯曼帝国取代了拜占庭，他家也要面临一样的问题，那就是巴尔干半岛上那些桀骜不驯的小国和脾气暴躁的斯拉夫人。

随着沙俄帝国的崛起，土耳其面临的状况比拜占庭还惨，因为人家斯拉夫人找到老大了。对俄国人来说，控制黑海，打通地中海，南下印度，巴尔干地区都是势在必得的头号要地。

从17世纪到19世纪，俄国人打着解放斯拉夫人的旗号，跟土耳其打了10次架。除了正面干仗，俄国最有成效的工作就是帮助巴尔干各国闹独立。保加利亚、塞尔维亚都在俄国人帮助下脱离了土耳其。俄国人间接帮忙的希腊也获得了自由。

眼看着土耳其焦头烂额的，意大利也凑热闹，争夺土耳其在北非的的黎波里。土耳其只好应战。

土耳其一和意大利搭上火，保加利亚、塞尔维亚、希腊等独立国家立刻组成联盟，跟土耳其干仗，这是第一次巴尔干战争，这一战斗的结果就是，阿尔巴尼亚独立，土耳其失去了他家在欧洲的所有领土，彻底退出了欧洲，巴尔干半岛解放了。

这几个小弟制服了老大，分老大的家，还分赃不均，互相倾轧。保加利亚拿得比较多，引发其他小弟不满，于是塞尔维亚、希腊等又联手跟保加利亚干了一仗，这是第二次巴尔干战争。这次的结果是，保加利亚被迫吐出了多占的土地，心中不满，埋下冤仇。

之前都是土耳其欺负奥地利，现在土耳其这个熊样，所有人都扑上去分而食之，老仇家哈布斯堡家族肯定不会慈悲的。上篇说到，俾斯麦主持的柏林会议，直接得罪了俄国人，起因就是德意志承认了奥匈帝国对波斯尼亚和黑塞哥维纳（波黑）的控制。

巴尔干半岛的局势这么乱，欧洲那几个大佬看着一点都不乱。首先，核心矛盾，俄国人和奥匈帝国。大家想啊，在某种程度上说，奥匈帝国的处境和奥斯曼土耳其是非常像的，那就是，治下的种族太复杂。俄国人挑唆斯拉夫人独立，还吵吵着要建立一个大斯拉夫国家，这是直接让奥匈帝国难看啊。奥匈帝国南部有大量的斯拉夫人，俄国人挑唆他们独立，奥匈帝国不闷躁吗？虽然奥匈帝国占了土耳其一点地，但是他家更希望土耳其能控制住巴尔干局势。这样一来，在对待俄国人的问题上，奥匈帝国跟土耳其是一伙的。

德意志已经和奥匈帝国建立了同盟关系，而且他家已经将土耳其视为主要的市场和原料供应地，还预备去大张旗鼓地投资修路，当然也不希望该地区成为俄国人的地盘，所以，德意志也支持土耳其。

战败割地心怀怨恨的保加利亚也想加入德奥找回自己失去的面子，于是，德意志、奥匈、土耳其、保加利亚结伙，成为所谓的同盟国。

之前还说过，俾斯麦的大陆政策将意大利拉入了自己的阵营，不过从后来的发展来看，意大利显然是感觉协约国对自己更有利，况且，奥匈帝国还占有一部分意大利的土地，一直不肯还呢。所以在欧洲这一轮声势浩大的结盟结伙行动中，虽然意大利号称是同盟国一边的，群架开始的时候，他家非常纠结地暂时保持了中立。

本来英国也是忌惮俄国在巴尔干半岛的动作，因为知道这家人控制了巴尔干，肯定是打印度的主意。不过此时德意志的嘴脸更凶悍，事有轻重缓急，英国人只好跟俄国人先联手收拾了这帮日耳曼狂人再说。

巴尔干地区其他国家，塞尔维亚、阿尔及利亚、希腊等也加入了协约国。

不管读者们有没有看明白，以上这一团混乱，就是当年的巴尔干局势，所以这地方被称为"欧洲火药桶"，大家注意，火药桶出现了，说明第一次世界大战，即将开打！

三十九　第一次街坊群架

奥地利王子和捷克灰姑娘

1889 年，鲁道夫太子带着情妇饮弹自尽。奥匈帝国皇帝弗兰茨·约瑟夫一世只好将自己弟弟的儿子斐迪南立为太子。

斐迪南王储是个妙人，颇有生活情趣。最出名的是喜欢打猎。这伙计对打猎的狂热如果放在现在，绝对会遭到动物保护组织的抗议。有人计算他猎取的大型动物超过 30 万只，而且说他差点造成欧洲野牛的灭绝。

喜欢打猎的人肯定也喜欢打仗，都是玩枪，都是剥夺其他生物的生命。骨子里就崇尚武力，再到军队里浸泡几年，斐迪南不出意外地成长为一个军国主义分子。

在德意志帮助下，奥匈控制了波黑地区。塞尔维亚独立后，又打赢了两场巴尔干战争，让波黑的斯拉夫人很振奋。他们期望着能加入塞尔维亚的版图，成立一个强大的大塞尔维亚王国。而斐迪南王储认为，奥匈帝国不能仅仅是控制波黑地区，而应该是整个兼并，最好是连塞尔维亚一起吃掉。奥匈帝国可以由二元帝国升为三元帝国，也就是日耳曼人（奥地利）＋马扎尔人（匈牙利）＋斯拉夫人（波黑和塞尔维亚）的大家庭。

斐迪南王储 1895 年在捷克认识了一位姑娘，一个波希米亚的小贵族家庭小姐索菲亚。根据欧洲贵族的风俗，索菲亚被送到布拉迪斯拉法大公夫人那里做侍女，布拉迪斯拉法是现在斯洛伐克的首都，当时的大公应该是斐迪南王储的一个堂兄。

抬头不见低头见，索菲亚不知道什么时候就入了斐迪南王储的青眼，走不出来了。王储跟皇帝提出，要娶索菲亚为妻。

哈布斯堡皇室虽然日渐没落，可曾经保持着欧洲唯一的皇帝位，再怎么落魄，身段不能放下。皇室子弟，要么娶别国的皇室王室公主，要么也是根据政治需要联姻大贵族，索菲亚的家族门第太低了，怎么能让她嫁进来呢。

无论哈布斯堡家族怎么批评责骂做工作，斐迪南王储死活不松口，除了索菲亚，他谁也不要。弗兰茨皇帝也不敢做事太绝，因为亲生儿子的死状还在眼前呢，他不就是想离婚和玛丽结婚不遂才自尽的吗。难不成哈布斯堡家族再逼死一个？算了，认了，结婚去吧。

结婚归结婚，斐迪南需要立誓，也就是所谓的"贵贱通婚誓言"，王储要保证，将来登基，不能立索菲亚为后，索菲亚生的孩子，没有奥匈帝国的王位继承权，在皇宫，索菲亚不能和太子并排就坐，看歌剧不能进入皇室包厢，不能跟太子同车出行等。

太子爷的婚礼冷清，哈布斯堡家族无人出席，婚后索菲亚为王储生了三个孩子，既然不能继位，皇室就直接无视了。太子妃在维也纳的地位，还不如一个普通的公爵夫人。索菲亚是个捷克版的灰姑娘，她的经历告诉我们，所谓"灰姑娘和王子幸福地生活在一起"这句话，就是骗小孩的。

索菲亚有职称没待遇，斐迪南王储也是挺痛苦的，好在，他的誓言只是局限在奥地利，在奥地利之外的地区，索菲亚享受太子妃的礼遇是没有问题的，所以，斐迪南出国喜欢带着老婆，让她享受一下维也纳享受不到的东西。

导火索和宣战

奥匈帝国迫切想要吃掉波黑和塞尔维亚，在欧洲两大派系分边站好后，最焦点的矛盾就是奥匈对塞尔维亚的眼露凶光。

1914 年 6 月 28 日，奥军在波黑靠近塞尔维亚的边境上搞军事演习，假想敌就是塞尔维亚。斐迪南成为王储后，还被提升为奥军副总司令，所以派他到演习地点视察情况，并检阅军队。斐迪南喜欢干这事，因为可以带着老婆抛头露脸。

在人家边境演习就已经是挑衅了，还选了很缺德的日子。1398 年 6 月 28 日，塞尔维亚军队在科索沃浴血奋战，终于不敌土耳其铁骑亡国，从此塞族沦陷在阿拉伯人手里 500 年。6 月 28 日是人家的国耻日，选那天去挑衅，跟某些导演翻拍经典名著的目的一样，纯粹找拍。

在萨拉热窝的大街上，王储夫妇遇袭，双双死去（详细过程参见《英帝国：日不落之殇》）。这个事究竟是谁策划谁实施谁是幕后黑手都不重要了，王储死了，一定要有人负责，一定会有人报仇，也一定会有人以此大做文章。

弗兰茨皇帝听到消息，当时就晕倒了，总算调整了心情后，奥匈帝国向塞尔维亚发出了一张包括 10 个条件的最后通牒，10 条的内容大概就是要求塞尔维亚查封反奥刊物、取缔反奥组织、革除反奥官员之类的。虽然这 10 条被英国人称为"有史以来一个国家对他国发出之最可怕的文件"，可是对塞尔维亚来说，奥匈帝国实在不能惹也不好惹，所以他家忍辱负重，答应了其中的 8 条。奥匈帝国根本就没指望对方能全答应，7 月 28 日，就以对方不配合为名宣战。

德皇威廉二世早在几年前就说了："火药是干的，剑是磨过的，目标是明确的！"意思是，德意志早就做好了战争准备。听说斐迪南王储遇刺，威廉二世毫不掩饰地表示，"这是千载难逢的机会"，在奥匈方面发来的关于战争要不要开打的信件上，德皇批复："要么现在就干，要么永远不干！"

从威廉二世这个急不可耐兴奋莫名的态度，再加上之前介绍的他办的那些事，要说第一次世界大战是奥匈帝国和塞尔维亚挑起的，这两家是不是有点冤啊？

施里芬计划

1914 年的夏天真是忙碌啊，7 月 28 日，奥匈帝国对塞尔维亚宣战，7 月 30 日，俄国全国动员援助塞尔维亚，8 月 1 日德国对俄国宣战，8 月 3 日德国对法国宣战。

看到没有，骁悍的德意志军队在三天内同时向自家的东西两线宣战，难道他家忘了，历史上，他们最怕的就是被仇家东西夹击吗？

请个高人出来给大家讲解一下啊，有请德意志帝国总参谋长、后来的陆军元帅，阿尔弗雷德·冯·施里芬伯爵。伯爵专门为今天这个展示做了个 PPT 的文件。

走上讲台，清清喉咙，施里芬说道："各位领导，各位来宾，同志们，战友们，大家好。受德意志皇帝陛下和德意志参谋部的委托，综合分析现在欧洲及世界局势，考虑到本国的具体情况，结合鄙人多年的研究思考计算的结果，在各级领导的关心帮助下，与德意志参谋总部的同志们，奋战数年，几度风雨几度春秋，共同制订了未来德意志军队的作战计划，现在向皇帝陛下及各位领导汇报一下，不足之处，请同志们斧正……"

话说普鲁士击败法国统一德意志，法国想报仇，德国怕报复，都将对方看成了死敌。法国人更是沿着法德边境筑起工事无数。估计威廉二世既然预备一次将邻居全得罪，他一定会下令，逼着德意志这些军事天才想出一个同时跟左邻右舍较劲的办法。

施里芬接了毛奇的班成为德意志军队的大脑，所以这个计划他责无旁贷。施里芬是上古名将汉尼拔的头号粉丝，对坎尼会战无限敬仰，一直视为重要教程。

1905 年，施里芬计划基本成型。说是两线作战，并不是同时在两边开打，这个计划的关键词就是时间差。按施里芬的分析，沙俄装备落后、老旧，行军路线很长，而且他家的铁路建设落后，将军队送到东线德军面前时，最少需要一个月以上的时间，而那些大型辎重，更不知道要走多久。1904~1905 年，俄国和日本为争夺中国的东北和朝鲜干了一仗，俄国人居然输了，在施里芬看来，这个北极熊真的很熊。所以先派少部分兵力牵制东线。而西线的法国，如果闪电战作战顺利，4~6 周就能解决。法德边境防备森严，攻不破，闪电战的要点就是不能被拖住，德意志军队绕道比利时，而比利时和法国的边境几乎不设防，从比利时进入法国，入侵巴黎，以最快的速度结束西线，而后大军东进，应战沙俄。

施里芬在 1913 年去世，接替施里芬成为新参谋总长的，是他的前任毛奇的侄子小毛奇。小毛奇跟威廉二世私交甚笃，又加上家族背景，在德意志军界上升极快。

小毛奇绝对不是个纸上谈兵的人，拿到施里芬计划，他也不会生搬硬套，他根据自己的想法进行天才的修改。

1914 年的战斗

既然是闪电战，就由不得喊预备开始了，德意志一边对法国宣战，一边就发兵比利时，执行施里芬计划了。

1914 年，小毛奇 68 岁，病秧子，整天愁眉苦脸的，怎么看都不像个能指挥百万雄师的。不过这伙计说了，他一辈子都在等一场世界大战。这是个"官二代"，虽然在军界走势亨通，可他既没受过专业的军事训练，也没参加过正式的战斗，他就这么自信地当上了德意志军队统帅。

德意志憋着打这一仗，他家的战前准备是很充分的。小毛奇是技术派，也深知速度是德意志战车取胜的关键，所以他把最大的心血用于铁路建设。根据施里芬的计划，西线战斗一结束，德意志军团就要火速调往东线，这个火速不是吹牛的，"一战"开打前，德意志就可以做到，由西线向东线调兵，只需要 24 个小时。

为了配合进入比利时的计划，德意志在 8 月 2 日就占领了卢森堡，随后对比利时要求借道，8 月 4 日，德意志不管人家答不答应，强行开进了当时是中立国的比利时。

比利时和法国的边境不设防，对德意志方向也是陈以重兵的，早年施里芬还非常委屈地质疑：比利时这帮龟儿子对法国人那么客气，咋个对老子德国人这么凶哦。这事德意志人自己怎么想也不明白。

德国战车遭遇的第一个阻滞就是比利时的列日要塞。谁能想到这么一个一直中立的小国给自己装备了这么隆重的防御呢，三天三夜的攻城，德意志军团死伤无数，列日要塞纹丝不动。

在比利时被拖了三天，这还是闪电战吗？小毛奇感觉事情不妙，赶紧找了个高手过去增援。德意志"一战"时的头牌名将鲁登道夫登场了，他接班主持对列日的进攻。

列日要塞最难对付的，就是周围的 12 座炮台，鲁登道夫使用飞艇造成列日平民的伤亡，使列日城不得不投降，可是这 12 座炮台还是不屈不挠地攻击着德国人。听着这 12 门大炮的轰鸣，鲁登道夫给小毛奇发了短信：老大，把咱家的法宝开出来吧！

又有明星上场，镜头闪回一下。在普鲁士统一德意志那三场大战中，除了精锐善战的普鲁士军队，运筹帷幄的俾斯麦首相，果决清醒的毛奇将军，德意志还有一个制胜的法宝就是大炮，来自克虏伯家族的大炮。

克虏伯家族起源于德国埃森，最早是个打铁铺子，因为创造出好钢，进而开发出性能优越的钢炮，这个军火家族因而发家致富，甚至名扬四海。克虏伯大炮跟咱家颇有渊源，李鸿章大人对这个东西非常有兴趣，后来成为大清重要进口商品之一，此后中国半个世纪的各种战争，几乎都能看到克虏伯大炮的身影。

克虏伯家族在德意志地位尊崇，饱受皇恩，德意志帝国乃至以后的德国最高当局都将其视为国家柱石。

德意志计划打群架，兵器准备肯定是第一重要的。20 世纪初，德军总参谋部就要求设计一种用于攻克堡垒的能在陆上运输的重型大炮。这种重型火炮能以高角度发射，使炮弹落在堡垒的顶部，准确地击中特定目标。

这种重型火炮就是著名的"大贝尔塔炮"。这可真是个大家伙，炮身连炮车重 120 吨，运输时分解，需要一个火车头才能拉动，还要铺设专门的轨道。因为发射后座力太强，安放炮位时，需要先用混凝土浇灌一个几米深的底座，把这门炮安好就需要几个小时。

费这么大劲是值得的，这门炮可以发射一吨重的炮弹，千米外穿透钢筋混凝土建筑，威力惊人。

克虏伯公司到 1914 年初才研制出来，到开战时的 8 月才生产了 5 门。列日要塞受挫，小毛奇大笔一挥就将其中的 4 门批给了鲁登道夫。

当时世界上的炮，口径超过 300 毫米就已经是巨炮了，"大贝尔塔炮"口径是 420 毫米。这四个超级大怪兽一字排开，列日城的守军真有点目瞪口呆。

即使是面对这样的武力，英勇的比利时军队还是守了四天。攻克列日要塞，德国军队损失了 4 万人，至于给德军攻击了 11 天的列日城是个什么状况，大家可以大胆想象了。

小毛奇事先肯定没想过会在比利时受挫，浪费了这么多时间，而更让他没想到的是，英国军队真的登陆参战了！

施里芬计划施行有个大前提，那就是不要刺激英国人，而如果已经刺激了，就要动作快，可以赶在英国人上岸之前先制服法国。可是，比利时的行动让最坏的状况发生了，在法国边界，德意志军团遭遇了英国军队。

此时可以说，施里芬计划失败了一半。不过德意志军队面对英法联军还是颇有优势，在法国境内步步推进，然而，这已经不是轻灵闪腾的闪电战了，德意志陷入了他们最不愿意发生的阵地战，而且非常胶着。

1914 年 9 月初，德军挺进到巴黎城下，貌似德军还是将他们的行动控制在计划内。9 月 6 日，巴黎东南面的马恩河，德意志与英法联军会聚于此，打响了"一战"中最重要的马恩河战役。

马恩河战役如果获胜，德军一口吃掉巴黎，西线基本可以宣布胜利。然而，德军没赢，因为兵力不够。这个事必须找小毛奇问责。这个伙计没吃透施里芬计划的精神，他自作聪明了。

德意志的西线，分左右两翼，绕道比利时进攻法国的，是德军右翼，是一支奇兵。而德意志的左翼，在阿尔萨斯和洛琳一带牵制法军的主力。既然是牵制，就是最少的人办最多的事。小毛奇胆子小，他害怕法军主力吃掉德意志好不容易搞到手的洛琳地区，所以他从右翼抽了两个军团补充左翼。军事史上，每说起这件事，很多人都想把小毛奇拖出来痛打一顿。要知道，施里芬老爷子的临终遗言是：千万不要削弱右翼！

马恩河战役结束后，小毛奇对威廉二世说：陛下，我们输掉了战争。而后劝皇帝此时停手，中止所有的战事。威廉二世显然没有小毛奇看得遥远，他将小毛奇撤职，继续打。不就是刚开场的战役失败吗，怎么就说整个战争失败了呢？对，几乎可以说，马恩河的失败直接导致德意志最后的惨败。因为马恩河不胜，施里芬计划彻底破产。此后的几年，德意志的西线陷入了与英法联军的堑壕战，胶着了四年直到战争结束，而东线战事按时开球，还要应付骁悍的俄国人，两线同时开打，这不就是德国必死无疑的状态吗？

马恩河战役是历史上著名的改变了历史的战役之一，如果德意志取胜，整个世界的历史将不知道怎样发展。

德意志进入比利时，东线的战斗就已经开始了。列日要塞一战成名的鲁登道夫被派往东线，应该说这里的战事非常顺利，俄军败退，德意志一直开进了俄属波兰。鉴于历史上对俄国作战的教训，鲁登道夫也不敢深入，这样一来，东线的战斗也不能彻底了结，德意志在战争开打的头一年就沦为被两头拉扯的态势，糟糕的开局预示着悲惨的结局。

1915 年

这一年，德意志继续两头不到岸，独立战役似乎都打得不错，可是战略意图总不能实现。

西线，德意志气急败坏，不注意吃相，开始动用毒气。

1918 年，"一战"结束那一年的诺贝尔化学奖被颁发给了德国的化学家弗里茨·哈伯，以表彰他发明了工业合成氨，此后人类种地就不用单纯依赖天然氮肥了，极大提高了种粮食的效率和产量，应该说对人类吃饱肚子居功至伟。哈伯一获奖，英法等国就表示了强烈抗议，都质疑瑞典皇家科学院脑子坏了。这帮人脑子没坏，他们又没有呼吸过氯气，脑子怎么会坏掉呢？

哈伯是个激进的爱国者，战争一开打，他就全心全意地投入其中了。他最早提出对敌军使用氯气进攻，即使是好战的德国人，大多数也不同意这种玩法，认为太不人道了。最后哈伯还是找到了知音，1915 年 4 月，在比利时西南部的伊普雷小镇，某个德意志公爵大胆启用了这种武器，黄绿色云团飘向英法联军的阵地，带着刺鼻的气味。英法联军很多人口腔、鼻腔、咽喉都被灼伤，随后窒息，然后死去。这一轮氯气进攻，举手之间就让英法联军5000 多人没了性命，就算活着的，也颇感不适，不能再战。

使用毒气，德国人占了些小便宜，对战争的胜负影响不大，不过，这些氯气一用上，德意志军人的形象就彻底完犊子了。日耳曼千百年来一手打造的铁血勇士形象长出了角和獠牙，变成魔鬼了。

哈伯的妻子曾力劝他放弃这种阴损的杀人办法，无效，后来用哈伯的手枪自尽了。然而这也没有停止哈伯的工作热情，他继续研究快速杀人的办法。不管哈伯出手多么阴损，他的爱国心是不假的，战后，他顶着战犯的帽子，怀着随时被审判的忐忑心情，还致力于研究如何从海水中分离出黄金，用于帮助他的祖国偿还战争赔款。

东线的战斗貌似顺利得多，可是，不管将俄国人打得多么鬼哭狼嚎，既然不敢开进莫斯科，逼俄国人投降，终结东线的战斗，再多的胜仗，意义也不是很大。

这一年还有一件大事，那就是意大利终于买定离手了，之前他家握着一把小钱，在协约国和同盟国之间徘徊，不知道如何下注。意大利投向了协约国，对奥地利宣战。

1916 年

这是"一战"最关键的一年，也是"一战"最惨烈最精彩的一年。

鉴于东线的德意志军队不敢深入俄国广袤的国土作战，则必须倾尽全力取得西线，要不然这样没完没了地胶着，德意志人力物力财力都吃不消了。

巴黎以东 200 公里，现在的法国墨兹省内，有个叫凡尔登的小城市。从查理曼大帝被分割时开始，这个小城就归属不明，只要是德法打仗，就要对该地争个你死我活。凡尔登几乎可以说是进入巴黎的便道，所以号称"巴黎的钥匙"。

接替小毛奇的德意志参谋总长提出一个新思路，选一个法国人坚决不肯放弃的地方，德国发重兵猛打，让法国人为了死守这一地而流尽鲜血。而这个地方，被德意志参谋总部称为对法国的"处决地"。在地图上看了一圈，德国人确信，凡尔登这个要塞，法国人死都不会放弃，于是，德意志选择这个位置给法国放血。

这一战役从 1916 年 2 月打到 1916 年 12 月，12 公里长的战线上，德国人布置了千门大炮，狂轰乱炸。正如德国人预料的，法军死守不退，不断增援。估计是德意志低估了高卢人的骁勇，他们在给法国放血的同时，自己也鲜血淋漓。最后凡尔登战役以德国失败告终。双方投入 100 万兵力作战，70 多万人伤亡，历史上，这一战被称为"凡尔登绞肉机"。

凡尔登绞肉机虽然惨，却不是"一战"最惨烈的战斗。为了缓和凡尔登的压力，英军主导在索姆河开辟一个新的战场大战德军。

我们在《英帝国：日不落之殇》里介绍过这场战争，英国人首次使用了坦克。德意志第一次碰上坦克时被吓了一跳，后来发现这大家伙也不过如此。不久后，他家就使用了雏形的反坦克炮。战后，正式的反坦克炮被瑞士人发明出来。

索姆河战役是"一战"投入人力和军械规模最大的战役，打了5个月，就为争夺中间几公里的阵地。这一仗，伤亡人数超过100万，虽然英法联军先停手了，可是德国人也接近极限了。

凡尔登＋索姆河两场屠杀，西线的拉锯战又回到了起点。对德意志来说，没有进展就是失败。参谋总长又被威廉二世免了。

本来德国人以为，1914年8月开打，当年的圣诞节就会结束，他们压根不敢想要打持久战。可现在，两年过去了，还在打，而仗打到这个程度，谁能最后取胜，就看谁财雄势大了。协约国资源丰富，财力雄厚，尤其是大英帝国掌握大洋，可以在全球范围内调配资源。不管陆上战役，德意志如何骁勇善战，之前花巨资建设的海军一直没用，被英国的舰队堵在港湾，不能出海。

所以这一年，德意志是硬着头皮，挑战了海上霸主。《英帝国：日不落之殇》里也介绍过这场日德兰海战，结果是"德国舰队攻击了它的监狱看守，但是仍然被关在牢里"。

1917 年

"一战"的玩具很多，以前说过坦克、飞艇、超级大炮，还有一个挺好玩的，那就是潜艇。

世界上最早提出潜入水底航行的船只这个概念的，可能是达·芬奇，这伙计什么都敢想。最后让水下船只真正成型，有文字记录的也是个意大利人。有个荷兰人在英国设计建造了第一艘潜艇，在泰晤士河水下4米处航行了很长一段路。

潜艇第一次用于战争，是美国独立战争时发明的"海龟"。美国人想用这东西袭击英国军舰，不过当时的技术达不到，不了了之。19世纪晚期，美国发明家约翰·霍兰经过多次试验、改造，最终发明了现代潜艇的老祖宗——

霍兰6号。它能迅速下潜，展开攻击，水面上用汽油动力，水下使用电动机动力，基本可以用于战争了。约翰·霍兰被称为"现代潜艇之父"。

水面上打不过英国舰队，德意志只好在水底下下黑手。战争一开始，德意志就宣布，将会袭击所有进入英国海域的商船。这个战法效果还是很明显的，英国的商队遭受重创。不过，英国的海域不光只有英国的船啊。

话说"一战"开打，最忙的就是美国人了。一会要卖军火，一会要发放贷款，跟协约国打得火热。要说美国人跟协约国套近乎，也不完全出于跟不列颠的亲戚关系。大家看地图啊，整个欧洲战场，同盟国在中间，协约国围在外圈，美国人没机会跟同盟国联系上，业务不好开展啊，所以协约国就成了主要贸易伙伴。

美国人很早就说了："麻烦你发鱼雷的时候看清楚，别打坏了俺家的东西，小心俺家入伙一块收拾你们。"

德意志再悍，他也知道不能再招惹新的敌人了，大战开始那段时间，德意志的潜艇战基本还是保持风度。进入1917年，德意志有点急眼了，管不了那么多了，爱谁谁，英国海域所有的船只，只要给看见，痛打不饶。

这个"无限制潜艇战"的计划目标是，在6个月内，逼英国人投降。英国有办法，商船编成船队，由驱逐舰或巡洋舰护送，护航舰艇安装有声呐和深水炸弹，可以反击德国舰艇，大大减少了商船的损失。

"无限制潜艇战"没有达到目标，却找来了麻烦，因为德国潜艇打掉了美国的商船，给了美国很好的借口，老山姆参战了！

美国人来的时间刚刚好，因为俄国人不行了。1917年初，俄国人发动二月革命，终结了他家延绵300年的罗曼洛夫王朝，俄国沙皇这个东东彻底消失在地球上。11月，伟大的列宁同志领导了布尔什维克起义，建立了社会主义国家——苏俄。

俄国沙皇跟着搅和第一次世界大战还打得不好，是被赶下台一个很重要的原因，所以苏共一上台，果断退出了战争。

在德意志人眼中，美国人不远千里派兵到欧洲打仗，这是什么精神？这是犯傻的精神。虽然美国人就德意志的潜艇乱打抗议过很多次，德国人真没想过这家人会发兵，而且一发就是200万，带着精良的装备和源源不绝的补给。

足球比赛踢到第 80 分钟，双方都筋疲力尽，突然有一方换上了从没上场体力充沛的主力！

1918 年

所有人都打累了，即使是经常打群架的欧洲人。进入这个年份，谁都看得出，不论德意志还在做怎样看似生猛的进攻，他真的是强弩之末了。

在德意志国内，整个国家所有的精力都用来应付战争，而德意志军队的最高统帅部就成了德国的实际领导者和独裁者。取代皇帝安排帝国大事小情的人物，就是鲁登道夫。

军国分子当道，别指望他善待百姓。对德意志人来说，记忆中他家参加过的战争，都是速战速决的，从来没有这么多年陷在一个战争泥潭，又不能胜，又不能撤。越打不赢越气急败坏，越是把所有的家产赌上战场，战前，因为德意志经济的高速发展，老百姓生活优裕，福利不错，过了几年好日子，战中这几年，德国人的生活水平跌进了地狱。除了战场上那些伤亡的子弟，家里因为粮食匮乏饿死的人也不在少数。国内厌战反战的情绪越来越激烈。

自从政府由军队首脑说了算，威廉二世就越来越不知道该干什么好了。国内大乱，鲁登道夫对德皇说，不行啊，要改革啊。威廉二世就说，好吧，那改吧。鲁登道夫就选了巴登亲王做首相，让他团结各主要政党，组建一个能平息民怨的新政府。

巴登亲王从哪里冒出来的呢？早先德意志宣布无限制潜艇战，巴登亲王极力反对，在美国人心目中，巴登亲王是个好人，可以商量。鲁登道夫这个时候把这尊大神请出来，显然是为了跟参战的美国人说好话。

自从美国参战，在协约国那边俨然就是带头大哥了，知道德意志坚持不住了，他家的威尔逊总统抛出"十四点和平纲领"，给日耳曼人一个下场的台阶。

新政府真代表民意，说不打就不打了，给美国人一个面子吧。不过，我们可不敢想象德意志的军国主义分子会给美国人面子。

1918 年 10 月下旬，那边新政府已经跟美国人套近乎了，这边德意志海军司令部下令，基尔港内的德国远洋舰队全数出海，跟英国舰队决一死战，如果不胜，则 8 万水兵和所有舰只"光荣地沉没"。

海军司令部是丧心病狂了，8 万水兵还清醒啊，疯子自杀还拉这么多陪葬的？水兵们拒绝起锚，军舰都熄了火。司令部当时就逮捕了 100 多人。几天后，水兵走上基尔街头游行示威，抗议当局，要求释放被捕者。随后示威发展为武装起义，水兵们迅速占领了战略要地，控制了全城。本来德意志的工人同志们这一年也是起义不断的，一听说大兵们得手了，马上响应，很快，基尔及附近郊区均被起义者占领。

基尔胜利的消息成为德意志起义的发令枪，一场声势浩大席卷全国的工人起义爆发了。

首相巴登亲王看着工人士兵来势汹汹，知道这次不表示态度是不能平息了，于是找到表哥，也就是威廉二世，让他主动退位，给老百姓一个交代。威廉二世坚决不干，预备跟皇位共存亡。

皇帝的死硬态度导致 11 月 9 日柏林的士兵和工人发动更大规模起义，几乎没有遭遇反抗，起义军一天不到就控制了整个柏林。巴登亲王由不得威廉二世恋恋不舍了，帮着皇帝写了个退位诏书，把他从王座上一把扯下来，威廉二世连夜逃亡荷兰，后来的岁月里，流亡德皇满腹惆怅无处发泄，疯狂地砍树，据说 23 年砍了 6000 多棵树，不知道是烧掉了还是打家具了。荷兰那阵子应该贴个标语："以保护树木为荣，以乱砍乱伐为耻！"

11 月 11 日，德意志投降，签订停战协议。而他的那几个盟友早就投降歇菜了，第一次世界大战以协约国的胜利落幕。

四十　魏玛共和国是为吗

终于看到了共和

工人和士兵的起义推翻了霍亨索伦王朝，没有皇帝了，德意志该往哪里去？

要先介绍一下"一战"期间到结束，德意志国内的政治格局。前面说过，俾斯麦成为统一的德意志首相后，先对付国内天主教派的中央党，结果是中央党在议会壮大；后来又镇压工人运动起家的社会民主党，表面上有效果，社民党后来都转入地下了。政党这个事吧，最好玩的就是，只要被镇压，就有可能壮大。社民党在地下迅速蔓延，居然也慢慢壮大了，到"一战"快结束时，德意志传统的统治阶层——容克阶层发现，想让老百姓安稳不闹事，必须让社民党出来组阁管事。

党派一发展壮大，内部没有派系是不可能的。此时的社民党已经分成了三个部分，第一派就是原来的社民党，他们的特点就是对容克阶层还颇有感情，希望建立容克阶层民主和议会制度，不要武斗，和平过渡；跟他们完全相对的一派就是所谓的斯巴达派，他们的首领就是德意志最著名的革命党李卜克内西，斯巴达派是列宁的追随者，他们的想法就是建立无产阶级的专政，无产阶级通过武装斗争获得政权，建立一个布尔什维克的国家，这一派后来成为德国共产党；这两派之间还有个中间派，被称为独立社民党，他们的要求是全民普选议会。

德意志的起义突如其来，所有的政党都没有准备，这个运动会被导向哪里，就看这三个政党的本事。

巴登亲王把表哥赶下台后，自己也觉得没意思，就将首相之位交给了社民党的党魁艾伯特，艾伯特小心谨慎地叫上共产党和独立社民党一起组阁。

李卜克内西坚决不干，要求将政权交给工兵代表大会（也就是我们常说的苏维埃）。艾伯特只好和独立民主党组阁，共同建立一个被德意志排斥了很久的资本主义共和国。说是共和国，换了个招牌而已，之前那些大容克大贵族、垄断资本家、军界头子之类的，给自己换了个支持民主的嘴脸，又挤进了政府机构，继续成为主要力量。

起义是工兵们发起的，胜利果实又被资本家容克们攫取了，革命不彻底啊，继续罢工暴动。只是，社民党和独立党都不是之前那个老朽的君主政府，他们代表着大量中产阶级的利益，他们出手镇压，威力还是很大的。

1919年1月19日，在德国共产党缺席的情况下，德意志举行了各党派参加的国会选举，2月6日，新选出来的国民议会到魏玛开会，通过了宪法，德意志的共和国诞生了。

魏玛位于德国中部，是歌德和席勒的故乡，德意志的古典之都，号称德国的雅典。在这里正式成立的共和国，历史上被称为魏玛共和国，社民党党魁艾伯特被选为首任总统。

把仇家往死里整

魏玛共和国成立后的头等大事，就是面对战败惩罚。在德意志工兵起义，各政党抢班夺权的时候，协约国忙着商议怎么收拾他们呢，商量的那些事，就是著名的《凡尔赛和约》。

1919年1月18日，战胜那几家通知德意志，到巴黎凡尔赛宫开会。为啥选这个日子呢？还记得吗，48年前的这一天，普法战争，普鲁士大胜，威廉一世进入巴黎，在凡尔赛的镜厅加冕成为德意志帝国皇帝。德意志的皇帝在法国的凡尔赛宫加冕，当然是为了羞辱输家，这次，轮到法国人羞辱输家了。

整个巴黎和会，最引人注目的是两伙，咬牙切齿、双眼发红的法国人和愁眉苦脸、垂头丧气的德国人。看法国人的样子，恨不能活剥了德意志，所以协约国商量拟定的《凡尔赛和约》是某种疯狂的报复，到底这份世界上最欺负人的和约说了些什么呢？

根据历史规矩，战败国不外乎就是割地赔款。德国人割得比较惨，首先，阿尔萨斯—洛琳地区肯定是还给法国的，西部割一片给比利时，南部，承认奥地利、捷克斯洛伐克独立，而且德奥永远不能合并；东部，波兰独立，德意志还要割一块地给他们；北部，石勒苏益格的北方切一块给丹麦。

海外的殖民地被协约国分掉，最不要脸的就是将咱家的青岛从德国人手里转到日本人手里。

德国的萨尔兰煤矿交给法国开发，管理权属于协约国 15 年，到期后，由当地人公投决定何去何从。

这一轮又切又割的，德国失去了 7 万多平方公里的土地及 700 多万的人口，75% 的铁矿和 26% 的煤矿也失去了。

赔款呢？这个更狠。这场大战，英法都被打成穷鬼，穷凶极恶地要钱。后来算出来，德意志共需要支付战争赔偿 2260 亿金马克！德国人看着这个数字，光数后面的零就数了半个时辰，这是个让人感觉天荒地老地久天长的数字，世界末日之前能还完吗？按揭时间不准太长，42 年必须还完。

好在当时还有没穷疯的，比如美国人，他家就觉得，把德意志逼上绝路，大家鸡飞蛋打，谁也拿不到钱了，少要点，让他家恢复了再说，后来到底跟德国人要多少钱成为协约国讨论最激烈的问题，意见总不统一，德意志坐收渔利，这笔赔款逐年减少，没几年就不用还了。不过在 1919 年的凡尔赛，这个数字绝对能把德国人吓哭。

光割地赔款是不够的，要防止日耳曼这帮战争狂卷土重来，限制他家的军备。陆军不能超过 10 万人，海军不能超过 1.5 万人，不能拥有主力舰和潜艇，允许配几艘驱逐舰和鱼雷舰啥的。莱茵河西岸给协约国占领，时间的长短看德国人的表现决定，莱茵河东岸 50 公里区域为非军事区，德国人不得驻军，不得演习。

够狠吧？真狠，要是德国人不答应或者中途变卦呢？不怕，"一战"以后，由美国牵头成立了一个国际同盟，号称要预防下一次战争。所以整个巴黎和会期间，关于国际同盟成立的事项也是重点讨论的内容。跟德国人签这些条约，要是他家不好好执行怎么办呢？国际同盟允许揍他家，可国际同盟这时候手上没有所谓的维和部队啊，法国人马上跳出来，说："交给我了，这厮不老实，老子往死里打！"

德国人能不答应吗？请他家来凡尔赛就是签字的，没说请他们来商量条款，也就是说，同意就痛快签字，不同意要更痛快地签字。

那些还债的日子

魏玛政府代表出差凡尔赛，签字回家后，混得里外不是人。对德意志的大部分军国分子来说，他们从不承认自己战败的事，德意志没有输给协约国，是德国老百姓在后院放火，导致了德国战败。德国军界一直有一个说法，说德意志是败于"背后刺来的匕首"。现在还一副熊样签订这么窝囊的协议，德国那些视荣誉高于生命的将军们情何以堪！

而对于德意志的工人和士兵来说，他们的罢工游行起义推翻了帝制，可胜利成果继续留在之前那帮容克手里。《凡尔赛和约》已经签订，这些巨额的赔款会转嫁给老百姓，德国共产党自然要号召大家将革命进行到底。

魏玛政府回家，第一件事就是下令裁军。德意志军队除了正规军，还有最早招募志愿兵组成的自由军团，自由军团一直认为自己才是真正的战士，正规军不可靠。"一战"结束时，自由军团人数很多。正规军是国家招募的，可以随便解散，自由军团是自由的，哪能说散就散呢。因为拒绝解散兵团，而自由兵团的头脑们还都是君主主义者，想着就是找机会推翻共和政府，恢复帝制。

1920 年 3 月，自由军团发动政变，推选了一个老公务员卡普做招牌领袖，所以被叫作卡普政变。魏玛下令国防部派兵镇压，当时的国防部长对总统说，"国防军不打国防军"。于是，政变军队直入柏林，魏玛的总统总理逃之夭夭，卡普宣布魏玛议会解散，宪法作废，全德戒严。德意志大部分地区的国防军都响应政变。

没有军队镇压，只能依靠老百姓了，艾伯特总统一边跑一边下令工人罢工，上次就是工人运动推翻了皇帝，现在还要依靠这招推翻复辟。没想到，德意志的工人做的比总统要求的更多。在德国西部鲁尔工业区，德国共产党组织工人，成立了一支"红军"。人数超过 15 万，效率极高地解决了当地政变的军团分子。随后，其他各地的工人运动都取得了胜利，卡普政府成立了 4

天就宣告失败。

国防军不打国防军，对付工人运动却是愿意的。魏玛政府回家后，召集军队，镇压了帮助他们回家的工人运动。

德国共产党不能总看着德国工人被欺负啊。1921年3月，德国共产党又组织了大规模的罢工，再次被镇压，6000多名工人被捕。

这样的动荡，这样的飘摇，德国经济还能好吗？经济不好能有钱吗？没钱能还债吗？所以啊，魏玛政府就对国际同盟叫苦啊，各位老大，给宽限一下吧，实在还不出来啊。

我们看港产片都知道，欠高利贷不还的，会给人泼红油漆。国际同盟不也有一帮泼漆的吗，就是法国人啊。一听说德国人唧唧歪歪想赖账，法国人和比利时人二话不说就占领了德国的鲁尔区。

魏玛政府再次使用了百试百灵的斗争法宝，你法国人进来占领鲁尔工业区，不就是想直接拿走工业区的利润吗？我们的工人都不干了，让工业区成为一座死城，机器不响，车轮不转，我看你法国人怎么办！

法国人无奈，德国人更惨。这一年的德国经济可以说是完全崩溃。大部分工厂已经不生产了，可还需要钱还债，所有的工厂都可以停工，只有印钞厂不能停，把印手纸的机器都拿来印钞票也不够用，德国马克迅速比废纸还废。到1923年年底的时候，马克对美元的汇率是1美元兑42亿马克！有幅经典的漫画是反映当时的情景，几个德国小孩用一沓沓的德国马克当积木垒房子玩。

德国经济整成这样了，法国人占着鲁尔区有啥用啊。法国花了10亿法郎的占领费用，国内也怨声载道的。对于法国人这种穷凶极恶的模样，英美是很看不上的。对英国来说，整死德意志壮大法国，这个事不好。对美国人来说，"一战"后，他家已经是老大，有主持国际"正义"的义务，况且德意志疲弱影响整个欧洲市场，美国人也不希望看到。法国在鲁尔区丢人现眼，英美两国骂他：你个没出息的货，你把欠债的整死了他家欠的钱你还啊？！

德国人消极抵抗的赖账办法收到了效果，英美都觉得，要考虑换个要账的办法了。最后，几个债主研究出的解决办法是，先不限定赔款上限，根据德意志当年的经济情况收账，每年上浮一点。为了帮助德意志还债，美国人向德国贷款，帮助他家经济复苏。

这个很客气很有爱的要债计划，就是所谓的"道威斯计划"。计划中最正义的一段就是要求法国撤军，而且以后不准单独对德意志用不礼貌的手段要钱。法国不是穷疯了才抢吗，美国人一视同仁，也给法国一笔贷款，邻居要好好相处。

德意志自小练武，身体底子好，被别人这样整一次，最多也是武功尽失，随着美金这剂良药源源不绝地流入德意志的身体，这家伙以惊人的速度恢复并增长。到 1929 年，德国的工业在世界工业总产值中的比重仅次于美国，再次成为世界第二，黄金储量还超过战前。1924~1929 年，德国的发展被称为世界经济史上最壮观的一次经济复兴。

随着经济的振兴，国际政治地位也在逐步恢复，1926 年，德国加入了国际联盟，成为常任理事国。大家回忆一下啊，当初成立国联就为了约束德国，如今让德国加入，等于是重新承认了自家的江湖地位，由这时可以说，德国正逐步走出"一战"的阴霾，摆脱"一战"的梦魇，重新走上大国之路。

国乱方显"忠良"

这篇是闪回，回忆一个法国占领鲁尔区时的故事。

之前说到，道威斯计划之前，魏玛国内起义、罢工、政变此起彼伏，非常繁忙，几乎所有的党派都跳出来秀了一把，成名英雄无数。到法国出兵时，德意志凄风惨雨几近崩盘，这时候，这背景，再跳出来闹事而又没被整死的，后来都成了超级巨星。

先说一个意大利的巨星，大名叫贝尼托·墨索里尼。"一战"结束，意大利算是战胜国之一，不过没得到什么好处，战争结束，家里的情况也不比战败国好。百业凋零、民不聊生，跟德意志一样，到处都是运动和造反，所有的党派各施手段，看谁能夺取意大利的政权。

墨索里尼出身于一个铁匠家庭，早年还是个社会主义者。经历"一战"后，受打击被洗脑了，认为军国主义才是王道。看着战后意大利群雄并起，他也在米兰拉了 100 多号人，成立了一个叫"战斗法西斯"的涉黑团伙（法西斯的来历参见《罗马帝国：霸主养成记》)。

近朱者赤，近墨者黑，跟老墨混，还能不涉黑吗？老墨是个天生的黑社会大哥，组织社团纪律严明、指挥有度，最重要的，造型很酷。统一黑衬衫，手提铁棍，从照片看，这个造型唯一的遗憾是少副墨镜。

1920 年，意大利北部工人大罢工，声势很大，政府无力镇压。老墨带着兄弟们出场了，帅呆了，酷毙了，这些黑衫客操着铁棍一通乱打啊，杀人如麻，心黑手辣，竟然将这场工人运动镇压了。老墨一战成名，吸引了很多大资本家的注意，纷纷愿意向他的社团缴纳保护费，以换取他们经常帮忙"照看"手下工人。

老墨跟一般的黑社会头目不一样，人家有政治上的追求，如今有钱有人有声望，"战斗法西斯"这个团伙听着不气派，升级成为"国家法西斯党"，以后老墨不是社团大哥了，应该叫党魁。

政党和社团的区别在于，社团打完了再讲道理，政党一般是先讲道理再打。老墨成为党魁后，就到处演讲，主要内容就是，如果他老墨成为意大利之主，意大利农民有地种、工人有工作、大兵加军饷、资本家会有大量的海外市场。忽悠是政党生存之道，老墨显然深谙其道，在他的忽悠下，国家法西斯党以惊人的速度成为意大利很强势的一个党派。

时机成熟了，老墨先讲了一通道理，认为最好是将政权和平过渡到他手里，可既然人家不答应，只好硬抢呗。

先是夺取了米兰的政权，老墨将党徒们组织编制了一下，武装成正规军队了，然后，号召大家，"进军罗马"夺取政权。

1922 年 10 月 28 日，法西斯党的军队几乎没遇到任何抵抗就进入了罗马。黑压压的一群人让整个罗马城都阴风阵阵。当时的意大利国王吓得直哆嗦，非常快速配合地宣布老墨成为意大利的新总理。

从米兰出发，到取得总理之位，老墨用了八天时间，他自己都没想到成功得如此容易。

老墨总理不用忽悠任何人了，他现在想干什么都行。一上台，他就宣布，国家法西斯党是意大利唯一的政党，取缔其他所有政党，既然什么党派都没有了，法西斯党就名正言顺独裁了呗。

从此，法西斯这个词就代表着专制独裁和暴力。

老墨的成功让好多人羡慕啊，组建社团——招募人马——成为政党——暴力夺取某个城市——向首都进军——夺取政权。这个应该是老墨的成才秘籍，传诸江湖后，教坏了不少小孩。

1923 年 11 月 9 日，在德国巴伐利亚邦的首府慕尼黑，邦首脑和一些政府官员在一家啤酒馆里开会，公布施政纲领。会开到一半，突然有一群人荷枪实弹冲进了会场，一个有浓重奥地利口音蓄一撮小胡子的中年小个子，跳上讲台，嘶哑着声音喊道："全国革命开始了！"然后，这些人将巴伐利亚政府的主要官员扣押，还对外宣称这些政府官员已经同意组建新政府，而这个小个子，将成为新的首脑。

小个子发表了一篇激情洋溢的演说，风采令人倾倒，他号召大家以巴伐利亚为根据地，整饬军队，"进军柏林"，夺取全国政权。而帮助小个子领导进军队伍的，就是"一战"时德意志的领导人，鲁登道夫。

这次行动显然是山寨老墨的"进军罗马"，不过时机还不成熟，因为巴伐利亚那几个政府官员不从啊。他们假意配合，趁人不备，跑了出去，然后召集警察部队，对小个子一帮人进行镇压。鲁登道夫当场被铺，小个子当时虽然溜走了，不过没几天就落网了，被判处 5 年徒刑。

这个被称为"啤酒馆政变"的行动虽然失败了，但是小个子却出名了，他的那些想法和论点随着这个事件被传扬到德国各地，德国人都在传说这个叫希特勒的新狂人。

四十一　狂人土壤上最狂的狂人

本书开篇就说过，德意志的音乐家和哲学家是交相辉印的两片星空。希特勒都出场了，德意志史上那些哲学家怎么能一个都不提呢。德国的历史不管怎么写，有一个人物绝对不能回避，这个人大名叫弗里德里希·尼采。

写德国史的这段时间，老杨培养了一个和希特勒一样的习惯，那就是，不管去哪里，包里永远有一本《查拉图斯特拉如是说》。因为不读尼采，不敢写德国历史。

尼采家是个牧师世家，父亲曾是普鲁士王宫的教师，教授过几位公主。1844 年，尼采的父亲主持一个叫洛肯的乡村教区，尼采就在这一年出生在这里。尼采出生后，家里很快又有了一个弟弟和一个妹妹。尼采后来号称世界上罕见的天才，不过他 2 岁才学会说话，证明 3 岁看大这句话靠不住。

4 岁时，尼采的父亲去世，6 岁，弟弟也去世了。这两件事应该是尼采人生遭遇的第一重打击。后来，尼采就在一个纯女性的环境中长大，祖母、母亲、两个姑妈和妹妹。

尼采最著名的就是反基督，还反对女性，不知道他出生的背景和环境对他造成了什么样的影响。

最早在天才尼采身上表现出来的，是音乐天赋。整个求学过程中，音乐和诗歌是最让他投入的东西。他碰上了两个改变他一生的人物，一个叫叔本华，一个叫瓦格纳。

1865 年，尼采在莱比锡大学求学，他在旧书摊上买到一本《作为意志和表象的世界》，叔本华的作品，此时作者已经去世 5 年了。

叔本华说什么呢？意志就是一切，所有的事都可以解释为"要活着"，而所谓生存意志是宇宙万物的本质。人的意志决定了一切，尤其是欲望，要实现这些欲望就要历经痛苦，实现了一个欲望还有下一个欲望，所以一直痛苦，而人的生命，不过是被生存意志控制的傀儡，所以是根本看不到希望的。要想不受控制，就不要有意志，没事要禁欲，要克己，要避世。叔本华被称为"悲观主义"的代表。

叔本华和另一位哲学大腕黑格尔是同一时代的，这两人是对头，黑格尔的哲学体系是"客观唯心主义"，早年间，马克思也是黑格尔的信徒。黑格尔讲的那些东西，老杨就真是读不懂了。

黑格尔在他的时代是很出名的，叔本华一直到临死才被人认可，所以尼采在旧书摊上买到叔本华的书，就不奇怪了。

尼采读完叔本华，醍醐灌顶耳目一聪啊。只是，对尼采来说，他虽然认可了叔本华说的那些生存意志之类的事，但是他并不认可那种悲观的处理办法，他要提炼提升叔本华的理论。

不久，尼采发现一个同道中人，也就是大音乐家瓦格纳，他也是叔本华的铁杆粉丝。瓦格纳被认为是贝多芬之后格局最开阔、气象最宏大的音乐家。作为一个准音乐家，尼采从瓦格纳的音乐里感受到了某种激昂狂放的生命力量，让他崇拜不已。也就是从瓦格纳的音乐灵感中，尼采创作了他的成名作《悲剧的诞生》。

这是一本美学书，也是尼采哲学的诞生地。一本借艺术探讨人生的著作。尼采用日神阿波罗和酒神狄奥尼索斯的象征来说明艺术的起源、本质和功用，进而推导出人生的意义。

日神阿波罗是宙斯最宠爱的儿子，是奥林匹斯山上最重要的神祇，他主管光明、青春、医药、畜牧等。尼采认为，"日神可以统称美的外观的无数幻觉"。意思就是说，日神给我们创造了美的幻境，让我们忘记苦难。

酒神狄奥尼索斯是宙斯与冥后的儿子，幼时受到宙斯的宠爱，天后赫拉出于嫉妒，让巨人杀死了他，雅典娜救出了他的心脏，宙斯交给大地之母，将心脏吞食，而后重新将他生出来。狄奥尼索斯出生后，天后依然不肯放过他，他在大地上到处流浪，教会了人们酿酒，成为酒神。在罗马神话中，他还掌握着葡萄种植。

希腊的戏剧最早就是源于对酒神的祭祀，既然是祭祀酒神，难免不喝酒，喝完难免不乱性。所以酒神精神，代表着狂喜、狂欢、纵欲、发泄。

日神精神庄严肃穆、高尚正统，酒神代表野性放纵、不受节制。日神精神的代表是雕塑和绘画那些造型艺术，酒神精神则是音乐和戏剧。

对酒神精神的崇拜，可以引申为人应该解除束缚，回归生命最原始自然的体验。而悲剧，正是来源于日神精神和酒神精神的结合。尼采认为，悲剧不是悲观的，而应该是狂喜的、悲壮的，那应该是一种冲破命运打破束缚后的喜悦与欢呼。

简单地说，日神代表理性，酒神精神就是要将当时主宰人类的理性打破，与现实战斗。

这些只是老杨粗浅的理解，再深也理解不了啦，哲学书本来深奥，翻译的哲学书更是深不可测，如果真有读者不怕走火入魔想深入了解，推荐周国平老师翻译的版本。

写《悲剧的诞生》时，瓦格纳几乎是尼采心中的神，本书的前言，他就写道，这本书奉献给瓦格纳，"奉献给走在同一条路上的我的这位高贵的先驱者"。

遗憾的是，这么痴迷的崇拜没有持久，尼采一直以为，瓦格纳就是那个会将酒神的精神用音乐发扬光大的人，结果尼采发现，瓦格纳越来越趋近大众审美，而且媚俗，尤其是屈服于基督世界的规则。大失所望的尼采选择了跟瓦格纳决裂，一直到瓦格纳死后，尼采都不放弃，不断地撰文表达自己对瓦格纳的批评和不满，正如他自己说的，瓦格纳成了他一生都治不好的病。

尼采是个有点孤傲的人，这样的人，你很难想象他会被一个女人吸引。而他不相信的上帝偏偏就给他安排了一个让他心服口服的姑娘。这位不到20岁的俄罗斯姑娘就是莎乐美。

莎乐美应该说是西方文化史上一朵奇葩。尼采见到她的时候，她还不到20岁。莎乐美是个绝顶聪明的女孩，有深邃独立的思想和非凡的悟性，跟尼采一样，她也反传统，有点离经叛道。尼采几乎是第一眼就爱上了这个姑娘，在一起度过了一段美好的时光。虽然莎乐美也欣赏尼采，可是对于尼采的求婚，她拒绝了。

尼采不是莎乐美裙下唯一的受害者，有一首著名的情诗是这样写的："弄瞎我的眼睛，我依然会看见你。塞住我的耳朵，我依然会听见你。即使没有脚，我也能找到路走向你。即使没有嘴，我也能苦苦地哀求你。卸下我的手臂，我也会抓住你。"这是号称最伟大的德语诗人奥地利的里尔克写给莎乐美的，里尔克比莎乐美小了15岁。

除了尼采和里尔克，莎乐美在50岁高龄时，还吸引了一个男人，名叫弗洛伊德。

被这样的女人拒绝，尼采是够痛苦的。很多人说，对莎乐美的求婚不遂是后来尼采敌视女性的主要原因，他跟莎乐美分手后，说了一句名言："回到女人身边去，别忘了带上你的鞭子。"活脱脱就是一个因爱生恨的小男人。

西方文化界都说，莎乐美是非凡的缪斯，很多男人因为跟她交往而"受孕"，并诞生出伟大的作品。莎乐美让尼采"受孕"并"生产"的，就是他一生最顶峰的著作《查拉图斯特拉如是说》。

查拉图斯特拉的原型是波斯的一位先知，这本书讲述了他的出世、游历、思考和领悟，尼采借用他的口，宣讲了自己全部的哲学思想和人生感悟。整部书最惊人的名句是：上帝已死！

为什么说上帝已死？上帝不是钉死后又复活了吗？在这本书里，上帝并不是指钉在十字架上的那位主宰，而是人内心的主宰。因为基督教世界的信仰，人们越来越趋从于某种"奴性"，不敢反抗命运，不敢为自己抗争，活得卑微而懦弱，上帝已死，没有依赖了没有主宰了，人类要把控自己的一切，要敢于打碎一切旧的框架，彻底释放内心的自由和活力，不断超越自己，能够做到这些的人，就不再是普通的地球人，他们是超人。尼采心目中的超人，肯定不是将内裤穿在外面到处乱飞的那个猛男，尼采认为的超人，就是要超越现状，"人是应该被超越的"，而在超越的过程中，要承受无尽的打击和毁灭的结果。

"人类是一根系在动物和超人之间的绳索，一根悬在深谷上的绳索。往前端去是危险的，停在半途是危险的，向后望也是危险的，战栗或者不前进，都是危险的。"

"人是一条污水河，你必须是大海，才能接受一条污水河而不自污，超人便是大海。"

这套超人哲学，就是《查拉图斯特拉如是说》这本书的主题。全书用散文诗写作而成，即使是看翻译后的文字，也能感觉到尼采飞扬的文采和张扬的思想。文字很灿烂，寓意很深奥，让人读得很迷乱，这，绝对是哲学书的最高境界了。

尼采自己肯定没有修炼成超人，因为他还是要面对人世间的冷嘲热讽和不理解。虽然他自己说，他的学说 100 年后才有人能懂，实际情况是，100 年后也没几个人懂。

上帝死了，尼采疯了。1889 年，在都灵大街上，一个马夫赶着一群马走过，马夫用鞭子狠狠地抽打着落伍的马匹。在一旁看到的尼采突然号啕大哭，他冲上去抱住那匹被鞭打的马，哭喊着："我可怜的兄弟呀，你为什么这样地受苦受难！"

尼采人生的最后几年住在他妹妹家里，应该是受到了无微不至的关怀，天才和疯子从来只差一线，这个疯子再没有恢复为那个狂飙傲世的天才。1900 年，55 岁的尼采去世。

这么长篇介绍尼采，当然是因为他的地位重要，后来西方哲学的存在主义、弗洛伊德主义和后现代之类的东东，基本都是尼采思想不同层面的反映。在哲学史上，有一种传统与现代的划分，是以尼采前和尼采后来区分的。咱家清末的学术巨子王国维说："谓今日欧洲之文化艺术，下至人民生活，无不略受于尼氏者。"被尼采影响的人数不胜数了，而咱家那个一样桀骜不逊、特立独行的鲁迅，就是其中之一。

四十二　元首万岁

谁妖魔了尼采

上篇说到了尼采，这篇介绍他妹妹。尼采在哲学史和文化史的地位是异常尊崇的，可是在中国，很长一段时间，都不被接受和认可。

随着尼采的著作和故事不断地传入中国，我们渐渐理解了，这个狂人的狂是深邃的、高远的，是灵魂的自由和释放。如果希特勒真是感觉他在追随尼采，他显然是误读了尼采。为什么会误读呢，因为有人篡改，而将一个思想家整容成一个沙文主义狂人的幕后黑手，就是尼采的妹妹——伊丽莎白·尼采。

野史一直传闻，尼采和妹妹有点乱伦的恋情。论据是，尼采抵触所有他妹妹的追随者，后来尼采迷恋莎乐美时，伊丽莎白专门写信给莎乐美破坏这段关系。尼采在都灵发疯，被送进精神病院，他住院期间写下的作品就是《妹妹和我》，这是尼采最后的作品。生命的最后一刻想到的是记录自己和妹妹的故事，不能不怀疑这兄妹俩的关系多少有点暧昧。

在兄妹俩这种奇怪的纠结下，伊丽莎白在1885年才嫁人，应该是个大龄剩女了。她的婚事遭到了尼采强烈的反对，伊丽莎白嫁的这位大仙，名叫贝尔哈特·福斯特。这个伙计是个非常出名的排犹分子，没事就喜欢鼓吹雅利安人种如何高人一等。大家知道，纳粹的核心思想之一就是种族优越论，雅利安人种是神族，犹太人要被消灭。

伊丽莎白结婚时，尼采没有到场。而伊丽莎白嫁鸡随鸡，也在老公的排犹圈子里混。福斯特的终生事业是在巴拉圭的原始森林里建一个德意志的殖民地，移民最纯最正的日耳曼正统，打造一个最完美的最强悍的日耳曼小世界。这计划听着比尼采还疯，所以不久就失败了，而他本人自尽。伊丽莎白又破产又守寡，从天堂跌到了人间，日子有点难过，想找一个新业务，东山再起。这时她发现，他哥哥越来越红了，尼采的书籍被传播到了大街小巷，伊丽莎白发现了哥哥的商业价值。

尼采疯了后，一直由母亲照顾，伊丽莎白非常殷勤地接下了照顾哥哥的责任，将他带到魏玛，成立了一个尼采的档案馆，自己任命自己为馆长，将哥哥摆在馆里供人参观，而她自己开始整理编撰尼采的手稿。

伊丽莎白对哥哥的理解，仅限于他哥哥是个思维古怪的天才，到底她哥哥长篇大论讲了些什么，她不见得能理解，但是，这不妨碍她按自己的想法对哥哥进行艺术加工。

现在一般揭秘的资料都说，尼采很多理性平静的言论都被伊丽莎白屏蔽了，留下的，都是一个病态狂人的呓语，这符合炒作学的法则。从商业价值来说，一个有点病态的人绝对比一个正常人有看点，伊丽莎白显然深谙明星运作之道。

有一阵子，西方认为最能代表尼采的著作，就是《权力意志》这部书，现在经过考证，认为根本不是尼采所写，是伊丽莎白找了几个枪手，在尼采的书稿笔记之类的资料里断章取义拼凑的。

伊丽莎白晚年公开支持纳粹，希特勒还非常恭敬地拜访过尼采这间档案馆，对尼采女士表达了崇敬之意，更表达了将尼采作为自己灵魂师长之类的意思。尼采若天上有知，很想问问他，希特勒这样的人物，算不算他心目中的"超人"。

希特勒的成长

扯了这么久，终于要进入正题了。开始说希特勒吧。

如果整个地球的历史算一场大戏，希特勒肯定是可以排进前五名的男主角，戏分难免要多一些。希特勒的故事和传言很多，根据老杨一贯的不着调的风格，正史野史绯闻传说放在一起写。假做真时真亦假，无为有处有还无。

说到希特勒的家世，那真是一本乱账。先说希特勒的爷爷啊，希特勒的爷爷叫作约翰·希特勒，是个磨坊短工，家住在奥地利的小山村。老约翰先娶了个村姑，生了个儿子，没几年，儿子老婆相继死了，那时候，日子不易啊。后来老约翰又娶了个农妇，47 岁了，还带了一个 5 岁的儿子。这个儿子名叫阿洛伊斯，也就是希特勒的亲爹。

老约翰续弦，按道理应该把对方的儿子也过继了，可他当时没说，所以阿洛伊斯一直都不姓希特勒。二老婆没几年也死了，老约翰就跑了，消失了。直到阿洛伊斯 30 多岁，老约翰又冒出来，跟所有人说，阿洛伊斯是他亲生儿子，阿洛伊斯这才认祖归宗。但到底这两人是不是真有血缘关系，也是查不明白的历史谜题了。

老妈早死，老爸跑了，阿洛伊斯一直跟着叔叔长大，学了一门皮匠的手艺，也喜欢到处乱跑。18 岁的时候，进城打工，成了德奥边境上的一个海关警察，后来升为海关职员。

阿洛伊斯有一点很像老约翰，那就是克妻。他先是娶了一个比自己大 14 岁的海关官员的女儿为妻，大概是图谋别人的嫁妆。这第一任希特勒太太没有生育，没几年死了。第二任太太是个旅馆的厨娘，据说厨娘原来是阿洛伊斯情人成功上位成为正房，还给阿洛伊斯生了一男一女两个娃，也就是希特勒的大哥大姐。

厨娘嫁过来一年不到，肺痨死了。阿洛伊斯有点高兴，因为他可以娶第三房了，这第三任太太，他惦记很多年了。第三任太太芳名克拉拉·波尔兹尔。阿洛伊斯怎么惦记她的呢？这个克拉拉啊，是一手将阿洛伊斯养大的叔叔的外孙女！读者们算明白啊，也就是说，阿洛伊斯是克拉拉母亲的堂兄，克拉拉要叫阿洛伊斯舅舅！

据说是第一任希特勒太太死掉时，阿洛伊斯就想娶外甥女，不过她当时没成年，又加上跟厨娘鬼混，人家怀孕了，所以等到又混死一任老婆，克拉拉这才进门了。

晚了也不耽误事，一嫁进来就使劲生孩子，先后生了 6 个，最后活下来的，只有老三阿道夫和妹妹宝拉。显然这些孩子中最优秀的阿道夫还不算是特别正常，说明近亲结婚真是害人啊。

1889 年，阿道夫出生在德奥边境上的布劳瑙镇的一个小旅馆里，跟德意志巴伐利亚邦隔着莱茵河相望。希特勒出生的小旅馆现在是布劳瑙镇一个残疾人的工厂。

阿道夫共有一个哥哥、一个姐姐和一个妹妹。根据历史记录，他跟姐姐安吉拉关系最好。而他跟安吉拉关系好的原因是，安吉拉有个漂亮的女儿。阿道夫遗传他爸最明显的基因就是：迷恋外甥女！

阿洛伊斯对儿子的期望是，好好读书，成为一个公务员。显然这个理想对阿道夫来说太无聊了。他小学时成绩还不错，进入林茨中学后，个性觉醒了，叛逆的表现就是，抵制读书，乐于当差等生。

学习成绩不好，阿道夫也不是什么爱好都没有，他的理想是当画家。13岁那年，父亲去世了，克拉拉带着阿道夫和妹妹靠微薄的养老金和储蓄生活。

克拉拉重男轻女，她对阿道夫这个儿子是非常溺爱的。阿道夫的童年经历着暴躁的爸爸和慈爱的妈妈冰火两重天。溺爱出来的孩子都不上路。按说父亲死后，阿道夫应该帮助妈妈担起养家糊口的任务，结果他趁着父亲死了，没人管他这些日子，到处游荡，无所事事。

混了几年后，阿道夫起了个新念头，他要到维也纳去学画画。连续两次参加艺术学院的考试，人家都将他拒之门外了。最近有一批希特勒当年报考维也纳艺术学院的画作在英国被拍卖。要说阿道夫同学的绘画水平啊，看着还真挺不错的，老杨经常想啊，如果维亚纳艺术学院的教授们能预知未来，看到这个小个子会造成天下大乱，他们会不会降低标准，收下希特勒，将他培养成一个有点疯癫的艺术家呢？据权威人士评价，希特勒同学画的那些东西，就是一个中学美术爱好者的水准，也有人说，画画勉强过关了，考不上的原因是文化课太差。江湖传闻，后来希特勒痛恨犹太人，跟当年拒绝他的艺术学院教授是个犹太人很有关系。

在维也纳用母亲和妹妹节衣缩食的钱蹉跎岁月，阿道夫也没觉得有什么不对。好日子在他19岁那年结束了，因为他母亲患乳腺癌去世了。

阿道夫不能当啃老族了，他跟亲戚朋友告别，说是要出去闯一片新天地。以阿道夫之前混混的名声，他义无反顾地离开，可能亲戚们都还挺高兴的。

再次回到维也纳的阿道夫带着父亲的一小笔遗产，还有一笔孤儿津贴。有传说他把他妹妹该得的那份孤儿津贴也中饱私囊了。像阿道夫这么敏感的人，被艺术学院拒绝了两次，他恐怕不会第三次再去尝试了，所以这次回到维也纳，他靠打零工为生，后来遗产用完，他搬进小廉租房，以给人画明信片之类糊口。

除了喜欢画画，希特勒其实一直很热衷于政治。他从小生长在德、奥、捷克三个地区的交界处，品种流杂，以前我们说过，欧洲一直有很严重的排犹情绪。

欧洲人的排犹情绪是很重的，从表面看，似乎是因为犹太人害死了耶稣。其实深层一点的原因是，犹太人特立独行，不管到哪里都组建自己的圈子，排斥其他人，尤其不接受基督教，让以基督教当家的欧洲社会非常痛恨；还有更深层的原因则是：犹太人遭欧洲主流排斥，没有自己的土地实体，他们只能靠做生意维持生计。多年的磨炼，让犹太人成为天才的商人，迅速致富。他们有钱后，又喜欢放高利贷，这样一来，又给了欧洲人一个为富不仁的印象。一群异教徒，赚了大把银子，比原住民的基督徒生活得都安逸，他们能不招人恨吗？

19~20 世纪这个过程中，随着德意志统一称霸，极端的国家主义、民族主义甚至是沙文主义是很流行的。那时的维也纳，有大量的犹太人。而整个日耳曼人的世界里，总是弥漫着对这些犹太人的厌恶和憎恨。在希特勒意识成型的那段日子，他经常参加激进分子的政治集会和政治讨论，他所接触的教育和思想，都是告诉他，日耳曼人本来应该是最神气最纯粹的种族，被犹太人坏了风水了。后来的希特勒，一恨犹太人，二恨共产主义，而共产主义也是犹太人发明的，所以还是犹太人的错。

1913 年，据说是为了逃避奥地利的义务兵役，阿道夫被林茨警方追捕，跑到了慕尼黑，依然卖画为生，在慕尼黑的日子里，阿道夫开始直接参与政治活动，搞些政治宣传之类的。后来他非凡的演讲才能，可能是这阵子在街头培养出来的。既然这伙计有空还能掺和政治，说明他卖画是可以衣食无忧的。

"一战"爆发，阿道夫知道这是一个脱离画画生涯的机会，于是主动请缨，以一个志愿兵的身份加入了德意志巴伐利亚的军团，成为一个通讯兵。这是一个很诡异的事件，阿道夫是奥地利警方追捕的在逃犯，巴伐利亚本应该是将他驱逐出境，而不是让他以一个外国人身份加入德意志的军队参战。

阿道夫在"一战"战场的表现是非常优异的，他获得过两次铁十字勋章。铁十字勋章起源于普鲁士军队抵抗拿破仑的时代，用来奖励最生猛的德意志战士。一个普通的通讯兵能两次获得这枚勋章，应该说是很了不起的。这两枚勋章源于他两次受伤，一次伤在大腿，一次是战争快结束时，被毒气熏坏了眼睛。

据说阿道夫在战场上像个歇斯底里的疯子，义无反顾地向前冲。他经常给战友们鼓劲，号召大家跟他一起疯。即使是当所有人都感觉德国即将战败而厌战倦战，阿道夫也一直保持着异常亢奋的战场状态，绝不懈怠。他在病床上听说德意志战败投降，号啕大哭，悲愤难抑，而且他认定，德意志是不会战败的，是被犹太人和马克思主义祸害了。

建设自己的政党

"一战"中，德意志诞生的各种大小党派超过70个。"一战"结束后，魏玛政府担心工人军队里会有些颠覆造反的倾向和思潮，所以培训了一些类似特务的人，经常到各组织去卧底，而从医院里出来的希特勒，就成为这些"特务"之一。

1919年，希特勒接到政治部的任务，让他去调查一个叫德国工人党的小团体。希特勒到那一看，几十号人，一群乌合之众。以此时希特勒的政治水平，这种野鸡党派的言论容易让他嘲笑，他现场没忍住，发了一通宏论，结果是让这个小政党上下人等对他的敬仰如滔滔江水连绵不绝，而后，哭着喊着拉希特勒入伙。

老杨原来说过，玩政治没有党派，绝对是秋后的蚂蚱，蹦跶不了几天。希特勒虽然打心眼里看不上德国工人党这种路边摊一样的组织，可是他又感觉，一张白纸好画画，他完全可以根据自己的需要对这个党派重新装修。

有了党派，希特勒就找到事做了，那就是拉客户，壮大组织。希特勒最大的天赋就是口才好，尤其擅长演讲，所有的历史书都说希特勒演讲的时候声嘶力竭，有天花乱坠的效果，老杨一直遗憾不能现场围观。

希特勒演讲的主要内容就是德意志战败之耻，犹太人祸国之恨。希特勒是铁十字勋章的获得者，战争的亲历者，他饱含深情地痛陈利害，能让好多人当时就魔怔。渐渐地，社会各阶层，很多人都聚集在希特勒身边了。

1920 年，希特勒转业，也不用政府安排工作，他全副精力投入了党派建设。首先，他给德国工人党改了个名字，叫作德国国家社会主义工人党，根据德语中"民族社会主义者"这个词的缩写，以后这个党派就成为威震天下的德国纳粹党。

希特勒一手为纳粹党设计了党徽、党旗等标志，选用了"卐"作为纳粹的 logo（标志）。这个符号跟佛教的"卍"很相似，不过一个是右旋，一个是左旋。选择这个标志的说法很多，比较靠谱的是，"德国国家社会主义工人党"中国家和社会两个词在德语里都是 S 开头，两个 S 扭在一起就成这样了。希特勒应该是借鉴了奥地利一个同名政党的设计款式。

形象设计很重要，党章更重要。纳粹党公布了由希特勒亲自编撰的 25 条纲领，这 25 条真是太聪明了，简单地说，就是纳粹昭告天下：跟着纳粹，所有的人都有福了，社会各阶层都可以从纳粹党那里受益，除了犹太人，他们就等死吧。

1921 年，希特勒成为纳粹党党魁。此时的纳粹在希特勒的策划培养下，发展壮大，气势汹汹。而该政党最大的气场来自麾下一个暴力武工队。1921 年，恩斯特·罗姆上尉帮助希特勒组建了冲锋队，冲锋队向希特勒宣誓效忠，成为纳粹发迹时最凶猛的武装。冲锋队员身穿褐色制服，又被称为褐衫队。虽然有纪律有组织，但是褐衫队干的事跟黑社会社团也没啥两样，冲击别的党派或者是上街打架。

希特勒在巴伐利亚渐渐混出了声望，而真正让他扬名立万红遍德意志的事迹，就是前面说过的，1923 年，慕尼黑啤酒馆政变。因为这次行动失败，希特勒被判入狱 5 年。老杨说，政治人物一入狱，就跟镀了金一样。服刑期间，希特勒没在江湖，可江湖到处都是他的传说。他走红的标志就是，在狱中，他吃得好住得好，不用劳动改造，还口授了《我的奋斗》一书，讲的就是那些陈词滥调，雅利安人是神族，犹太人和斯拉夫人是劣等种族；德国要报"一战"的仇等。这本书迎合了很多德国人的心理，所以一出版就畅销，后来就成了纳粹党的《圣经》了。

说是判 5 年，希特勒在监狱里度了 8 个月的假就出来了，德国人也不说把他驱逐出境，他们完全不了解，这个小个子会发展成为一种什么样的生物。

时势造英雄

希特勒 1924 年年底出狱了。纳粹因为政府的禁令，有点四分五裂。希特勒出狱就忙于重建纳粹党。因为政府禁止希特勒公开演讲，剥夺了他蛊惑群众最厉害的武器，而希特勒也非常聪明地选择了跟政府妥协，韬光养晦。

实际上，纳粹党不韬光养晦也不行，前面说过，1924~1929 年，德国经历了一轮经济发展的超高速时期。乱世中反对党才有机会。经济发展，安居乐业，老百姓吃饱喝足的时候，谁也不会挤兑政府，纳粹那一套理论，纵然还是能吸引不少人，但是愿意跟他一起疯甚至推翻政府的，就很少了。

不过，老天既然安排了希特勒这样的人物下界，就一定会一步步安排他走到他想去的地方。

1925 年，魏玛的第一任总统艾伯特死于阑尾炎，接任的总统，是著名的兴登堡老爷子。兴登堡在德意志，一直有个国家英雄的名号，"一战"的时候，他是陆军元帅，而鲁登道夫是他的下属。那段时间，这两人搭档，主导了德意志所有的事，因为他在东线对沙俄的有效压制，即使德意志最后战败，兴登堡在德国人心目中的地位一点不受影响。

因为是总指挥，所以兴登堡对德国战败是最痛心疾首的，而"背后的匕首"这个理论，他也是主要的支持者和宣传者。说他是个军国主义分子，一点不辱没他，德意志人会选他成为共和国的总统，也反映了德意志人骨子里对军国思想那种难以割舍的情结。

德意志的好日子并不长久，因为经济复兴基本是靠美元支持的，1929 年，美国华尔街股票危机造成经济崩溃后，德国的经济也跟着一溃千里。

对欧洲的经济危机我们不陌生了，工厂倒闭，失业骤增，银行关门。经济危机之前，德国每年要偿还 25 亿战争赔款，现在还不出来了，要求减免。美国人一直坚持不能逼死欠债的，所以他家赶紧主持修改赔款条例，美国通用公司的经理杨格重新拟订了对德国的要账计划，总额确定为 1139.5 亿马克，在 58 年零 7 个月内偿清。取消赔偿委员会及有关国家对德国国民经济与财政的一切形式的监督。而最客气的是，美国人要求协约国的军队撤出莱茵地区。

吃准了美国人不能看着自己破产，德国人有数了，1931 年，又说还不出来，那帮债主就商量，算了，你家一次还 30 亿吧，以后就不用还了。结果是，这 30 亿也没还，整个战争赔款就这样不了了之，感谢这场经济危机，要不然这笔钱还不知道要还到什么时候。

经济危机的 1929~1933 年，德国人又过上了怨天怨地怨政府的日子。而议会的那些个党派谁也解决不了眼下的危机。这时候，希特勒和纳粹那些论调又被提出来了。德国人呢越来越觉得，这个奥地利人说得对啊。而工厂倒闭，产生的大量失业工人、社会盲流，更成了纳粹最新鲜的血液。经济危机壮大了纳粹的队伍，危机前纳粹只有 10 万人，到 1932 年，党员超过 100 万人！

希特勒此时换了思路了，他之前是发动群众，现在他知道，政党再想发展提升，必须参选进入政府机构，而选举，就需要大财阀的支持。

到底当年有多少财团支持了希特勒，"二战"后他们都不愿意承认了，不过，希特勒肯定是成功地搞到钱了。1932 年，他首次出击总统大位，虽然获得了很高的支持率，还是没有撼动兴登堡的位置。但是他代表的政党，纳粹党却在国会选举中获得多数，成为德意志第一大党。

希特勒蹿起的速度太快，还有点嚣张跋扈，兴登堡感觉不能让他掌权，所以想说服他跟其他党派共同组阁。希特勒当然不干，作为国会第一大党的领袖，我干吗要给你面子呢？现在的情况是，如果希特勒不能当总理，谁当总理也不行了，因为纳粹党势力太大，别的党团领袖根本不能控制局面，而面对纳粹这样的大敌，德国的其他党派还互相倾轧。德意志倒台的皇室，被放逐的霍亨索伦家族也成为纳粹的支持者，威廉二世流亡在外，居然还拿出一大笔钱赞助希特勒。希特勒上台已经是众望所归。兴登堡自己扶持的总理倒台后，他不得不答应，让希特勒做总理，组阁。

1933 年 1 月 30 日，希特勒成为德意志总理，一般来说，这一天就算是魏玛共和国消亡了。

总理到元首

都知道希特勒的愿望是独裁，当总理远远不够，而且，纳粹虽然是国会第一大党，但是还没有达到可以完全控制一切的席位。所以希特勒一上台，他就解散国会，要求在 1933 年 3 月重新选举。为了达到纳粹一党独大，可以修改宪法、政治独裁的目的，就必须在选举之前将反对党全收拾趴下。谁是纳粹最眼中钉的反对党呢？当然是德国共产党。

老希从慕尼黑街头混到柏林朝廷，走过了 20 年的时光。这一路上，他绝对不是一个人在战斗，当了总理，如今在朝廷清除异己，更是需要左膀右臂，老希身边还真培养了不少高手。

这时，我们要介绍一位纳粹的重要人物，也是"二战"的大明星之一，赫尔曼·戈林。跟罗姆一样，戈林也是听了希特勒的演讲被蛊惑加入纳粹的。戈林经历显赫，巴伐利亚外交官家庭出身，军校毕业，职业军人。"一战"中，他看到了空军的作用和未来战场上的发展，离开前线进入了空军学校学习。学成后，戈林驾驶战机回到了战场，获得了最高勋章，后来成为德国王牌空军的大队长。

加入纳粹后，希特勒任命他为冲锋队长，他很快成为老希的左右手。慕尼黑啤酒馆事件，戈林自然也是主犯之一，大腿中枪，负伤逃到奥地利。因为不能及时医治，受伤后戈林靠吗啡止痛，后来一辈子就离不开吗啡了。

戈林出身高贵，有教养有背景，在纳粹刚刚起步，比较土鳖的阶段，戈林是很好的招牌，而通过他跟德意志上流社会的交往，疏通上层关系，也在一定程度上提高了纳粹的档次，所以戈林一直是希特勒比较器重的帮手，是纳粹党内的二号人物。

1927 年，戈林特赦回国，马上成为成功的政客，进而成为国会议长。

老大希特勒成为总理，戈林当然入阁帮忙，成为"不管部长"。这个名字搞笑吧，听着像个没事干的闲差。这个职称应该是来自英国的，适用于内阁制的国家。"不管部长"没有特定的主管领域，参加内阁会议，参与政府决策，说是不管，什么都能管点，还要办理政府首脑交办的特别事务，经常做做特使啥的，肯定是老大的亲信。

到底什么是首脑交代的特别事务呢？比如，下面这一件。

1933 年 2 月 27 日晚间，柏林的国会大厦冒出了冲天的火光，大火从国会的食堂开始，议会大厅还发生了爆炸，火势蔓延得很快。着火没几分钟，总理希特勒和部长戈林都来到了现场，这两人一到现场就推理出了纵火犯，那就是共产党。犯罪行为和犯罪动机都很明显，德国共产党通过对国会大厦放火，暴动起义，妄图夺取政权。

火灾现场就定了行动基调，那就是不惜一切，铲除共产党。剩下的事，纳粹的冲锋队就很专业了，打人、杀人、抓人、审人全套手艺。目的达到了，德国共产党给整个半死，退出了国会。这就是著名的"国会纵火案"，到底是谁放的火？谁是真凶？后来人们发现戈林的办公室有条地道可以通往当时的起火地点，这个事是不是他安排的就不用分析了。

搞这么大的动静，3 月初的大选，纳粹还是没有得到可以修宪的席位，希特勒管不了那么多了，不用给国会面子，软硬兼施，连打带骂，将其他党派吓唬了一通，终于让他拥有了 4 年的立法权。一得手，希特勒就通过立法，让纳粹党成为德意志唯一可以掌握政权的政党。

1934 年，兴登堡总统病危，他知道，希特勒的上升已经不可阻挡了。

临终他将总统的位置交给了希特勒，希特勒将总理和总统二合一后，让所有的官员和军队向他宣誓效忠，从这时起，希特勒终于走到了他"光辉"的顶点，也是他更"光辉"的起点，他成为帝国元首。德国历史上，神圣罗马帝国被称为第一帝国，德意志帝国算第二帝国，眼下希特勒预备打造的，就是威赫的第三帝国。

四十三　战争准备

纳粹机构组织

这一篇先介绍纳粹的几个大名鼎鼎的组织。前面讲过冲锋队。啤酒馆事件后，罗姆劳改出来，受命重组了该组织，一直充当纳粹的重要打手。冲锋队发展壮大，原来保护希特勒的卫队就独立出来成为党卫队，当时党卫队的工作就是保护纳粹各级长官的安全。

1929 年，希特勒将党卫队交给了野心勃勃的海因里希·希姆莱，在他手里，党卫队开始扩大发展。对"二战"稍有研究的读者都知道，希姆莱这个伙计，形象是有点疯狂的。他坚持认为雅利安人是亚特兰蒂斯神族的后裔。

古希腊的哲学家柏拉图在他的作品里描绘了一个仙岛，位于大西洋中心附近，叫亚特兰蒂斯王国，这个王国据说是海神波塞冬创造的，十分富有，非常繁荣，而国人都是神族，后来因为内部腐化，宙斯老大不爽了，就一气之下，发动地震海啸之类的，将这片大陆沉入海底。这个事听上去很扯，好多欧洲人深信不疑，研究亚特兰蒂斯的文明听说也是专门的学科，欧洲好多文化都被认为是由亚特兰蒂斯发源并传承的。

亚特兰蒂斯虽然沉了，但是岛上的神族没有灭绝，跑出来后，流落到西亚、印度各地。雅利安人身材高大，鼻梁高挺，金发碧眼，希姆莱一看，日耳曼人也长这模样，不用说了，日耳曼就是这个种族的，也就是说，日耳曼是亚特兰蒂斯的神族之后。为啥现在不神了呢？找对象的时候不注意，把血统搞混杂了，所以失去神力了。

希姆莱是个农校毕业生，他一动了关于血统之类的念头，主持的党卫队就有点农科院做研究的感觉了。党卫队招募队员，对身高、血统、外型的要求非常高，婚姻方面也要服从纪律，必须找纯种的日耳曼女子交配。为了找到没被污染的神族基因，希姆莱还主持了几次"西藏探险"，希望能找到躲在山洞里的神族人，拿回来做"种马"之类的用途。

希姆莱的神族搜索队在西藏的最大收获是找到一个叫"沙姆巴拉"的洞穴，搜索队的专家跟希姆莱一通忽悠，希姆莱又去忽悠希特勒，说这个洞穴是地球的轴心，控制了这里就可以控制时间，所以后来德军战事不利，希姆莱又整一帮人去西藏，想把地球轴心转动一下，让时光倒流，元首重新打一次。

就是这么个神经质病人，后来一奉旨杀人，肯定能杀得高山流水、风采卓绝。他在发展党卫队的过程里，觉得有必要为党卫队组建一个专门的情报组织，上天就给他送来天造地设的一个帮手，也就是海德里希。关于他的故事，读者们可以自己查阅有关书籍，他号称"金发的野兽"，在杀人如麻的纳粹阵营中，是最醒目亮眼的刽子手。死在这野兽手里的犹太人数不胜数，而最奇怪的是，他自己祖上也是犹太人。后来纳粹所有的屠杀行动，希姆莱和海德里希两位是天打雷劈的绝配。

希姆莱主持了纳粹第一个集中营，达豪集中营的建立，从此以后，将很多人圈在一起整死，成为一个比较有效率的净化地球血统的办法。

党卫队本来只是首脑保镖，后来发展为纳粹最精锐的武装，甚至超越正规军名震天下，原因就是血洗了冲锋队。这是希特勒最著名的一次清理门户，历史上叫作"长刀之夜"。

希特勒的夺权之路一帆风顺，跟冲锋队的工作是分不开的。罗姆虽然一直追随希特勒，可自恃有功，日渐骄纵，对老大的忠诚度明显不够。德国经济危机时，冲锋队吸收了很多盲流和失业者，队员良莠不齐，素质不断下降。希特勒当上总理时，有些异己还需要处理，冲锋队依然冲锋在前。现在，既然老大已经当家了，这片天下是自己家的了，动作就应该稍微小一点，打坏东西不也是自家的损失嘛。冲锋队打惯了，收不住，尤其是冲锋队员大部分都是走投无路的混混，他们天天在街上打架斗殴兼砍人，指望着有一天能分资本家和贵族的家产，发一笔横财。谁知希特勒当上总理了，要求对这些有钱人进行保护。冲锋队认为，这是革命不彻底的行为，积极要求"二次革命"。

希特勒越来越发现，冲锋队已经严重阻碍纳粹政权的稳定了。希姆莱的党卫队优秀干练，而且效忠元首，能打善战，绝对可以取代冲锋队，完成他们所有的工作，所以，是时候让冲锋队退出舞台了。

1934年6月30日，希特勒亲自到慕尼黑主持对冲锋队的清洗，几百名冲锋队头目被铺，罗姆被捕后直接被处决。这次行动让希特勒在纳粹内部来了一次净化，夯实了自己的地位，固化了自己的权力，从此党卫军那些齐整有型百里挑一的帅哥取代了冲锋队的位置，帝国的武力带着些优雅的暴力美。

关于"长刀之夜"野史里有个说法，罗姆是个公开的同性恋，而希特勒早年的性倾向也比较遭人怀疑，据说他在维也纳期间是同一位青年男子同吃同住的。因为罗姆是同道，所以对于元首的秘密倾向是非常了解的，希特勒干掉罗姆，有灭口的意思，而后来纳粹大力屠杀同性恋，也有希特勒帮自己洗白的感觉。

纳粹的另一个著名机构就是盖世太保。盖世太保是音译，原文是"国家秘密警察"，所谓秘密警察，就是政治警察，也就是我们都很熟悉的明朝时的东厂。

盖世太保的前身最早是普鲁士的政治警察，由当时的普鲁士总理戈林一手打造。后来希姆莱掌管了整个德意志的警察部门，盖世太保的领导权也转到了希姆莱手里，成为党卫队的一部分。盖世太保最牛的权力就是"预防性逮捕"，看着不爽的人可以怀疑他即将犯罪或者有可能犯罪，所以可以提前逮捕。纳粹的军团负责入侵并占领其他国家，而盖世太保则要负责占领后压制当地的反抗，控制当地的治安，"提前逮捕"显然是很有效的工作办法。

戈林让出了盖世太保的控制权，他忙着替帝国组建空军，随后成为帝国的空军司令。

希特勒自己是政治煽动的高手，他深知煽动的能量，身边除了戈林和希姆莱这样的武将，当然还有口才一流，善于忽悠的文臣。纳粹党内最出名的秀才就是戈培尔，他是帝国的国民教育部长和宣传部长。戈培尔拥有海德堡大学哲学博士的学位，文学青年，酷爱写小说，估计是多次投稿被退，只好加入纳粹学坏了。

戈培尔这部宣传机器的作用绝对不逊于纳粹那些作战机器，希特勒后来拥有神一样的地位，跟戈培尔的炒作是分不开的。元首的思想，纳粹的理念，大多都是通过戈培尔包装向外传播，培养了众多的粉丝。而国会纵火案中，就是戈培尔的鼓噪宣传，才坐实了德国共产党的各种罪名，让后来的镇压行动显得非常之名正言顺。

要大炮不要黄油

这句口号应该来自戈培尔，戈培尔号召帝国人民，勒紧裤腰带，少生产生活用品，多生产军需用品，扩充军备，预备找仇家报仇。

希特勒不是个头脑简单的战争狂人，作为元首，也绝对不能算是昏君，虽然他的出发点是预备打仗，可他的备战经济计划的确是帮助了帝国在世界经济危机后的复苏。

全民备战，所有的企业要为军备服务，大量的工厂转型为兵工厂，开足马力生产。这个热火朝天的势头，最有利的就是解决了就业问题，"熟练的工人进兵工厂，不熟练的去修路"，大家都有工作了，有工作就有工资，有工资就形成购买，连带着，其他生活用品的需要也被刺激起来。

已经说了要大炮不要黄油，工厂都造枪炮去了，生活用品奇缺，价格又高，怎么办？不是有戈培尔吗，他不是会鼓动吗，他告诉大家，国仇家恨啊，日耳曼人要团结一致，拿回失去的一切，这个时候还想到要吃饱喝足，是非常堕落而且不爱国的。

1936 年，希特勒制订了"四年计划"，这个计划就有点冲刺的意思了，也就是说，在这 4 年里，做好所有的准备。

希特勒如果要启动战争，各种能源消耗是巨大的。德意志除了煤炭，其他东西都不算富裕，如果一开战就被人制裁或者禁运，则死得更快，所以在希特勒的计划里，解决能源问题是重中之重。解决办法有两个，第一个是交换，德国精良的工业品是不能抗拒的，尤其是对东欧、苏联、中国这些地区和国家，他们生产不出来，也不愿意学，宁可用自家的资源去换；第二个是开发替代品，神奇的德国人创造性地发明了许多资源代用品，人造黄油、合称石油、人工橡胶等。

战前的帝国经济应该说是神速的发展，人民的生活水平却毫无进步，还要感谢纳粹的宣传机器，老百姓再苦也不怨政府，再累也不骂社会。元首说了，我们现在发展军备是为了拓展生存空间，争取了更多的空间我们就有更多的资源，德国人的日子会越来越好，所以大家要同心协力配合帝国完成一场伟大的征伐。

4年计划对战争的重要作用是不可估计的，不仅在战争的前半段让帝国的战争打得风生水起，在"二战"之前，这种快速发展的军事经济也让周围不少人感到了压力和害怕。

团伙作案才有威慑

内部组织完成，经济准备就绪，希特勒太想出手了，可是，他不敢做独胆英雄。帝国在中欧被围在中间，不管有多强，被周围的邻居围殴还是挺恐怖的，帝国需要找几个帮手。

希特勒第一个注意的，当然是意大利。自从墨索里尼掌握了意大利政权，就把自己当恺撒了。既然是恺撒，就要征服非洲，将地中海变成内湖啊。

墨索里尼选择下手的目标是埃塞俄比亚，当时该地区还是个古老王国，叫阿比西尼亚。欧洲那些大国到处找殖民地时，意大利就看中了这里。19世纪末，意大利曾经入侵过一次，没成功，还赔了不少钱。墨索里尼一上台，就想实现这个没完成的计划。

1936年，虽然阿比西尼亚人民进行顽强抵抗，但最终还是陷落了。意大利吞并了这个非洲要冲。

对于意大利这个侵略动作，英法美先是纵容绥靖，后来发现老墨真得手了，他们又着急了，又说要联合制裁意大利。从头到尾对意大利表示支持友好的，就是希特勒，战时还为意大利提供了不少煤炭。老墨觉得，希特勒这个小兄弟值得交。

后来发生了一件事，让老墨和希特勒终于有机会携手作战，增进了情感。

1936 年，西班牙爆发内战。西班牙国民军和长枪党等军团分子想联手推翻刚选举出来的共和国政府。西班牙内战被认为是"二战"的前奏，因为战斗中，德国和意大利联手支持了叛军弗朗哥，而苏联和墨西哥支持西班牙政府。为了抵抗德意的法西斯军队，当时有超过 50 个国家的志愿者到西班牙参加战斗，组成了一个叫国际纵队的组织，成员包含了各个阶层的人士，海明威、毕加索之类的也是纵队成员，其中还有不少中国人。

正义没有获胜，叛军头目弗朗哥上台推翻了共和政府，西班牙再次恢复了独裁统治。而德国和意大利联手获得这场胜利，击掌欢庆，彼此感觉非常好，不用说，将来再打架，哥俩还是要并肩上的。

拉拢了意大利和西班牙就可以牵制英法，西线有保障了；东线呢，谁可以牵制苏联？希特勒看到了日本。日俄战争，沙俄曾经败在日本人手里，让希特勒觉得这个小岛国很有希望。而小岛国正好有些勃勃的"雄心"需要实现，有加入犯罪团伙的需要，双方一见钟情、一拍即合，一勾搭就有了奸情。

该做的都做了，剑已铸成，就看什么时候出鞘了。

四十四　摸着石头过河

莱茵区的冒险

出去打架的渴望让希特勒热血激荡，他不断提醒自己不要莽撞，他要一小步一小步实现目标，而且要根据那些敌人仇家的反应随时调整自己的动作和计划。

回顾一下《凡尔赛和约》，最让希特勒郁闷的事，就是关于军队的限制。军备生产如火如荼，光有枪支弹药没有军队怎么玩啊？如何才能增加军队的数量呢？实际上，军队数量是希特勒解决得最快的问题。很多读者会问，为啥希特勒这样大张旗鼓地扩军备战，英法美等国不约束他呢？这要感谢苏联。

自从苏联这个国家冒出来，整个欧美世界就将他视为头号大敌，跟德国的那点小矛盾是属于资本主义国家内部矛盾，跟苏联的矛盾绝对是阶级矛盾。都知道希特勒是个疯狂的反共分子，而且他在扩军备战时，一直对英法保持笑容，毫无敌意。所以对英法来说，希特勒的壮大可以有效遏制苏联。

就是借着英法美这种友善的态度，希特勒把该做的事一步步都做了，到"二战"开打的时候，德国军队估计至少超过 300 万，《凡尔赛和约》要求的 10 万军队，显然是笑话了。国联禁止他家装备的潜艇、飞机之类的东西，那更是数不胜数。

《凡尔赛和约》还有一条让德国委屈，那就是莱茵河以东 50 公里的地区禁止德国军队进入。明明是德国的国土，德国军队不能去。后来为了保险，协约国又搞了个《洛伽诺公约》，说是如果德国军队敢于进入莱茵区，法国可以兴兵驱赶，而英国有义务帮忙，这里被叫作莱茵非军事区。

老希越想越憋屈，他决定，就选择这个所谓的非军事区开始他的第一步。1937 年 3 月 7 日，德国军队 3 万人，提着鞋踮着脚小偷一样渡过了莱茵河。

出发之前，希特勒对这3万小偷下令："咱们是小偷，不是劫匪，只要看到法国军队，掉头就跑，千万别还手！"这个指令是聪明的，在莱茵河岸的法德边境上，为了防范德国人，法国布下了100个师。

"进入莱茵的48小时，是我一生中最紧张的时刻。"这是老希当时的心声。进占并驻下，剩下的事就是等邻居们的反应。没想到邻居们都很客气，法国人在家开了几天会，没商量出结果，于是大军按兵不动；而英国人更客气，他家要求法国人不要干涉人家自己院子里的行为；国际联盟觉得有必要做个反应，于是强烈谴责了一下，对于这种谴责，我们都熟悉，犹如在老希脸上掐了一把，叫他一声"死鬼"。

邻居们很有爱，老希很欣慰，元首跟国会宣布了这个好消息时，德国上下都惊呆了，这么大的事，这么容易就搞定了？！元首真是神仙！随后，全德为元首欢呼。

德军进占莱茵区，是一场心理战，犹如赌狠，希特勒举了一把菜刀亮相，协约国诸位老大都拿着枪，可谁也不敢指着老希的头，让他把刀收回去。

读者们会问，就算坐视老希壮大是为了抑制苏联，如今德军进驻了法德边境，英法怎么能继续坐视呢？

"一战"后英法对德国的态度，除了苏联方面的考虑，还有他们自己家的原因。这两个国家经过"一战"和经济危机，恢复得特别慢，尤其是法国，大家还记得，他家是"一战"的主要战场，损伤最大。法国恢复不过来，英美也不希望法国恢复得太快，德国不仅可以制衡苏联，还可以防止法国恢复后成为西欧之霸。况且法国战后政局一直不稳，家里都不安生，哪里敢跟邻居动武。

"一战"带给整个欧洲的创伤是很深重的，除了德意志的老百姓被纳粹的复仇计划点燃了，其他的欧洲百姓是非常害怕战争、厌倦战争的，他们对政府的基本要求是：安分守己，不要打架。这些国家的政府都是民选的，不敢藐视民意，关乎自己的政治前途和政治地位呢，所以都非常配合地摆出一份和平安宁的表情。这，就是此时英法等国绥靖政策的来历。

先拿回失去的

德军进驻莱茵区并构筑工事，协约国那些的"公约""和约"就是废纸了。希特勒也不介意公开表明态度，1937 年，德国、意大利、日本三国正式宣布成为同伙，因为柏林和罗马在同一经度上，老希和老墨认为这条经度线后就是地球轴心了，所以，这三个黑老大联盟的团伙就是轴心国了。

希特勒一直承诺德国人，要报"一战"的仇，要拓展德意志的生存空间。他一准备动手，第一个目标，肯定是先拿回"一战"失去的部分。头一个当然是他的祖国奥地利，根据老希的说法，奥地利必须回到她的祖国——德意志；而第二个就是德意志曾经的波希米亚。

老希对奥地利的动作开始于 1934 年，挑唆奥地利国内的纳粹分子政变，还刺杀了当时的奥地利总统。不过，当时老希还没搞定意大利，老墨派了些军队守在阿尔卑斯山口威慑老希，德国人暂时没能如愿。

1938 年，老墨不跟老希为难了，老希再次到奥地利去无事生非，说人家政府迫害纳粹党徒。天哪，只听说过纳粹党欺辱别人，谁敢欺负纳粹啊。奥地利政府不敢惹老希，就建议搞个全民公决，如果奥地利人愿意"回到祖国怀抱"，那就回去；如果奥地利人不愿意，老希大叔还是应该尊重他的同胞。

老希之前的政治生涯，玩选票的成功率不是很高，所以他可不赌全民公决这种事。手一挥，帝国军队开进维也纳，从此奥地利成为帝国的一个省。老杨估计德军进入维也纳那天，老希在家没睡着觉，他终于报了当年艺术学院拒收他的大仇。

奥地利也是讲德语的，而且他们历史上就是一家，拿回去也是应该的嘛。这是英法美的态度。老希看着协约国这几个善人，连谢谢都懒得说了。

倒是占领捷克，老希花了点工夫。捷克是"一战"后成立的国家，他家从东北到西南环绕如马蹄的部分，跟德国接壤，被叫作苏台德地区。在这个地区，居民大部分是日耳曼人，说德语。而捷克的其他地区，以斯拉夫人为主。斯拉夫人被奥匈帝国日耳曼人统治期间，有点受气，如今翻身做主，就

·四十四　摸着石头过河·

反攻倒算，开始仗着自己人多欺负苏台德地区的日耳曼人。

希特勒占领了奥地利，让苏台德地区的日耳曼人看到了希望，天天呼唤着也要回到祖国的怀抱。元首听到了来自捷克的召唤，欧洲大地都在传说老希要进入苏台德地区，为日耳曼人讨个公道。

这个消息让英法美三国有点慌，总不能由着小胡子想去哪就去哪吧，协约国三个大佬不能不作为啊。于是，1938 年 9 月，英法德加上意大利一起在慕尼黑开个会，英国首相张伯伦老爷子以 69 岁的高龄长途奔袭，过来劝说老希。

慕尼黑会议的场景应该是这样的，张老爷子慈祥地问老希："我说小希啊，你就看张大爷一把岁数，这么远跑过来的分上，能放过捷克不？"

老希是个很讲礼貌的人，答道："没门！"

张老爷子也是好脾气的人，人家坚决不答应的事，就不能霸蛮要求了，于是和法国总理达拉第一商量，两人都说："行，那俺们也不拦着了，你稳稳当当地，别打坏东西啊。"

四家人在欢乐祥和的气氛中，签订了《慕尼黑协定》，四家都同意，以后苏台德地区就归第三帝国所有了，希特勒自己去拿吧。协议签订第二天，德军占领了苏台德，希特勒心想，打墙也是动土了，一只羊是放，一群羊也是放，捎带着，把捷克全收下了。

四十五　第二次大规模街坊群架

白色方案

1936 年，莱茵区。

1938 年，奥地利。

1939 年，捷克斯洛伐克。

英法两国发出警告了，拿这么多可以了啊，最后一次了啊，你要再有行动俺们可不干了啊！

不行啊，老希又研究过地图了，还有一块丢失的国土没拿回来呢，就是波兰啊。"一战"后，波兰复国了，为了支持这个饱受苦难的国家，也为了限制德国的发展，《凡尔赛和约》将原来东普鲁士和德意志领土切割开来，波罗的海的重要城市但泽（现在的格但斯克）以及维斯瓦河下游到波罗的海的地区划给波兰，这一片地区也就是著名的波兰走廊。

这条莫名其妙的走廊像刀一样插在德意志的领土上，也插在德国人的心上，既然奥地利都回家了，就应该把波兰走廊要回来，让东普鲁士回家来。

希特勒要求波兰政府把但泽和波兰走廊一起归还，波兰政府挺硬气，告诉老希，这事不讨论，没得商量。老希不喜欢被拒绝，于是制定了一个"白色方案"，根据老希的脾气，本来我只是要求但泽，你不给我，那我自己去取的时候，你就别怪我胃口太大了啊。

英法感觉必须约束老希的行为了，张伯伦老爷子一把年纪不顾养生开始公开发飙，措辞比较严厉。希特勒估计，如果真要对波兰下手，英法那边少不得要干预了，为了自己不陷入两线作战的窘境，他决定，跟他最不喜欢的共产党人，斯大林同志建立一种全新的关系。

希特勒取得捷克后，苏联就已经向英法送去含情脉脉的秋波，希望三家能联手制住日益失控的老希。英法两国不愿意屈尊跟苏联混，到发现希特勒对波兰的企图不能不管的时候，才放低身段愿意跟苏联谈合作。谈归谈，满肚子不情愿，斯大林同志感觉自己大胡子的热脸总贴在英法的冷屁股上，既然英法不能付出真心，苏联只好去找其他的真心人。

1939年8月23日，苏联和德国签订了《苏德互不侵犯条约》。在这个条约里，专门有一条是关于波兰的："如波兰发生领土和政治变动，苏德双方将大致以纳雷夫河、维斯杜拉河和桑河为势力分界。"总之是，波兰这西瓜只要一切开，苏联和德国都必须分而食之。

1939年8月31日，突然有一群波兰人占领了德国边境的格莱维茨（后划给波兰，改名为格利维采）电台，据说还打死了守卫电台的德军，有个嚣张的波兰人在电台里大放厥词，说波兰人决心与德国人一战。现场到处都是弹孔和血迹，地上还躺着身穿波兰制服的波兰人，尸体旁散落着波兰的枪械。

波兰人躲纳粹还躲不起，居然敢明火执仗打到德国人家里来？这个事的真相是什么不重要了，重要的是，老希终于可以对波兰动手了。

1939年9月1日，帝国的空军开始对波兰重要设施实施轰炸，波兰本来还有几架可怜兮兮的战机，还没来得及起飞就被炸成废铁。炸了一个小时，波兰几乎瘫痪，德国的地面部队从西南、西北、北部三个方向挺进波兰腹地。

5天之前，也就是1939年8月25日，有艘德国军舰，荷尔斯泰因号访问但泽港，访问的名目据说是"纪念一战阵亡将士"，这艘战列舰本来挺安详友好地停在但泽的港口里，9月1日那天，随着帝国的轰炸机呼啸而来，荷尔斯泰因号也突然变得狰狞了，对波兰的海军基地开炮，并直接封锁了波兰的海面。

大家都知道，德国入侵波兰的战役，被称为"闪电战"，这到底是一种什么战法呢？其实这种战法最早是英国人提出来的，被德国人用于实战并发展为经典，精要就是将地面装甲部队和空中兵力配合使用，先用飞机把对手炸个半残废，然后坦克开上去最后了断，而对波兰的入侵堪称闪电战的教案。

闪电战不仅势如雷霆，更是快如闪电，帝国的装甲部队在波兰大地上挺进，而迎战这些钢铁战车的，是波兰非常悲壮的骑兵部队。9月17日，波兰政府就宣布放弃抵抗，逃亡罗马尼亚。

事先已经说好，只要打波兰，苏联也有份，所以 9 月 7 日，苏联红军从东部进入波兰。17 日，德军和红军在布列斯特胜利会师，居然还组织了一次联合军演以示亲热。随后各找方位，继续深入，10 月 2 日，波兰全境投降，这倒霉西瓜，又被切了！而这场标志着第二次世界大战正式开始的战役，德国占领了一个国家，才用了一个月的时间。

英法忙什么呢？他们不是说只要德国对波兰动手他们一定会出手帮忙吗？他们还真帮了。9 月 3 日，英国就对德国宣战了，法国在家踌躇了几个钟头，万般无奈也只好宣战。说是宣战，他们不战啊。英国的军队大概是在波兰投降后才进入欧洲大陆，而法国人更奇怪，听着远处波兰一声声凄厉的哀号和求救，他家在法德边境上的 100 个师躲在坚实的马其诺防线背后帮着波兰人向上帝祈祷。从"宣战"到正式开战，有大半年的时间，英法一直避免和德国人交手，历史书叫这段时间为"奇怪战争"。

曼斯坦因计划

占领波兰后，帝国的军队平静了很久。西线一直没有开打，让所有人心里发毛。老希有自己的计划，斯大林和他有奸情，波兰和捷克都收复，后背是安全的，左边是自己的盟友意大利，他家正全力对付巴尔干半岛那些小国，希特勒顾虑的，是自己的右翼，丹麦和挪威。

1940 年 4 月 9 日，德军入侵丹麦，4 个小时，丹麦投降。

随后，对挪威发起进攻，遭遇了北欧人的顽强抵抗，英法联军也参与作战，到 6 月中旬才算彻底制服了挪威。而另一个北欧国家瑞典虽然号称中立，看到老希这么猛，也不敢要态度，不仅以后继续给德国供应铁矿沙，还答应给德国的军队借道去芬兰。

准备就绪了，历史将会重演，骁猛的德意志军团将再战西线。

德国人打仗好看，就好看在人家从来就是严密计划、精确组织，这次再战法国，他们自然也有计划。

这次的西线作战计划定名为"黄色计划"，整个计划应该说是跟"一战"

的施里芬计划差别不大。帝国的参谋部门还是认为，施里芬计划本身没错，错在执行失误，所以这次预备再试一次。

不过，有个军长反对这个计划，他的名字叫曼斯坦因。

纳粹虽然不好，不过德国军团那些将领却是出类拔萃的，老杨估计很多女读者，对于纳粹的将领们最花痴的就是隆美尔，或者古德里安，而对跟这两位并称纳粹三大名将的曼斯坦因就不甚了解。其实，如果真要从军事角度给这三位一个排名，曼斯坦因应该算是老大，而让曼斯坦因成名的，就是他推翻了"黄色计划"，制订了"曼斯坦因计划"。

黄色计划翻版施里芬计划：在法德边境正面佯攻，主力部队绕道比利时从北部进入法国。而曼斯坦因觉得，"一战"玩过一次的花样，英法应该是有解决办法了。曼斯坦因想出的办法是，法德边境正面佯攻，而比利时荷兰那边也是佯攻，将英法军队吸引到比利时，真正的德国主力，尤其是装甲部队突破防守最薄弱的比利时南部的阿登山区，渡过默兹河进入法国。而这支军队一进入法国就向英吉利海峡进发，这样一来，比利时的盟军和法国本土的军队就被分成两半。

这个计划非常大胆，最有问题的是，阿登山区是个山区啊，地形复杂，连步兵通过都很困难，坦克大炮怎么走啊？听着就不靠谱嘛。就在德国参谋部踟蹰时，有个突发事件让他们做出了最后的决定。有架携带着"黄色计划"文件的飞机在比利时上空迷路迫降，德国人怀疑计划落入了英法之手，所以只好沿用了曼斯坦因的方案。

"一战"后为了防御德国，法国人在法德边境修建了一座绵延700公里的"长城"，也就是从法比边境延伸到法意边境的马其诺防线。这条法国长城坚固耐用，设施齐全，问题就出在，它不够长。

在曼斯坦因的计划中，如何突破这条固若金汤的马其诺防线根本是不值得考虑的，德国的C集团军会在这条防线上佯攻，不装模作样打一阵，人家白修了这么隆重一道工事。德国的B集团军继续完成"一战"时的工作，进攻荷兰和比利时，吸引大批的敌军过去死磕。而真正的主力部队A集团军则部署在卢森堡一线，他们最主要的工作是让坦克穿越阿登山区，而后强渡默兹河进入法国。

1940 年 5 月 10 日，帝国对荷兰和比利时发出通牒，大意就是，德国人要打进来了，你们最好不要还手，否则管杀不管埋。

天一亮帝国的空军就早起上班了，荷兰和比利时顿时被炸成一片火海。5 月 14 日，荷兰投降；5 月 28 日，比利时投降。而就在 A 集团军穿越卢森堡的时候，这个地区就投降了。

这三个低地国家的投降不算最好的消息，最好的消息是：纳粹名将，古德里安的装甲兵团在空军的掩护下穿越了阿登山区，在色当渡过默兹河，将法军防线撕开一个大缺口。应该说，装甲兵团顺利进入法国已经昭示着曼斯坦因计划的成功。

装甲兵团按原计划向英吉利海峡挺进，英法联军被切割成南北两半，而进入北部比利时作战的英法联军在比利时投降后被迫后撤，40 万大军挤进了港口城市敦刻尔克。

德国军队从三个方向压向敦刻尔克，英法联军唯一的退路，就是身后浊浪滚滚的英吉利海峡。5 月 23 日，古德里安的装甲兵团，还有 16 公里就可以看到在敦刻尔克如同困兽般的英法联军。5 月 24 日，世界历史上最诡异的事发生了，装甲兵团收到元首命令，停止前进，原地待命！

元首这个诡异指令导致的就是英国的"发电机行动"，在 9 天的时间里，英国海上力量总动员，奇迹般地救出了 34 万被困的英法军队，为后来的战斗保存了可贵的有生力量。

到底老希同志为啥突然命令装甲兵团停止前进呢？原因是多重的，老希昏头了是一定的。希特勒的心理素质一般，有点像炒股票的散户，很多股民，跌的时候很麻木，遇上大涨反而忐忑不安。老希也陷入这样一个心态，据他身边人回忆说，帝国的军队在前方势如破竹，元首在柏林惶惶不可终日，而且越是胜利他越是害怕，他总担心有自己没考虑到的风险。

英法大军被围敦刻尔克，希特勒想的却是，装甲兵团跑得太快，后援和补给都没跟上，敦刻尔克的外围有一片平原沼泽地带，万一陷在其间遭遇英法两面夹击，后果不堪设想。装甲兵团是闪电战成功的重要保障，金贵得很，以后的战斗还指望他们呢，不能受损失的。

这时，希特勒的右手戈林又自告奋勇，说是敦刻尔克那些困兽，只需要交给帝国空军，从天上就能搞定了。

以上是军事考虑，希特勒还有政治考虑。对他来说，英国人大部分是盎格鲁－撒克逊人，算起来也是日耳曼的族系，不属于要被灭绝的那部分，老希更多的是考虑让他们投降，而不是赶尽杀绝。老希还想到，他的前辈偶像俾斯麦对奥地利作战时，最后大胜时放了对方一马，结果收到了很好的外交效果。

后世的猜测说什么的都有，不管当时老希怎么想的，他肯定是出了昏招了，他手下留情没人承情，以后还要承受放虎归山的后果。或者，我们可以直接认为是上帝对善良世界的保佑？

打到这个程度，南下法国的战斗几乎就乏善可陈了，6月14日，德军进入巴黎。法国内阁辞职，将最丢人的投降事务交给了"一战"时法国的大英雄贝当元帅。

1918年，德国战败时，法国在贡比涅森林的一节火车车厢里让德国人签了降书；为了显得报仇彻底，1940年6月22日，德国要求在同一地点接受法国投降，让法国在同样的位置用同样的姿势签了降书。这次德国人灭亡法国用了6周时间。

意大利看到法国已经有点落水狗的感觉了，于6月10日也对法国宣战，而后在人家马上要投降的时候对其发动攻势，被已经决定向德国投降的法国军队打回家了。

海狮计划

拿下法国，西线还有英格兰。希特勒对英国的感觉很古怪，似乎有点又爱又恨。德国参谋总部大战之前喜欢研究计划，可是最开始，他家对英格兰的作战计划几乎没有，老希一往情深地等着英格兰主动投降，一边向巴黎进军一边还不断对英国人含情脉脉。

老希碰上一个不解风情的，英国的丘吉尔首相拒绝任何妥协，多次表明血战到底的决心。老希在家长叹一声：我本将心照明月，奈何明月照沟渠。

然后，策划了入侵英国的海狮计划。

海狮计划的大意就是帝国空军先出击，打掉英国沿海所有的防御，最好彻底消灭英国空军，夺取制空权；接着在空军掩护下，海军突破一直由英国人控制的英吉利海峡，利刃般的德意志地面部队锋利地切进英国的心脏。这个计划成功的关键就是空军的工作，只有空袭达到目的，登陆计划才可能实现。

空军司令戈林拍着胸脯告诉老大，没问题，您瞧好吧！

开战以来，作为闪电战的先头部队，戈林几乎没有遇到过挫折，心理状态极好，最重要的是他财大气粗。为了这次空袭不列颠，空军预备了三个集团军，飞机超过 2000 架，据他所知，英国当时本土的战机只有 700 架，轰炸机 500 架。所以戈林很嚣张地说，空军在 4 周左右就能干掉英格兰。

老杨在《英帝国：日不落之殇》里已经介绍过了不列颠空战，英国在这场战斗中取得了可歌可泣、可圈可点的伟大胜利。到底德国的轰炸对英国造成多大的损失，已经不能计算了，不过从 7 月坚持到 10 月，不论是摧毁英国的空军还是打垮英国人的意志，这两件事都没做到。不能掌握制空权，就更不能指望德国海军正面硬撼不列颠的海军了，最后希特勒只能无奈地宣布，"海狮计划"无限制搁置。

英国没有最后投降，对希特勒的全盘计划是致命的。如果希特勒不对付苏联，英国没有降服也没什么，他家眼下最多也就是偶尔飞到柏林轰炸一下子，可如果希特勒要开向东线，则没有清理干净的西线就会后患无穷，英格兰早晚会成为一个反攻纳粹的大基地。

巴巴罗萨计划

开战之前希特勒被迫委身给斯大林，显然是逢场作戏而且心怀幽怨。其实，丘吉尔才是老希的真爱，老希一直有个梦，那就是牵着丘吉尔的胖手，一起杀进莫斯科，把大胡子抓出来揍死。

老希最恨的，犹太人、斯拉夫人、布尔什维克。眼下犹太人如同砧板上的肉，老希想杀就杀，可以不用顾虑了。而最大的斯拉夫＋布尔什维克头目大胡子还逍遥在外呢，现在老希控制了大半个欧洲，纵然英国人不顺服，他们也翻不了天，小胡子想打大胡子想得心都痛了。

老墨心比天高，水平下贱，看着德意志军队在欧洲大陆的王者霸气，颇为嫉妒，总想着要跟老希争个高下。

被法国的残兵败将收拾一顿后，意大利将满腔怒火发泄在巴尔干半岛了，现在的巴尔干地区，唯一还自由的就是希腊和南斯拉夫，老墨选择希腊动手。这一场挑衅，希腊不仅将意大利军队赶出了希腊，还进攻了意大利的殖民地阿尔巴尼亚。

老希实在看不下去，他进攻苏联，也需要清理自己的侧翼，于是帝国的军队就开进了希腊。同样是轴心国的坏蛋，做坏事的本事怎么差别这么大呢。德国人一下场，战局瞬时逆转，英国人派了军队支援希腊，这家人现在对撤退颇有心得，所以在希腊联军又玩了一次大撤退，老希全取巴尔干。

巴尔干的战争让老希对苏联的进攻延迟了两个月，而在攻击苏联的日子里，还要留下一定数量的部队在巴尔干镇压游击队，大家都知道，南斯拉夫有个叫铁托的同志一直领导着不屈不挠的游击战斗。巴尔干半岛分散了纳粹的兵力精力，试想如果墨索里尼这帮窝囊废能稍微懂点事有点出息，老希在苏联的行动说不定就不一样了。

打谁家，早一点晚一点可能都不是重要问题，但是打苏联，时间和日子要算得非常仔细，因为务必速战速决，以回避俄国人家那害死了无数高手的恶劣天气。

1941 年 6 月 22 日，德军 153 个师加上降国军队 500 余万人，大举开进苏联，老希的计划是，3 个月内了结大胡子，以后的江湖，只准有一个胡子！这就是著名的"巴巴罗萨计划"，小胡子以红胡子之名对付大胡子。

开局非常顺利，纳粹的军队几乎是御风而行，占领了大量苏联重要工业城市和设施，苏联红军被打得措手不及，手足无措。1941 年 10 月 2 日，纳粹兵临莫斯科城下。当时的纳粹宣传部长戈培尔已经通知报纸预留版面，随时宣布帝国占领莫斯科这个"伟大的胜利"。

让希特勒没想到的是，在莫斯科他们遭遇了从没见过的玩命抵抗，整个城市全民皆兵，殊死保卫首都。最倒霉的是，这一年的冬天特别冷。老希根本没预备要在莫斯科过冬的，德军的冬战装备异常匮乏，而且希特勒本人没到过这么冰天雪地的地方，他想不出会冷到什么程度。不仅需要御寒的冬装，还需要白色的冬装，否则大雪中军团无法隐蔽，最要命的是，燃油凝固，坦克装甲车全部瘫痪，就连战士的枪栓都被冻住，拉不开了。

相比之下，主场作战的苏联红军装备好多了，至少人家有手套，有棉帽，有耳朵套，还有丰富的冬季作战经验。11 月 7 日，十月革命胜利 24 周年，史上最著名的红场阅兵，斯大林慷慨激昂地演说后，千万斯拉夫子弟带着保家卫国的一腔热血从阅兵广场直接进入战场，那些青涩的少年，大多数人再没有回来。

莫斯科保卫战应该是世界战争史上最壮丽的一幕，大战从一开始就让所有的苏联人热血澎湃，著名作曲家、苏联国歌的作者亚历山大罗夫专门谱写了《神圣的战争》一曲，鼓舞士气。这首曲子几乎每个中国人都会哼哼，因为有一部很火的电视剧《潜伏》用它做了片尾曲。

不管什么样的对手，只要进入苏联被拖到了冬天，基本可以宣布自杀成功。苏联的胜利就是将德国人拖进了冬天。12 月，苏联红军开始反击，虽然不能将德军完全赶出苏联，但是希特勒不得不宣布，东线又陷入了他最不希望看到的胶着状态。

莫斯科保卫战是纳粹战车启动以来最大的失败，继不列颠空战后，再次打破了纳粹不败的神话。其实，不管苏联红军和老百姓多么神勇，最后让希特勒的计划没有实现的重要原因是：苏联实在太落后了，交通贫瘠，道路泥泞，德国人最擅长的装甲部队根本跑不动，在路上耽搁的工夫太多了。

德军在苏联战事不顺，就给日本写信，让他们赶紧动手。前面说到，老希跟日本人结盟的原因就是指望他们帮着打苏联，现在正是需要他家的时候，日本想什么呢？

日本没想过苏联的事，他们憋着偷袭珍珠港呢。1941 年 12 月 7 日，老希被苏联的战事整得上火，突然被告知，日本人炸了美国的珍珠港！老希一口气没上来，差点抽过去。老希非常清楚美国的实力，而且他还牢牢记着"一战"时因为美国参战带来的逆转，"二战"开打前，老希一再指令德国海军，绝对不能袭击美国的船只，只要美国人不参战，帝国的军队基本还能控制欧洲的局势。这下好了，美国人参战了，而且对美国来说，欧洲当然比亚洲重要，他家一参战，当然是一头扎进欧洲战场帮忙。

进攻苏联的失败和日本偷袭珍珠港宣告着老希的好运气正在消退，而找了这么"二"的两个兄弟，从开始就注定了老希最后的结局。

北非战场

1942年1月1日，这个新年开始让希特勒很闹心，因为有包括英美苏还有中国的26个国家跑到华盛顿开了个会，商量着团结起来一起对抗轴心国法西斯。

26个国家组织起来，规模还是挺吓人的，看着盟国越来越热闹，老希的心拔凉拔凉的，自己那两个兄弟，日本什么忙也帮不上，意大利除了添乱啥也不能干，这不，意大利又陷在北非需要帮忙了。

意大利不是一直要重建罗马帝国吗，已经占领了埃塞俄比亚，所以就觊觎苏伊士运河。苏伊士运河是英国去往印度的要道，是英国人的心头肉，谁也不能碰的。早在19世纪，这个区域就是英国最大的海外军事基地，驻扎着10万英军。1940年意大利进攻埃及，1941年，希特勒就收到了求救邮件。

控制苏伊士运河，切断英国和印度的联系，对轴心国显然也是必要的，所以老希也就派人过来帮忙了。他派来的，就是埃尔温·隆美尔，无数"二战"粉丝的偶像。

隆美尔1891年出生在一个中学校长家里，看他照片总是笑得神秘莫测就知道，肯定是天蝎座。参加"一战"时，他获得过三枚铁十字勋章，战后在军校任教，还写了一本叫《步兵进攻》的教材，就是这本书让他引起了元首的注意，被调到身边成为卫队长。不是自己最亲信的嫡系，怎么可能充当警卫队长呢？老希对隆美尔肯定是宠爱的。

在首长身边伺候，晋升得特别快，隆美尔的仕途顺利充分说明这一点。"二战"开始，德军闪袭波兰，威猛的装甲部队让军事教员出身的隆美尔很惊叹，加上他还一直有些到战场建功立业的小心思，就跟老板提出，想上前线打仗。希特勒当时就问他，想去哪个部队？隆美尔毫不客气地要求当一个装甲师长。

隆美尔之前一直是步兵，没进过装甲部队，而且历史上他最高也就是个营长，怎么直接要求当师长，而独立操作一个装甲师？

没办法，隆美尔是老大的人，必须安排。正好，有个参加波兰战役的轻装甲师改组成为第7装甲师，给老大一个面子，让隆美尔去参加一个速成的装甲兵训练班，然后将新的第7装甲师交给他，爱怎么折腾就怎么折腾吧。谁能想到，这个第7装甲师最后能成为帝国的王牌呢，隆美尔真不给老大丢脸啊。

第7装甲师成名于法国战场，隆美尔跟随主力的A集团军跋涉阿登山区，然后向英吉利海峡奔袭。5月13日，第7师强渡了默兹河，6月19日，他们就占领了法国在英吉利海峡的重要深水港瑟堡，大概计算一下，这支以坦克为主的装甲部队每天能推进40~50英里，大家不要小看这个速度，因为他们一边行进一边还要同英法盟军作战。沿途俘获英法联军近10万，德军方面才损失了2000人。

以飞沙走石的进攻速度，第7装甲师在法国人的眼花缭乱中横穿了法国大陆，是德国所有的装甲部队中，速度最快，跑得最远的。法国人惊叹之下，给他们起了个外号，叫他们"魔鬼之师"。

1941年2月，希特勒提升这位爱卿为中将，并任命他为非洲军团司令，到非洲去解救意大利人。

隆美尔一进入非洲，就说了一句名言：最好的抵抗是进攻。两个月的时间，军力和军备都明显不如对手的隆美尔以寡敌众，扭转了战局。

隆美尔的北非战场成为"二战"时的明星战场，就是来源于德意与英国这种实力不对等，德国军队一直是以小赌大，玩的就是心跳，靠的就是隆美尔狡黠诡异的打法，所以隆美尔被称为"沙漠之狐"而不是"沙漠之虎"。

话说隆美尔刚登陆的时候，手上可以使用的坦克不多，增援的还在路上，他居然不等其他坦克到手，就急不可待地发起了攻击。奇袭英军驻地收到效果后，就发动坦克部队追击，英国部队看着满天的尘烟，影影绰绰、铺天盖地的坦克群，不知道这位魔鬼之师的魔头带了多少装备来非洲，吓得拼命跑。后来才知道，隆美尔用一批大众汽车，装上一个坦克的纸糊外壳，冒充坦克摆了英国人一道。

隆美尔5月就将攻防形势逆转，英国的军队被压缩在埃及不敢出来。两边重点争夺的，就是利比亚地中海上的重要港口托布鲁克。

港口城市一直是重要的战略据点，尤其是对于控制了地中海的英军，托布鲁克更是不能失去的。英国人掌握制海权，德军的补给非常困难，一直在各方面处于劣势，捉襟见肘打这么穷的仗，所以隆美尔这样的高手也花了快一年的时间，到第二年才拿下了托布鲁克。

英国人失去托布鲁克，天都塌了，丘吉尔差点为这事下台。而隆美尔则风光无限了，因为对这个重地的收复，隆美尔被晋升为元帅，他才51岁，是帝国史上最年轻的元帅，这么短的时间，这样的晋升速度，跟老大的恩宠是分不开的。隆美尔在非洲的战事，经常被德国的媒体极尽渲染夸张地报道，人家英国人叫他"沙漠之狐"，德国人都说他是"沙漠之神"。现在很多"二战"迷对隆美尔的崇拜，很大程度也是源于当时媒体对他的疯狂炒作。

实际上，占领托布鲁克是隆美尔军事生涯的顶点了，其后的日子，基本就是陨落。老希全部精力押在苏德战场，非洲战场更是吃了上顿没下顿。美国人的500辆最新式坦克和那个叫蒙哥马利的一起降临沙漠，让德军的日子更加难过。

1942年10月底，蒙哥马利发动了非洲战场的决定战役，也就是阿拉曼战役。这个事英国人有点耍赖，因为他们知道隆美尔因病回国休养了。

听说北非失利，病床上的隆美尔又被老希赶回了非洲，只是，大势已去了。隆美尔最牛的告别非洲之作就是在被重兵追击的情况下，有条不紊地组织了一场完美的远程撤退。德国军队退守突尼斯，而就是被逼退到突尼斯这么不利的情况下，隆美尔还是抓住一次反击的机会，重创美国军队。

隆美尔输了也值得表扬，撤退到突尼斯后，被授予"非洲集团军群"的司令头衔，这个头衔享受什么待遇不知道，实权肯定没有了，因为第二年5月，德军被英美联军彻底赶出非洲大陆。非洲战场成为"二战"第一个提前上演大结局的舞台。而这个舞台上最耀眼的明星——隆美尔的故事，我们后面还会说到。

两大战役

自从老希启动了东线战事，这里就是他最深的痛了。莫斯科保卫战让原本节节进逼的帝国军队步步撤退，到 1942 年春天，老希暂时不跟莫斯科较劲了，北方他要求占领列宁格勒（圣彼得堡），南方，他看中了斯大林格勒（伏尔加格勒），而又以后者更为重要。

战争进入胶着，打的就是资源和补给了。斯大林格勒是伏尔加河上的重要港口、重要工业城市，有大型兵工厂，从这里向西向南就是顿河下游流域、库班河流域和高加索地区，是苏联粮食、石油和煤炭的重要产区，这些资源对于此时的苏德都是极为重要的。

1942 年 7 月 17 日，希特勒下令进攻斯大林格勒，他给了帝国军队 8 天时间，要求在 7 月 25 日拿下。这个城市名叫"斯大林格勒"，用大胡子的名字命名的，万一给小胡子占领，以后改名字叫希特勒格勒，让大胡子情何以堪呢。所以斯大林当然是要求苏联红军死守。

后来这场战役的惨烈和艰难超出这两个胡子的想象，也超出所有人的想象，这一战最著名的就是巷战。

德军天上地下狂轰乱炸，用了两个月进了城，没想到，最难的战斗反而在城中。男女老少、各行各业都投入了对德军的反抗和反击，住宅、教堂、学校都成为战斗场地，苏联人的小宇宙爆发到顶点，据说德军进城后的 10 天里，每天超过 3000 名士兵死于巷战。要知道，职业军人遭遇平民是很郁闷的，挺猥琐的烤面包大叔，平时见谁都低三下四一脸笑模样，突然掏出菜刀血红着眼睛面对这荷枪实弹的大兵扑上来狂砍，这个画面还真挺吓人的。这样被吓几次，再强的神经也受不了。德国大兵无奈地说："即使我们占领了厨房，仍然需要在客厅继续战斗。"

苏联人民的牺牲争取到的最好成果是又将德军拖进了冬天。进入 11 月，苏联红军反攻并将 33 万绝望的德军包围。当时德军的主将是保卢斯，他写信给希特勒，要求突围撤退。这场斯大林格勒的死磕，夹杂着很多大小胡子的意气和面子之争，兵败事小，丢脸事大，所以老希下令，不准撤！

其实老希自己也知道德军坚持不住了，预备打造一个形象工程，他给保卢斯火线升职，提升他为元帅。他觉得，纳粹没有被俘的元帅，保卢斯戴上元帅的军衔而后自尽殉国，算是给帝国军队保全最后的脸面。据说当时的元帅肩章之类的是通过飞机空投到前线的。

新元帅没给老大面子，第二年的1月就被俘虏，24名将军和近10万士兵向苏联投降。保卢斯元帅成为苏联红军俘获的最有价值的战俘。有多值钱呢？当时斯大林的儿子雅科夫被德军俘虏关在集中营，希特勒曾想用雅科夫换回保卢斯，被斯大林拒绝了！

希特勒掩盖了保卢斯被俘的消息，号称他是为国捐躯，还全副仪仗给安排了一场葬礼，希特勒亲临现场，一脸悲痛。保卢斯后来的最大作用是在战争后期号召德国人起来反对纳粹停止战争，并在战后成为主要证人参与对纳粹的审判，在德意志留下一辈子的骂名。

斯大林格勒的惨败，宣告德军已经失去了战场上的主动，整个纳粹内部弥漫着低迷的气氛，国内对希特勒的不满也在逐渐增加。老希太需要一场胜利重建军队的信心和自己的形象了，所以斯大林格勒的颓败之气还没散尽，他又下令发动库尔斯克战役。

库尔斯克战役是史上最大的坦克战，两边投入了上万辆的坦克。希特勒钦点曼斯坦因为新的集团军群司令，全权组织这场大战。

前面说过，曼斯坦因是纳粹所有将领中的佼佼者，其军事修为可列三大名将之首，如果有兴趣深入研究"二战"的战史，大家会发现，曼斯坦因出的主意很少有失误的，不过有的时候，他的主意不被采纳而已。

军事学家对库尔斯克战役的研究很多，一般的说法都以为开战时德军已经是强弩之末，而很多解密文件说，其实苏联才是强弩之末，如果德军严格执行曼斯坦因的计划，第三帝国将会收获这次宝贵的胜利。不管说什么了，输了就是输了，即使有曼斯坦因这样的天才。50万帝国将士，3000多架飞机，1500多辆坦克的损失，几乎让帝国在东线的战力损失殆尽。在这个战场，帝国军队永远失去了锐气，转入防御，而与之相对的，则是苏联红军的大举反攻。

盟军登陆

很多人说库尔斯克战役的失败是因为希特勒在战役后期将曼斯坦因的精锐部队调走了，为啥调走？因为老希预备放弃苏德战场，他听说英国的蒙哥马利和美国的巴顿组成联军在西西里岛登陆了！

前面说到，1943 年，英美盟军将全部德军赶出了非洲，取得了全胜。下一步，他们就计划着越过地中海上岸，德军都被苏联红军牵制在东线，英美盟军考虑在西西里岛登陆，先收拾了意大利再说。

登陆战是挺难的，如果遭遇严密防守，冲上海滩的士兵基本就是送死。老杨在《英帝国：日不落之殇》里介绍过，"一战"时英法联军的登陆战就以惨败告终，当时的达达尼尔海峡都被血染红了。所以再玩登陆战，英美盟军要好好计划一下。

1943 年的 4 月 30 日，西班牙南部海岸发现一具尸体，身穿英国海军制服。整个"二战"，西班牙号称中立，其实谁都知道他家是希特勒一伙的，而且德国在西班牙南部还设立了一个重要的谍报机关。尸体一落在西班牙人手里，德国人就知道了，这时英国也号称收到消息，催促西班牙将尸体奉还。西班牙的有关机构在尸体上搜查，真不得了，居然是条大鱼，尸体的腰带里藏着一封绝密文件，文件上说，英美盟军将在撒丁岛和希腊登陆！

收到这个消息，虽然当时很多人提醒，英美盟军只可能在西西里岛登陆，希特勒还是下令增加了希腊和撒丁岛的防御，没拿西西里岛当重点关照。1943 年 7 月 10 日，英美联军在西西里岛胜利登陆。

这是怎么回事呢？那具西班牙南岸的尸体就是"二战"中最漂亮的"肉馅计划"。英国人找了一具尸体，极尽伪装掩饰之能事，让德国人相信这是一个遇难的英国军官，随后一番做作，不断地跟西班牙交涉，要求返还尸体，装得神乎其神，把德国人给骗了。

西西里岛登陆成功，直接导致的结果就是墨索里尼下台。7 月 25 日，由意大利国王出面，将这位"恺撒"抓住关起来。盟军扶持意大利成立新的政府，掉转枪口，加入盟军作战。

收到墨索里尼下台被捕的消息，希特勒又惊又怒，此时意大利虽然成立了新政府，应该说局势还是在德国控制中，所以老希认为，只要救出墨索里尼，让他重新执政，来自帝国下腹部的威胁就可以解除。

希特勒在东普鲁士他的指挥所——狼穴召见了特种部队的突击队长斯科尔茨。斯科尔茨也是纳粹中的明星人物，"二战"中关于他的事迹甚多，这家伙很好认，因为脸上有一道很长的刀疤，江湖人称"刀疤脸"，来自他大学时期的决斗。比起纳粹其他人物那种一丝不苟的整洁端庄，这道刀疤让斯科尔茨有点匪帮气质。

斯科尔茨帮助希特勒组建了纳粹特种部队，而他们的成名战，就是受命营救被捕的墨索里尼。

营救的第一步，是要确定墨索里尼被关在哪里。斯科尔茨收到的线报很多，发现都是假的。后来的德国的谍报机关检测到，从意大利中部亚平宁山脉的大萨索山顶上，发出的无线电信号经常提到"重要人物"，经过勘察，墨索里尼果然被关在大萨索山的峰顶。

大萨索山是滑雪胜地，山顶上有座旅馆，原来是给滑雪者居住的，山下到这家旅馆只有一条索道，在这种山顶救人，被认为是不可能的任务。

斯科尔茨想出的办法是雪山机降，用滑翔机将伞兵送上山顶。升空才发现，原来的着陆点根本不能落，刀疤脸艺高胆大，明明是偷袭，他下令让滑翔机降落在旅馆前面的空地上。滑翔机都受了不同程度的损坏。好在一下飞机，就劫持了一个意大利军官做人质，随后强行突进旅馆救人。整个营救过程只花了4分钟。最惊险的地方是离开山顶。山顶距离太小，不够营救的飞机起飞，德军的王牌飞行员选择冲下悬崖，在半空中将飞机拉起，惊险万分、不可思议地救走了墨索里尼。

这次行动被柏林的媒体称为"魔鬼的杰作"，看到老兄弟的希特勒激动万分，斯科尔茨受到特别嘉奖，立时名动江湖。而墨索里尼也在希特勒的扶持下，在罗马以北的萨罗湖边成立了一个伪政府，被叫作"萨罗政府"。因为德军此时占领着意大利北部，希特勒需要一个稳妥的人帮他统治，墨索里尼的伪政府就成为傀儡。

从东线战事启动到西西里岛登陆，1941~1943 这两年时间里，整个欧洲大陆就靠苏联红军和贫民的热血和生命抵抗着纳粹德军一轮轮屠杀般的进攻，斯大林一直催促英美等国赶紧找地方登陆，开辟第二战场，分解一下东线压力。

西西里岛盟军玩阴谋诡计侥幸成功，可是在意大利南部的军队还不足以成气候，对盟军来说，最佳的状态肯定是在大西洋西岸登陆，深入法国开辟新战场，再次让德国陷入他们最郁闷的两线作战。

这个道理希特勒显然比谁都清楚，所以从挪威海岸到法国西班牙边界这么长的海岸线上，纳粹也修起一道"万里长城"。真是万里长城，这道防御工事全长超过 5000 公里，堡垒密集，防御坚实，这道号称"大西洋壁垒"的防御工事在规模上应该是欧洲之最了。在这道防御工事上德军部署的军队超过百万，而负责这道工事的，就是隆美尔元帅。

跟西西里岛登陆一样，如果德军事先知道了盟军登陆的具体位置，盟军不管多少人都被打成活靶了。诺曼底登陆战号称世界史上最壮丽的战役，比起几十万大兵在风浪中扑向法国海滩这个画面，为登陆战做的各种准备则是更加精彩。根据西西里岛的登陆经验，要想上岸，必先行骗。

西西里岛那种规模的登陆，一具尸体可能就够用了，而诺曼底这么大规模的登陆，不知道多少尸体才能实现骗局。这个古往今来最伟大的欺骗工程就是"卫士计划"，包括三个部分：第一，登陆前不让德军知道具体的登陆地点；第二，登陆中防止他们调兵防御；第三，登陆后，防止他们发兵来围堵。

整个"二战"，英国有几件事是干得很漂亮的，第一，一直掌握制海权；第二，在空袭中保住了反攻的大本营；第三，破获了德军的超级密码机；第四，摧毁了德国在英国的间谍网。这四条都成为登陆战的重要条件，尤其是第四条，在这个大骗局里发挥了重要作用。

"二战"期间，德国人最头痛的就是他们的间谍很难在英国立足并展开工作，所以后来，对于英国和盟军的情报工作，他们只能从自己截获的无线电情报里分析，这就直接导致了，盟军可以干扰视听，放出假消息，诱使德军上当。而英国人更厉害的是，很多落网的德国间谍后来都被他们发展成为双面间谍，两头打工。其中最出名的就是西班牙人"嘉宝"，表演大师级的间谍，他几乎是整个诺曼底登陆计划的关键核心，而此人最牛的是，他同时获得了德国纳粹铁十字勋章和大英帝国勋章，成为间谍这个领域前无古人后无来者的宗师。

自从定下在法国诺曼底登陆开始，盟军的情报部门就开始做戏，虽然没有明说，但是他们的动作显示，他们会在法国加莱港登陆。为了让希特勒相信这件事，英国情报部门真是煞费苦心了。而其中最惨烈的，就是英国的谍报人员，他们都被统一告知，盟军的登陆计划是国家一级机密，打死也不能说，如果受不了酷刑，就吃毒药自尽。这些了解登陆计划的情报人员被配发剧毒药丸。后来这些情报人员被纳粹抓住，当然是抵死不肯说，然而纳粹的逼供手段，绝对不是老虎凳辣椒水这么简单了，盟军特务，扛不住之下想咬毒药自尽，居然发现，药丸是假的！吃完死不了，还要继续受酷刑！如此一来，很多人就崩溃了，招供了，可他们招的，都是盟军将在法国加莱登陆！

大家都知道盖世太保手段狠辣、头脑清楚，是不是真扛不住屈打成招，他们看得出来。诺曼底登陆期间，受尽酷刑或者赔上性命的盟军情报人员超过几千人，他们到死都不知道，他们誓死捍卫的，是假情报。好在这些人的牺牲，终于让德国人确信，盟军将在法国加莱登陆。

登陆的日子选在 1944 年 6 月 6 日，对西线 B 集团军司令隆美尔来说，这是个悲剧的日子。这一天，是他太太的生日，看到英吉利海峡上乌云低霾，浊浪排空，他想，盟军总不会选这种日子跨海找死吧，所以他急冲冲跑到维也纳，给老婆过生日去了。

为了防止在登陆过程中被敌军检测，盟军所有的舰只都出港，游弋在英吉利海峡上，表演假象，军舰尾部拖挂大气球，造出水波，飞机在空中向海面抛洒金属箔干扰雷达。

登陆在诺曼底海岸的 5 个滩头进行，最激烈残酷的战斗发生在奥巴哈海滩，到底有多惨，大家可以观看好莱坞科教大片《拯救大兵瑞恩》详细了解。

登陆过程中，西线的将领感觉事态严重，向希特勒要求调用两个坦克师去诺曼底，老希当时正睡午觉，认为这次登陆是盟军虚张声势，而要求不准打扰他。等他睡醒觉，大脑回到颅内，急忙下令装甲师支援诺曼底，一切已经太迟。

7 天时间，32 万士兵、10 万吨物资被送上了欧洲大陆，并且在滩头筑起了阵地。随后的两个月，盟军大举东进，8 月 25 日，进入法国巴黎，解放了这个被德军占领 4 年的国家。11 月，盟军的战线推进到了法德边界，在莱茵河西岸建立桥头堡，预备给第三帝国最后一击。

最后的战斗

盟军上岸，法国解放，西线战事重开，局势对德军大为不利，老希决定在他之前大获成功的西线再赌一次，再战阿登山区，用开战时的办法，将登陆后的盟军劈开分割，逼他们再来一次敦刻尔克撤退。

对希特勒来说，这次的阿登战役是最后的反击机会，绝对不能失败，所以他再次动用了斯科尔茨和他的特种兵部队。这次他们的任务是，装扮成美国人，进入阿登山区美军防线的驻地，去骚扰对方。

斯科尔茨找了 3000 个说美语的士兵，穿上美军制服，配发美国装备，关键是要学会美国人那种"腔调"，专门培训他们夹着俚语说话，用美国大兵时髦的动作。

12 月 16 日，德军集结了 2000 多辆坦克和重炮，28 个师，扑向了盟军的阿登防线。跟刚开打时一样，阿登山区依然是防线的最薄弱点，盟军仅在这里部署了很少的美国军队，而美国大兵根本想不到这里会再次遭到德军的重视，大军来袭。

战争的头几天，美国的防线几乎可以用混乱来形容，除了他们的措手不及，还要感谢斯科尔茨的特种部队。这些德国人坐美国吉普，叼着美国香烟，在美军阵地上乱窜，传递假消息、假命令，或者是悲观情绪和各种谣言，搅动一场不小的混乱。

这些冒牌美国人刚开始在美军阵地混得如鱼得水，但是假的就是假的，总有穿帮，美国大兵几乎是地球上最自由散漫的人了，而德国人尤其是德国军队，其严谨守律也是世界之最，德国军人冒充美国大兵，人家那种吊儿郎当的"范儿"他们就学不像，东施效颦，难免破绽百出。

冒牌美国大兵开着吉普去加油，要求加"petrol"，加油站的美国大兵就奇怪了，俺们美国那旮旯，不这么说啊，俺们说的是"gasoline"啊，这几个伙计哪个州的，怎么这口音啊？再一对话，破绽更多，马上搜查，竟然找到了德军的密码本之类的间谍物品。

美国这才反应过来，自己的队伍里有特务。随后的美军开始了内部清理，要分辨假冒的美国人很容易，"最近哪个棒球队赢了？""哪个篮球明星转会了？""Lady Gaga 最近是不是把平底锅顶在头上了？""有个脱口秀演员是不是打记者了？"这些个八卦事件啊，美国人哪怕在前线打得如火如荼时也会保持关心，而德国人几乎不做这些无聊事，只要这些问题答不出来，肯定是假货。就是用这个办法，美国将混入的德国间谍清理出来，结束了内部的混乱。

前线战场上，因为防御的美军明显不够，纳粹的进军非常顺利，美国军队冒着风雨，以惊人的速度不断增援，总算在第二年反败为胜。而这场战役最明星的部队就是美国的 101 空降师，他们就是著名美剧《兄弟连》的原型。

这一场阿登山区的战斗是史上最大的阵地反击战，也是德军的最后一搏，此战之后，纳粹德国这柄利剑锋锐尽失，进攻的能力固然失去了，连防御都危机重重。

狼群战术

纳粹德军即将失败，老希的宏伟梦想将被即将到来的现实踏得粉碎，可是纳粹德军还有许多故事没有说完。之前我们重点讲述的，都是德国的陆上战争，"闪电战"被誉为德军取胜的法宝。德军一直号称有两大法宝，另一个，就是他家的"狼群战术"。

"一战"时，德国的潜艇是他家重要武器之一，到"二战"时，潜艇战继续发扬光大。这也是无奈的事，因为英国的海面优势，德国想尽办法也无法在水面上与之争霸，只好在水面以下玩阴招。

所谓"狼群战术"，就是德国海军的一种潜艇战法，跟群狼进攻一样，十几艘潜艇趁月黑风高悄没声息地潜到商船或是战船周围，找好位置后，突然出水发射鱼雷，将重型舰只打沉，潜艇再次下潜，迅速逃离凶案现场。

战法的发明者，是德国的海军名将邓尼茨，这个人物在"二战"结束前后是纳粹最重要的人物。他在"一战"时，指挥无限制潜艇战，发现潜艇对大型船只这种打法非常不利，于是"二战"开始就发明了这种以小打大，以多打少，聚众犯罪的打法。

在"二战"刚开始阶段，"狼群战术"屡屡得手，威风无比，德国海军差一点雄霸大西洋，盟军舰只，尤其是商船屡遭黑手，损失无数，补给线严重受创。而邓尼茨因为这种打法，江湖人送外号"狼头"，一路平步青云，直升到海军司令。

盟军也不会傻乎乎地被动挨打，一直针对"狼群战术"找对策。盟军的反潜技术反潜装备不断升级，狼头的思维还停留在最初的胜利，进入1943年，狼群战术能得手的时候越来越少，而狼群本身还经常遭遇重创，随后，狼群宣布失败。

狼群战术对后来的海军影响是巨大的，进入现代战争，面对庞然大物航空母舰时，潜艇还是最佳的武器，就是来自邓尼茨这种战法。

狼群横行大西洋时，德国海军决定抓住这个有利时机，让自己的水面舰艇出去见见世面。这样，德国海军最自豪的"俾斯麦号"战列舰带领一支还算体面的舰队开进了大西洋战场。"俾斯麦号"战列舰是德军和英军军备竞赛的产物，纳粹花费巨金秘密打造，在战舰方面，绝对是奢侈品一类的，号称"不沉的海上堡垒"，还被称为"海上死神"。

因为德国海军的江湖地位一般，这次以这么高档的战舰出海开战还要进入大英帝国控制的大西洋，兹事体大，所以"俾斯麦号"出海时，老希亲自到港口送行，不过老希没想到，这么贵的宝贝沉得这么快。

1941年5月24日，一进入大西洋的"俾斯麦号"就被英国舰只盯梢，"俾斯麦号"遭遇的第一个对手就是英国战舰"胡德号"。胡德是英国18世纪的海军名将，用他名字命名的这艘战舰，是"二战"以前，海面上最长最大最强最帅的军舰，也是英国海军的王牌。

"俾斯麦号"和"胡德号"相逢在清晨的海上，你有你的我有我的方向，你记得也好，最好是忘掉，在这交会是互放的光亮……

这样两艘名舰这样的相逢，一点金风玉露的惺惺相惜都没有。"胡德号"

先开火，然而他搞错了，他的炮火打向了跟"俾斯麦号"出海的另一艘战舰，而"俾斯麦号"眼神好多了，舰上的主炮齐发，准确命中了"胡德号"的弹药舱，"胡德号"断成两截，不到三分钟就沉没，舰上1000多官兵一起沉入海底。

初出江湖，首战告捷，"俾斯麦号"果然够铁血。"胡德号"是英国人心中的宝贝疙瘩，就这样被一个海上新手打沉了，让英国海军很沉痛，他们下定决心要报仇。

英国人的报仇跟黑社会帮派很像，那就是召集很多打手，追着仇家跑，见一次打一次，最好打得你妈都不认识。

5月26日，"俾斯麦号"在英吉利海峡的风浪中落单被仇家堵住，英国的战机在天空对"俾斯麦号"一轮轮轰炸，水面上，5艘英国战舰团团围住"俾斯麦号"，以一种疯狂的频率向它发射炮弹。在一个多小时的时间里，"俾斯麦号"中弹千余发，甲板上火焰冲天，浓烟滚滚，挣扎了一阵后沉没，在"胡德号"沉没的三天后，就随它而去。

大西洋海底，名舰荟萃，海底的动物们可以组建一个主题游乐园。

"俾斯麦号"这样的高档奢侈品刚进入大西洋就被打沉，标志着德国海军经过几年刻苦建设，跟大英帝国的海军还是有巨大的差距，所以后来的战役，海上的主动权，德国人也不敢幻想了。一直没有制海权，也是纳粹最后失败的重要原因之一。

元首的末日

战争进入1944年，德军的战败指日可待，德国本土不断受到盟军轰炸，生活在水深火热中。不仅百姓怨声载道，即使是在纳粹内部，某些军官也开始对元首出现了怀疑甚至怨怼。有一部分纳粹军官，希望能私下跟盟军议和，提前结束战争。这些人追随老希多年，知道这伙计的脾气，让他停战议和甚至投降，几乎是不可能的。要想结束战争，唯一的可能是：希特勒，死！

最想结束战争的，肯定是那些身受战争之苦的。有一个出身德国贵族世家的年轻人，叫施陶芬贝格，就是这样一位。照片上，参战前的施陶芬贝格，是个清隽英俊的日耳曼青年，1943年之后，他完全变了样，在北非战场，他失去了整只右手、左手的两根手指和左眼，双腿也受了重伤。施陶芬贝格靠着顽强的毅力，学习用残疾的双手适应新生活，最了不起的是，他竟然练习成了，用仅剩的三根手指安装炸弹！

身体上的创伤和德军在战场上的失利一直考验着施陶芬贝格最初的信仰，到最后，他终于相信，他信错了，希特勒和他带给德国人的一切是不对的，爱恨只有一线，既然爱错了，就变恨了，施陶芬贝格强烈渴望杀死元首。

1944年，施陶芬贝格获得了一次提升，这样一来，他有很多机会能接触希特勒。7月20日，他收到命令到"狼穴"开会，他决定选这天动手。

施陶芬贝格拎着一个皮包进入会议室，因为开会时间临时修改，他计划的安装时间被压缩了很多，本预备安装两枚炸弹，最后只能安装一枚。他将安装好的炸弹放在手提包里，摆放在会议桌下面，并设定了时间，正好在希特勒脚边。到爆炸时间将近，施陶芬贝格找个借口离开了会议室。

他放置皮包的位置离元首太近了，阻挡了某个军官向希特勒汇报工作，于是被顺手提到一边，这样一来，炸弹和希特勒之间就隔着一张桌子的底座。

炸弹按时爆炸，就是这张桌子的保护，让希特勒逃过一劫，只是烧伤了大腿，震坏了耳朵。

暗杀失败，希特勒的愤怒是暴烈的，党卫军头目希姆莱负责全权彻查此事。以希姆莱的脾气，要是只追究当事人，就不符合他"魔头"的称号了。

希姆莱后来查出有7000人涉案，被处决的有5000人，处决的方式也花样百出，比如用钢琴弦勒死。各种处决方式被拍摄下来，交给元首，让他看着解恨。施陶芬贝格死得挺舒服，他被枪决，死后尸体被焚烧，骨灰丢进了水沟，所谓锉骨扬灰。

这一场暗杀调查牵连甚广，涉案的大人物很多，其中就有隆美尔元帅。诺曼底登陆后的战争，让隆美尔受了重伤，失去了左耳左眼，还因为跟老希战争理念上的分析，失去了元首的恩宠。根据希姆莱的调查，发现了隆美尔跟暗杀集团的一些信件，虽然没有确切的证据，但他被认可为暗杀事件的主谋之一。因为他原来的战功，元首赐他自尽并答应在他死后为他举行国葬。1944年10月14日，隆美尔身穿非洲军团制服，戴上奖章，在自己的车中服用氰化钾自尽。

这个暗杀过程详见另一部好莱坞科教大片《刺杀希特勒》，汤姆·克鲁斯同学戴着一个眼罩装模作样演绎了施陶芬贝格，装得还挺像。

隆美尔在另一个世界很快又见到了元首。1945年4月25日，苏联红军完成了对柏林的包围，并攻入城中开始巷战。被战争折磨得麻木的日耳曼人显然没有当年苏联人保家卫国的精神。就在这几天，纳粹的二号人物戈林带着金银财宝溜出了柏林，随后发布公告，要接管帝国，之前希姆莱也号称要取代希特勒成为元首，所以老希最后的日子，百忙之中还不忘处理这两个叛徒，后来留下遗嘱，让海军司令邓尼茨接替自己的元首之位。

4月30日，希特勒饮弹自尽。希姆莱被盟军俘虏后服毒而死，戈林被俘成为"二战"结束后被审判的纳粹最大的战俘，被判以绞刑，不过临刑前，他也服毒死了。元首就是元首，明明可以服毒，他开枪打死自己，显得极其壮烈。

邓尼茨接手元首之位的重要工作就是投降，就这样，第二次世界大战结束了。

四十六　元首私生活：不能不说的故事

老希的很多部属和仆从都自杀了，这伙计气场太强大了，他恐怕是这个世界上导致自杀事件最多的人了，这个纪录不知道吉尼斯总部能不能接受。不光男人为希特勒自杀的人多，女人也不少，第一个开头的，就是老希的外甥女格利·劳巴尔。

格利是希特勒同父异母的姐姐安吉拉的女儿。希特勒第一次见到外甥女时，正在牢里，因为慕尼黑啤酒馆事件服刑，大姐带着儿子女儿去探监，在监狱的日子，16岁的格利浅褐色的眼睛像早晨的阳光一样闪亮。

出狱后的希特勒正式展开了自己的政治生涯，就把大姐接到自己慕尼黑的家中处理家务，格利要到慕尼黑求学，于是也住进了希特勒的家。到底是什么时候开始，这个舅舅看外甥女的眼神不一样呢？

格利青春美丽、活泼可爱，还热情开朗，对长期处在冰冷阴暗的政治氛围的老小男人，她是干净而温暖的，所以希特勒身边不少纳粹党员对这个小姑娘都很喜爱。

格利情窦初开时爱上的第一个男人是希特勒的司机，埃米尔·莫里斯。埃米尔·莫里斯应该是老希死忠的亲随了，甚至在政变后陪着老大一起坐牢。埃米尔和格利私定了终身，这个事让希特勒勃然大怒。根据埃米尔自己说，有一次老大看见他和格利在一起，一把揪住他，差点要了他的命。

希特勒命令两人分手，格利不答应，老希直接中断并收回了之前给姐姐家的资助。钱和权很少有实现不了的目的，老希成功地搅黄了外甥女的初恋。

时隔不久，格利又看上一个画家，两人秘密交往。希特勒通过私家侦探人肉这个可怜的画家，还监控检查格利和画家所有的信件，当时也没有复印机，老希百忙之中还命令自己的秘书截留并抄录这些情书，忙着策划纳粹大事之余就是看外甥女给其他男人的情书让自己难受，实在受不了，就给姐姐施加压力，让她逼女儿跟画家分手。

老希又成功了，但是他有危机意识了。总不能这么被动吧，旧的去了新的冒出来，没完没了啊，必须宣告一下所有权，格利是我老希看中的女人，你们谁也不许染指！

1930 年，老希在慕尼黑租了整整一层楼的豪宅，跟格利一起搬进去，生活在一起。后来老希说，这段时光，是他人生中最幸福的日子，业余时间里，老希带格利吃、喝、玩、购物，满足格利几乎所有的要求，而格利这个从小并不富裕的年轻姑娘，极大地满足了各种各样的虚荣。据说老希此时曾下定决心，只要自己的政治野心实现，他就娶格利为妻。

老希的政治地位步步攀升，虽然老希不是个帅哥，但他毕竟是个领袖和统帅，男人通过征服世界而征服女人，随着江湖地位日益显赫，匍匐在老希军靴下的女人跟纳粹党徒一样不断增长。

公众人物都有自己的御用摄影师，希特勒自然也有，海因里希·霍夫曼。我们现在看到的希特勒的照片，小个子的小胡子还挺精神的，那就是霍夫曼的功劳，当时也没个 PS 的技术，能把一个并不出众的男人照得这么威武说明其业务能力还是相当不错。

霍夫曼的摄影工作室（当时叫照相馆）雇佣了个学徒工，17 岁的小姑娘爱娃·布劳恩。希特勒偶尔会出现在霍夫曼的照相馆，这个 40 岁的男人彬彬有礼，颇有风度，最重要的是，他每次来都坐着豪华轿车，有司机秘书助理一帮人跟着，见到他的人也都毕恭毕敬。没想到有生之年能见到这样一个大人物，几乎是一见面，爱娃就迷上了小胡子，然后立下了将这个老男人搞定的远大理想。

对于一个年轻小姑娘的崇拜，希特勒一点都不陌生，他也很享受这一切，所以爱娃偷偷地写了热情洋溢的情书，放在他口袋里，老希也佯装不知，愉悦地收下。

老希是个绅士，绅士的大优点就是对女人的青睐，从不明白拒绝。不管有多少女人对老希示爱，老希也不过是逢场作戏而已，外甥女依然是他的最爱。

格利是个天真的小姑娘，她根本不会懂得希特勒这种男人的生活特点，希特勒身边的女人和希特勒对女人的态度都让她很迷茫痛苦。最要命的是，希特勒自己每天跟不同的女人眉来眼去地暧昧，却不准格利随便离开，监视并控制她的所有行动，检查她的信件，审查她的朋友，防止她再被乱七八糟的男人盯上。压抑的格利开始经常跟希特勒吵架、冷战，逐渐抑郁，而后有一天，她在希特勒的口袋里，发现了爱娃写给老希热辣辣的情书。当天晚上，格利找了把手枪，打爆了自己的脑袋！

很难想象这件事对希特勒的打击有多大，据说他赶回来一看到格利的尸体，当时就掏出手枪想随她而去，幸亏保镖们反应快。由这段时间开始，老希变成了一个素食主义者。连续几个月，老希大部分时间盘桓在格利的房间里，此后的岁月，他永久保存格利在巴伐利亚别墅里的房间，保证所有的东西都跟格利在时一模一样，即使后来他再次装修，格利的房间都不准改动。格利的母亲曾经要求女儿的遗物，被老希拒绝了，衣服、饰品、照片、杂物，所有东西，不论大小，一概不给。

格利自杀的事足足困扰了希特勒6个月，他身边的人想尽办法开解安慰他，御用摄影师霍夫曼成功地将希特勒请到电影院看戏，非常体贴地将爱娃安排在老希身边。

纳粹严格调查了爱娃的祖宗八代，确信没有犹太人，希特勒将她带回家。不过，三令五申，这个关系不能曝光，要保密，换言之，爱娃必须接受成为希特勒的秘密情人。

希特勒太忙了，尤其是竞选那段时间，这时候的老希，天仙也顾不上了，他经常忘记有个叫爱娃的女郎在慕尼黑苦苦等他，有的时候，爱娃的电话他也不愿意接听。

女人和男人不一样，女人坠入爱河，爱情就是全部，而男人在实现自己的野心理想的时候，通常会忘记女人，就算他依然爱着她。

这个道理一般的女人都不太懂，所以很多女人一被忽视，就要死要活。爱娃也是，而且自杀情绪会传染，她想到格利的死，那个女孩饮弹自尽，差点让希特勒崩溃，爱娃愿意用自己的生命试验这个男人的爱情，于是她偷了父亲的手枪，对自己的颈动脉开了一枪！

自杀也是个技术活，爱娃显然没有格利那样的无师自通，虽然血流如注，但是爱娃自己打电话求救，保住了性命。希特勒收到消息，大惊，赶忙回到慕尼黑探望。

差点赔上性命，好在收到效果了。老希是个重感情的人，已经有个女孩为自己自杀了，不能再让另一个女孩重蹈覆辙，而且老希正在竞选，是事业最关键的时刻，如果媒体报道自己连一个女孩子都摆不平，以后还能统治德意志这么多男女老少吗？

就这样，爱娃正式进入了希特勒的生活。不过，根据戈培尔的宣传，希特勒是没有私生活没有女人的，因为元首将所有的精力都奉献给党和国家了，为了维持这个形象，爱娃继续躲在地下。

直到希特勒成为真正的德意志老大，而且即将让整个欧洲血雨腥风，爱娃觉得，自己应该浮出地面，获得一个正式名分了，可她发现，老希还是没这个意思。

元首在慕尼黑买了一栋小别墅送给爱娃，配辆车，再加上珠宝衣饰无数，老希金屋藏娇的规格也不见得高过一个山西的煤矿老板。

无论如何，对一个出身一般的小姑娘来说，这样的日子刚开始还是挺享受的。因为希特勒大部分时间都不在，爱娃又不能抛头露面大张旗鼓地社交，于是大部分时间用来美化自己，为悦己者容。化妆、造型、换衣服，在实践中学习，后来修炼得出神入化的。为了节食修身，爱娃患了胃病。好在这个悦己者很领情，每次爱娃胃病发作，老希都心痛不已，而且对于任何时候见到爱娃，她一丝不苟的妆容和修饰，元首非常满意。老希自己就是个爱整洁的人，一个精致的女人让他很愉悦。

爱慕希特勒的女人实在太多了，没条件的暗恋，稍有条件的写情书明白表达，条件更好的，通过中间人跟偶像见面。1933年，一个英国贵族小姐使出浑身解数，终于获得了跟希特勒吃顿饭的机会。

英国小姐叫尤蒂尼·米特福德。这是个英国的老牌贵族家的小姐。米特福德家有六个姐妹，活跃在伦敦的上流社会。在英国，这六姊妹是非常红的，提起她们，有人会想起宋氏三姐妹，最大的相同点就是姐妹之间，信仰和意识形态迥异。米特福德姐妹中，有狂热的纳粹分子，还有共产党。而其中最狂热崇拜希特勒的，就是六姐妹中的老四尤蒂尼。仔细算起来，这六姊妹跟后来的丘吉尔首相还是表兄妹的关系。

这顿饭吃得双方都很兴奋，尤蒂尼发现偶像比自己想象中更风度翩翩，知识渊博；对希特勒来说，尤蒂尼是个雅利安的完美女人，而且，尤蒂尼在英国的背景，也可以为希特勒所用。两人如胶似漆的时候，希特勒称尤蒂尼为"英国女神"。

尤蒂尼是英国贵族，希特勒需要她的社会资源，所以她不用低调，开着纳粹党部的汽车，来往穿梭于各集会现场，为纳粹欢呼，为希特勒欢呼。

1939 年，眼看"二战"就要开打，尤蒂尼天天祈祷，不要让自己的祖国和爱人的国家开战。上帝没保佑她，当年，英国真的向德国宣战了。尤蒂尼深受打击，用希特勒送给她作为定情信物的手枪自杀。

尤蒂尼小姐也没受过专业训练，子弹顺利入脑，人却还活着。她被抬在担架上秘密送回了英国，英国医生认为冒险取出子弹会危及生命，就采取了保守疗法，后来尤蒂尼就一直带着这颗子弹痛苦地活到 1948 年，饱受折磨而逝。

根据野史，当初没有为尤蒂尼做手术取出子弹的原因，是因为她怀孕了，在英国产下一个男婴，她自己说是希特勒的孩子。孩子一出生就被人收养，后来就下落不明了。

希特勒与尤蒂尼打得火热的那段时间，爱娃在慕尼黑有所耳闻，对她来说，有个解决这个问题的法宝，那就是自杀。于是，爱娃又吞食了大量安眠药，好在又救活了。

撒手锏再次奏效，希特勒被身边的女人自杀整得有点神经质了，他选择了回到爱娃身边，以后，不再跟别的女人公开鬼混了。

爱娃终于获得了一点地位，希特勒偶尔会以私人秘书的身份带她出席某些场合，还允许她偶尔到柏林秀一把。经过两次生死，爱娃这时也成熟多了。希特勒不给她名分，她也不主动争取，社交场合，她非常严格地要求自己，逐步为自己打造一个让人尊敬的形象，周围的人也慢慢认可她，遗憾的是，虽然越来越有魅力越来越高贵，第三帝国第一夫人这个位置她可望而不可即。

元首不结婚，没有家庭，第三帝国不能没有第一夫人第一家庭啊，这时，宣传部长戈培尔和他太太补上了这个位置。这两口子家庭和睦，还有六个孩子。

戈培尔和夫人玛戈达是野史很喜欢的两口子，玛戈达是个私生女，她母亲带着她嫁给一个犹太老男人，从小到大，玛戈达在犹太人圈子生活，长大后，自然就爱上了一个犹太人阿罗佐罗夫。阿罗佐罗夫是个犹太复国主义者，从小的理想就是要到耶路撒冷去建立犹太国家，为了这个伟大理想，他跟青梅竹马的恋人玛戈达分手了。

失恋后痛苦万分的玛戈达嫁给了一个有钱的日耳曼老男人，婚后又时不常地给老男人戴绿帽子，最后，得到一套柏林的房子和一笔遣散费后，玛戈达恢复独身。她离婚所得柏林的房子，离当时的纳粹党部非常近。

失婚有钱的妇人是社会不安定因素之一，玛戈达热衷于在周围的酒吧混日子，而这些酒吧里最多的，就是纳粹党员。戈培尔先吸引了玛戈达的注意，闲得没事的玛戈达为了谈恋爱方便，主动要求去纳粹党部当志愿者。如此，玛戈达又认识了希特勒。

玛戈达跟希特勒的关系，野史众说纷纭，这两人有一腿可能是真的，而且希特勒曾找人说媒，想迎娶玛戈达，让她成为帝国的第一夫人。玛戈达对希特勒崇拜得五体投地，可是不知道为什么，她还是嫁给了戈培尔，还生了6个孩子。据说她的孩子名字都以"H"开头，用来表达对元首的忠诚。

戈培尔家这个第一家庭其实也没有看起来那么和美，后来戈培尔找情人想回家离婚，还是希特勒帮助玛戈达出头，才维持了这个帝国家庭的稳定。

有名有姓跟老希有一腿的女人真不知道有多少，而"二战"后对希特勒的遗体进行解剖，貌似这伙计有点生理障碍。而且，希特勒是不是同性恋，一直是个热门的研究项目，总之一句话，这家伙肯定不是一个正常的人。

1945年上半年，随着盟军逼近柏林，希特勒躲进地下8米的防空洞继续组织负隅顽抗。月底，他见大势已去，拒绝了所有人给他的逃生建议，他决定自杀，还嘱咐警卫在死后烧毁自己的尸体。

临近兵败，爱娃来到了柏林，来到了希特勒身边，跟他在地下防空洞过日子。希特勒决定自杀时，爱娃表示她也会紧紧相随，但是有一个要求，她要个名分，希望以希特勒夫人的身份去到另一个世界。

4月29日，在少数纳粹官员的见证下，希特勒跟爱娃在地下防空洞举行了简陋的婚礼。死神将至，爱娃却是满脸的幸福，她很得意地宣布，以后要叫她"希特勒夫人"了。

4月30日，元首的房间里传来了枪声。警卫打开房门，希特勒倒在沙发上，右太阳穴有个弹孔，墙上和沙发上血迹斑斑。沙发边上，爱娃服毒自尽而死，身上溅满希特勒的鲜血。这个女人终于第三次自杀成功了。

警卫将二人的尸体浇上汽油，焚烧，埋葬在附近。后来尸体被苏联红军挖出来。所有人都怀疑这具尸体不是希特勒本人，因为主角就这样随便死了，在剧情上有点对不起观众，只有尸体是假的，老希真人还存活于世，这个结尾才算有点意思，所以这具可怜的尸体完全得不到安息，辗转接受各种检测。

希特勒的追随者中，最忠心的是戈培尔一家。希特勒自杀身亡的第二天，戈培尔夫妇叫6个孩子出来，说是给他们喝热巧克力，这6个孩子非常安静地死去了，随后，戈培尔和玛戈达在自己的地下室自杀，全家效忠了元首。

除了希特勒的私生活，他留给后人还有一个有趣神秘的话题，就是关于当年纳粹的巨大财富。从1939年开始的纳粹征伐，攻城略地，杀人无数，敛取的各国财物、珍宝、艺术品更是无数，很多古堡、宫殿、博物馆都被洗劫一空。

为了保证纳粹军队的专业性，希特勒专门组织了一支以抢劫为主要工作的队伍，其中包括的都是些专业人士、古董专家、艺术品鉴赏家、金融专家等，一进入占领国，这支别动队就根据自己的专长接受该国的金银财宝、债券外汇等。大家回顾一下纳粹的战斗足迹，就可以知道，这笔财富的数字几乎是不可想象的。

据说纳粹有多个藏宝地点，而其中最大的，应该是1945年被陆续转移藏匿的"大德意志宝藏"，据保守估计，这笔包括了黄金、白银、珠宝、艺术品在内的宝藏价值超过当时的3500亿法郎，这么大一笔财富不知道埋藏在欧洲哪个角落，让全世界的探险家很有生存目标。当初盟军为了追踪这批财富，也组织了专业的队伍，在某些疑似地点，掘地三尺，也偶有收获，但肯定不是传说中的"大德意志宝藏"。

在所有被纳粹掠夺转移的财富中，最近几年经常被提起的，就是大名鼎鼎的"琥珀宫"。

琥珀宫是普鲁士第一任国王腓特烈一世送给王后的,这是个30平方米的房间,模仿凡尔赛宫的镜厅,在柏林夏洛特堡内建造的。腓特烈一世要求极尽美丽和奢华,所以建筑师一点没省钱,用当时非常昂贵的琥珀装饰了这座宫殿,内部还镶嵌大量的黄金和宝石,很多的工艺师和匠人辛苦工作了10年才建成,最后得名"琥珀宫"。

几年后,俄国的彼得大帝造访普鲁士,看到琥珀宫眼睛发亮,挪不动腿,走不动路。当时的普鲁士国王是腓特烈·威廉一世,正想联合俄国找瑞典的麻烦,舍不得孩子套不着狼,只好将琥珀宫送给彼得大帝了。

琥珀宫先是在俄国冬宫,"二战"前,被放置在圣彼得堡外一个宫殿,供人参观,这座金碧辉煌的宫殿被称为世界第八奇迹。

"巴巴罗萨"计划启动后,纳粹狂风般攻入圣彼得堡,看见琥珀宫,还能不抢吗?宫殿被分拆后,运到了东普鲁士的哥斯尼堡(现俄罗斯的加里宁格勒)。

1945年,听说苏联红军向东普鲁士逼近,希特勒下令将琥珀宫转移,而就在这时,英国飞机的一轮轰炸,令哥斯尼堡几乎成为白地,本以为琥珀宫被一起炸毁,不过苏联红军进入该地区时,并没有发现被炸毁后应该留下的痕迹,所以,大家猜测,琥珀宫被纳粹快人一步成功转移。

后来关于琥珀宫的传闻就热闹了,一会说发现在奥地利,一会说发现还在东普鲁士,还经常有人举着号称琥珀宫的残片出来胡说八道,牵着全欧洲的投机者非常兴奋。据估计,琥珀宫的价值现在已经有几亿英镑,谁找到都是暴富。只是,这么大的东西,就算真找到,要偷偷挖掘,还要顺利出手估计都不容易,所以我们普通老百姓看个热闹就行了,千万别打主意啊。

人生极痛苦的事,莫过于人死了,钱没花完,比如希特勒;而人生最痛苦的事,就是人还活着,钱没了,比如"二战"后的德国百姓。

四十七　波茨坦会议内容

分区占领

德国还没正式战败，同盟国就开始预备战后的事了。熟门熟路的老规矩，几个巨头找个地方开个会，商量痛打落水狗。

有了"一战"的教训，这次再整日耳曼这帮好战分子，绝对不能留情，务必打入18层地狱，还要踏上一只脚，让他家永世不得翻身。

1943年，眼看着德国人不行了，同盟国几个大佬就隔三岔五聚众开会，商量战后事宜。1943年德黑兰会议，美国的罗斯福总统就提出，把德国切割成5个国家。快结束的时候，英美两兄弟眼看着苏联越来越嚣张，觉得有必要扶持一个无害的德国抗衡苏联，苏联考虑了一下，也觉得如果德国被分得太碎，不确定因素太多，也感觉让他家维持统一是合理的。于是，1945年2月，雅尔塔会议上，三家商量，就不肢解德国了，三家大佬，每人占领一块得了。基本商定，东部给苏联占领，西部和南部就英美分掉，后来英美又把法国人拉进来，庆祝胜利的蛋糕嘛，每人都要分一份。

1945年6月5日，四国驻德占领军总司令在柏林正式声明把德国分成4个部分，东区分给苏联、西北区分给英格兰、西南区归老山姆、西区归法兰西。而"大柏林"区由四国共同占领。7月底，波茨坦会议上，四国又通过对德管制的政治经济原则。至此，苏、美、英、法四国分区占领德国的局面正式形成。

同盟国四个赢家在德国驻下后，对德国的惩罚就是全方位的了。

首先，德国的版图需要修改一下，奥地利和捷克再次从德国分离出去；鉴于普鲁士一直是德意志内部最不安定的麻烦制造者，所以必须将之从德国的领土上剥离，东普鲁士由苏联和波兰分掉，为了防止以后再有争端，所有在波兰境内生活的德国人全部返乡，没事不准在波兰出现，重新规定德国和波兰的边界。

纽伦堡审判

必须以战犯审判纳粹分子。"二战"快结束时，同盟国哥几个除了讨论如何切了德国版图，还重点讨论如何切了那些没自杀没战死的纳粹分子。每家都死了不少人，都没有正常的心态。苏联人认为，只要是穿纳粹制服的就直接拖去活埋；英国人比较人道，认为不用扯犊子，还审什么啊，全拉去枪毙。要说还是人家美国是真格的法制社会啊，他家坚持，不审就不能判，再坏的战犯也要给予公平受审的权利，而且，为了显示公平，应该成立一个国际法庭来办这个事。

国际法庭选在哪里呢？德国东南部，巴伐利亚州的纽伦堡。为什么选这里？公认这里是纳粹的龙兴之地。希特勒取得元首大位后，专门回到这里，组织盛大的纳粹集会，正式宣布取消犹太人的公民权并将他们打入地狱。纽伦堡对于纳粹，有点根基和精神发源地的感觉。

纽伦堡也被炸得一片疮痍，好在还有个破旧的小法院摇摇欲坠地存在，美国的大法官找几个包工头给稍微装修了一下，这里就成为名垂史册的纽伦堡国际法庭，也是德国南部红色旅游的重点景点。

四个同盟国各派一个法官，大法官当然是美国人，被告呢？在德国俘虏堆里仔细遴选一下，挑了23个出来，后来能出庭的，只有21个。辩护律师有一群，各地的记者还有一群，小法庭上挤了不少人。

21名被告中，最引人注目的，有空军司令戈林，纳粹的外交部长里宾特洛甫和希特勒的副手鲁道夫·赫斯。最遗憾的是老希不能参与其盛。

这真是一个巨大的工程，这么多人从1945年底审到1946年10月1日，开庭200多次，传召的证人200多人次，其间公布的照片、资料汗牛充栋。跟踪报道的记者都差点累吐血，好在铁证如山，钉死了被告的各种罪行，终于忙出了结果，有12人被判以绞刑。

里宾特洛甫当时就被吊死，戈林比较叽叽歪歪，不仅拒不认罪，还不同意被吊死。在被吊死之前，这家伙离奇地服毒自杀，留下遗书，说是自己身上一直藏有毒药。

这件事成了谜了，按说关押看守对戈林的搜查是比较彻底的，况且知道纳粹有服毒自尽的爱好，一颗氰化钾药丸是怎么逃过检查的呢？这个谜底在50多年后被揭开了，有个当时的美国看守自首，说是当年被一个美女诱惑，帮着传递了药物给戈林，让他最后没成为吊死鬼。

法庭还决定，没吊死毒死的战犯，要专门建个监狱来关押。在西柏林建立一个由军队管理的施潘道盟国军事监狱，苏美英法四国各指派一名监狱长，四国各派30名卫兵看守，所有的开销费用由新成立的德意志联邦共和国政府支付。

这座监狱是一道独特的风景，因为大部分时间，看守比犯人多，而且犯人还越来越少。到1965年，这里就剩了鲁道夫·赫斯一个犯人，看守他的有4名监狱长、1个牧师、17名文员、20名军官、33名士兵和4名医生。西德政府为了养活这些闲得发慌的监狱人员，每天要支付一万马克，于是鲁道夫·赫斯成了世界上享受待遇最高最隆重的囚犯。好在这伙计在1987年离奇自杀了，监狱撤销，西德政府省了这笔折磨人的开销。而之前花在这座监狱上的费用，已经超过2600万马克了。

纽伦堡审判的意义是很重大的，人类几千年的历史下来，打架就像城里丢自行车一样频繁，丢自行车的贼永远不会落网，谁也不会因为发动战争，或者种族灭绝之类的事被判刑。纽伦堡第一次让战争成为一种罪行，以后再在街上打架，打输了还要接受公开审判，双倍的丢人现眼。

而本来战后的部分德国人对纳粹还有些不是太理性的认识，纽伦堡审判公布的大量证据让德国人认清了纳粹灭绝人性的真面目，应该说，引发了战后德国人的很多反思。

赔款和 4D 计划

分了土地，杀了仇家，别指望不要经济赔偿。这次同盟国认为，"一战"那种漫天要价，而且还允许德国人索要折扣实在太不严肃了，这次，一口价，赔 200 亿美元。够客气了，同盟国说，他们在战中损失的 2000 亿都不止呢！

200 亿美元，哪有钱啊？那些工业资产、工业产品、劳动力不都是钱吗，用这些来顶吧。千万别让他家分期付款还了，谁知道夜长梦多会出什么幺蛾子啊？看德国眼下有什么，这家人工业发达，那些设备啥的，都是好东西啊。苏联马上不干了，说你们三个算盘打得太精了吧，德国的工业中心和经济中心都在西部，东部这边老少边穷，俺们苏联就是把地皮都刮回去，能卖几个钱啊？

战后苏联国际地位飙升，俄国人发飙，英法美还是觉得别惹他。不就是钱嘛，他说他要没收他占领地区所有的德国资产和相应的海外资产，其他三国说，好啊，你拿回去吧。于是苏联将东部地区德国的工厂啥的拆掉搬回苏联了，还不够？再分给他一点。德国西部的物资、工业设备 25% 给苏联，其中 10% 直接拆走搬回家，另外 15% 用同价的煤炭、石油之类的资源来换，实在没有？土豆也换。

四位大哥总算分爽了，波茨坦会议圆满成功了！

这就结束了？闯这么大的祸，就这点惩罚？当然不是，以上这些，不过是同盟国先能实现的，还有更狠的整残德国的计划，需要在未来慢慢实施。

同盟国的巨头们一致认为，要想将德意志这家人永远按住，不能让他家翻过身来，必须实现四个目标：去军事化、去纳粹化、去工业化，民主化。四个词开头都是 D，所以叫 4D 计划。

这 4D 计划由四个国家主导，在自己的占领区内进行，这可热闹了，西占区英法美三个国家，意识形态、宗教信仰比较接近，所以他们执行这个计划，动作还是基本一致的，而苏联那部分就大不相同了。

第一条不能同步的就是民主化，大家想象一下，"民主"这个词在东西占区肯定有不同的解读啊，至于军事化和工业化，可想而知了，军队没了，将领被审判了，哪里还能军事化？厂房设备拆掉换钱了，工业结构被严重破坏了，哪里还能工业化呢？

倒是去纳粹化是个同仇敌忾的工作，也就是，四个占领区，根据自己的情况采取相应的措施，肃清纳粹分子，让"纳粹"这个词汇永远脱离德国人的生活。

德国人一半被英法美，一半被苏联用各种手段调教，两边偶尔还憋着互相竞争，此时的德国是两种政体和意识形态的表现舞台，东西方都想向对方和全世界显示，自己的管理教育方法是最科学最优越的。两个占领区如同双胞胎兄弟，本来外表动作、思想行为都是一致的，后来被分开送给不同的人家教养，终于变成越来越不像的兄弟俩了。

四十八　终于整散了

第一次柏林危机

"二战"，全欧洲被打成废墟，百废待兴。全世界最舒坦的国家就是美国，他家不但没受损失，反而更加壮实了。现在整个西欧都看老山姆家的脸色，就等着他家在吃饱喝足后多少施舍点，帮西欧小兄弟渡过难关。

唯一不给老山姆好脸的就是俄国人，他家也有小弟，他家把持着东欧。俄国人和老山姆在欧洲大陆怒目相向，谁也不服谁。

战后没几年，老山姆发现，他家一家独富是不持久的，生产出来的东西卖给谁家呢？欧洲那些买家都没钱啊。老山姆多聪明啊，在家一想，首先要扶持西欧经济，让市场恢复，美国的产品有去处，国内的经济才能维持发展，而且西欧各国感念老山姆慷慨解囊，会忠心地追随美国，抵制苏联势力向西发展。在这个指导思想下，马歇尔计划也就是欧洲复兴计划就出台了。

对于我们的德意志，老山姆有清楚认识，如今英法美占据西部，苏联占据东部，估计谁也不会先撤，如果德国成为西欧抵御共产主义、东欧抵御资本主义的最前线，那两边都要做长远考虑，所以，老山姆觉得，应该先让英法美的占领区合并。

马歇尔计划对于特定地区的作用就是在于此，英法都拿了老山姆家的援助和贷款，对于美国大哥的要求，他们不太拒绝，法国人开始有点不情愿，他家还是坚持要让德国保持四分五裂，老山姆拍出 2.5 亿美元放在法国人面前，法国人什么气都顺了，于是，西德三个占领区实现了合并。

三占区合并后，美国人组织西欧几个主要国家开了个会，大意就是，俄国人不好说话，他显然霸住东德那部分不让了，老山姆家想要援助德国，只好让西德成为一个独立的国家，这样他家就可以进入马歇尔计划，跟欧洲其他国家一起走向经济复兴。

苏联人在东德踮着脚往西边看，越看越不对，西边这帮资本主义反动派很猖獗啊，这帮人想搞什么鬼啊？

还没容苏联人想清楚，西边的又搞事了，他们居然发行新的货币了！带有 B 记号的新马克，开始进入流通。

话说苏联和西欧左右两边分掉了德国，原来的首都柏林在东德境内，也就是俄国人的占领区。可为了体现占领时的公平，柏林也是分成两半的，也就是东柏林归俄国人，西柏林归西欧三国。柏林市有两套政府班子，一套是西方的，一套是东方的。不过货币的流通是没有政治倾向的，B 记号的马克一进入西柏林，自然也就进入了东柏林，整个柏林的货币乱套了。

苏联人一边抗议一边反击，反击的办法毫无新意，他家印了一种 D 记号的马克，进入东部区域流通，把局面搅得更乱了。

苏联人要么不搅局，只要一开动，就肯定把事情搞恶化。为了表示对西边的愤慨，苏联封锁了柏林，切断了西柏林与西德的联系，除了三条空中走廊，水陆、货运交通全部切断，想使西柏林的百姓陷入困境，让他们屈服。

6 月 24 日封锁，6 月 29 日，美国就启动了大规模空运，向柏林的百姓空投各种粮食和生活物资，一年之内，美国飞机起飞 27 万次，空投物资超过 200 万吨，让苏联的封锁失去了意义。

苏联的封锁让自己形象很臭，沦为反派，而美国人因为这一年的空运，成为柏林百姓心中最可爱的人，美国的运输机带着慈爱的光辉从天际掠过，是那一年柏林人最美好的回忆。最温馨的故事是，有个美国飞行员，可怜柏林的孩子没有糖果，于是用手帕做成降落伞，系上巧克力丢到西柏林，后来这个行动引发了美国向西柏林的孩子们捐献糖果的运动。百忙中的美国空军，不仅要投掷生活物资，还投下了十几吨糖果。

不仅对柏林空投物资，西德对苏联需要的部分物资还实行了反封锁，最要命的是，虽然闹这么多事，可没耽误西德建国的过程，英法美三国有条不紊地准备着联邦德国成立的大小事宜。

这就是历史上著名的第一次柏林危机，有第一次就有第二次、第三次。这第一次危机最后以俄国人低头结束，第二年，1949 年 5 月，苏联万般无奈，解除了封锁，整个过程，用"赔了夫人又折兵"来形容俄国人，应该是比较贴切的。

俄国人折腾不起了，西德的成立不可阻挡了。1949 年 9 月 20 日，德意志联邦共和国正式成立，定都波恩。苏联人急眼了，他们也倒腾出一部东德法律，宣布成立德意志民主共和国，1949 年 10 月 7 日，首都东柏林。

就这样，东西两个德国诞生了，好不容易统一的德意志，再次分裂。

建筑奇迹——德国长城

东西德国一成立，两个大哥就高下立现。西德接受美国的援助后开始突飞猛进地发展，而东德，不用说了，老大哥自己也不富裕呢。

这种分别其他区域不明显，东西柏林可是在一个屋子里，看得清清楚楚的。想象一下啊，一个堂屋分两半，大哥家在左边吃饭，二弟家在右边吃饭，二弟家伙食越来越好，隔三岔五还吃红烧肉，大哥家每天能吃饱土豆就不错了，大哥家的老婆孩子能不怨声载道吗？

不就是红烧肉吗，吃不着我还躲不起了？大哥跟二弟商量，你能不能搬出去，堂屋是我们家首都，你总在这里吃饭不合适吧？

1958 年，大哥家的赫鲁晓夫要求二弟家的艾森豪威尔，带着西欧诸小弟，从西柏林撤出去。艾森豪威尔说，凭啥啊，哥几个就不走，以后我们还天天吃牛排呢！

太欺负人了，美帝分子仗着自己有钱，嘚瑟！俄国人抛出最后通牒，六个月，不搬走，就抄擀面杖把二弟一家打出柏林。谁知二弟家也有擀面杖，人家还有西瓜刀之类的专业斗殴武器呢，两边挥舞着兵器互相威胁了几天。苏联发现占不到便宜，再次认怂，算了，继续这么过吧。

这就是历史上的第二次柏林危机，俄国人又丢脸了。

德国大院里美苏的问题解决不了，大院外，两位大佬的"冷战"和军备竞赛不断升级，连带着身后的诸小弟，形成世界局势两大派系，泾渭分明。

1961 年，赫鲁晓夫同志看到苏联发展不错，核弹头也攒了不少，觉得有必要再次旧事重提。在维也纳，赫鲁晓夫见到了肯尼迪，见对方是个小白脸，赫鲁晓夫心理上很有优势，非常跩地再次要求西欧三国从西柏林撤军，如果不答应，以后西德或者西欧三国要进入西柏林，需要东德同意。这种威胁对老山姆家是没用的，肯尼迪断然拒绝。

这次大哥来真的了，不仅仅是找擀面杖了，赫鲁晓夫下令，苏联军队所有士兵停止复员，再增加30%的军费。肯尼迪淡淡一笑："谁怕谁啊？"这边美国国会大笔一挥，增加了32亿美元的国防预算，征召国民警卫队和预备役入伍，还开始修建防空设施。

架势摆得太足了，左邻右舍都感觉到这两家看来预备将"冷战"升温到热战，直接互殴。周围人赶紧闪避吧，32亿美元啊，断不是西瓜刀擀面杖之类的家伙了，这家人曾经往一个小岛上丢过原子弹呢！

老山姆家是有钱，吓唬人有用，但是要说做事果决，性格泼辣，那还是俄国人。就在美国人摩拳擦掌，预备跟俄国人对峙到底的时候，苏联人做了一件匪夷所思的事。

1961年8月13日凌晨，起床的柏林的人民发现，东西柏林的分界线上，靠近东德这一边，一夜之间冒出来一道墙！虽然只是一道铁丝网，但那些铁棘在初升的阳光中闪着寒光，透着狰狞。东德的同志们还在发着黑晕，突然发现，军队已经封锁了全部路口，也就是说，东柏林人已经过不去了！

话说二弟家吃上红烧肉后，让大哥这边的人都非常羡慕，所以从1949年东西德正式成立开始，东德的人往西德跑就成为一个潮流了。在苏联统治下的东德人就算生活苦点，一直有个最后的指望，那就是，实在过不下去，可以到西边那个自由富裕的天地去重新开始。看着这道一夜之间建成的铁丝网，东德人反应过来了，大家被围住了，再也出不去了！

随后的几天，东德的军队不辞劳苦，争分夺秒地修墙，以最快的速度将铁丝网变成了钢筋水泥土的坚固工事，100多公里长，4米多高。

这个事件，就是第三次柏林危机。这次危机比较严重，不仅柏林突然冒出来一道丑陋无比的屏障，美苏还正式撕破脸了，本来之前两家还假惺惺地签了个禁止核试验的协议，这会子协议无效了，苏联率先恢复核试验，美国紧紧跟上，没休息几年的军备竞赛再次开始。

要不要翻墙，这是个问题

在谈到"翻墙"问题时，老杨郑重声明，所有关于"翻墙"的字面意义或者引申意义都是针对东西柏林的，跟其他国家组织或者个人无关，如有敏感纯属自寻烦恼。

"柏林墙"这个词语，如果要分类，应该归入哪一类呢？建筑类？政治类？文化类？思想类？

墙是修起来了，工程质量也不错，防范严密，除了多个检查站，还有壕沟、电网、碉堡、警犬等。这些能威慑东德的人民，让他们永远打消翻墙的念头吗？

柏林墙建成后，这个地方就成了两个德国的老百姓最瞩目的地点，谁也不愿被无故关了禁闭，这一墙之隔，只要越过去，就是一个自由的新天地。好在墙是死的，人的智慧是活的，东德人民舍生忘死千万百计翻越柏林墙的故事，更是可歌可泣，悲喜交加。

最开始越过柏林墙的好办法是跳楼，东柏林那边沿柏林墙一线的高楼都成为偷渡圣地。西柏林这边接应的亲戚朋友们准备好床单棉被，要跳楼的在窗边站好，对准目标，眼睛一闭，向下一跳，只要定点降落准确，就成功了。不过跳楼这东西，总归不是个安全的玩法，先后有 4 个人因为没跳好，丢了性命。

东德处理跳楼事件比富士康高明，人家没想到要装防护网，一不做二不休，将柏林墙沿线所有的高楼，全部拆除，推平，成为空地，穿过空地接近柏林墙，杀无赦！

后来大家想到，不就是一堵墙吗，跑快点，身手敏捷点不就过去了吗？1961 年，有个叫彼得的 18 岁东柏林小伙就决定这样干了。果然够敏捷像是练过"跑酷"的，一眨眼就攀上了柏林墙顶，只要跳下去就好了，谁知，就在此时，枪声响了。中弹的小伙子跌下了墙头，很遗憾，他掉在东柏林那边了。

中枪的彼得哀号着求救，而驻守柏林墙的东柏林守军没人答理他，西柏林那边的军人听不下去了，冒着被枪击的危险，从墙头上丢了一个急救包过去，而此时的彼得已经无法自救了，他在地上被痛苦折磨 50 多分钟后死去。

东柏林的军人们严守岗位，没有一个为他分心。

翻墙也不行了，那就撞墙吧。找辆重型卡车，全速冲过去，只要将墙体撞倒，就算成功了。有个东柏林的卡车司机真是这样成功了，德国车辆性能真好，这么厚的墙被撞开一个大缺口，人车一起冲线，西柏林方面一片欢呼。可是，当欢呼的人群打开车门迎接新同胞时，发现这个司机已经死在驾驶座上，身中19弹，显然是被东柏林的守军击中。让人安慰的是，这个青年应该是进入西柏林之后才咽气的。

东柏林人的翻墙事迹简直是五花八门、精彩纷呈，有挖隧道的，有用热气球的，最牛的是有人自制潜水艇偷渡成功，而最辛苦的是有人藏身在小汽车的引擎部分翻墙成功的。

不自由，毋宁死，都知道翻越柏林墙九死一生，可在墙内的人总是想要出去的。世界上的事就是这么古怪，如果没有这堵墙，也不见得所有人都要到墙那边去，可这堵墙往这一竖，明显的禁锢，就容易让人逆反，要不要"翻墙"？要不要禁止"翻墙"？要不要"墙"……

四十九　高墙内外之联邦德国

只听说墙内的人要出来，没听说过墙外的人想进入，到底柏林墙内外，是个什么情况呢？这一篇，我们介绍一下被两位大佬分拆控制的两个国家。

阿登纳的历史功绩

讲述西德的故事，要先请出西德之父——阿登纳，他是西德的第一任总理。

要了解欧洲国家的政治经济，不能回避而且非常沉闷无趣的，就是该国的政党。联邦德国刚成立的时候，党派林立，根据魏玛共和国的经验，党派良莠不齐的，不知道什么时候又有不安定分子拿党派当社团建设。随着不断地清理整合，到50年代时，西德有三个主要政党。

第一个政党叫基督教民主同盟，简称基民盟，第二大党叫社会民主党，也就是社民党，这两个是西德的主要政党，长期轮流执政。第三个跟着打酱油的是自由民主党，简称自民党。后来1980年底，因为环保运动兴起又冒出来一个绿党。

阿登纳来自基民盟，经历过魏玛共和国、第三帝国和盟军占领时代。早年因为一场车祸，阿登纳被撞碎了颧骨，后来一直就是一副愁眉苦脸的表情。阿登纳41岁时就是科隆市长，是德国历史上最年轻的市长。"二战"时期，因为不愿意跟纳粹同流合污，坐了两次牢，给整得够呛。

1949年，73岁的阿登纳通过大选成为联邦德国的总理。联邦德国是议会民主制的国家，三权分立，总统虽然是国家元首，但是没有实权，最高行政权力在总理手里。

如此高龄成为国家领导人，阿登纳最有价值的财富就是他的坚定、容忍和智慧。

老人家精力有限，所以在经济方面，他全权交给了经济部长艾哈德教授，因为有美国的大力援助，美元流水般进入国内，西德经济在进入马歇尔体系后，再次迎来了惊人的发展。大约是在1960年，西德又成为资本主义世界仅次于美国的经济体。

阿登纳老爷子最漂亮的工作是处理战后错综复杂的国际关系，在这些关系中，与三个国家如何交往是大考，第一是如何面对恩人美国，第二是如何面对欧洲近邻大哥苏联，第三是如何处理跟世仇法国的关系。而阿登纳以一个古稀老人的智慧，将这三个关系处理得非常得体。

首先是美国，老大哥是帮了不少忙，刚建国那阵子，看着苏联拆东德的厂房拆得如火如荼，阿登纳求老山姆手下留情，不要把西德的工业基础设施全拆了，美国人答应了，给西德留下一点可以翻身的家底。可是"十年前的一碗泡饭，总不能天天鲍鱼鱼翅伺候吧"。随着经济发展，阿登纳谋求的，就是跟美国平等的地位。

先是在经济上反对美国的控制，还号召国内企业跟美国资本展开竞争，最后德国产品大规模进入美国市场，美国人要承认，这个小弟不能再当马仔看了。1955年，争气的德国彻底摆脱了占领国的控制，将外交、军事之类的权力全部收回，真正获得了独立，还加入了美国主持的北大西洋公约组织，完全洗清了战败国的颓败之气。

获得独立这一年，阿登纳访问了苏联，老爷子去莫斯科的目的，一是希望苏联释放德国战俘；二是希望苏联对东德的控制松动一下，只要苏联高抬贵手，西德就可以将东德收回来；三是苏联是欧洲老大哥，跟联邦德国还是应该削弱彼此的敌意，两边可以建交。

阿登纳79岁，赫鲁晓夫也61岁了，俩老头，别指望会妥协。谈判过程中，明显赫鲁晓夫嚣张一点，而且还不尊敬老人家。传说某次欢迎宴会，赫鲁晓夫打听到阿登纳老爷子只喝红酒，于是他用伏特加敬酒，阿登纳出于礼貌，一饮而尽，赫鲁晓夫便接二连三地过来敬酒，最后，老爷子喝了15杯！脸不红心不跳，也没撒酒疯。而赫鲁晓夫同志自己敬酒，杯子里倒的，都是白开水。赫鲁晓夫这点小花招，阿登纳看得明明白白的，当时却并不揭穿，每杯都奉陪。到第二天一早，阿登纳委婉地点破时，赫鲁晓夫脸上很难看。

赫鲁晓夫态度强硬，可以和西德建交，也可以释放战俘，但是，苏联认定东西德是两个国家，分别建交，别指望让两德统一。不论如何，阿登纳差点喝得胃出血，三个外交目标实现了两个，非常了不起了。

老爷子最可圈可点的工作，就是对待法国。两次世界大战，还有历史上那些乱糟糟的恩怨，德法两个邻居终于成为不同戴天的世仇，这样的大仇要化解，需要双方的容忍和智慧。阿登纳是睿智有远见的政治家，好在法国那边，也碰上一个大局为重的人。

1958 年 82 岁的阿登纳访问巴黎，会见了当时的法国总统戴高乐。戴高乐是军界出身，一般法国军人对德国总有点抵触和敌对，阿登纳虽然怀着极大的善意造访邻居，可他对邻居的态度并没有把握。

美国的马歇尔计划让自己成为西欧的大恩人，总想以大哥的身份永远控制西欧诸国，进入 50 年代，随着西边各家走出战后的低谷，经济复苏，都觉得不能再看美国人脸色了。可是美国人这么强大，不跟着他混不行啊。于是，就有人提出，如果欧洲成为一体，就具备对抗美国的实力了。

欧洲的衰落起因于诸国混战，尤其是法德矛盾，更是让这个地区定期的不安宁。德国再次崛起势不可当，法国人想开了，冤家宜解不宜结，何不团结这个强大的邻居，睦邻友好，成为整个欧洲的稳定剂呢？

戴高乐对阿登纳说："须尝试把历史进程颠倒过来，使我们两个民族言归于好，并使他们的力量和才能联合起来。欧洲联合将由法国和德国完成，法国是赶车人，德国是马。对法国来说，在欧洲只可能有一个伙伴，甚至是理想的伙伴，这就是德国。德国和法国必须结成紧密的友谊。只有德法之间的友谊才能拯救西欧。"

两家握手言和，化敌为友，后来的日子，阿登纳的工作重心都用来确定和法国的关系了。1963 年，法德正式签订协议成为同盟。而就是因为欧洲这两个大国的联盟，让欧洲的煤钢联营、欧洲经济共同体、欧洲原子能机构这些组织相继顺利成立了，为后来的欧盟打下基础。

阿登纳对三个重要大国表现得很智慧，但是对其他国家的外交态度就值得商榷。对于其他国家，阿登纳奉行一个"哈尔斯坦主义"，很保守，很孤僻。不是东西德都跟苏联建交了吗，让西德很纠结，如果任由东德发展他的国际地位，以后西德还有机会将东德收回来吗？而且必须要让东德知道，他们现在虽然勉强算个国家，想跟西德平起平坐是没门的，难道以后所有的国家都有两个德国的使馆？

阿登纳比较硬气，他宣布，以后凡是跟民主德国建交的国家，联邦德国一律不跟他们玩。年纪大了，偶尔钻牛角尖也可以理解，所以，1957年，西德和南斯拉夫断交，1963年跟古巴断交，1965年，因为埃及跟东德建交了，西德为了表示自己很生气，居然跟以色列，最恨他家的犹太人建交了，结果一举得罪整个阿拉伯世界。这个老爷子不冷静的行动，被他自己称为"哈尔斯坦原则"。

1962年，阿登纳的司法部长因为一个周刊发表了不利于军队的文章而抓了人家的编辑记者，引起一场司法风波，影响很坏，老爷子不得不在第二年下课，将总理之位让给经济部长艾哈德。87岁才退休，阿登纳真应该感谢司法部长，否则他可真是要在革命岗位上终老了。

1967年阿登纳去世，享年91岁，之前的德国历史，老杨介绍了不少德国名人，各个都有不凡的丰功伟绩，可是2006年，德国电视台选举历史上最伟大的德国人时，阿登纳以最高票数当选为冠军。德国人认为，老爷子是史上最伟大的德国人，因为他一手将遭受毁灭重创的衰败国家送上复兴富强的大道。在德国人看来，即使是马丁·路德或者马克思这样的人物都不能超越他。

从艾哈德到施密特

艾哈德是阿登纳的经济部部长，战后德国经济的腾飞，作为经济学家的他，居功至伟。他有个绰号叫"社会市场经济之父"。而所谓的"社会市场经济"则是从"二战"后一直到现在，德国始终贯彻执行的经济理论。它的大意就是，在充分尊重和保障自由经济自由市场的基础上，国家适度控制和调节，也就是说，自由归自由，不能泛滥无纪律、无约束。所以德意志的市场经济，是有次序的自由竞争，重点是，有次序。

艾哈德有一句名言老杨特别喜欢，"自由是一个不可分割的整体。依我看来，政治自由、经济自由和人的自由构成了一个完美的统一体。抽出其中的一部分，而不冲垮整体是不可能的"。

因为阿登纳是临时下课，还没到大选的时候，所以他选定的接班人，除了要顺利完成任期，还要在 1965 年的大选中获胜，才能保住基民盟的执政地位。

艾哈德开始是自由党人，根据一些资料显示，虽然他当时一直为基民盟工作，可是接班成为总理的时候，他还没加入该政党呢。

艾哈德是经济部部长兼副总理，在跟阿登纳搭档的日子里，两个人的关系非常不好。艾哈德很注意网罗自己的势力，以至于阿登纳下课的时候，虽然一点儿也不喜欢艾哈德，可他的支持率太高了，不让他上位不行。

阿登纳退休之后继续跟自己的继承人作对，非常不厚道。在老爷子的努力下，艾哈德虽然赢得了大选，可是基民盟反对他，让他根本无法组阁。正好第二年德国发生了财政危机，几个自民党的部长为了抗议政府辞职，艾哈德内忧外患之下，也只好辞职不干了。

大家注意啊，阿登纳是被迫辞职的，艾哈德也是被迫辞职的，后来西德的总理就仿佛被诅咒了，跟韩国的总统一样，没几个得了善终的。

第三任西德总理基辛格。从这任总理开始，德国开始逐渐抛弃阿登纳那有点僵化的"哈尔斯坦原则"。基辛格说，要在谅解、信任、合作的基础上与一切国家保持关系，有必要的时候，东欧那些国家也可以交往一下嘛。

基辛格任内，西德和罗马尼亚建交，和南斯拉夫恢复了邦交。虽然西德和东德都向某些国家派驻大使，不过西德人还是坚持说，自家是唯一能够代表德国的。

因为是第三任总理，所以干了三年就提前回家了（什么理论啊！）。基辛格提前下岗的原因是，社民党和自民党孙刘联合，基民盟失势，基辛格只好将总理之位让给了社民党的维利·勃兰特。

勃兰特是需要重点介绍的德国总理，他曾经是西柏林的市长，业绩突出。联邦德国的西柏林市长，大家可以想象那个工作环境，能在西柏林稳稳当当做市长，需要很高的能力和智慧，所以他被称为"世界上最著名的市长"。

1969 年他成为西德总理，让社民党终于成为执政党。

一上台，勃兰特就宣告了"哈尔斯坦原则"的彻底死亡，因为新总理推行的是"新东方政策"，主要内容就是承认东德是独立的主权国家，以后东德和谁建交西德都不跟着生气了。

1970 年 12 月 7 日，东欧最冷的季节，勃兰特在凛冽的寒风中访问波兰。访问活动中，有一项是向华沙的犹太死难纪念碑献花圈。勃兰特将花圈摆上纪念碑，应该退回来低头默哀，出乎所有人的意料，这位西德总理扑通一声跪在寒冷如冰的台阶上！

猝不及防，所有人都无法反应，现场沉默了很久。还是记者们反应快，镁光灯此起彼伏地开始闪耀，将勃兰特下跪的照片永远地留在史册上。

第二天，全世界的媒体都转发了这张照片，勃兰特的膝下绝对有黄金，因为他这一跪，价值难以估计。几乎所有在"二战"中饱受荼毒的国家和民族，都愿意为这一跪原谅德国，结束仇恨。而曾经发动两次世界大战的德意志，因为这一跪彻底清洗了军国主义的邪恶形象，成为受人尊敬的大国。

勃兰特本人在"二战"时也饱受迫害，也是纳粹的受害者，可是他愿意以西德总理的身份替纳粹向全世界道歉，勇于承担责任，这一点让人感动。同时，在德国国内，很多民众举起火把走上街头，声援勃兰特，这说明，德国的人民也是肯认错的。

虽然我们常说，如果道歉有用，要警察干吗？但是当面对一个真诚的道歉时，大多数人会选择宽容和原谅。欧洲各国是幸福的，那些受害者在天上，终于等到了凶手的歉意和承担，看着勃兰特的"华沙之跪"，老杨想的是，"二战"时，中国的那些死难者什么时候能等到凶手的歉意和承担？！

"华沙之跪"配合"新东方政策"，让勃兰特任内跟许多社会主义阵营的国家顺利建立了外交关系。这其中包括波兰、匈牙利、捷克等国，而在 1972 年，西德和中国也建交了，中国第一任驻德国大使是王雨田。

1971 年，勃兰特获得了诺贝尔和平奖，美国《时代》周刊选他为年度人物，成为德国历史上最明星的总理。可惜的是，这样的一个总理，下场也不妙。

勃兰特一直奉行对东德的亲善政策，就是这种亲善，给自己招惹了祸端。

勃兰特有个精干的私人助理叫汉森，在总理身边，工作一直深受好评。1972年时，因为一个东德的间谍落网，牵连出，这个汉森居然也是东德的间谍！

汉森原名纪尧姆，原本是在东德国安部下属的一个杂志社工作。苏联帮着东德培养了不少特工人员，纪尧姆也受过专业训练，跟另一个女特工结婚后，受命潜入西德。

本来东德安排的任务，只不过是让这夫妇俩进入当时在野的社民党，搞些零散的北约资料。没想到，这夫妇俩太有才了，一进入社民党，就屡屡升迁，最后纪尧姆就成了勃兰特的助理，而勃兰特居然又当上了总理。东德的情报组织都没想到，他们随便派个卧底在西德出差，就一举进入了西德的权力中心！纪尧姆被捕，判了13年，他太太被判8年。1981年东西德国交换间谍，东德用分布在东欧各国的被抓住的30多个西德特工换回了纪尧姆一个人，也让这家伙成了欧洲最著名的特务之一。

作为西德总理私人助理，到底纪尧姆搞走多少北约的机密是不知道的，但是勃兰特由着一个间谍在身边还茫然不知，还一天到晚傻乐显得很不靠谱。加上勃兰特还有个很不好的毛病，就是好色，私生活有点乱。纪尧姆被捕后，这个间谍不厚道，招供的都是他在勃兰特身边看到他老板那些个花花草草的事，那阵子的西德报纸天天头条都是勃兰特的绯闻和花边，想不到德国人八卦起来一点不比其他国家收敛。据说当时闹得实在太难看，勃兰特差点自杀，连遗书都写好了。

都不想活了，还能干总理吗？1974年，勃兰特总理辞职下课，财长施密特接棒这倒霉的职位。据说勃兰特下台的时候，东德的情报机关捶胸顿足的，他们真没想把勃兰特弄下台，因为老勃一直是亲东德的，是东边最喜欢的西德人之一。

施密特我们挺熟的，这伙计喜欢中国，是第一个造访中国的德国总理。当时，毛泽东和邓小平会见了他。

施密特上任遭遇了欧洲两次最严重的危机，也就是"二战"后再次导致欧洲衰退的两次石油危机：1973年，因为第四次中东战争引发的第一次石油危机，以及1978年，因伊朗局势引发的第二次石油危机。

石油危机是欧洲人热衷新能源的开始，施密特任内，西德大力发展核能，兴建核电站。而就是因为石油危机，德国工业开始转型，调整工业结构，以新能源、高科技为主的产业兴起，机械制造、电子产品、电脑科技的发展让西德工业成为高端、精致、品质的代表。虽然说70年代的石油危机导致了欧洲整体衰退，但是西德是受影响比较小的国家，基本算是平稳度过了。危机中，欧洲各国都遭遇了严重的通胀，由于施密特政府对货币量的有效控制和对企业帮助、扶持，西德一直是整个欧洲物价指数最低、通胀率最低的国家。

前期的发展迅速，让西德对老百姓非常慷慨，60~70年代，这是个非常舒适的福利国家。对教育的重视和投入大家都有耳闻，最让人羡慕的是住房保障。70年代初，德国一年盖1000万套住房，其中500万套就是福利房。实在买不起房的，国家给房补，自己租房，而西德法律里，明文保护房客，房东绝对不能随便就赶走房客或者是任意涨房租。

西德政府给老百姓的各种社会福利保险是真正的天文数字，而且在有很多福利国家的欧洲，西德政府的福利支出长期是排名第一的。

这种事咱也不能随便羡慕，福利国家政府负担太大，一遭遇经济危机，马上就显出了弊端。施密特任内，一边应付石油危机，一边还要让政府省钱，非常辛苦，好在他也熬过了。

石油危机来自外部，这段时期，西德国内也发生了一场危机，而且一直绵延到21世纪。事情要从1968年说起，这一年，又是欧洲周期骚动的一年，这一年，欧洲很多地区闹学运，西德也冒出了许多学潮运动。

1967年，伊朗国王在西德访问，有学生示威游行，有个警察开枪射杀了一名学生。而当时的报纸掩盖了事情真相，将全部责任推给示威的学生，认为他们是咎由自取。这个事件直接导致学生运动的升级以及相应组织的崛起。

1968年，学运领袖鲁迪杜奇克被击中头部，落下永远的残疾，更加激化了矛盾，很多激愤的小孩走向了极端，他们准备以暴制暴，有几个青年点燃了法兰克福两家百货公司，放火的目的说是抗议越战。不管这些小孩反对什么，既然到百货公司去放火，就基本可以认定，德国恐怖分子组织诞生了。

1970年，巴德尔和迈因霍夫两人组建了"红军派"，这是一个极激进的左派组织，诉求是打倒美帝，推翻帝国主义政府，实现社会平等、共产主义之类的。怎样实现这个目标呢？城市游击战，袭击重点人物，达到威慑反动派的目的。

我们一直认为，这种反美帝、要求平等的呼声一般是来自社会底层，"红军派"比较特殊，骨干分子几乎都是中产阶级，以知识分子和大学生为主，两个头目，巴德尔是教授的儿子，迈因霍夫是个美女，已婚，有两个孩子。

红军派的城市游击战就是杀人放火抢银行，他们专门跑到约旦河西岸，找到"游击战"的大当家，巴勒斯坦民族解放阵线，跟他们的战士一起受训。

1972 年，因为一系列爆炸事件，红军派的老大巴德尔以及一些团伙骨干分子被捕，简直就是捅了马蜂窝了。

这一年 8 月，第 20 届奥运会在慕尼黑召开。一群人冲进了以色列运动员的驻地，当场打死两名运动员，挟持了 9 名运动员为人质。经过一轮激战，西德警方当场击毙了 5 名歹徒，然而 9 名以色列运动员已经遇害，西德还搭上了一名警察。慕尼黑奥运会因为此事暂停了一天，西德政府因为保安措施的疏漏和对恐怖分子的掉以轻心，被全世界批评，而就是从这届奥运会开始，安保工作成为重中之重。

传说袭击慕尼黑奥运会的恐怖组织和红军派是有联系的，他们对奥运会的行动，有点声援红军派的意思。红军派看着一起受训的兄弟们那么神勇，胆子更肥了。

最轰动的一年是 1977 年，这一年历史上被称为"德意志之秋"。为了要求释放被捕的兄弟，监狱之外的红军派的报复更加激烈。

先是刺杀了联邦德国的总检察长，接着德累斯顿银行的总裁遇害，随后是红军派威胁要用火箭筒攻打联邦检察院！

恐怖活动一轮接一轮，德国的有钱人资本家不知道下一个轮到谁，都活在恐慌里。但是施密特政府没有屈服，坚决不释放关押的恐怖分子头目。当年 9 月 5 日，西德雇主联合会主席施莱尔被绑架。

红军派要求德国政府释放关押的红军派成员，每人给 10 万马克送他们出境。这种条件，任何政府都不会接受的。

10 月 13 日，为了再次声援红军派，巴解的 4 名激进分子劫持德国汉莎航空公司的一架客机，带着机上 87 名乘客，迫降在索马里的摩加迪沙机场。

5 天后，西德派出一支特种部队，进入机场，击毙了悍匪，解救了人质。

红军派见这么大的行动都被粉碎，知道自己没盼头了，几个头目当天全部自杀。德国人就是节烈，自杀和杀人一样毫不手软。施莱尔的尸体在一辆汽车的后备厢被发现。可怜的伙计，被关押了 44 天还是被打爆脑袋死掉了。

后来红军派一直还有些零星的活动，到 1998 年才算正式终结。被红军派杀掉的人不少，都是大人物，西门子公司总裁、德意志银行行长等都在其中。

虽然施密特在任没有彻底打掉红军派，不过跟熬过经济危机一样，他也熬过了这残酷的 1977 年。他连续两届赢得了大选，可惜，既然西德有总理魔咒，施密特也是逃不掉的。

施密特是唯一一个"死"于"建设性不信任案"的德国总理。"建设性不信任案"，顾名思义，包括两部分，第一是不信任，第二是建设性。也就是说，国会认为总理信不过了，不能用了，不能投票让他下课就完了，必须先选一个新总理出来，再罢免上一个总理。这项法律再次看出德意志民族考虑事情很严密、严谨。

施密特属于社民党，当时的政府是社民党和自民党联合组阁，基民盟在野。因为在某些经济政策上，社民党和自由党不能统一，自民党在内阁的几个大员请辞，自民党退出内阁，转而与基民盟合作。而施密特因为有些对东欧和美国的政策让社民党对他也很不满意，于是这三大政党都想让他下台。根据"建设性不信任案"，基民盟的科尔被选为新总理，大家都没意见，国会投票，施密特下课。

1982 年，德国历史上最神气的总理科尔上任了。

五十　高墙内外之民主德国

西德有三个政党，东德没这么啰唆，人家就一个党，统一社会党。

民主德国是德意志的东部地区，历史上的经济支柱就是农业。不论是大型工业还是资源矿产，基本都在德意志西部。"二战"后，俄国人为了追缴欠款，将东德这边非常可怜的一些工业设施也拆走了。"马歇尔计划"启动后，美元输血般进入西德，而相对应的是，俄国人还在不停地追要欠款，东德的老百姓从建国那一天就负债累累。从起步开始，东德就远远落后西德。

前面说过，柏林墙的建立，就是要防止东德的人往西德跑。跑的都是专业人士，还有些农庄主之类的。百废待兴，工厂没了，技术工人跑了，连种地的都越来越少。本来就缺吃少穿的，苏联老大哥的债还不能不还。1953年6月，统一社会党发布决议，把那些公家单位、国有企业的劳动定额指标提高10%，但是工人工资呢，原地不动。最可悲的是，东德政府还上调了肉、蛋等生活必需品的价格！

6月15日至16日，东德各地陆续出现规模不等的罢工潮，罢工的人群不受控制，开始跟警察发生冲突，在6月17日，发展到高潮，东柏林有4万多各阶层的人走上街头，示威游行。本来只是要求政府降低食品价格，降低生产生活压力，谁知发展到后来，就变成了要求民主，要求自由，要求两德统一。东德政府看着事态好像要变质，俨然已经向起义或者造反那个方向发展了，赶紧向苏联求助。驻德苏军出面平息了这次工潮。

事件之后，苏联老大哥自己也反省了一下，是不是把小兄弟逼得太紧了？1954年开始，苏联不再跟东德追债，还将几个大型工业实体无偿转让给东德，随后向东德提供原料和粮食。

德意志民族的特点就是生命力顽强，给点阳光就灿烂，给点雨露就泛滥。东德跟西德一样，在克服了战后最初几年的困难后，东德的社会主义经济也走上了神奇的快速发展大道。

东德的历史上，对国家有重大影响的，是前后两位领导人，两个党的总书记，一个是1950~1971年在任的乌布利希，另一位则是1971~1989年在任的昂纳克。这两个同志跟西德的总理一样，下场也都不太好。

虽然都是一个党派的书记，两人在经济政策上还略有不同。乌布利希认为，国家虽然是社会主义的，但是不用什么都收归国有，有些地方和企业要给予一定自主权，引入部分的市场经济机制。

这个东德特色的社会主义在20世纪50~70年代，让东德的经济高速发展，国民收入翻了两番，在东欧各国中，发展形势最好。

随着经济发展，计划经济的弊端暴露出来，乌布利希动了改革的念头，于是被整下台了。昂纳克在苏联勃涅日列夫的支持下，成为新的总书记。昂纳克认为社会主义就是社会主义，计划经济就是计划经济，不要掺杂其他东西，所以在他任内一直致力于加强中央集权和集权经济。

昂纳克治下，因为集约化经营，资源统一调配，生产统一部署，头几年显得效率很高。1984年，民主德国的人均收入名列世界第八位，已经进入世界发达工业国家行列，居东欧各国之首。不过，需要特别备注的是，进入80年代，随着东西德关系有所缓和发展，联邦德国向民主德国提供了数量巨大的贷款。

前面说到，勃兰特总理因为身边的东德间谍助理被下课。东德的间谍居然如此厉害，连带着东德的情报部门也大红大紫了。其实，说到东德，他家的国家安全部是不能不提的，这个叫作"史塔西"的部门，被认为是世界上顶尖的情报部门。

"史塔西"最早师从苏联的克格勃，随着"二战"后科技的进步，这个成立于1950年的组织玩出了属于自己的"血染的风采"。

"史塔西"组织的口号叫作"我们无处不在"。他们还真做到了，无孔不入地监视和监听是他们最擅长的工作。对外派驻间谍方面，全世界都公认他们成果卓绝，看吧，随便派个人就成为西德总理最信任的私人助理，而整翻了一届内阁。

1982年，撒切尔夫人秘密访问西德，英国的情报部门装神弄鬼、跑前跑后地忙碌，以为将首相的行踪隐藏得天衣无缝。结果，后来的揭秘资料显示，撒太在西德的行动全程，都被东德监视并拍照留念了，照片品质很高，可以想象拍摄时特务是何等淡定从容地取景选角度。

撒太是个极端的反共分子，那次访问，不论是她本人还是科尔，都以为保密和安保工作非常完美。"史塔西"的资料显示，当时想谋杀撒太，绝对是举手之劳。《英帝国：日不落之殇》里曾说到1984年撒太在布莱顿饭店遇袭，差点被炸死，据说当时动手的爱尔兰共和军私下一直和"史塔西"保持密切联系。

五十一　柏林墙的倒掉

东德的事是顶没劲的，还是转回西德吧，西德现在的掌门人是科尔总理。

科尔总理是 70 后很熟悉的人物，我们刚懂事的时候，家里电视新闻里，经常听到这胖老头的名字。这是一个身材高大，说话带着严重口音的人，长得慈眉善目的。

科尔拥有哲学的博士学位。科尔从青年时代就喜欢政治，加入基民盟，1973 年成为该党主席。基民盟发起不信任案整倒了上任总理施密特，基民盟成为执政党，科尔则成为新总理。科尔是德国历史上在位时间仅次于俾斯麦的国家元首，而跟俾斯麦一样，科尔最了不起的，则是他一手促成了德国统一。

上篇介绍了东西德两国的各自发展，貌似日子都挺好过，为啥东德突然就想回到西德的怀抱呢？神仙闹的，不过，神仙不是科尔，神仙是苏联的戈尔巴乔夫。

1985 年，这位苏联神人入主了克林姆林宫，开启了一场惊天动地翻江倒海的改革运动，将整个世界搅翻了天。

苏联老大哥在改革问题上的不慎重，顿时让美国等西方势力觉得有机可乘，他们手脚麻利地向东欧渗透。从 1989 年波兰变色开始，整个东欧推倒了多米诺骨牌，匈牙利、捷克、保加利亚、罗马尼亚全跟着改旗易帜。

民主德国是东欧国家中最富裕的，属于发达国家。穷才思变，不穷就说明不用变。昂纳克觉得，东德跟波兰那些穷乡僻壤不一样，没什么需要改革的，不能跟着这些不着调的邻居瞎跑，东德要以不变应万变。

对东德人民来说，有一件事总让他们很憋屈，那就是被高墙围着。不管生活条件福利水平多么好，被关在墙里面，时间长了，天天吃鲍鱼也会心理抑郁。所以对东德人来说，到墙那边去，是一种生活渴望。

东德人上街游行示威，提出了各种各样的改革要求。而在所有的要求中，渐渐有一种要求成为中心，那就是"统一"！

昂纳克彻底失势，当月就被赶下台，克伦茨成为东德新任老大，一上台，他就说要改革。改革可以商量，统一的事暂搁置。这时的东德人民，已经有非常清醒的诉求了，所以不依不饶地继续游行，而且动辄是几十万人的大规模游行。

东德政府现在唯一能想到的暂时平息混乱的办法，就是开放柏林墙。

11月9日晚上10点，东德的边防战士奉命打开柏林墙关卡的围栏，潮水般巨大的人流带着笑声、哭声、欢呼拥向西柏林。在西柏林等待的亲属朋友们也带着笑声、哭声、欢呼声奔跑着迎上去，两边的人流拥抱在一起，笑声、哭声、欢呼声叠加在一起，响彻夜空。

这是世界历史上最让人感动激动的时刻，最动人心魄的图画。28年了，上次见面时的婴儿现在已经是高大的青年，而曾经年少轻狂的兄弟朋友，如今已是两鬓染霜。过去这28年的岁月仅仅是一墙之隔，可两边有多么不一样的故事和人生啊！

墙内墙外这些激动的人，找到了最好的庆祝方法，那就是拿柏林墙出气，用各种工具毁坏它，虽然正式推倒它是后来的事，但在开放的那几天，它就已经被凿子锤子等小型工具破坏得不成样子了。当时有些颇有生意头脑的商人精心收集柏林墙的碎片，后来当作纪念品出售，还真有人买。

"当初，白蛇娘娘压在塔底下，法海禅师躲在蟹壳里。现在却只有这位老禅师独自静坐了，非到螃蟹断种的那一天为止出不来。莫非他造塔的时候，竟没有想到塔是终究要倒的么？活该！"这是咱家鲁迅先生的名篇《论雷峰塔的倒掉》最后一段，老杨每次讲到推到柏林墙这段，心中总会自然浮现这段话。

五十二　再次统一

柏林墙开放，东德的人跑到西德去的人单日超过 50 万。本以为开放柏林墙，让老百姓有个出口，可以缓解国内的紧张局势，可没想到，老百姓对统一的要求更强烈了。

科尔总理本来在波兰访问，听说柏林墙开放了，立即提前结束访问，开始全力策划如何利用东德百姓的强烈情绪。

西德规定，东德人进入西德，凭身份证件可以在任何银行、储蓄所等金融机构领取 100 西德马克的"欢迎费"，拿到以后就可以去随意 shopping（消费）。几十万东德人进入西德，大家可以算算西德人花了多少钱。

本来东德只有执政党，东欧剧变，东德人也顺应潮流捣鼓出好些个党派。德国统一社会党为了应和民意，也改名为民主社会主义党，之前的昂纳克和后来的克伦茨与新党形象不配套，全部被开除出党。既然有这么多党派了，当然就可以玩竞选了，选一个议会出来。

1990 年 3 月 18 日，对东德人来说，真是新奇的日子。跟苏联老大哥混了这么久，大世面没见过，小状况还是常经历，但是公民选举国家政府，这个事真没玩过啊。老杨想象，肯定有很多东德人填选票的时候，会颤抖着手，紧张得直冒汗。

这次大选几乎是西德一手安排主导的，科尔总理需要在所有参选的党派中，选择和自己心思最契合的，扶植其上位。

登记参选的政党组织有 24 个，虽然都是新手，也像模像样地各自抛出了自己的竞选纲领。科尔像人力资源部经理考核应聘资料一样，仔细阅读每个政党组织的施政主张。关于国家自由民主、经济发展、外交关系之类的，科尔顾不上看了，他最关心的，是这些政党关于两德统一的想法。

其中有个政党的主张让科尔露出了满意的笑容，这个党派叫作德国基督教民主联盟，简称基民盟，也就是科尔的政党在东德组建的党派，一笔写不出两个"基"，一家人嘛，心往一处想，劲往一处使。东德的基民盟对统一的看法是：民主德国直接并入联邦德国，合并后的德国继续留在北约。

大选期间，科尔和西德基民盟忙死了，那真是出钱又出力啊，多方奔走，大把撒钱，老科隔三岔五就窜到东德去，帮着基民盟站台竞选，而且科尔抛出了一个撒手锏，他宣布，如果基民盟赢得大选，东德人手里的东德马克可以1：1兑换成西德马克！

当时西德马克的价值大约是东德马克的4倍，也就是说，东德一回归西德，老乡们的财富立时翻倍，各个都能发笔小财。这个利诱太赤裸裸，太不可抗拒了。东德基民盟就此赢得大选，党主席德梅齐埃成为部长会议主席，也就是东德的国家元首。

后来的事实证明，东西德马克1：1的兑换，虽然是帮助科尔实现了统一的目标，却为统一后的德国埋下巨大的祸端，后面会说到。

新政府一上台就开始跟西德讨论合并问题，最重要的当然是货币，既然科尔事先有承诺，东德的百姓只管把工资养老金之类的拿过来兑换就好了。其他关于国名、国体、国歌、国旗之类的都好说，眼下最重要的问题是，当时东西德分家是英法美苏四国主导的，现在要合并，这四家说了，他们必须参与讨论。

1990年5月，两德和英法美苏四国外长在波恩开会，这个6方会议被叫作"2+4"外长会议。西方人也磨叽，人家统一都成定局了，还开这种马拉松式的长篇会议，从5月开到10月，经过四轮磋商总算达成协议。

其实这6方外长，英法美和两德早就意见一致，最难缠的是苏联，他家不同意西德吃掉东德、不同意新德国留在北约，还有苏联在东德的驻军问题。好在戈尔巴乔夫这个人算是苏联历史上最好说话的领袖，一点不强硬，看着与会代表都累得不行了，而且人家还答应给苏联150亿马克的撤军费呢，到最后，苏联都妥协了。

1990年10月3日凌晨，东德所有政府部门的旗帜缓缓降下，随后升起联邦德国的国旗，柏林地区举行了盛大的庆祝活动，来自全世界2000多名政要亲眼见证了这个重要的时刻，东德的五个州正式宣布并入联邦德国，两德从此合二为一，存在了 41 年的民主德国，平静地退出了历史。

　　做了东德元首半年的梅齐埃淡定地交出了自己的职位，等待联邦政府的安排。在两德统一的庆祝大会上，梅齐埃提醒所有人，就算民主德国已经退出了历史舞台，这 41 年的历史也是不能抹杀的，东德人民 41 年的努力奋斗，以及他们为两德统一作出的贡献也是不可忽略和遗忘的。

　　统一后梅齐埃基本退出了政坛，现在是一个律师。应该说，这个东德的末代总理对统一的贡献是挺大的，而他的工作还有一个亮点，那就是，在他任内，他有一个政府副发言人，挺机灵的一个小姑娘，名字叫作默克尔。

五十三 猜不到，这结局

其实在德国所有的政党里，对两德统一最上心的是社民党，所以他们会搞"新东方政策"，并主动向东欧、东德示好。态度太亲热，没控制好尺度，勃兰特总理还栽了。基民盟一直是亲美的，他们的外交政策中，对美德关系的重视肯定大于对统一的热衷，可是他们就是有这么好的运气，就赶上了这个千载难逢的好时候，让科尔和基民盟一举成就了这么大的一件功勋。

科尔在两德统一的过程中，最大的特点就是快刀斩乱麻。当时有很多人提醒他，两种制度直接合并，操之过急肯定会出很多问题，应该先将两边经济、政治、制度上的差异适度调和，再说统一的事。科尔是个政治家，他知道机不可失，时不再来的道理，先拿回来，强行送进洞房，生米煮成熟饭，成了一家人了，还有什么不好商量的。

无情的现实让主婚人科尔大受打击。刚结婚那两年两口子日子还不错，第三年就开始出现问题，而且问题还越来越多，尤其是经济发展方面。

1990~1991年，新德国经历了一个发展高峰期，源于西德对东德基础建设项目投入，老婆进门了，总要给买新衣服新鞋子新首饰好好打扮一下。可到了1992年，德国经济就陷入了严重的衰退，后来一直到21世纪，就再没见到那种高速发展的大好形势，经济状况应该说是非常低迷的。

统一后十年，很多记者去德国采访，都喜欢问德国人，统一后的生活怎么样？有很大一部分德国人认为没有统一前日子好过，而这其中，最多的是东德人。

东德人怎么了？不是嫁入豪门了吗，怎么整得这么怨妇呢？这要从合并时说起。大家还记得吧，科尔为了迎娶东德，同意让西德马克和东德马克按1:1兑换合并，东德老百姓像中了彩票一样高兴啊。东德马克直接变成西德马克，等于是人为地导致东德货币的大幅度升值，直接产生的结果谁都知道，出口受挫。

人家西德马克坚挺值钱，那是因为人家西德生产的都是高精尖的工业产品，你东德生产出来的，本来就是便宜货，用东德马克结算还能接受，现在要支付西德马克了，谁还买你家东西啊！货币升值，肯定会造成出口减少进口增加，自己家的东西卖不掉，外面的产品还都挤进来，东德的工厂能不倒闭吗？工厂都倒了，工人能不失业吗？

科尔总理承诺过，合并之后，3~5年，能让东德人民的生活水平跟西德人一样。这个大话说得太大了，东德的工业都完蛋了，生活水平从哪来啊？不要紧，西德有钱。平均一年1000亿马克，往东德砸！为了保证西德政府的砸钱计划，西德人民缴纳"团结税"。

西德人对东德人算不错了，哪个政府开征新的税种不遭人骂啊？对于科尔政府的"团结税"，西德人民没意见，都痛快交了。根据统计，1990~2000年，西德对东德的输血，高达1.5万亿马克。

这么一笔天文数字的投入，还是没让东德人满意。合并前东德的社会福利也不错，跟东欧其他国家比，那是顶尖的，一合并，发现西德的福利更好。既然总理承诺，要让东德人过上西德人的日子，社会福利首先要跟上吧，于是，这1.5万亿马克，大部分都用来直接补贴给老百姓了。授人以鱼不如授人以渔，老百姓虽然有劳保吃，还是希望有工作干，东部工业一直不景气，失业率高居不下，东德人岂能不埋怨呢？

大家说了，没有柏林墙了，东德人找不到工作不会去西德吗？真没法去，虽然同根同种，可这40年的高墙内外，职业经历、教育水平、人的素质已经拉开了很大的差距，东德人经常说西德人歧视他们，不给他们工作，西德人也冤枉啊，西德的企业出名的科学高效，东德原来那些人浮于事的国企员工过来，怎么适应呢？就算进入了西德企业打工，东德的工人还是抱怨，工资收入比不上西德人。

统一后有些德国经济学家说，德国经济的低迷，是因为他家有其他家没有的沉重的包袱。而这个沉重包袱，说的肯定是东德。这1.5万亿马克的投入，到21世纪，东德的生活水平达到了西德的90%。很多西德人肯定想，如果这笔支出直接用于西德，西德将会怎么样呢？

德国人常说，柏林墙倒了，可两边人民心中的墙最少还需要一代人的努力才能推倒。不管是西德人说东德人不知道感恩还嫉妒，还是东德人说西德人搞歧视，现在已经是一家人了，统一是发展趋势，痛苦的磨合过程也是不可避免的。

五十四　德意志是铁打的

说到这里，差不多了。统一、分裂，再统一、再分裂，再再统一，为了理清楚这个过程，老杨真是筋疲力尽了。欧洲各大国的历史，德国历史是最难以梳理的，这家人大部分时间分得七零八落，不分裂的时候，就把其他国家打得分裂，真不让人省心啊。

很多不省心的小孩都是天才，老杨一直觉得，如果每个国家都是一个人的话，德意志就是天才，而且是铁打的天才，不管多少次被打倒，都能漂亮地再次站起来。

虽然统一后，德国经历了 10 年迟缓的发展期，但是他家依然保持着世界第三大经济体的地位。德国点燃了两次战火，将整个欧洲打成废墟，可是欧盟成立后，他家还是以超强的实力成为欧洲老大，现在，德国是欧盟国家中最大的经济体，是欧盟诸国的核心。

在 2010 年之前，德国是世界上最大的出口国，但现在这个称号被中国人暂时拿走了。不过，就算中国产品的出口金额超过了德国，咱们的出口产品和德国的出口产品也不可同日而语，咱们胜的是数量，德国人胜的，是质地。

一次次在废墟上重建繁荣，德意志的筋骨是铁打的；

一次次惨淡失败而振作奋起，德意志的精神是铁打的；

被仇恨被惩罚能自尊自省，德意志的心理素质是铁打的；

在这么热的夏天写完这么纷乱破碎的德国史，老杨也是铁打的。

德国王室世系表

法兰克王国

墨洛温王朝（481—751）

1. 克洛维一世（466—511）（法兰克王国国王 481—511）

2. 克洛塔尔一世（500—561）（法兰克王国国王 511—561）

3. 希尔佩里克一世（539—584）（法兰克王国国王 561—584）

4. 克洛塔尔二世（584—629）（法兰克王国国王 613—629）

5. 达格贝尔特一世（605—639）（法兰克王国国王 623—639）

6. 克洛维二世（634—657）（法兰克王国国王 639—657）

7. 丕平时代

（1）丕平一世（？—640）

（2）丕平二世（635—714）

（3）查理·马特（688—741）

加洛琳王朝（751—987）

1. 丕平三世（714—768）（法兰克王国国王 751—768）

2. 查理一世（742—814）（法兰克王国国王，皇帝 768—814）

3. 路易一世（778—840）（法兰克王国国王，皇帝 814—840）（注：三个儿子签订《凡尔登条约》，法兰克王国分裂，下面是德意志的东法兰克王国）

4. 路易二世（804—876）（东法兰克国王 843—876）

5. 路易三世（830—882）（东法兰克国王 876—882）

6. 查理三世（839—888）（东、西法兰克国王，皇帝 881—887）（注：西法兰克的"秃头"查理为查理二世）

7. 阿努夫（？—899）（东法兰克国王887—899，皇帝896—899）（注：私生子）

8. 路易四世（893—911）（东法兰克国王900—911）

第一帝国——德意志神圣罗马帝国

法兰克尼亚王朝（911—918）

康拉德一世（？—918）（德意志国王912—918）

萨克森王朝（919—1024）

1. 亨利一世（876—936）（德意志国王919—936）

2. 奥托一世（912—973）（德意志国王936—973，罗马帝国皇帝962—973）

3. 奥托二世（955—983）（德意志国王961—983，罗马帝国皇帝967—983）

4. 奥托三世（980—1002）（德意志国王983—1002，罗马帝国皇帝996—1002）

5. 亨利二世（973—1024）（德意志国王1002—1024，罗马帝国皇帝1014—1024）

萨利安王朝（1024—1137）

1. 康拉德二世（990—1039）（德意志国王1024—1039，罗马帝国皇帝1027—1039）

2. 亨利三世（1017—1056）（德意志国王1039—1056，罗马帝国皇帝1046—1056）

3. 亨利四世（1050—1106）（德意志国王1056—1106，罗马帝国皇帝1084—1106）

4. 亨利五世（1089—1125）（德意志国王1099—1125，罗马帝国皇帝1111—1125）

5. 洛泰尔二世（1075—1137）（德意志国王 1125—1137，罗马帝国皇帝 1133—1137）（注：《凡尔登条约》中得到中部王国的洛泰尔拥有皇帝位，称一世）

霍亨施陶芬王朝（1138—1208，1212—1254）

1. 康拉德三世（1093—1152）（德意志国王 1138—1152）

2. 腓特烈一世（1123—1190）（德意志国王 1152—1190，神圣罗马帝国皇帝 1155—1190）

3. 亨利六世（1165—1197）（德意志国王 1169—1197，神圣罗马帝国皇帝 1191—1197）

4. 菲利普（1178—1208）（德意志国王 1197—1208）

韦尔夫王朝（1198—1215）

奥托四世（1175 或 1182—1218）（德意志国王 1198—1215，神圣罗马帝国皇帝 1209—1215）

霍亨施陶芬王朝（续）

1. 腓特烈二世（1194—1250）（德意志国王 1212—1250，神圣罗马帝国皇帝 1220—1250）

2. 康拉德四世（1228—1254）（德意志国王 1250—1254）（注：教皇英诺森四世 1254 年开除康拉德四世教籍，无皇帝加冕）

空位时期

哈布斯堡王朝（注：此世代只担任德意志国王，皇帝位为北意大利王国拥有）

1. 鲁道夫一世（1218—1291）（德意志国王 1273—1291）

2. 阿道夫（1250—1298）（德意志国王 1292—1298）（注：拿骚伯爵，不属哈布斯堡系，为德意志贵族推举以对抗强大的哈布斯堡家族，被阿尔贝特一世处死）

3. 阿尔贝特一世（1255—1308）（德意志国王 1298—1308）

卢森堡王朝

亨利七世（1269 或 1274—1313）（德意志国王 1308—1313，神圣罗马帝国皇帝 1312—1313）

维特尔斯巴赫王朝

路易四世（1283—1347）（德意志国王 1314—1347，神圣罗马帝国皇帝 1328—1347）

卢森堡王朝（续）

1. 查理四世（1316—1378）（德意志国王 1346—1378，神圣罗马帝国皇帝 1355—1378）

2. 文策尔（1361—1419）（波希米亚国王 1373—1419，德意志国王 1378—1400）

维特尔斯巴赫王朝（续）

鲁佩特（1352—1410）（德意志国王 1400—1410，神圣罗马帝国皇帝 1403—1410）

卢森堡王朝（续）

西吉斯蒙德（1368—1437）（匈牙利国王 1387—1437，波希米亚国王 1419—1437，德意志国王 1410—1437，神圣罗马帝国皇帝 1433—1437）

哈布斯堡王朝（续）

1. 阿尔贝特二世（1397—1439）（匈牙利国王，波希米亚国王，德意志国王 1438—1439）

2. 腓特烈三世（1415—1438）（德意志国王 1440—1493，神圣罗马帝国皇帝 1452—1493）

3. 马克西米连一世（1453—1519）（德意志国王 1486—1519，神圣罗马帝

国皇帝 1493—1419）

4. 查理五世（1500—1558）（西班牙国王 1516—1555，德意志国王 1519—1555，神圣罗马帝国皇帝 1520—1555）（注：此后哈布斯堡家族分为西班牙系和奥地利系，以下为奥地利系）

5. 斐迪南一世（1503—1564）（匈牙利国王 1526—1563，波希米亚国王 1526—1562，神圣罗马帝国皇帝 1555—1564）

6. 马克西米连二世（1527—1576）（波希米亚国王 1562—1575，匈牙利国王 1563—1572，神圣罗马帝国皇帝 1564—1576）

7. 鲁道夫二世（1552—1612）（匈牙利国王 1572—1608，波希米亚国王 1575—1611，神圣罗马帝国皇帝 1576—1612）

8. 马蒂亚斯（1557—1619）（匈牙利国王 1608—1618，波希米亚国王 1611—1617，神圣罗马帝国皇帝 1612—1619）

9. 斐迪南二世（1578—1637）（匈牙利国王 1618—1625，波希米亚国王 1619—1627，神圣罗马帝国皇帝 1619—1637）

10. 斐迪南三世（1608—1657）（匈牙利国王 1625—1655，波希米亚国王 1627—1656，神圣罗马帝国皇帝 1637—1657）

11. 利奥波德一世（1640—1705）（匈牙利国王 1655—1687，波希米亚国王 1656—1690，神圣罗马帝国皇帝 1658—1705）

12. 约瑟夫一世（1678—1711）（匈牙利国王 1687—1711，波希米亚国王 1690—1711，神圣罗马帝国皇帝 1705—1711）

13. 查理六世（1685—1740）（匈牙利国王，波希米亚国王，神圣罗马帝国皇帝 1711—1740）

14. 玛丽亚·特蕾莎（1717—1780）（奥地利大公，匈牙利、波希米亚女王 1740—1780）

弗兰茨一世（1708—1765）（神圣罗马帝国皇帝 1745—1765）

15. 查理七世（1679—1745）（神圣罗马帝国皇帝 1742—1745）

16. 约瑟夫二世（1741—1790）（匈牙利国王，波希米亚国王 1780—1790，神圣罗马帝国皇帝 1765—1790）

17. 利奥波德二世（1745—1792）（匈牙利国王，波希米亚国王，神圣罗

马帝国皇帝 1790—1792）

18. 弗兰茨二世（1768—1835）（匈牙利国王，波希米亚国王，神圣罗马帝国皇帝 1792—1805）（注：神圣罗马帝国后被拿破仑勒令解散）

第二帝国——德意志帝国

霍亨索伦王朝（注：普鲁士王国部分略）

1. 威廉一世（1792—1888）（普鲁士国王 1861—1888，德意志帝国皇帝 1871—1888）

2. 腓特烈三世（1831—1888）（普鲁士国王，德意志帝国皇帝 1888）

3. 威廉二世（1859—1941）（普鲁士国王，德意志帝国皇帝 1888—1914）

德意志共和国（第一共和国）（1918—1934）

纳粹德国（第三帝国）（1934—1945）

德意志民主共和国（1950—1990）

德意志联邦共和国（1949—1990）